普通高等教育“十二五”规划教材·金融学系列

投 资 学

（第三版）

李学峰 主编

科 学 出 版 社
北京

内 容 简 介

本书全面、系统地研究和讲解了投资学理论的结构和内容，注重对投资学基本概念和基本原理的把握及理解；注重对投资学理论和实践在当今最新发展的介绍和分析，涵盖了投资学领域近年来重要的理论研究成果；以大量的例题、案例和阅读资料帮助学生理解投资学的基本理念、分析方法和实际运用；同时特别注重引导学生以投资学的基本原理认识、分析和把握现实资本市场发展过程中所存在的问题，培养学生的投资学理论素养和分析解决实际问题的能力。本书体系完整、逻辑严密，并结合作者多年的教学经验，对结构做出了不同于国内外其他教材的全新调整。此外，本书还配有包括多媒体教学课件在内的立体化教学支持系统。

本书适合金融学专业的高年级本科生、研究生和经济学、管理学专业的本科生、研究生使用，以及对投资学理论有兴趣的实际工作者参考。

图书在版编目（CIP）数据

投资学/李学峰主编.—3版.—北京：科学出版社，2016.1
普通高等教育“十二五”规划教材·金融学系列
ISBN 978-7-03-047056-0
Ⅰ.①投… Ⅱ.①李… Ⅲ.①投资学-高等学校-教材 Ⅳ.①F830.59
中国版本图书馆CIP数据核字（2016）第006052号

责任编辑：兰　鹏/责任校对：贺华静
责任印制：霍　兵/封面设计：蓝正设计

科学出版社出版
北京东黄城根北街16号
邮政编码：100717
http://www.sciencep.com
三河市骏杰印刷有限公司　印刷
科学出版社发行各地新华书店经销
*

2007年2月第一版　开本：787×1092　1/16
2011年8月第二版　印张：20 1/2
2016年1月第三版　字数：486 000
2017年5月第十六次印刷

定价：48.00元
（如有印装质量问题，我社负责调换）

第三版前言

投资学是以投资行为与资金配置为研究对象，解释资本市场运行的现象与内在规律，探求实现资本市场均衡的一门独立学科。1952年，马科维茨（Harry M.Markowitz）发表了堪称现代微观金融理论史上里程碑式的论文——《投资组合选择》。该论文阐述了衡量收益和风险水平的定量方法，建立了均值-方差模型的基本框架，奠定了求解投资决策过程中资金在投资对象中的最优分配比例问题的理论基础。

在马科维茨资产组合理论的基础上，通过Sharpe的《资本资产价格：一个市场均衡理论》（*Capital asset prices: a theory of market equilibrium under conditions of risk*）、Lintner的《在股票组合和资本预算中的风险资产估值和风险投资选择》（*The valuation of risk assets and the selection of risky investments in stock portfolios and capital budgets*）和Mossin的《资本资产市场均衡》（*Equilibrium in a capital asset market*）三篇经典论文，形成了现代金融学的另一重要基石——资本资产定价模型（capital asset pricing model，CAPM）。CAPM所要解决的问题是，在资本市场中，当投资者采用马科维茨资产组合理论选择最优资产组合时，资产的均衡价格是如何在收益与风险的权衡中形成的，或者说，在市场均衡状态下，资产的价格是如何依风险而定的。

之后，在Fama等的推动下，有效市场理论（efficient markets theory，EMH）产生并趋于成熟，Black和Scholes的开创性研究则导致了期权定价理论的产生。

上述理论和模型共同构成了现代投资学的理论基础。此外，随着人们对上述经典理论研究（特别是实证研究）的深入，经济学家们发现了大量的由上述理论无法解释，甚至是完全违背上述理论的市场异常现象。通过对这些异常现象的研究，并借鉴行为经济学的研究方法，行为金融学逐渐产生并正在趋于成熟。

投资学理论在发展，资本市场的实践也在日新月异。特别是随着中国资本市场的产生、发展，以及在其发展过程中所出现的各种新问题、新现象。一方面，国际国内的金融学家们都在试图通过投资学的理论去研究和解释中国资本市场中的问题和现象，同时希望从中提炼出进一步推动投资学发展的新的理论和模型。另一方面，随着中国资本市场有效性的提高，如何将投资学的理论、模型和投资管理方法应用于中国的投资实践中，也成为了理论界和实际部门所关注的、感兴趣的课题。

在深入学习和研究投资学理论的基础上，将理论应用于中国的实践，在指导中国资本市场发展和实际投资决策的同时，为投资学理论的发展做出我们的贡献，是我们学习这门课的根本目的。

本教材内容分为六大部分。第一篇“导论”为本教材以下各章的研究提供必要的背景知识和基础概念，并同时界定投资学的研究领域。该篇由第一章和第二章组成。第一章“证券市场与证券交易”对证券市场的总体概述、市场层次，以及交易所市场和证券交易过程进行了研究和介绍。本章以案例方式对竞价交易机制、做市商机制和买空卖空交易的机制进行了应用性分析。

第二章“市场主体与投资工具”从融资主体、投资主体、中介主体和市场监管等角度，对证券市场主体进行了全面的研究和介绍，并对证券投资工具进行了分析和界定。本章也以案例方式介绍了我国证券投资工具的最新发展。

第二篇“资产组合、资产定价与绩效评价”是现代投资学的核心理论。本篇由第三章“风险、收益与投资者效用”、第四章“资产组合理论”、第五章“资本资产定价模型”、第六章“因素模型与套利定价理论”和第七章“投资绩效评价”组成。对风险与收益的量化及对投资者风险偏好的分类，是构建资产组合时首先要解决的一个基础问题，第三章分别对单一资产和组合资产的风险与收益的分类及其计量进行了研究，并对投资者的风险偏好与效用进行了分析，为进入资产组合理论的核心提供了概念基础。本章还通过大量的案例和例题介绍了持有期收益率、预期收益率、方差、变异系数、组合的收益与风险、投资者效用的比较等的计算与应用。

资产组合理论所要解决的核心问题是，以不同资产构建一个投资组合，提供确定组合中不同资产的权重（投资比例），达到使组合风险（方差）最小的目的，这也是第四章所研究的核心内容。本章通过给出风险资产的可行集（feasible set），从中分离出资产组合的有效集，并进一步导出资本配置线（capital allocation line，CAL）和资本市场线（capital market line，CML），再结合第三章给出的投资者效用曲线，对资产组合理论和最优资产组合的确立进行了全面、清晰的介绍。本章也通过设计案例和例题，对风险资产的可行集和有效集、不同相关系数下的可行集与有效集，以及CAL的形成进行了直观的介绍。

CAPM所要解决的问题是，在资本市场中，当投资者采用马科维茨资产组合理论选择最优资产组合时，资产的均衡价格是如何在收益与风险的权衡中形成的，或者说，在市场均衡状态下，资产的价格是如何依风险而定的。收益与风险的关系是CAPM的核心，也是第五章的核心内容。本章作者也以案例的形式对CAPM的应用进行了介绍。

第六章研究了因素模型（factor model）与套利定价理论（arbitrage pricing theory，APT），在一个均衡的资本市场中，所有的资产将遵循“一价法则”，即同一个资产既便在不同的市场上也只有一个均衡价格。当“一价法则”被违反时，即出现了套利机会。基于因素模型的APT，即通过对套利条件和行为的研究，揭示出套利定价模型及其对市场均衡的影响。因素模型与APT是对CAPM的扩展与深化。

任何投资者进行投资的主要目的即是获得良好的投资绩效。第七章即对投资绩效的评估模型和方法进行了深入研究，并以中国证券投资基金为例演示了绩效评价方法的应用。

第三篇“市场有效性假说与行为金融理论”，什么样的市场才是有效的？市场有效性程度的划分及其相应特征是什么？这就是有效市场假说（efficient markets hypothesis，EMH）要回答的核心问题。EMH既是现代微观金融学的一个理论支柱，又是判断资本市场效率的理论依据，并决定着实际投资中的投资策略。这些构成了第八章的主要内容。

在有关对市场有效性理论的实证检验中，发现了大量市场异常现象（anomalies）的存在。对这些异常现象的研究和解释导致了行为金融学的产生和发展。第九章作者对行为金融学（behavioral finance）的基本原理进行介绍，并以大量的案例对行为金融学理论的含义及其应用进行了分析和演示。

第十章作者进一步分析了行为金融在投资学中的应用，着重展示了行为组合理论（behavioral portfolio theory, BPT）、行为资本资产定价模型（behavioral asset pricing model，BAPM），以及投资者行为对市场运行的影响。

对固定收益证券的估值和投资管理，已成为投资学重要的分支理论之一。第四篇“固定收益证券估值和投资管理”包括两章内容。第十一章“债券估值”介绍了债券定价的基础工具、不同债券的估值方法，以及影响债券定价的因素。

第十二章“利率期限结构与债券投资管理”对债券的当期收益率、到期收益率、持有期收益率、国债与市政债券收益率，以及利率期限结构理论进行了详细的分析和介绍，并对债券组合管理的消极策略、积极策略和混合策略进行了介绍。

第五篇“股票估值与投资分析”包括三章内容。第十三章“股票估值模型与方法”集中研究了股票的定价与估值。除了对股票价格的研究外，本章对股利贴现模型、现金流贴现模型和比率分析这三种股票估值理论进行了研究和介绍，并以案例讨论了这些模型和方法的应用。

第十四章“股票投资的基本分析”是进行证券投资分析的主要方法和工具之一。它所要揭示的是经济运行基本面的变化对股票投资价值的影响，一般从宏观基本面、中观基本面和微观基本面三个角度进行研究和揭示。

所谓技术分析，是指通过分析证券市场的市场行为，对市场未来的价格变化趋势进行预测的研究活动。技术分析的主要理论和方法包括道氏理论、波浪理论、量价理论、*K*线理论和技术指标分析。对这些理论和方法的研究与应用，构成了第十五章的内容。

第六篇“衍生证券分析”包括第十六章和第十七章两章内容。第十六章“远期合约与期货”，首先对远期合约（forward contract）的定价给出较详细的研究，其次对包括期货投资策略在内的期货交易的基础知识进行介绍，最后研究期货均衡价格的决定因素。本章还专门介绍了股指期货的投资操作。

第十七章是在讲解有关期权的基础知识并揭示其投资特性和价值的基础上，给出期权投资的策略，并最终导出期权定价模型。

本教材的特点在于重点突出、体系完整、具有前沿性。本教材重点研究和介绍了资产组合理论、资产定价理论、市场有效性理论和投资绩效评价理论等投资学（甚至是整个微观金融学）的核心理论，同时又涵盖了投资学领域的主要理论成果和政策实务问题。

此外本教材还对上述理论近年来的最新进展进行了介绍和评价，使学生通过本教材的学习，不仅对经典理论和模型有扎实的掌握，而且能够把握理论的前沿和最新动态。

本教材易于理解、便于教学、适用性广泛，其不仅结合作者多年的成功教学经验和中国学生的实际情况，对结构做出了不同于国内外其他教材的全新调整；而且本教材还设计、搜集和整理了大量的例题、案例、阅读资料。这些工作既有助于学生理解和掌握投资学理论及其应用，也有利于教师在使用本教材时灵活掌握、有所侧重；同时也有助于实务工作者进一步思考和探讨投资学理论在实际工作中的应用。

本教材是一个集体智慧的结晶，为本教材的资料收集、基础数据测算、案例编写等做出了大量工作的包括：南开大学金融学院黄亚元、宋庆佳、苗欢，山西师范大学经管学院张莉莉，银华基金管理有限公司研究部宏观策略研究员张舰博士，第一创业摩根大通证券有限责任公司投资银行部经理毛志刚先生，中信证券股份有限公司资产管理部高级副总裁郭羽女士，中核财务有限责任公司金融市场部副总经理茅勇峰先生。为本教材初稿的形成做出贡献的人有：南开大学金融学院李月琪、杜雨娇、李涛、王建、杨青海、朱虹、唐玉、钟林楠、肖洪波、桑海明、申思哲、张杰，天弘基金管理有限责任公司研究部李佳明研究员。在向上述教材编写组成员表示致谢的同时，这里我们也真诚地向科学出版社经管法分社的兰鹏编辑表示感谢，其为本教材第三版的顺利出版付出了细致且辛苦的组织工作！本教材的编写过程五易其稿，但错误还是在所难免，在这里我们恳请同行专家和广大读者提出宝贵意见，以便我们进一步修改和完善。

李学峰

2015年10月

目　录

第一篇　导　论

第二篇　资产组合、资产定价与绩效评价

第六篇 衍生证券分析

第一篇　导　论

所谓投资（investment），是指为了获得可能的但并不确定的更大的未来值（future value）而做出牺牲确定的现在值（present value）的行为。换言之，投资行为包括了三大特性，即时间性——牺牲当前消费以获得期望的未来消费；不确定性——期望值的存在与否及其大小类似于一个概率事件；收益性——如果投资成功将获得更大的未来值。

投资学所研究的投资主要是对金融资产（financial assets）的投资。所谓金融资产，又称金融工具，是保证人们购买力的凭证，它是对实际资产的要求权（claims on real assets），定义了实际资产在投资者之间的配置。

实施金融投资，大多要在证券市场上通过各种金融工具并按照一定的交易规则以不同的交易方式进行。

导论部分由两章内容组成，第一章对证券市场进行了总体概述，并对交易所市场和证券交易过程进行了研究和介绍；第二章对市场主体和投资工具进行了分析和界定。导论为本教材以下各章的研究提供了必要的背景知识和基础概念，同时界定了投资学的研究领域。

第一章

证券市场与证券交易

本章内容包括证券市场概述、证券发行市场和交易市场，以及交易所市场和证券交易。通过本章的学习，我们可以对证券市场和证券交易有一个总体的了解。

第一节　证券市场概述

本节我们从证券市场的定义与特征、证券市场的基本功能，以及证券市场结构三个角度出发，对证券市场做一个总体的概述。

一、证券市场的定义与特征

证券市场是有价证券发行和流通的场所，以及与此相适应的组织与管理方式的总称，通常包括证券发行市场和证券流通市场。证券市场的主要特征有：①交易对象是有价证券，这是证券市场与其他商品市场的最大区别。②市场上的有价证券具有多重职能，既可作为筹资工具，又可作为投资工具，还可用于保值和投机。③市场上证券价格的实质是对所有权让渡的市场评估，从这一特征看，证券市场是一个典型的产权交易市场。④市场上所交易的证券风险大、其影响价格的因素复杂，具有波动性和不可预测性。

二、证券市场的基本功能

证券市场的基本功能包括优化融资结构和拓展融资渠道、优化资源合理配置及促进产权交易。

（一）证券市场具有优化融资结构和拓展融资渠道的功能

从证券市场优化融资结构和拓展融资渠道的功能来看，证券市场的发展使融资结构中直接融资的比重加大并快速发展。这里我们以美国中小企业的融资结构与渠道为例进行说明（表1-1）。

表 1-1　美国中小企业融资结构与渠道（单位：%）

融资渠道	自有资金	银行贷款	债券融资	股票融资	其他
融资结构	30	42	5	18	5

资料来源：马君潞，李学峰.投资学.北京：科学出版社，2007

一般而言，企业融资方式可分为内源融资（如表1-1中的自有资金）和外源融资两种。我们又可将外源融资划分为直接融资和间接融资两类，前者是指不经过金融中介，而由资金的供求双方直接进行的放款融资行为，如表1-1中的股票融资、债券融资；后者则是指通过金融中介将资金供求双方联系在一起的融资行为，如表1-1中的银行贷款。

由表1-1可见，如果没有证券市场，企业融资渠道中的债券融资和股票融资即不存在，也就是说企业的资金需求只有通过自有资金和间接融资（银行贷款）来满足。间接融资的主要缺点是使风险集中于银行等金融机构，同时其相对较短的融资期限会影响企业的长期投资及其稳定性。

而正是由于证券市场的产生和发展，使股票和债券融资等直接融资方式得以产生和发展。相对于间接融资，直接融资的优势是使投资决策社会化，从而全面分散了投资风险；并且其较长的融资期限利于企业经营决策的长期化和稳定性。

（二）证券市场具有优化资源配置的功能

从证券市场促进资源合理配置的功能来看，一般而言一个有效的证券市场会把资金这一重要的金融资源配置到效益好的企业或地区中去。假若有两家需要融资的公司，*A*公司的利润率为20%，*B*公司利润率为10%，假定两家公司的风险类似，且投资者掌握两家公司的完全信息，则投资者更愿意购买*A*公司的股票，即资金流向了效益好的企业。而这种资金流向必将带动经济中的其他资源向效益好的企业、行业或区域聚集，从而有利于经济总体的资源优化配置。

（三）证券市场具有促进产权交易的功能

我们再来看证券市场对产权交易的促进作用。一方面，证券市场为产权交易提供了组织良好、公开透明、运行高效的交易场所和机制，这也正是大量的产权（股权）交易发生于股票市场的原因。据统计，2003年全球购并额达3.5万亿美元，到2005年年底则上升为3.9万亿美元，而其中90%以上是直接或间接通过股票市场完成的。

另一方面，产权交易顺利并最终取得成功，其中最为关键的因素是交易价格的确定。价格是否科学、合理，既涉及交易过程中各方面利益的确定是否公平，又涉及交易后（如公司重组）的效率是否能够提高。而价格的科学合理，其最客观的评判标准或最有效的参照系是资本市场价格。

正如股票的定价与估值模型（详见第十四章）所揭示的，股票市场价格不仅是对公司目前经营状况的反映，更是包含了对公司未来经营的预期。也就是说，从长期上、趋势上来看，在一个有效市场中，股票价格是对资产最科学的定价安排，从而也是最有效率的、交易成本最低的定价机制。

三、证券市场结构

所谓证券市场的结构①，是指证券市场内的市场体系及其分层（segmentation）。这里的市场体系和分层所对应的是不同类型的交易场所、不同风险偏好的投资者和多样化产品之间的不同组合。广义上的证券市场结构包括交易所结构、投资者结构和产品结构；而狭义的证券市场结构则多指交易所结构。

（一）证券市场的分层

就交易所结构来看，一般来说一个多层次的证券市场大致包括全国性证券交易市场、地方性证券交易市场和场外交易市场等几个体系。以美国为例②，其证券市场的体系和层次如图1-1所示。

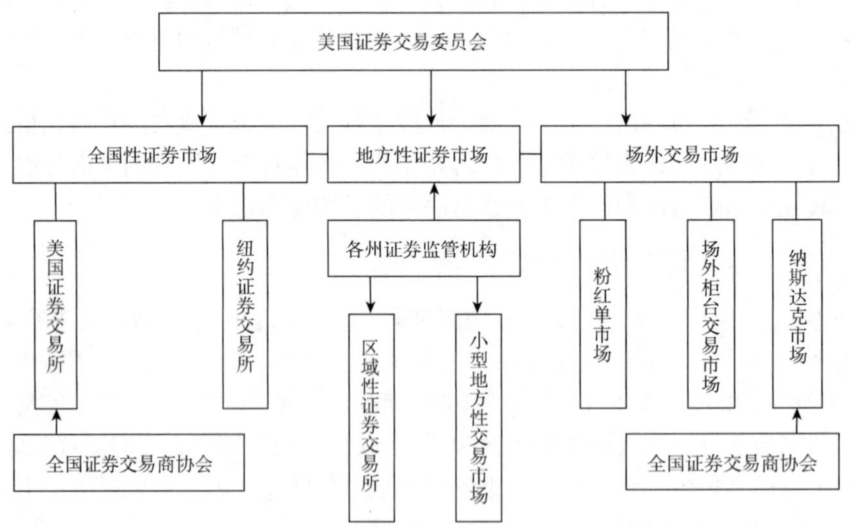

图 1-1 美国的证券市场体系

全国性证券交易市场包括纽约证券交易所（New York Stock Exchange，NYSE）和美国证券交易所（American Stock Exchange，AMEX）。其中，NYSE是全球最大的交易所，上市条件最高，主要为成熟企业提供上市服务。AMEX主要服务于新兴中小型企业，其上市条件比NYSE低得多。通常，AMEX是NYSE的预备阶梯，即那些没有条件一下子到NYSE上市的企业，可以先在AMEX上市。

地方性证券市场包括区域性证券交易所和未经注册的交易所，前者主要交易区域性企业的证券，同时也交易在全国性市场上市的本地企业的证券；后者是指美国证券交易委员会依法豁免办理注册的小型地方性证券交易市场，主要服务于地方中小型企业，为

① 证券市场结构可分为宏观结构（market macrostructure）和微观结构（market microstructure），我们这里所指的是证券市场的宏观结构。关于证券市场微观结构见本节阅读资料。

② 美国证券交易委员会（the U. S. Securities and Exchange Commission，SEC）于 2006 年 1 月批准纳斯达克注册成为美国第三家全国性证券交易所。这反映了全球场外交易市场的发展趋势之一——场外交易场内化。虽然纳斯达克已完成了场外交易场内化的过程，但作为场外交易市场的典型代表，这里我们还是将其归类到场外交易市场中。

地方经济发展提供直接融资。

在场外交易市场中，除了著名的纳斯达克，还包括场外柜台交易市场（over the counter bulletin board，OTCBB）和粉红单市场。

（二）多层次证券市场的形成原因

由图1-1可见，从交易所的类型来看，证券市场的宏观结构不仅是成体系的，还是多层次的。多层次证券市场的成因如下。

首先是企业的需要。证券市场是为企业服务的，企业的多样性从根本上决定了证券市场应当是多层次的，因为企业的经营和发展是分阶段和分层次的，即使是同一家企业，在其生命周期的不同阶段，融资需求也是有差异的。这就必然在客观上要求证券市场体系具有一个完整的多层次结构，以满足企业不同发展阶段的需要，从而为包括中小型企业、科技型在内的各类企业和不同发展阶段的企业提供更多的直接融资渠道。

其次是市场的需要。证券市场的不同层次对应不同的企业，各有一个不同的筛选机制，使企业有可能递进上市或递退下市，从而形成一个完整的市场结构体系。例如，在图1-1所示的美国证券市场体系中，NYSE是对企业素质要求最高、上市标准最为严格的市场，而纳斯达克在这些方面的要求则相对较低。这样，当企业（如中小型企业）希望通过发行股票筹集资金而又不能满足NYSE的发行与上市要求时，即可以选择在纳斯达克达到融资和上市的目的。在这一过程中，各市场间又具有双向流动性，也就是说，在NYSE上市的公司，当其素质要求不再满足持续性上市条件时，即可以退到下一层次（如AMEX）上市交易[①]；而当公司在场外交易市场（如纳斯达克）上不断发展壮大并满足了更高层次市场的要求时，即可转板到交易所[一般称为“主板”（big board）市场]上市交易。这既有利于保证上市公司的质量，又有助于风险投资的发展。

案例 1.1

美国三大证券交易所上市标准

多层次资本市场的形成原因之一是不同市场满足了不同企业的融资与上市需求。这里我们以美国的纳斯达克、AMEX和NYSE为例，观察它们之间逐步递进趋于严格的上市要求，如表1-2所示。

表 1-2　美国三大证券交易所上市标准表

指标 \ 市场分类	纳斯达克小型资本市场	纳斯达克全国资本市场	美国证券交易所	纽约证券交易所
有形资产净值/万美元	400	600	—	4 000
市值/万美元	5 000	—	—	—

① 这为投资者提供了退出的机制和渠道。

续表

指标＼市场分类	纳斯达克小型资本市场	纳斯达克全国资本市场	美国证券交易所	纽约证券交易所
净收入/万美元	75	—	—	—
税前收入/万美元	—	100	75	250
股本/万美元	—	—	400	—
公众流通股数/万股	100	110	50	100
流通股市值/万美元	500	800	—	1 800
买方最小报价/美元	4	5	3	N/A
做市商数量	3	3	3	N/A
公众持股人数/人	300	400	400 或 800	5 000
经营年限或市值/万美元	1 年或市值 5 000	N/A	N/A	N/A
公司治理	有要求	有要求	有要求	有要求

注：N/A，not applicable，表示本栏目不适用

资料来源：各交易所官方网站

最后是金融创新的需要。金融创新的迅猛发展及新的投资品种的不断出现，也迫切要求有不同层次的证券市场为其提供发挥作用的舞台。由于新的证券品种直接在主板市场交易风险太大，较为稳妥的办法是让其在场外交易市场进行试验性交易以取得衍生工具创新和监管的经验。

总之，证券市场只有通过面向需求的最大可能的细分，来最大限度地满足多样化的市场主体对资本的多样化的供给与需求，才能高效率地实现供求的均衡，这样的证券市场才可能是全面、协调和可持续发展的。这样，完整的证券市场体系逐渐形成。

阅读资料 1.1

证券市场微观结构理论

证券市场微观结构理论产生于20世纪60年代末，是Demsetz第一次直接将交易制度引入证券交易价格的决定过程[①]，开创了证券市场微观结构理论的先河。该理论在分析中涉及交易成本理论、存货理论、信息经济学、博弈论等经济学理论，要综合运用边际、均衡、连续性等经济学分析方法。从某种程度上看，市场微观结构理论是对传统的瓦尔拉斯市场模型的替代，瓦尔拉斯市场是无交易成本的、完全竞争的市场，交易和信息可以自由且即时传送给所有的市场参与者，交易者在交易过程中不产生任何直接或间接的成本。而市场微观结构理论则认为，市场中的交易存在直接的交易成本和间接的交易成本，新的信息会不断地参与到价格的形成过程中。

对于什么是证券市场微观结构，目前也还没有统一的概念。世界银行集团国际金融

① Demsetz H.The costs of transacting.Quarterly Journal of Economics，1968，82:33-53.

公司高级经济学家Glen认为，证券市场微观结构就是证券价格形成过程中的微观因素[①]；Madhavan则认为证券市场微观结构是投资者的潜在需求彻底转化为证券交易价格和交易量的过程[②]；而美国证交会首席经济学家Chester S.Spatt认为，一个广义的市场微观结构理论应研究是交易平台之间的竞争还是单个委托订单执行的竞争，交易的内部化与中介商之间交易的利弊分析，以及市场透明度问题[③]。

虽然对于证券市场微观结构的定义各有不同，但共同的一点是证券市场微观结构主要是指市场参与者所遵循的交易制度结构。具体来看，按照 Madhavan的总结，证券市场的微观结构主要包括四部分内容：

（1）价格形成和价格发现。这部分内容包括交易成本的构成等静态研究以及价格如何反映不同时期的信息等动态研究。如果把投资者的潜在需求转化为现实的交易价格和交易量的过程看做“黑箱”，那么这部分主要研究“黑箱”的内部运作过程。

（2）证券市场的结构和设计。这部分内容主要研究交易制度如何影响价格形成的过程，以及证券市场的流动性[④]和市场质量。

（3）信息及披露。这部分内容着力于对“黑箱”运作的揭示，以及它对交易者的行为和交易策略影响，特别是研究市场透明度，即市场参与者观察交易过程信息的能力。

（4）证券微观结构与其他金融领域所共同产生的信息问题。例如，公司财务、资产定价、国际金融等内容。

第二节　证券发行市场与交易市场

虽然证券市场是一个多层次的立体化市场，但其中无论哪个层面的市场，大致都由证券发行市场和证券交易市场两个紧密相连的部分组成。

一、证券发行市场

证券发行市场，即通常所说的一级市场（primary market），它是指证券发行人发行股票、债券和其他证券以筹集资金的市场。所有证券都在一级市场首次进行交易，并且发售证券的所得在扣除发行费用（如承销商的所得）后全部流入证券发行人手中。

---

① Glen J.An introduction to the microstructure of emerging markets.World Bank Working Paper，1994.

② Madhavan A.Market microstructure:a survey.Marshall School of Business University of Southern California Working Paper，2000.

③ Spatt C S.Broad Themes in Market Microstructure.http//www.sec.gov/news/speech/.2005-05.

④所谓市场流动性，是指在不影响证券价格的情况下，证券能够被买卖的难易程度。市场流动性越高，交易活动越能被迅速完成。一般以市场中所发生的交易的深度、广度和弹性来衡量和比较市场流动性。即使当价格偏离当前市场交易价格时，也仍然存在大量的交易指令，也就是说，在某一价格下存在大量等待成交的买盘和卖盘，则该交易具有深度；如果价格偏离当前市场交易价格而交易指令的数量仍然保持不变，则此交易具有广度；如果价格因指令的不平衡而发生变动，如卖盘大于买盘，或者买盘大于卖盘——这都会导致价格的变动（下降或上升），但仍有新的指令迅速进入市场，则此交易具有弹性。

（一）证券发行方式

证券发行可分为公募（public placement）和私募（private placement）两种方式[①]。所谓公募，也称公开发行（public offering），是指发行人向非特定的社会公众发行证券，任何人都可以购买该证券。其最大的特点是发行面广、筹资成本较低。正因为其发行面广的特点，为了保护公共利益，政府都要介入对公募方式的管理，从而使该发行方式又具有了发行与上市的条件较严格，而且发行后还要向社会公告的特点。一般而言只有公开发行的证券才能上市交易。证券第一次在一级市场上进行交易称为初次公开发售（initial public offerings，IPO），它一般是由投资银行（investment bankers）负责实施的。

私募是指面向少数的、特定的投资者进行证券发行，也称定向募集。其特点是发行量少，管理相对简单，不能上市交易。

（二）证券发行制度

证券发行制度有审批制、核准制、注册制。每一种发行制度都对应一定的市场发展状况。在市场逐渐发育成熟的过程中，证券发行制度也应该逐渐地改变，以适应市场发展需求。其中，审批制是完全计划发行的模式，核准制是从审批制向注册制过渡的中间形式，注册制则是目前成熟资本市场普遍采用的发行制度。

审批制是一国在股票市场的发展初期，为了维护上市公司的稳定和平衡复杂的社会经济关系，采用行政和计划的办法分配股票发行的指标和额度，由地方或行业主管部门根据指标推荐企业发行股票的一种发行制度。公司发行股票的首要条件是取得指标和额度，也就是说，如果取得了给予的指标和额度，就等于取得了保荐，股票发行仅仅是走个过场。因此，审批制下公司发行股票的竞争焦点主要是争夺股票发行指标和额度。证券监管部门凭借行政权力行使实质性审批职能，证券中介机构的主要职能是进行技术指导，但是无法保证发行公司不通过虚假包装，甚至伪装、做账达标等方式达到发行股票的目的。

核准制是指发行人在发行股票时，不需要各级政府批准，只要符合《中华人民共和国证券法》（以下简称《证券法》）和《中华人民共和国公司法》（以下简称《公司法》）的要求即可申请上市。但是发行人要充分公开企业的真实状况，根据《证券法》和《公司法》，证券主管机关有权否决不符合规定条件的股票发行申请。核准制是介于注册制和审批制之间的中间形式，它一方面取消了指标和额度管理，并引进证券中介机构的责任，判断企业是否达到股票发行的条件；另一方面证券监管机构同时对股票发行的合规性和适销性条件进行实质性审查，并有权否决股票发行的申请。在核准制下，发行人在申请发行股票时，不仅要充分公开企业的真实情况，而且必须符

①从另一角度还可分为直接发行（direct placement）和间接发行（indirect placement）。直接发行是指发行人自己向投资者发售证券，而不经过证券商，如网络直销、送配股等。间接发行即由证券承销商作为发行中介，它包括如下三种具体方式：代销，即承销商不承担任何销售风险，其收益是佣金，该方式适用于信誉好的知名企业，可达到节约销售成本的目的；包销，即承销商将发行人所发行的证券自己先买下，一次性付款给发行者，所有的风险由销售商承担；助销，它是代销和包销两种方式的组合，在代销下卖不完的部分再由承销商自己包下。

合有关法律和证券监管机构规定的必要条件。证券监管机构对申报文件的真实性、准确性、完整性和及时性进行审查，还对发行人的营业性质、财力、素质、发展前景、发行数量和发行价格等条件进行实质性审查，并据此做出发行人是否符合发行条件的价值判断和是否核准申请的决定。

注册制是指发行人在准备发行证券时，必须依法将公开的各种资料完全、准确地向证券主管机关呈报并申请注册。注册制是在市场化程度较高的成熟股票市场上所普遍采用的一种发行制度，证券监管部门公布股票发行的必要条件，只要达到所公布条件要求的企业即可发行股票。发行人在申请发行股票时，必须依法将公开的各种资料完全、准确地向证券监管机构申报。证券监管机构的职责是对申报文件的真实性、准确性、完整性和及时性做出合规性的形式审查，而将发行公司的质量留给证券中介机构来判断和决定。这种股票发行制度对发行人、证券中介机构和投资者的要求都比较高。核准制和注册的比较，如表1-3所示。

表 1-3　核准制和注册制的比较

项目	核准制	注册制
发行指标和额度	无	无
发行上市标准	有	有
主要推荐人	中介机构	中介机构
对发行做出实质判断的主体	中介机构、证监会	中介机构
发行监管性制度	中介机构和证监会分担实质性审核职责	证监会形式审核，中介机构实质性审核
市场化程度	逐步市场化	完全市场化
发行效率	后者较高	
制度背景	后者实现的国家一般市场化程度高，金融市场更加成熟、制度更加完善，监管主体严格有效、发行人和中介机构更自律，投资者素质更高	

案例 1.2

中国股票发行制度的演变

我国股票发行审核制度的演变，总体来看经历了从审批制到核准制的转变过程。这一过程又同时并存着“额度管理”、“指标管理”、“通道制”和“保荐制”四个阶段，其中“额度管理”和“指标管理”属于审批制，“通道制”和“保荐制”属于核准制。

第一，“额度管理”阶段（1993年至1995年）。这一阶段主要做法是，国务院证券管理部门根据国民经济发展需求及资本市场实际情况，先确定融资总额度，然后根据各个省级行政区域和行业在国民经济发展中的地位和需要进一步分配总额度，再由省级政府或行业主管部门来选择和确定可以发行股票的企业（主要是国有企业）。

第二，“指标管理”阶段（1996年至2000年）。这一阶段实行“总量控制，限报家数”的做法，由国务院证券主管部门确定在一定时期内发行上市的企业家数，然后向省级政府和行业主管部门下达股票发行家数指标，省级政府或行业主管部门在上述指标内推荐预选企业，证券主管部门对符合条件的预选企业同意其上报发行股票正式申报材料并审核。

第三，“通道制”阶段（2001年3月至2004年12月）。2001年3月实行了核准制下的“通道制”，也就是向综合类券商下达可以推荐拟公开发行股票的企业家数。只要具有主承销商资格，就可获得2~9个通道，具体通道数主要以2000年该主承销商所承销的项目数为基准，新的综合类券商将有2个通道数。主承销商的通道数也就是其可以推荐申报的拟公开发行股票的企业家数。“通道制”下股票发行“名额有限”的特点未变，但“通道制”改变了过去行政机构遴选和推荐发行人的做法，使主承销商在一定程度上承担起股票发行风险，同时也获得了遴选和推荐股票发行的权力。

2004年2月“保荐制”实施后，“通道制”并未立即废止，每家券商仍需按通道报送企业，直至2004年12月31日彻底废止了通道制。因此2004年2月至2004年12月为“通道制”与“保荐制”并存时期。

第四，“保荐制”阶段（2004年2月至今）。“保荐制”下，企业发行上市不但要有保荐机构进行保荐，还需要具有保荐代表人资格的从业人员具体负责保荐工作。保荐工作分为两个阶段，即尽职推荐阶段和持续督导阶段。从中国证券监督管理委员会（以下简称中国证监会）正式受理公司申请文件到完成发行上市为尽职推荐阶段。证券发行上市后，首次公开发行股票的，持续督导期间为上市当年剩余时间及其后两个完整会计年度。保荐机构和保荐代表人在向中国证监会推荐企业发行上市前，要对发行人进行尽职调查和专业辅导培训，保荐机构要在推荐文件中对发行人是否符合发行上市条件，申请文件是否存在虚假记载、误导性陈述或重大遗漏等事项做出承诺。证券发行上市后，保荐机构要持续督导发行人履行规范运作、信守承诺、信息披露等义务。“保荐制”的核心内容是进一步强化和细化保荐机构的责任，尤其是以保荐代表人为代表的证券从业人员的个人责任。实施证券发行上市保荐制度是深化发行审核制度改革的重大举措，是对证券发行上市建立市场约束机制的重要制度探索，将推动证券发行制度从核准制向注册制转变。

（三）公司与证券市场之间的资本流动

首先，资本市场作为公司最为重要的融资渠道，在公司日常经营活动中扮演着重要的角色。公司通过发行各种证券，如短债、长债以及股票在资本市场上募集资金，其中发行股票（首发、增发等）是最为重要的融资途径。其次，公司在资本取得融资后，进行购置资产、生产销售等日常经营活动，这一过程中公司会取得盈利并产生相应的现金流，而这部分现金流首先以税收的形式交与政府，然后再向资本市场支付红利及还债，最后剩余部分作为盈余留成，为公司未来的经营发展提供资金储备，如图1-2所示。

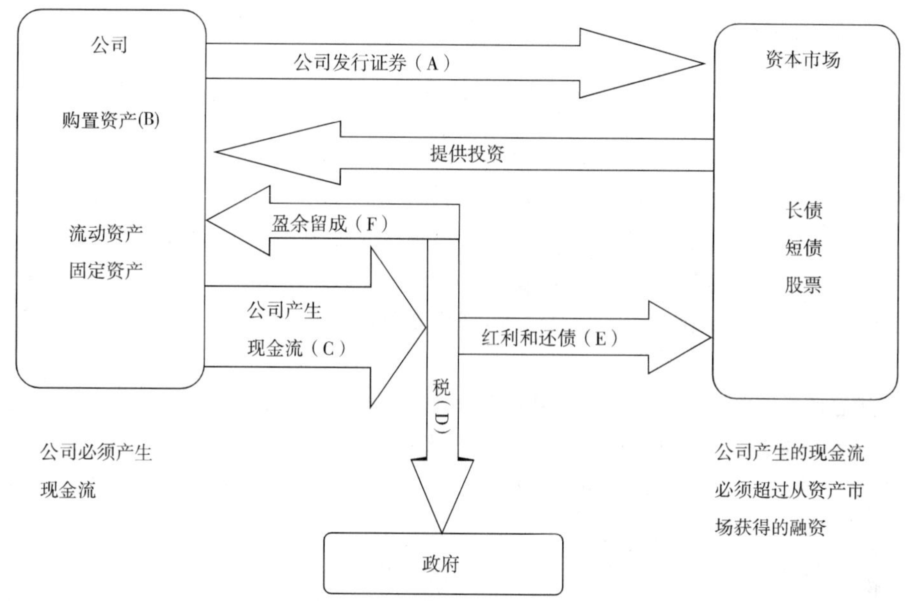

图 1-2　公司与证券市场之间的资本流动

二、证券交易市场

证券交易市场也称为二级市场（secondary market），是已发行的证券在投资者间进行交易的场所。二级市场为一级市场新发行的证券带来流动性，换言之，一个功能完善的二级市场的存在会使一级市场的证券发行对投资者更具吸引力。二级市场内的交易活动可分为以下几类。

第一市场（first market）交易，是指对在某一证券交易所挂牌上市的证券所进行的交易。这一市场有固定的场所、人员和设施，且各项交易和管理制度健全，是真正意义上的场内交易市场①。

第二市场（second market）交易，是指在场外市场（over the counter market，OTC）进行的交易。这里的场外是指在交易所以外进行交易，且不受交易所有关规则的限制。场外交易的特点是：非集中性，即其交易是分散的、无固定交易场所的抽象市场或无形市场，它是由许多各自独立经营的证券公司与投资者采用信息网络分别进行交易，没有统一的交易时间，甚至没有统一的交易规则；开放性，即任何投资者都可以进入，没有会员限制，门槛低，所交易的证券种类多，无论上市或非上市的证券都可以交易。

第三市场（third market）交易，是指经纪人在场外进行的在交易所挂牌的证券交易。其目的是节约场内交易的佣金。该市场一般所进行的是大宗交易（block trading），能满足机构投资者降低成本的要求。

① 该市场一般也被称为“主板”市场。

阅读资料 1.2

美国的场外交易市场

随着纳斯达克被SEC（Securities and Exchange Commission）收编，目前美国最典型的场外交易市场是OTCBB。该市场是全国性的管理报价公告栏系统，任何未在纳斯达克或其他全国性市场上市或登记的证券，包括在全国、地方、国外发行的股票、认股权证、组合证券（UNITS）、美国存托凭证（American depositary receipts）、直接参股计划（direct participation programs）等，都可以在OTCBB市场上显示有关当前交易价格、交易量等信息。

OTCBB建于1990年，当时SEC制订了低价股票（common stock，common share或equity）改革方案，作为市场结构改革的一个试点。OTCBB于当年6月成立，以增加股票柜台市场的透明度。该系统较大地方便了报价和成交信息的广泛传播。1993年12月后，各券商被要求通过自动确认交易服务系统在成交90秒内披露国内股票柜台市场的交易信息。1998年4月所有经过SEC注册的外国证券和美国存托凭证都被允许在OTCBB市场显示实时报价、成交价和成交量。1999年1月4日，为了促进店头市场信息的及时公开，SEC批准了在OTCBB的上市标准，此后上市的公司必须向银行或保险监管部门提供最新的财务信息，已上市的公司有一定的分阶段临时缓期来实施所要求的信息披露，时间从1999年7月至2000年6月。此后，所有在OTCBB上市的美国国内公司的财务信息都可公开获得。图1-3显示了从1995年1季度至2008年2季度OTCBB的交易情况。

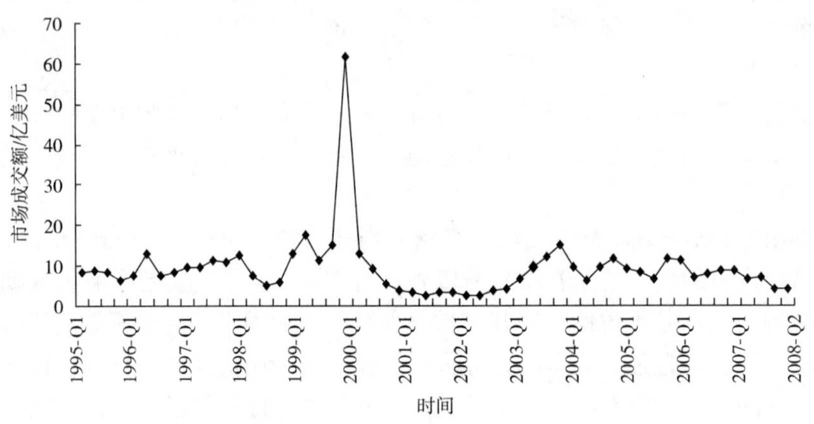

图 1-3　OTCBB 市场总成交额

Q 表示季度

资料来源：OTCBB 官方网站，http：//www.otcbb.com/

三、证券发行市场与交易市场的关系

由图1-4可见，在证券发行市场上，不仅存在着由发行主体向投资者的证券流，还存在着由投资者向发行主体的货币资本流。因此，证券发行市场不仅是发行主体筹措资金的市场，也是给投资者提供投资机会的市场。

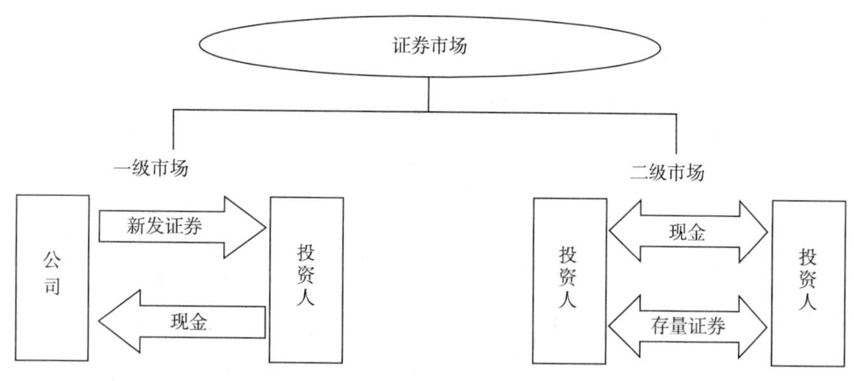

图 1-4　一级市场与二级市场

二级市场体现了新老投资者之间投资退出和投资进入的市场关系。二级市场主要具有两个方面的职能：其一是在证券持有者需要现金时为其提供按市场价格将证券出卖变现的场所；其二是为新的投资者提供投资机会。一级市场与二级市场紧密联系，相互依存，相互作用。一级市场是二级市场存在的基础，二级市场又反过来促进一级市场的发展。

第三节　交易所市场与证券交易

投资者进行证券交易，主要是在场内——交易所进行的，并且其交易行为要遵循一定的交易程序和机制。本节我们将对交易所的组织模式、交易机制和指令，以及交易方式和成本等进行研究。

一、交易所的组织模式

交易所的组织模式可分为会员制交易所和公司制交易所两种类型。

（一）会员制交易所

会员制交易所一般由若干证券公司和企业自愿组成，是不以营利为目的，实行自律管理的法人组织。其法律地位相当于一般的社会团体，而不是企业。中国的上海和深圳证券交易所即是会员制交易所。

会员制交易所的管理和运作规则是：实行会员与席位（seat）制度，只有取得正式会员资格的机构才能进场交易，而正式会员即获得交易席位，席位是有价值的资产[①]，它不能撤销，但可以转让和租借[②]。会员大会是证券交易所的最高权力机构，它有权选举和罢免会员和理事，费用由全体会员共同承担。

会员制交易所与公司制交易所相比的优点是：不以营利为目的，交易费用较低；不会滋长过度投机行为；交易所得到政府的支持，没有破产倒闭的可能。

但其本身也具有如下缺点：缺乏第三方担保责任，使投资者在交易中的合法利益可

① 如美国 NYSE1998 的交易席位价值 $2 000 000。

② 一般临时会员可向正式会员租用席位。

能得不到应有的保障；会员制交易所的参加者主要是证券商，导致交易所的管理者同时亦是证券交易的参加者，这不利于市场的规范管理；没有履行会员手续的投资者是不能进入交易所的，这容易造成垄断，不利于保证竞争的公平性。

案例 1.3

深圳证券交易所的组织模式

深圳证券交易所（以下简称深交所）成立于1990年12月1日，是不以营利为目的，实行自律性管理的法人。深交所由中国证券监督管理委员会直接监督管理，本身属于会员制交易所。深交所的组织结构如图1-5所示。

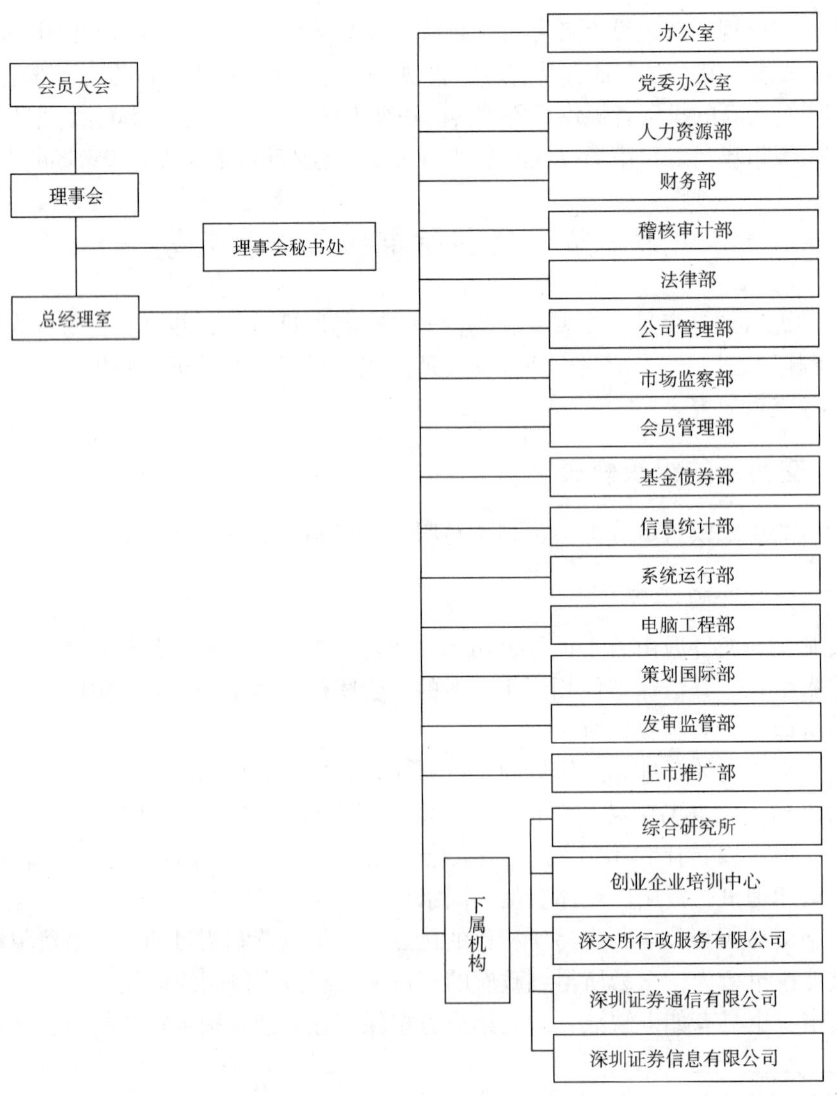

图 1-5 深圳证券交易所的组织结构

（二）公司制交易所

公司制交易所由商业银行、证券公司、投资信托机构及各类工商企业等共同出资入股建立，是以营利为目的的公司法人。西方资本市场发达国家和中国香港的证券交易所都是公司制组织形式。

20世纪90年代以后，公司制被全球主要证券交易所采用，交易所的所有权与交易权分离，会员有权在交易所交易，但可以不拥有交易所的所有权，即未拥有交易所股份的会员将不参与交易所的经营决策与管理。也就是说，公司制交易所也有会员，但会员可以不拥有交易所股份。

公司制交易所的优点是：具有第三方担保，当证券交易所成员违约而使投资者遭受损失时，证券交易所将予以赔偿[①]；管理具有独立性，即证券交易所股东不得担任证券交易所高级行政管理职务，使证券交易所的交易者、中介商与管理者相分离，确保证券交易所不偏袒任何一方；服务质量较高，即证券交易所为了盈利不得不尽力为投资者提供良好的服务，从而会形成较好的信誉、完善的硬件设施和软件服务。

公司制交易所的缺点是：因受利益驱使，交易越多越好，这可能滋长过度投机；交易所是一个有限责任的企业，不排除交易所公司本身倒闭的可能。

阅读资料 1.3

交易所组织形式的演变趋势[②]

交易所的组织架构调整主要表现为由会员制转变为公司制，并逐步通过股份化实现公开上市。这一调整转变的主要原因在于传统的会员制交易所在竞争日趋激烈的情况下逐渐暴露出利益冲突、决策和组织效率低下等缺陷，已经不适应新的竞争形势。从20世纪90年代开始，各国交易所逐步掀起了公司化改制的浪潮。公司制改革最早成功的案例为1993年瑞典斯德哥尔摩交易所，此后，包括德意志、澳大利亚、中国香港、新加坡、伦敦、巴黎及纳斯达克等交易所均已由会员制改为公司制。其中，澳大利亚证券交易所于1998年10月挂牌上市，成为全球首家上市挂牌交易的交易所。

公司制的组织架构可以降低会员与交易所之间的利益冲突，优化资源配置和强化决策效率，同时可以通过上市募集资金以支持新的发展计划。在这一过程中，交易所的并购行为也不断出现。2005年4月20日，NYSE宣布了与电子交易公司（Archipelago Holdings Inc.）合并的计划，NYSE与Archipelago合并后的上市公司被称为纽约证券交易所集团公司（NYSE Group Inc.），原来在NYSE拥有席位的成员将拥有新公司70%的股份，而Archipelago股东将拥有剩余30%的股份。该协议对新公司的估价大约为30亿美元，它实际上属于一个反向并购协议，规模较大的NYSE将被纳入上市公司Archipelago中，也就是说，NYSE凭借这个合并协议达到了借壳上市的目的。NYSE首席执行官John Thai认为这

① 为此，公司制交易所通常都设立赔偿基金。

② 陈雨.竞争力、市场微观结构与证券交易所变革.证券市场导报，2005，（11）：50-57.

项合并协议“是保持我们全球竞争力和领导力的重要一步”。合并行动中的另一家公司Archipelago创建于1998年，总部位于芝加哥，是一家在美国证券市场上颇负盛名的电子交易公司，隶属于被美国证监会认可的9家电子通信网络（Electronic Communication Network，ECN）的其中一家。在短短几年时间里，该公司已经占据了纳斯达克挂牌股票大约25%的交易量。此外，该公司还在2000年3月收购了太平洋交易所（Pacific Exchange），并成立了一个新的交易所——The Archipelago Exchange。合并后的NYSE将凭借Archipelago强大的网络资源，继续巩固交易市场的份额和重新夺回流失的市场份额，以应对纳斯达克和新兴电子交易系统咄咄逼人的挑战。

二、交易机制与交易指令

总体而言，交易机制可分为竞价交易机制、做市商机制和混合交易机制三种制度安排。

（一）竞价交易机制

竞价交易机制又称指令驱动（order driven）机制，该机制下证券买卖双方的订单直接进入交易市场，市场的交易中心以买卖价格为基准按照一定的原则和规则进行撮合成交。

在竞价交易机制下价格的形成取决于交易者的买卖指令。它又分为集合竞价和连续竞价两种价格形成机制。集合竞价即所谓的间断性竞价，其买卖订单不是在收到之后立即予以撮合，而是由交易中心将在不同时点收到的订单累积起来，到一定时刻再进行撮合。在连续竞价机制下，交易和价格会在交易日的各个时点连续不断地进行和形成，只要存在两个匹配的订单，交易就会发生。连续竞价交易机制由以下的交易原则和交易规则形成。

交易原则：价格优先，时间优先。

交易规则：①交易时间，即交易都在确定的时间内开始和结束；②交易单位，即交易所通常会规定一个最小的买卖数量作为交易单位，俗称为“一手”，委托的数量为“一手”的整数倍；③最小价格变动单位，即交易所规定每次报价和成交的最小变动单位；④价格形成，即交易所按连续、公开竞价方式形成证券价格，当买卖双方在交易价格和数量上取得一致时，便立即成交并形成价格；⑤涨跌幅限制，即为保护投资者利益，防止股价暴涨暴跌，需要对股价的涨跌幅加以限制，超过涨跌幅的委托都是无效的。

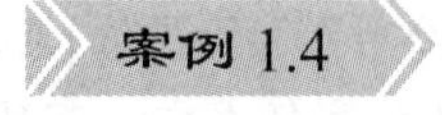
案例 1.4

价格优先，时间优先

假设某交易日某只股票有下列四个卖单，如表1-4所示。

表 1-4　某交易日某只股票的四个卖单

卖单	交易量/手	时间	报价/元
a	350	13：45：00	19.50
b	160	13：46：00	19.52
c	280	13：46：00	19.51
d	160	13：48：00	19.50

按照“价格优先，时间优先”的交易原则，可能的成交顺序是哪一个？

A.c b d a　　B.a b c d　　C.b c a d　　D.a d c b

与做市商机制相比，竞价交易机制交易成本较低，市场透明度较高，但其最大的弊端是不利于大宗交易的顺利完成，且市场流动性和稳定性较做市商市场差。

（二）做市商机制

做市商机制也称报价驱动（quote driven）交易机制，该机制下证券交易的买卖价格均由做市商给出，证券买卖双方通过做市商成交而不直接成交。

做市商机制下价格形成的特征是价格由做市商报价形成。做市商是在看到买卖订单前报出卖价（bid price）和买价（ask price），而投资者在看到做市商报价后才下买卖订单。投资者以要价从做市商购买证券，以出价向做市商销售证券；要价一定大于出价，两者之差是做市商的收入来源。

案例 1.5

做市商的报价

某做市商对股票a的当前报价为11.34/56元，如果你购买股票，你的购买价格为多少？销售价格呢？

在做市商机制下，做市商通过充分发挥交易中介的作用，可以大大提高市场的流动性和稳定性，并有利于大宗交易的顺利完成。但其弊端也是明显的：首先是交易成本较高，实证研究表明，做市商市场的买卖差价高于竞价交易市场，这主要是对做市商提供做市服务的补偿；其次是信息透明度低，相对于其他市场参与者，做市商具有独特的信息优势，因此，做市商常会利用内幕消息提前行动或者合谋限制竞争，不利于市场效率的提高和投资者利益的保护。

（三）混合交易机制

混合交易机制兼具做市商机制和竞价交易机制两类基本交易机制。它是通过在做市商机制的基础上引入竞价交易机制（如1997年以后的纳斯达克）、或者是在竞价交易机制的基础上引入做市商机制[如1986年以后的伦敦证券交易所（London Stock Exchange，LSE）]而形成的。也就是说，混合交易机制的形成有两种途径。第一个途径是原先采用纯粹做市商机制的市场逐渐引入竞价交易机制、实现由竞争性做市商机制向混合型做市商机制的过渡，其典型代表为纳斯达克于1997年实行新的委托处理规则[①]（order handling rules，OHR）后，至今已经建立起了竞价机制加竞争性做市商机制的混合模式。

第二个途径是原先采用竞价机制的市场引入竞争性做市商机制。在这种方式下，做市商的双边报价与投资者的委托共同参与集中竞价，交易仍然主要按照“价格优先、时间优先”的竞价原则进行，做市商或者承担连续报价的义务，或者只承担特定情况下报价的义务。这种混合型做市商机制的典型代表是英国LSE[②]。2003年11月3日，LSE启用了新交易系统SETSmm，交易对象主要为原来在SEAQ（securities exchange automate quotation，即证券交易自动报价系统）交易的FTSE250股票，以及其他符合条件的中盘股（mid caps）。该新系统的最大特点是充分发挥SETS（securities electronic trading system）及SEAQ之优点，结合SETS电子化自动交易指令簿和做市商机制的优点，对不同股票实行不同的交易制度：流动性较好的股票改为竞价交易方式，而流动性较差的则由注册做市商竞争报价。

阅读资料 1.4

混合交易机制的发展

作为做市商机制起源地的纳斯达克市场，于2002年全面启动“超级蒙太奇”（super montage）交易制度改革方案，使所有投资者和做市商的限价委托和报价都将由主机集中显示撮合。这样，在纳斯达克市场上一直处于垄断地位的做市商机制开始逐渐变为做市商与竞价交易相混合的制度。而传统的竞价交易市场巴黎新市场和法兰克福市场，则先后于1996年和1998年引入做市商机制，以补充和完善竞价交易机制撮合效率较低的情况。此外，电子交易技术的发展也逐渐使传统的分散化、场外化的询价谈判交易制度向集中化、场内化方向发展。

（四）交易指令

前面我们已经指出，竞价交易机制是由交易指令驱动的。指令类型包括市价指令（market order）、限价指令（limit order）、止损指令（stop-loss order）和限购指令（stop-buy order）。

市价指令，即根据市场价格买入和卖出证券，成交速度最快，但其缺点是投资者不能控制成交价格。

限价指令，即投资者设置买价的上限或卖价的下限，超过或低于此限价投资者就放

① 这一规则主要包括两方面改革：一方面，限价委托显示规则，要求优于做市商报价的限价委托必须在其报价中显示，或传递给另一机构显示；另一方面，新的报价规则强制条款，要求做市商不得在纳斯达克和ECN（Electronic Communication Network）中显示不同的报价，除非ECN显示的最优价格能够为所有市场参与者观察到并可与之交易。1997年1月首批50家股票开始执行此规则，到1997年10月13日所有的股票全部适用该规则。新委托处理规则对纳斯达克市场产生了重大影响，加速了竞价交易方式在纳斯达克市场的应用。

② LSE是于1986年实施名为“大爆炸”（big bang）的重大改革时引入竞争性做市商机制的。

弃交易。该指令的优点是投资者可以控制成交价格，但其缺点是可能无法成交。

止损指令是指证券买方或卖方所面对的市价上升（下降）到触发价格以上（以下）时，该指令即转化为市价指令。

止损指令的特点

假设某投资者曾以每股15元买进某股票，该股票目前的市价为每股18元。该投资者设立卖出止损指令，触发价格为17元，即一旦价格低于17元，则立即卖出（止损指令变为市价指令）。

由本案例可见，止损指令的特点是：①从卖出止损指令来看，其订单的触发价格必须低于目前的市场价格水平；反之，买进止损指令的触发价格则必须高于目前的市场价格水平。而且，如果价格从18元一路攀升，则卖出止损指令将不能成交，此时投资者可以重新设定止损指令。②止损指令可以保护投资者已持有的证券获得利润（卖出止损指令）或防止（减少）损失（买进止损指令）。

限购指令，即指定一个价格，当达到或超过这个价格时开始购买。

三、证券交易方式

证券交易可采取现货交易（spot trade）、期货交易、期权交易和信用交易四种方式进行。现货交易，即所谓“一手交钱，一手交货”的交易。期货交易和期权交易我们将在第六篇进行详细研究。

目前在较发达的证券市场中除了现货交易，大多允许进行信用交易。信用交易也称垫头交易，一般它是通过买空（buy on margin）和卖空（short sale）方式进行的。所谓买空，即投资者向证券公司借入资金去购买比自己投入的资本量所能购买的更多的证券，它相当于购买了超过自己购买力的证券。卖空则是指投资者交纳一部分保证金，向经纪商借入证券来出售，待证券价格下跌后再买回证券还给借出者的行为，它相当于卖出了本不属于自己的证券。

（一）买空交易

当投资者对市场或某一证券看多，而又不拥有该证券时，投资者即可通过如下程序做买空交易：①投资者建立买空账户，与经纪商订立协议，使其有权用买空的证券作为抵押品向经纪商借款购买证券；②经纪商向投资者垫付资金（一般称为垫金或展金），或当经纪商自有资本不足时，以买空所得的证券作为抵押向银行拆借资金。

在上述买空交易中，为了防止过度投机或投资者的信用风险，有两个重要的制度安排，即垫金率和逐日盯市（mark-to-market）制度。规定垫金率的目的是防止投资者的过度投机。垫金率的计算公式为

垫金率=投资者投入的自有资金/买入证券的盯市价值 （1-1）

其中买入证券的盯市价值计算公式为

买入证券的盯市价值=证券买入量×买入单价 （1-2）

例题 1.1

假设今天某投资者向经纪商借了10 000元，购买每股10元的某股票4 000股，其垫金率为多少？

解：先求该投资者买入证券的盯市价值，根据式（1-2）有

买入证券的盯市价值=证券买入量×买入单价

=10×4 000

=40 000（元）

再根据垫金率的计算公式：

垫金率=投资者投入的自有资金/买入证券的盯市价值

=30 000/40 000

=75%

垫金率会随着股票市价的变动而变动，随着股票市价的上升而下降，随着股票市价的下降而上升。例如，例题1.1中，如果一周后该股票的市价上升为每股12元，则相应的垫金率为30 000/（12×4 000）=62.5%。

进一步看，在买空交易下，如果股票价格上涨，则投资者卖掉股票并支付券商本息后，即可能获得很高的自有资金收益率收益；反之如果股票价格下跌，则可能产生较大的亏损。这即是信用交易的杠杆效应。

信用交易下的杠杆效应甚至会导致投资者的亏损巨大，以至于无力偿还所借入的本金和利息，这就会引发信用风险。正是基于此，信用交易下都设立了逐日盯市制度，以保证投资者有必要的偿还保证金。对逐日盯市制度的详细分析可参阅第十六章“远期合约与期货”。

（二）卖空交易

当投资者看空某证券，且在自己不拥有该证券，又希望利用看空挣得利润时，即可实行卖空交易。卖空交易的基本过程是：首先投资者向证券公司交付垫金并借入证券，趁证券价格尚未下跌之时卖掉该证券获得资金；其次在证券价格下跌以后，用卖出所得资金买回所借数量的证券；最后，投资者将证券还给证券公司。在这一过程中由于投资者高价卖出而低价买入，使投资者利用看空挣得了利润。

为防止过度投机和控制卖空风险，一般对卖空行为都会有所限制。例如，美国有关规则规定，卖空收入应记录在证券公司账户，且在投资者偿还证券之前不能用于其他投资。

例题 1.2

在买空情况下，如果某投资人以每股10元购买某股票1 000股。如果初始保证金为60%，那么他至少需要多少自有资金？如果维持保证金为30%，那么当股票价格跌至多少时，他将收到补充保证金的通知？进一步，假定保证金率不变，如果投资者卖空1 000股呢？

解：假设P为每股市价，n为股票数量，P_0为每股卖价。在买空情况下，投资者的自有资金为10×1 000×60%=6 000元，其需要融资4 000元。

该投资者收到补充保证金通知的价位为

$$(P\times 1\,000-4\,000)\ /\ P\times 1\,000=30\%$$

由此解得P=5.71元。

在买空情况下，投资者的自有资金为10×1 000×60%=6 000元，需要融券1 000股，投资者的总资产为16 000元。其收到补充保证金通知的价位为

$$(16\,000-P\times 1\,000)/P\times 1\,000=30\%$$

由此解得P=12.31元。

➢本章小结

本章主要研究了证券市场的特征、证券市场的基本功能、证券发行市场、证券交易市场及证券交易方式五个方面的问题。

证券市场是有价证券发行和流通，以及与此相适应的组织与管理方式的总称。通常包括证券发行市场和证券流通市场。证券市场的基本功能包括优化融资结构并拓展融资渠道、提升资产的流动性、优化资源合理配置，以及促进产权交易。

证券发行市场，即通常所说的一级市场，它是指证券发行人发行股票、债券和其他证券以筹集资金的市场。证券交易市场也称二级市场，是指已发行的证券在投资者间进行交易的场所。二级市场为一级市场新发行的证券带来流动性，换言之，一个功能完善的二级市场的存在会使一级市场的证券发行对投资者更具吸引力。

证券交易机制可分为竞价交易机制、做市商机制和混合交易机制三种机制安排。竞价交易机制又称指令驱动机制，该机制下证券买卖双方的订单直接进入交易市场，市场的交易中心以买卖价格为基准按照一定的原则和规则进行撮合成交。

竞价交易机制下价格的形成取决于交易者的买卖指令，它又分为集合竞价和连续竞价两种价格形成机制。集合竞价，即所谓间断性竞价，其买卖订单不是在收到之后立即予以撮合，而是由交易中心将在不同时点收到的订单累积起来，到一定时刻再进行撮合。

做市商机制也称报价驱动交易机制，该机制下证券交易的买卖价格均由做市商给出，证券买卖双方通过做市商成交而不直接成交。

做市商机制下价格形成的特征是，价格由做市商报价形成，做市商是在看到买卖订单前报出卖价和买价，而投资者在看到做市商报价后才下买卖订单。投资者以要价从做市商购买证券，以出价向做市商销售证券；要价一定大于出价，两者之差是做市商的收

入来源。

混合交易机制兼具做市商机制和竞价交易机制两类基本交易机制。它是通过在做市商机制的基础上引入竞价交易机制，或者是在竞价交易机制的基础上引入做市商机制而形成的。

目前在较发达的证券市场中除了现货交易外，大多允许进行信用交易。信用交易也称垫头交易，一般它是通过买空和卖空方式进行的。所谓买空，是指投资者向证券公司借入资金去购买更多的证券，它相当于购买了超过自己购买力的证券。卖空则是指投资者交纳一部分保证金，向经纪商借入证券来出售，待证券价格下跌后再买回证券还给借出者的行为，它相当于卖出了本不属于自己的证券。

➢练习题

一、名词解释

市价指令　限价指令　二级市场

二、简答题

1.简述证券市场的定义与特征。

2.简述证券市场的基本功能。

3.简述公司和资本市场间的资本流动。

三、计算分析题

假设某投资者向经纪商借款 15 000 元，购买每股 12 元的某股票 5 000 股，其垫金率为多少？如果该股票的市价上升为每股 15 元，垫金率是如何变动的？并简要说明信用交易的风险。

第二章

市场主体与投资工具

本章从融资主体、投资主体、中介主体和市场监管等角度，对证券市场主体进行全面的研究和介绍，并对证券投资工具进行分析和界定。

第一节　融资主体与投资主体

证券市场的融资主体包括公司、金融企业和政府，投资主体主要由机构投资者和个人投资者组成。

一、融资主体

广义的融资既包括资金的融入又包括资金的融出，而这里所讲的融资是指狭义的融资，专指资金的融入。市场的融资主体主要是上市公司或证券发行人[①]。在一个证券市场中，融资者提供了初始证券的供给。这里首先需要明确的是，证券的供给可分为存量供给和增量供给，前者是指二级市场上证券持有者的卖出行为；后者是指融资者为筹措资金而在一级市场上发行证券导致的证券供给。也就是说，存量供给是投资者之间在二级市场上的买卖行为，其买卖标的是已存在（上市）的证券；增量供给是融资者与投资者之间在一级市场上的买卖行为，其交易标的是初次发行（但未上市）的新增证券。

证券市场的融资主体包括公司[②]、金融企业和政府。作为筹资主体，它们是证券市场的资金需求者。融资通过在证券市场上发行有价证券（主要是股票和债券）进行。这些有价证券被称为融资工具（financial instruments）。从投资者角度来说，融资工具又被称作金融资产（financing assets）。

---

① 实际上，证券公司及公司型证券投资基金等机构也会构成融资主体。

② 就中国来说，这里的公司是指按照《公司法》，经有关部门批准，有资格和有条件在证券市场上通过发行股票或债券进行筹资的非金融类公司。后面在不加说明的情况下，我们所说的公司是指非金融类公司，也就是工商企业。

（一）公司

公司历来是证券市场上主要的资金需求者之一。公司在证券市场上筹资的目的大致有以下几种：第一，降低平均资金成本；第二，改变资本结构，优化财务结构；第三，为特定项目或资本运作[①]进行融资；第四，为扩大生产规模融资；第五，满足临时性、周转性资金需求而融资；第六，其他目的。

在证券市场上，公司筹集的资金需求规模巨大，同时，可供公司选择的筹资方式也多种多样。从筹资工具来看，公司既可以采用发行股票方式进行融资，也可以采用发行债券方式进行融资，还可以通过发行其他融资工具（如可转换债券）进行融资。就地域来说，公司既可以选择国内融资，也可以选择国外融资，如我国不少公司就选择到美国和新加坡等地的债券市场上筹措资金。但是，无论在什么地方筹资，都需要具备相应的筹资资格和符合证券发行条件。

公司的短期融资需求可以通过发行短期债券予以解决，而长期融资需求则可采取发行中长期债券或者发行股票（包括首发、增发或者配股）等方式进行解决。需要说明的是，证券市场融资并不是企业融资的唯一渠道，企业还可采取内源融资（也就是通过未分配利润转增资本）或其他外源融资方式，如政府贷款、国际组织贷款、银行贷款和金融租赁等。

（二）金融企业

作为筹资主体的金融企业与非金融公司类似，可以通过在证券市场上发行股票或债券（金融企业债券）进行融资。金融企业在证券市场上发行证券的目的大致有以下几种：第一，补充资本金，增强抵御金融风险的实力。例如，民生银行、招商银行、深圳发展银行等股份制银行发行股票和次级债券非常重要的目的之一就是补充资本金；而证券公司等金融企业通过发行股票壮大了资本实力。第二，实现股权开放化，优化治理结构，增强竞争力。例如，传统的中国四大商业银行——中国银行、中国建设银行、中国工商银行和中国农业银行均已完成了股份制改造，成功上市。第三，其他特定目的。例如，商业银行为了特定项目贷款筹资而发行的证券。

我们将金融企业划分为商业银行和非银行金融企业（包括政策性银行[②]、企业财务公司和其他金融机构）两类。金融企业可以通过发行金融债券进行融资。根据中国人民银行制定的《全国银行间债券市场金融债券发行管理办法》可知，金融债券是指依法在中华人民共和国境内设立的金融机构法人在全国银行间债券市场发行的、按约定条件还本付息的有价证券。这些金融机构法人包括政策性银行、商业银行、企业集团财务公司及其他金融机构。而商业银行次级债券是指商业银行发行的，本金和利息的清偿顺序列于商业银行其他负债之后、商业银行股权资本之前的债券。需要说明的是，商业银行次级债券是金融债券的一种，其募集资金的用途被限定为补充附属资本。相对于商业银行

---

① 如为了并购（merger & acquisition，M&A）而进行的融资。

② 严格地说，政策性银行不属于企业，但是根据规定政策性银行可以发行证券筹集资金，因此从其在证券市场筹资的角度，我们在不严格区分的情况下将其视为金融企业的一部分。

次级债券而言，金融债券的发行人包括所有金融机构，所募资金用途也较为广泛，而不仅限于补充附属资本。

（三）政府

这里的政府包括中央政府和地方政府。政府作为筹资主体进入证券市场的特点在于其仅参与债券市场。政府在证券市场融资的目的大致有以下几种：弥补财政赤字、筹措经济建设所需资金、宏观调控目的和其他特别目的（如中国财政部曾发行特别国债补充国有银行资本金）。政府作为筹资者既可以进入国内证券市场，也可以进入国外市场。中央政府发行的债券在中国被称为国债，其特点是不存在信用风险、利率低、流动性高和收入免税[①]。

案例 2.1

中国证券市场的融资情况

表2-1给出了中国证券市场上2012~2014年股票和债券的融资情况。

表 2-1　中国证券市场 2012~2014 年的融资情况

年份	境内股票融资（非金融企业)/亿元	企业债券融资/亿元	社会融资总规模/亿元
2012	2 522	22 541	157 631
2013	2 217	18 113	173 169
2014	4 345	24 258	164 571

资料来源：Wind 数据库

二、投资主体

证券市场的投资主体主要由机构投资者和个人投资者组成。其中机构投资者是最为重要的投资主体，主要包括证券投资基金、金融公司和其他专业机构。

（一）证券投资基金

目前在全球资本市场中，证券投资基金是规模最大、影响力最广泛的机构投资者。这里我们主要从投资主体的角度进行分析，其作为投资工具的属性将在本章第三节进行研究。

从投资主体的角度看，作为一个专业的投资机构，我们可以从不同角度对证券投资基金进行分类。

1.按组织形式分为契约型基金和公司型基金

契约型基金又称单位信托，是指将投资者、管理人、托管人三者作为基金的当事人，

① 中国正在逐步试点地方政府债券的发行。经国务院批准，2014 年上海、浙江、广东、深圳、江苏、山东、北京、江西、宁夏、青岛试点地方政府债券自发自还。

通过签订基金契约的形式发行受益凭证而设立的一种基金。契约型基金起源于英国，后来在中国香港、新加坡、印度尼西亚等国家和地区十分流行。契约型基金是基于信托原理而组织起来的代理投资方式，没有基金章程，也没有公司董事会，而是通过基金契约来规范三方当事人的行为。基金管理人负责基金的管理操作，基金托管人作为基金资产的名义持有人，负责基金资产的保管和处置，并对基金管理人的运作实行监督。

公司型基金是依据基金公司章程设立，在法律上是具有独立法人地位的股份公司。公司型基金以发行股份的方式募集资金，投资者购买基金公司的股份后，以基金持有人身份成为基金公司的股东，凭借其持有的股份依法享有投资收益。公司型基金在组织形式上与股份有限公司类似，设有董事会和持有人大会，基金资产归基金公司股东所有。公司型基金的设立程序类似于股份有限公司，但不同于一般股份公司，它是委托基金管理公司作为专业的财务顾问或管理公司来经营、管理基金资产的。

契约型基金与公司型基金的区别主要有：①资金的性质不同。契约型基金的资金是通过发行基金份额筹集起来的信托财产；公司型基金的资金是通过发行普通股票筹集起来的，是公司法人的资本。②投资者的地位不同。契约型基金的投资者在购买基金份额后成为基金契约的当事人之一。投资者既是基金的委托人，即基于对基金管理人的信任，将自有资金委托给基金管理人管理和营运，又是基金的受益人，即享有基金的受益权。公司型基金的投资者在购买基金公司的股票后成为该公司的股东，享有投票权和决策权。因此，公司型基金的投资者对基金运作的影响大于契约型基金的投资者。③基金的营运依据不同。契约型基金依据基金契约营运基金，而公司型基金必须依照基金公司章程营运基金。

2.按投资标的分为国债基金、股票基金、货币市场基金等

（1）国债基金是一种以国债为主要投资对象的证券投资基金。由于国债的年利率固定，又有国家信用作为保证，因而这类基金的风险较低，适合于稳健型投资者。国债基金的收益受市场利率的影响，当市场利率下调时，其收益会上升；反之，若市场利率上调，其收益将下降。除此之外，管理人在购买国际债券时，往往还需在外汇市场上做套期保值，因此汇率也会影响基金的收益。

（2）股票基金是指以上市公司的股票为主要投资对象的证券投资基金。股票基金的投资目标侧重于追求资本利得和长期资本增值。基金管理人拟定投资组合，将资金投放到一个或几个国家，甚至全球股票市场，以达到分散投资、降低风险的目的。股票基金是最重要的基金品种，它的优点是资本的成长潜力较大，投资者不仅可以获得资本利得，还可以通过股票基金将较少的资金投资于各类股票，从而达到在保持较高收益的同时降低投资风险的目标。按基金投资的分散化程度，股票基金可分为一般股票基金和专门化股票基金，前者分散投资于各种普通股票，风险相对较小；后者专门投资于某一行业、某一地区的股票，风险相对较大。由于股票投资基金聚集了巨额资金，为防止基金过度投机和操纵股市，各国政府对股票基金都进行了严格的监督，不同程度地规定了基金购买某家上市公司的股票总额不得超过基金资产净值的一定比例。

（3）货币市场基金是以期限在一年以内的货币市场工具为投资对象的基金，投资对象包括银行短期存款、国库券、公司短期债券、银行承兑票据以及商业票据等。货币市

场基金的优点是资本安全性高、购买限额低、流动性强、收益较高、管理费用低，有些还不收取赎回费用。因此，货币市场基金通常被认为是低风险的投资工具。

（4）黄金基金是指以黄金或其他贵金属及其相关产业的证券为主要投资对象的基金。其收益率一般随贵金属的价格波动而变化。

（5）衍生证券投资基金是一种以衍生证券为投资对象的基金，包括期货基金、期权基金、认股权证基金等。这种基金风险大，因为衍生证券一般是高风险的投资品种。

案例 2.2

中国的基金类型

表2-2列示了截至2015年6月10日中国不同类型基金的数量及其基金份额。

表 2-2 中国的基金类型

基金类型	基金数目/只	基金份额/亿份
股票型	818	14 291.77
混合型	619	13 037.53
债券型	481	3 208.31
货币市场型	235	22 532.45
QDII	95	873.04
另类投资基金	11	51.56

资料来源：数据来自 Wind 数据库

3.按投资目标分为成长型、收入型和平衡型基金

成长型基金追求的是基金资产的长期增值。为了达到这一目标，基金管理人通常将基金资产投资于信誉度较高、有长期成长前景或长期盈余的公司股票。成长型基金又可分为稳健成长型基金和积极成长型基金。

收入型基金主要投资于可带来现金收入的有价证券，以获取当期的最大收入为目的。收入型基金资产的成长潜力较小，损失本金的风险相对也较低，一般可分为固定收入型基金和股票收入型基金。固定收入型基金的主要投资对象是债券和优先股，收益率较高，但长期成长潜力较小，且当市场利率波动时，基金净值容易受到影响。股票收入型基金的成长潜力较大，但易受股市波动的影响。

平衡型基金将资产分别投资于两种不同特性的证券上，在以取得收入为目的的债券及优先股和以资本增值为目的的普通股之间进行平衡。这种基金一般将 25%~50%的资产投资于债券及优先股，其余投资于普通股。平衡型基金的主要目的是从其投资的债券组合中得到适当的利息收益，同时又可以获得普通股的升值收益。投资者既可以得到当期收入，又可以获得资金的长期增值。平衡型基金的优点是风险比较低，缺点是成长潜力不大。

4.其他类型基金

（1）对冲基金（也称避险基金或套利基金）意为“风险对冲过的基金”，起源于 20

世纪50年代初的美国。其操作宗旨在于利用期货、期权等金融衍生产品及对相关联的股票进行空买空卖、风险对冲的操作技巧，在一定程度上规避和化解投资风险。1949年，世界上诞生了第一只采取有限合作制的琼斯对冲基金。对冲基金自20世纪50年代出现以来，在接下来的30年并未引起太多关注。直到20世纪80年代，随着金融自由化的发展，对冲基金有了更广阔的投资机会，才进入了快速发展阶段。20世纪90年代，随着世界通货膨胀威胁逐渐减少，金融工具日趋成熟和多样化，对冲基金进入了蓬勃发展时期。投资活动的复杂性、投资效用的高杠杆性、筹资方式私募性，以及操作的隐蔽性与灵活性是目前对冲基金最主要的特点。

（2）此外，还有伞型基金、基金的基金和保本基金等不同的基金类型。所谓伞型基金，是指在母基金下设立子基金，其意图是进一步扩大投资者的选择空间；基金的基金，是指其投资以基金为对象；保本基金的特点在于保证本金的安全[①]，其主要以债券为投资对象。

5.证券投资基金的投资特点

证券投资基金之所以在许多国家受到投资者的广泛欢迎，发展迅速，与证券投资基金本身的投资特点密切相关。作为一种现代化投资工具，证券投资基金的特点如下。

（1）集合投资。基金的特点是将零散的资金汇集起来，交由专业机构投资于各种金融工具，以获得资产增值。基金对投资的最低限额要求不高，有些基金甚至不限制投资额大小，这使投资者可以根据自己的经济能力决定购买数量。证券投资基金可以最广泛地吸收社会闲散资金，汇成规模巨大的投资资金，在参与证券投资时，可以享有大额投资在降低成本上的相对优势，取得规模效益。

（2）分散风险。以科学的投资组合降低风险、提高收益是基金的另一大特点。在投资活动中，风险和收益总是并存的。小额投资者由于资金有限，很难做到资产多样化。基金由于其集合投资的特点，可以利用集中起来的资金，在规定的投资范围内分散投资于多种证券，实现资产组合多样化，达到分散投资风险的目的。

（3）专业理财。将分散的资金集中起来以信托方式交给专业机构进行投资运作，既是证券投资基金的一个重要特点，又是它的重要功能。基金实行专业理财制度，具备丰富证券投资经验的专业人员可以运用各种技术手段收集、分析各种信息资料，预测金融市场上各个品种的证券的价格变动趋势，制订科学的投资策略和投资组合方案，从而最大限度地获取收益。对中小投资者来说，投资者可以获得基金管理人在市场信息、投资经验、金融知识和操作技术等方面的优势，尽可能避免盲目投资带来的失误。

（二）金融公司

金融公司是指作为投资主体的证券公司（securities company）、保险公司（insurance company）、信托公司（trust company）、财务公司（finance company）和银行等金融机构。

---

① 一般只对到期的本金保本，非到期本金则按基金净值计算。

1.证券公司

证券公司是指专门从事有价证券买卖的法人企业，分为证券经营公司和证券登记公司。狭义的证券公司是指证券经营公司，它具有证券交易所的会员资格，可以承销发行、自营买卖或代理买卖证券。从证券经营公司的功能划分，可分为证券经纪商、证券自营商和证券承销商。所谓证券经纪商，是指代理买卖证券的证券机构，该机构接受投资人委托，代为买卖证券，并收取一定手续费，即佣金；所谓证券自营商，是指自行买卖证券的证券机构；所谓证券承销商，是指以包销或代销形式帮助发行人发售证券的机构。实际上，许多证券公司是兼营这三种业务的。按照各国现行的做法，证券交易所的会员公司均可在交易市场进行自营买卖，但专门以自营买卖为主的证券公司为数极少。

作为证券自营商，证券公司只能动用资本金和自由运营资金，以及其他经过批准的资金，而不能动用客户端的保证金等去投资。证券公司用其资本金、自由运营资金或者其他经批准的资金在证券市场进行投资时，有资金优势、信息优势、进出市场方便等特点，可以实现规模化投资和良好的投资分散组合，实现专业化管理。作为投资主体，证券公司的投资目的是营利，不过证券公司有时以自由资金入市是为了维护市场流动性和活跃交易。

2.保险公司

保险公司是指经营保险业的经济组织。作为一种金融中介，其业务特点是在投保人发生某种损失并符合保险赔付条件时进行支付，而投保人为得到这样的保险赔付必须在事先签订保险合同并支付保险金。保险公司一般包括直接保险公司和再保险公司，在中国一般是指直接保险公司，而直接保险公司一般可以分为人寿保险公司和财产意外保险公司两大类。

保险公司的主要收入来自保费，而主要支出则是保险赔付和自身运行成本，收入减去各类支出后形成保险公司的利润。保险公司是西方证券市场的主要机构投资者之一。据统计[①]，全球每年有高达 2 万亿美元的保费收入，而这些保费中有 90%都用于再投资，且投资有价证券的比例高达 40%，高于其他任何投资方式。

人寿保险的特点在于其保险赔付的可预测性，而且赔付仅限于契约规定的事件发生时或者到期时才会支付。因此人寿保险公司具备资金来源相对稳定、支付可预测的特点，故作为投资主体的人寿保险公司在证券市场投资目标上以追求高收益为目标，主要投资于高收益高风险的股票。

财产意外保险则具备偶发性和不确定性，故保险赔付具备不可预测性的特点。这决定了财产意外保险公司作为证券市场投资主体在市场选择上和投资工具选择上有自己的特点。财产意外保险公司非常注重流动性，故在市场选择上一般进入货币市场。而在证券市场上，财产意外保险公司一般选择国债作为投资工具，或者选取高质量的企业债券作为投资对象。

3.信托公司

信托公司是指依法设立的主要经营信托业务的金融机构。这里所谓的信托业务，是指

① 谢百三.金融市场学.北京：北京大学出版社，2003.

信托公司以营业和收取报酬为目的，以受托人身份承诺信托和处理信托事务的经营行为。

一般而言，信托产品可以分为如下四类：贷款信托类，即通过信托方式吸收资金用来发放贷款的信托方式，这种类型的信托产品，是目前数量最多的一种；权益信托类，这一类型的信托产品，是通过对能带来现金流的权益设置信托的方式来筹集资金；融资租赁信托；不动产信托，土地与地上或地下的各种建筑设施统称为不动产，最典型的就是房地产信托。

国际上信托投资公司的投资业务大多分为两类：以某公司的股票和债券为经营对象，通过证券买卖和股利、债息获取收益；以投资者身份直接参与对企业的投资。信托公司在证券市场上仍然是采取专家管理，采取分散化组合投资策略。

4.财务公司

财务公司是一种提供部分非银行金融业务，在证券市场上以投资国债和企业债为主，对证券投资采用谨慎态度，注重安全性的公司。以自有资金和经主管部门批准的资金来源进行投资。西方国家的财务公司还兼营外汇、联合贷款、包销证券、财务及投资咨询服务等。截至 2008 年 1 月，中国 150 多家央企中有 40 家已成立财务公司。

5.银行

这里的银行我们主要是指商业银行。银行作为间接融资市场的主体，在间接融资市场充当金融中介。但银行也可以在证券市场上充当参与主体，作为筹资者，银行可以发行金融债券或者股票进行筹资；同时，银行也可以动用合法资金，在证券市场上投资国债、企业债和股票，成为证券市场的投资主体。需要说明的是，目前大多数国家禁止银行投资工商企业的股票，但随着银行业务综合化的趋势，股票有可能成为银行的投资品种。

银行作为机构投资者参与证券市场，其资金来源是银行自有资金及经过批准的资金，其参与证券市场投资必须确保流动性和安全性，流动性和安全性是第一位的，营利性是其次的。另外，银行充当证券市场投资者的目的是优化资产的期限结构和降低流动性风险，如通过持有流动性高风险低的债券，能够优化其资产的期限结构，降低整体风险。各国对银行参与证券市场都进行了不同程度的限制，中国采取了分业经营政策，按照政策法律规定，银行的自由资金投资证券市场的范围仅限于国债，不准投资股票市场。

中国金融公司的股票投资

表2-3列示了截至2014年12月31日中国金融公司的持股情况。

表 2-3 金融公司的股票投资

机构类型	持有证券数量			持股市值/万元		
	本期	变动	上期	本期	变动	上期
全部	2 574	62	2 512	1 977 366 999.81	577 742 833.87	1 399 594 165.94
一般法人	2 325	75	2 250	1 639 313 177.55	432 452 810.24	1 206 860 367.31

续表

机构类型	持有证券数量			持股市值/万元		
	本期	变动	上期	本期	变动	上期
基金	2 419	531	1 888	151 335 827.26	73 911 042.97	77 424 784.29
保险公司	381	38	343	99 529 214.17	48 727 034.02	50 802 180.15
社保基金	627	52	575	16 388 765.99	3 449 579.97	12 939 186.03
券商集合理财	937	−151	1 088	5 846 224.49	835 902.16	5 010 322.33
QFII	231	3	228	15 466 032.58	4 031 860.01	114 341 72.56
阳光私募	455	−5	460	3 646 828.31	567 053.86	3 079 774.45
券商	347	74	273	3 772 243.27	1 135 785.48	2 636 457.79
财务公司	37	−7	44	584 057.68	−89 995.21	674 052.90
信托公司	100	−43	143	5 320 379.03	1 148 089.01	4 172 290.02
非金融类上市公司	172	−2	174	35 557 704.90	11 634 044.62	23 923 660.28
银行	21	−6	27	503 378.32	−64 089.96	567 468.27
企业年金	27	2	25	73 166.26	11 462.40	61 703.86
基金管理公司	0	−1	1			7 745.71

资料来源：Wind 数据库

（三）其他机构投资者

1.私募基金

所谓私募基金是相对于公募基金而言的，是指通过非公开方式，面向少数机构投资者或者特定募集对象的基金。私募基金的设立并不通过公开募集的方式，因而广告费等费用少；由于是定向募集，因而募集成功机会大；同时由于信息披露等要求低，因而受到的监管少。目前，中国私募基金还没有得到法律的正式承认，但却以各种形式存在着。就投资方向来说，私募基金既可以投资证券市场又可以投资实际产业。

作为机构投资者，私募基金与公募基金类似，有着专家理财、集合投资分散风险、收益共享风险共担的特点。但私募基金的独特点在于，私募基金的发起人、管理人必须以自有资金投入基金管理公司，基金运作的成功与否与他们的自身利益紧密相关。同时，私募基金的投资对象非常明确，服务对象也十分明确，而且严格限制投资者范围。投资策略高度保密、操作手法多样性等也是私募基金的特点。

2.合格境外机构投资者

一些国家和地区，尤其是新兴市场经济体，在对外开放的过程中，由于货币没有实现完全自由兑换，在资本项目存在管制的情况下，为避免和控制外资介入可能带来的负面影响、防范证券市场开放带来的市场风险、维护金融体系安全与稳定，相继引入了合格境外机构投资者（qualified foreign institutional investor，QFII）制度。QFII 制度最初于 1990 年由中国台湾引入，20 世纪 90 年代初期，其他发展中国家，如韩国、印度和巴西也陆续成功引入。一国管理部门可以对 QFII 实施必要的限制，常见的限制包括资格条件、投资登记、投资额度、投资方向、投资范围、资金的汇入和汇出限制等。这些限制的存在使 QFII 与本国的经济和证券市场的发展相适应，可以有效地抑制境外投机性游资对经济的冲击，进而推动本国资本市场的国际化和健康发展，保护本国资本市场的独立性。作为一种过渡性制度安排，随着证券市场的最终完全开放，政策放宽直至最终被取消是 QFII 未来的发展方向。

在证券市场上，QFII 的市场功能体现在六个方面：第一，优化投资者结构；第二，QFII 的投资理念、盈利模式、投资策略等带来示范效应；第三，发挥作为机构投资者的功能；第四，规范市场运行，恢复投资者信心；第五，加速证券市场国际化步伐；第六，长远地看，QFII 的功能在于为国内市场的改革和开放提供动力。QFII 的引入，注入了新鲜血液，带来了新的理念、盈利模式和操作技巧，深刻地影响微观市场和宏观市场，从而为国内市场的改革和开放提供了动力。

案例 2.4

中国QFII持股分析[①]

第一，持股家数较中期持平，持股数和持股市值出现明显减少。

根据2007年10月底上市公司2007年3季报统计显示，在10大流通股股东中，QFII持股家数为207家，较中期增加2家；持股数156.07千万股，相比2007年中期持股数269.50千万股减少113.43千万股。尽管3季度上海证券综合指数（以下简称上证综指）出现单边大幅增长现象，涨幅超过45%，但是相比A股市场的持续火爆，QFII却不断减仓，所持股份流通市值出现大幅度减少，从2007年中报的603.25亿元减少到412.22亿元，减少近三分之一。可见，随着A股市场估值持续高企，QFII持股态度已出现明显的变化。

第二，在指数上行过程中加快调仓步伐。

从QFII2007年中报和3季报持仓家数看，尽管总体保持持平，但是持仓却出现巨大变化，在3季度，被QFII剔除10大重仓股的股票达到77只。在被剔除的这77只个股中，既有高位被获利了结的个股，如金马集团、上海航空、承德钒钛、开滦股份、吉恩镍业、云天化、中色股份、南方航空等，这些个股3季度涨幅均在100%以上；股价持续疲弱的个股也遭遇QFII减仓，如长城开发、中科三环、同洲电子等。就行业而言，有色金属被高位减持迹象明显，承德钒钛、中色股份、驰宏锌锗、吉恩镍业均被剔除10大股东行列。上海航空、南方航空等也被QFII在高位顺利出局。另外石化、钢铁等一直为QFII所喜好的周期行业个股也被QFII减持，在成熟的市场投资理念主导下，一旦估值高出QFII预期，阶段抛出当是他们的不二选择。

第三，持股继续由集中转向分散。

由于QFII普遍具有成熟的市场投资理念，开始进入中国市场时其选股思路有较大的趋同性，对优质个股也素有保持集中扎堆持有的习惯，如鞍钢股份、平煤天安、天威保变、振华港机等个股均曾为QFII集中持股。但是从2006年开始，随着公募基金的快速扩容以及保险社保基金的加速进入市场，受额度限制的QFII已越来越难以跻身10大股东行

---

① 郝国梅. 2007 年三季度 QFII 持股动向分析. 股市动态分析，2007，（21）：46-47.

列，与之对应，持股也持续显现逐步分散化的迹象。统计显示，在3季报QFII跻身10大股东的207家公司中，有152只个股被单家QFII持有，29只个股被两家QFII持有，12只个股被3家QFII持有，仅有6只个股被4家QFII共同持有，7只个股被5家QFII持有，美的电器一只个股被7家QFII持有。

第四，伴随估值逐步高企优质个股被逐步派发。

钢铁、银行等大盘蓝筹股曾为QFII集中重仓持股，但伴随A股市场的一路高歌，在市场估值已被充分发掘的背景下，许多被市场公认的优质个股也被QFII逐步派发，如华菱管线在1季度时有5家QFII持股，中报仅剩两家公司，3季度则全部隐退，难觅踪影。银行股也是QFII重点派发的个股、浦发银行、招商银行中报已退出10大股东行列，3季度深发展、华夏银行、兴业银行、交通银行和中信银行则全部退出。除钢铁、银行股外，部分煤炭、机械等中期也遭遇QFII的减持，如开滦股份、国阳新能等3季度均被QFII减持。

第五，部分优质龙头品种仍收囊中，对潜力品种进行积极挖掘。

2007年3季度美的电器以7家QFII持有17 747.2万股（合65亿元流通市值）继续拔得QFII持股头筹；但是除万科A外，中报10大重仓股中的另外8只均名落孙山，QFII调仓剧烈由此也可见一斑。白云机场为3季度QFII第2大重仓股，4家QFII持仓量占流通股的13.29%，其中雷曼兄弟和摩根大通为新进股东，瑞士银行3季度增仓2 077万股，世茂股份作为第6大重仓股，加拿大丰业银行和德意志银行都是其新进股东，持有流通市值也达到10.69%；机械行业龙头股中联重科已不在10大重仓股名单中，但是三一重工却跻身前10，4家QFII持有2 773万股，占流通股6.26%。

对优质品种的挖掘与持续持有是QFII进入A股市场以来的一大鲜明特点，从2007年以来的情况看，QFII对市场阶段涨幅较大的部分优质个股则做出了果断减仓的举动，目前看行业持股特色已不太鲜明，3季度新增仓股也多以防御为主。

第二节　证券市场的中介与监管

分工和专业化提升效率，这一点在证券市场上也得到了淋漓尽致的体现。融资者要想提升融资的效率并取得融资的成功，就离不开各类市场中介提供的专业化服务；投资者要正确解读各种公开信息的含义并充分利用这些信息进行投资决策，就需要各类专业中介机构的服务和指导。

进一步看，融资主体、投资主体、中介主体都有其各自的利益所在，为了自身利益的最大化，就有可能损害其他主体的利益，为此，就需要监管部门的介入。

一、证券市场的中介主体

证券市场中的中介主体主要包括证券公司、会计师事务所、律师事务所和证券咨询公司等，其主要任务是为证券市场中的投融资双方服务，满足投融资双方的相关需求。

（一）证券公司

证券公司又称证券商或投资银行，其主要业务包括证券投资、证券经纪、投资银行和资产管理[①]。

1.证券经纪业务

证券经纪业务是指证券公司充当投资者之间买卖证券的中介，为投资者提供买卖决策建议等服务，并收取交易佣金的业务方式。这一业务方式自证券公司产生之日起存在，至今仍是证券公司的重要业务方式和利润来源。

2.投资银行

投资银行业务主要包括企业上市策划、证券营销、购并业务等，这些业务都会给证券公司带来数额较大的顾问费或提成收入。特别是购并业务已成为全球主要证券公司的一项重要利润来源渠道，证券公司在购并业务中已不仅仅局限于为购并双方提供顾问服务，而是通过提供杠杆资金等方式，逐步成为购并中的一方。投资银行业务所创造的利润在各证券公司中所占比例正在逐步上升，见表 2-4。

表 2-4 美国三大证券公司投行业务收入

年份	2013			2014		
证券公司	J.P 摩根	高盛	摩根斯坦利	J.P 摩根	高盛	摩根斯坦利
投行收入/10^6美元	6 454	6 004	5 246	6 542	6 464	5 948
占总收入比重/%	11.92	17.55	16.58	12.94	18.72	18.31

资料来源：各公司 2014 年度财务报告

3.资产管理业务

资产管理业务是证券公司一项较新的业务方式，它主要为客户提供财务顾问、资产配置和处置服务、代客理财服务等，并收取服务费。该项业务所创造的收入也已成为证券公司的重要利润来源，见表 2-5。

表 2-5 美国三大证券公司资产管理收入

年份	2013			2014		
证券公司	J.P 摩根	高盛	摩根斯坦利	J.P 摩根	高盛	摩根斯坦利
资产管理收入/10^6美元	15 106	5 194	9 638	15 931	5 748	10 570
占总收入比重/%	28.35	15.18	30.46	31.50	16.65	30.53

资料来源：各公司 2014 年度财务报告

案例 2.5

中国证券公司的利润构成

2014年度，根据证券业协会的统计排名，按照公司的总资产，中信证券、海通证券

① 传统上，根据证券公司的业务范围，可分为经纪性证券公司和综合性证券公司。前者以经纪业务充当投资者之间买卖证券的中介，为其主营业务；后者则是四大业务同时开展。这里我们研究证券经纪、投资银行和资产管理三大业务，其投资业务已在第一节介绍。

和国泰君安分别位居前三。

由表2-6可以看出，这三家证券商，2014年四大传统业务都有很大的增长，尤其是资管业务，创造了2014年中信证券和海通证券的主要利润。投行业务的增长也很大，在总利润中的比重也比较大，特别是在国泰君安，对各业务总利润的贡献超过50%。经纪业务带来的利润的贡献已经十分小了，券商的利润来源不再对经纪业务有太大依赖。

表 2-6　2014 年度前三名证券公司的利润构成

证券	项目	收入		利润			各业务对利润的贡献/%
		数额/亿元	同比/%	数额/亿元	同比/%	利润率/%	
中信证券	经纪业务	101.77	55.62	50.94	71.59	50.05	1.08
	资管业务	6 111.31	265.67	3 172.67	396.97	51.91	67.07
	投行业务	3 582.21	68.34	1 369.8	113.5	38.24	28.96
	自营业务	—	—	136.93	176.18	10.13	2.89
海通证券	经纪业务	71.32	53.21	41.92	80.48	58.77	2.26
	资管业务	1 836.52	209.8	1 127.54	1 909.74	61.4	60.70
	投行业务	1 264.95	88.83	621.68	168.39	49.15	33.47
	自营业务	—	—	66.35	141.98	10.58	3.57
国泰君安	经纪业务	105.76	54.2	51.5	50.29	48.69	3.71
	资管业务	1 314.48	45.72	325.96	52.66	24.8	23.47
	投行业务	1 572.89	69.69	917.98	40.67	58.36	66.09
	自营业务	—	—	93.59	709.6	14.64	6.74

（二）其他中介

其他市场中介主要包括财务审计事务所、律师事务所、证券投资咨询公司等。

1.财务审计事务所

1853 年，苏格兰爱丁堡创立了第一个注册会计师专业团体——爱丁堡会计师协会，该协会的成立，标志着注册会计师职业的诞生。

注册会计师事务所中与证券、期货相关的业务主要是指对证券、期货相关机构的会计报表审计、净资产验证、实收资本（股本）的审验及盈利预测审核等业务，具体包括以下内容。

（1）为股票发行上市出具相关报告，包括发行公司近三年的财务审计报告、验证报告、验资报告、盈利预测的审核报告等。

（2）接受委托，对上市公司董事会准备提交给股东大会讨论表决的会计报表进行审计并发表审计意见。

（3）接受委托和指定，对证券经营机构向中国人民银行和证监会提供的会计报表进行审计。

（4）接受委托，对股票发行和交易机构的其他业务活动进行监督和咨询。

（5）接受委托，对证券交易所的年度报表和主要领导人离任财务情况进行审计。

（6）接受委托，对期货交易所的年度财务报告和其主要负责人的离任财务情况进行审计。

（7）接受委托，对期货经纪公司的年度会计报表进行审计。

2.律师事务所

按照有关规定，律师事务所的证券法律业务主要包括以下内容。

（1）为证券发行和上市活动出具法律意见书。股票发行人、可转换债券发行人和证券投资基金发起人，必须聘请律师事务所及相关律师，对有关文件进行审查并出具法律意见书。法律意见书主要内容包括：申请人所附文件是否齐备、真实；股份公司的筹备是否符合要求；公司章程是否有明显瑕疵；公司的股东结构及不同主体的持股比例是否符合法律要求；资产评估、盈利预测是否合理；公司重大诉讼案件、未了结的案件可能会出现何种判决结果等。

（2）为证券承销活动出具验证笔录。证券承销机构、可转换债券主承销商从事承销业务，必须聘请律师，参照证监会的有关规定制作验证笔录。

（3）审查、修改、制作与证券发行、上市及交易有关的法律文件，包括审查、修改和制作公司章程、招股说明书、债券募集办法、上市申请书、上市公告书、重大事件公告书、证券承销协议书及股东大会决议和董事会决议、为公司重组提供法律服务等。

3.证券投资咨询公司

1）证券投资咨询公司的性质及特点

证券投资咨询机构是为证券市场参与者投融资活动、证券交易和资本运营等提供专业性咨询服务的机构，其主要业务特点是可根据客户的要求，收集大量的基础信息资料，进行系统研究分析，并据此向客户提供分析报告和操作建议，帮助客户建立投资策略，确定投资方向。证券投资咨询机构的出现，一方面是基于证券市场专业化的要求，另一方面也符合证券市场的公开、公平、公正原则。

2）证券投资咨询公司的业务范围

证券投资咨询业务是指证券投资咨询机构及其投资咨询人员为证券投资人或客户提供证券投资分析、预测或建议等直接或间接的有偿咨询服务的活动。证券投资咨询公司的业务范围一般包括：①接受投资人或客户委托，提供证券投资咨询服务；②举办有关证券投资咨询的讲座、报告会、分析会；③在报刊上发表证券投资咨询文章、评论、报告及通过电台、电视台等公众传播媒体提供投资咨询服务；④通过电话、传真、网络等电信设备系统，提供证券投资咨询服务等。

（三）市场中介机构的作用

总体而言，证券市场中介服务机构的作用主要体现在其监督作用上。由国际惯例来看，一个发达的证券市场，律师事务所、会计师事务所、证券评级机构、评估机构、投资咨询机构都承担着相应的社会监督职能。证券市场中介服务机构的社会监督作用主要表现在如下方面。

1.对证券市场参与主体的行为及资信状况进行评价

会计师事务所、律师事务所、资产评估事务所、证券评级机构，通过审计、出具法律意见书，对上市公司、证券公司等市场参与主体进行评价、监督和制约，有助于敦促各市场参与主体合法合规经营，以提高信用程度。

2.维护公开、公平、公正的市场环境

注册会计师通过客观、公正、独立的审计和鉴证服务，对公司财务信息的真实性、完整性、合法性及时进行披露，注册律师通过审定公司文件，保证公司文件的真实性、准确性和完整性，有助于维护投资者利益，它们都是维护证券市场公开、公平、公正的重要的社会性力量。

3.教育和保护投资者

证券投资咨询机构通过收集信息及公司调研，在充分占有基础信息资料的基础上，进行系统的专业研究，向客户提供研究报告和咨询建议，有利于提高投资者的分析判断能力，减少盲目投资。证券市场各类中介服务机构在帮助投资者树立理性投资的理念等方面发挥着积极的作用。

二、证券市场的监管

证券市场的监管，是指监管主体（如中国证监会）为了实现其自身的监管目标（如维护投资者利益，维护市场稳定运行，确保市场公开、公平和公正）而采取必要的监管手段，依据法律准则和程序，对被监管主体（主要是参与者）进行约束的行为及其过程。证券市场的监管实质上是对市场机制的一种校正。

（一）证券监管的理论

证券监管的理论主要来自现代经济学，而主要的理论依据为市场失灵理论和金融脆弱性理论。而证券监管自身也有监管成本，因此我们需要分析证券监管的成本和收益。

1.市场失灵理论

与所有其他市场一样，证券市场也同样存在着市场失灵的情况，如垄断、外部性、信息不完全和不对称等。证券市场的失灵会损害市场的效率和公平，这使证券市场监管成为必要。

2.金融脆弱性理论

频繁出现的金融危机使越来越多的人们认识到世界金融体系具有一定的脆弱性，因此金融脆弱性（financial fragility）理论普遍受到关注。所谓金融脆弱性，又被称为金融不稳定性（financial instability），是指因为各种原因导致金融体系自身具备很强的内在脆弱性。而这种脆弱性使监管的存在成为必要。

3.监管收益与成本分析

根据金融监管学的知识，监管实际上是一种产品。一方面，这种产品的生产会产生收益；而另一方面，这种产品的生产也必然有着生产成本。因此，我们需要对证券监管的收益和成本进行分析。

证券监管能够带来收益，需要说明的是这些收益的存在和实现是依赖一定条件的，如果出现监管失灵或者监管者俘获等问题，这些监管收益将削弱，甚至不复存在。这些收益至少包括如下几个方面。

（1）对整体经济而言，由于有效的监管，使证券市场乃至金融市场的系统性风险得以降低，降低了证券市场的外部性，从而有利于国民经济的健康发展和稳定运行。

（2）对政府本身而言，由于监管的存在使政府能够根据需要对证券市场进行干预和引导，使市场的运行在可控的范围内，实现政府制定的目标。

（3）对参与者而言，政府监管的存在提供了一种公共产品，使参与者获益，至少获得长期利益；政府监管还能够消除或者减少“囚徒困境”带来的个体理性和群体理性的矛盾、减少信息不对称程度、控制垄断带来的市场不公等问题；同时，保护证券投资者的利益也是证券监管的收益之一。

（4）对市场而言，监管的存在促使证券市场能稳健运行，增强市场应对冲击的自我平衡能力。

证券监管的成本则主要包括以下几个方面。

1）监管运行成本

监管运行成本包括法律制定成本、监管机构运行成本、执法成本、守法成本等。法律制定成本，是指法律的制定产生的协商成本、博弈成本和因此导致的利益分配不合理的成本；监管机构运行成本，是指证券监管机构的设置费用以及设置后为了维护其日常运作所需的各类费用，如工资、福利、业务费用等；执法成本是指执法证券监管机构为在实施法律制度的时候带来的费用，如歪曲法律、选择性执法等带来的成本；而守法成本是指所有被监管的主体为遵守有关监管规定而额外承担的各种成本，如为了满足监管提出的信息披露要求，上市公司需要定期编制会计报表并且请会计师事务所进行审计，这些行为产生的成本便成为守法成本。

2）道德风险

道德风险是指由于某些制度性变化或其他变化使参与者行为朝有害的方向变化，在证券市场上也是如此。正是由于监管行为的存在，使原有的参与者对监管有了依赖，因此正常的谨慎度降低。监管的存在使证券市场的产品供给方提供更低廉、更富创新性和丰富多样化产品与服务的动力弱化，从而最终有损这些产品和服务的质量及消费者的利益。

3）社会效率损失

监管的存在是对市场机制的代替。一方面，监管一定程度上损害了原有市场机制的效率；而另一方面，监管自身存在的监管失灵等加剧了社会效率的损失。

4）动态成本

前三种成本都是从静态的角度分析，而动态地看，监管也会产生动态成本。监管的存在就其积极意义来说是有时限性的，随着时间的改变，原有的监管负面效应可能放大，而原有的收益在一定情况下会转化为成本。

（二）证券监管体系

所谓证券监管体系，是指证券监督过程中的关系定位。具体地说，证券监管体系是指在证券监管过程中监管职责的划分、权力的分配方式和组织体系。我们可以把证券市场的监管体系分为法律制度体系、监管的组织体系和监管执行体系三个部分。这里我们简要介绍前两部分内容[①]。

1.法律体系

监管必须是依法监管，监管机构的设立依据、权限来源等都来自法律。因此，法律体系在监管体系中处于基础性地位。各国对证券市场的监管在法律体系设置上有差异，这体现在对监管态度的宽严不一、立法方式的不一（集中立法或是分散立法的差异）和监管的方法原则设定不同上。

2.监管的组织体系

监管必然要有监管主体，但是监管主体不是监管体系的全部。不同的监管体制下监管的组织体制不同，即便在同一种监管体制下，其监管组织体系也会因各种原因而有所差异。一般来说，组织体系分为三个层次：第一个层次是证券市场外部监管；第二个层次是证券市场行业自律和证券交易所监管;第三个层次是证券市场参与主体的内部控制。这里，外部监管是证券市场监管的主体，内部控制是证券市场监管的基础，而行业自律和交易所监管是证券市场监管的补充。

1）证券市场外部监管

由于外部监管是证券市场的监管主体，因此，对外部监管系统自身的完善成了必然的选择。外部监管系统的设置是根据各国国情和发展情况而定的。目前，证券市场的外部监管从设置的角度可以分为四类：第一类是单线多头，是指监管权限集中在中央，但是在中央层次则分为几个部门分享监管权力，是指如日本和法国；第二类是双线多头，是指在中央和地方都设置监管部门，而且监管权力在各层都不是单一部门执掌；第三类是高度集中的单一模式，是指监管权力集中在中央而且集中在单一部门手里，典型的如中国证券监督管理委员会；第四类是跨国监管，由主权国家让渡监管权，而让渡的权力能够跨国监管。

2）证券市场行业自律

为了避免证券行业无序竞争和规范经营行为，证券行业采取了行业自律措施对行业参与者进行规范和引导，而证券交易所在有组织市场的监管中充当了一线监管的角色。行业自律是证券监管的必要补充，在完善的监管组织体系里，这是不可缺少的一部分。甚至有的监管体制就属于行业自律主导的，如英国、荷兰、芬兰、瑞典、新加坡等。

3）参与主体的内部控制

证券市场的监管要想取得成功，离不开被监管者的配合与支持。整个监管体系的基础在于监管者的内部控制。这里，内部控制是指企业内部的管理控制系统。内部控制是社会经济发展到一定阶段的必然产物，是现代企业管理的必要手段。完善而有效的内部控制使参与者实现自我约束、自我调节和自我控制，从而使外部监管的有效成为可能。

① 第三部分执行体系是一个法律动作过程。

案例 2.6

中国的证券监管体系①

中国证券市场监管体制经历了一个从地方监管到中央监管、由分散监管到集中监管的过程，大致可以分为两个阶段。第一阶段从20世纪80年代中期到20世纪90年代初期，证券市场处于区域性试点阶段，这是中国证券市场的起步阶段，股票发行仅限于少数地区的试点企业。1990年，中华人民共和国国务院（以下简称国务院）决定分别成立上海、深圳证券交易所，两地的一些股份公司开始进行股票的公开发行和上市交易的试点。1992年，国务院又开始选择上海、深圳以外的少数股份公司到上海、深圳两家证券交易所上市。这一时期证券市场的监管主要由地方政府负责。第二阶段从1992年开始，国务院总结了区域性证券市场试点的经验教训，决定成立国务院证券委员会和中国证监会，负责对全国证券市场进行统一监管，同时，开始在全国范围内进行股票发行和上市试点。从此，证券市场开始成为全国性市场，证券市场的监管也由地方监管为主改为中央集中监管，并通过不断调整国务院各有关部门的监管职责，逐步走向证券市场集中统一的监管体制。1998年，国务院决定撤销国务院证券委员会，工作改由中国证监会承担，并决定中国证监会对地方证券监管部门实行垂直领导，从而形成了集中统一的监管体系。

当前，中国证券市场的监管体系可以从监管模式上分为监管法律体系、监管组织体系和监管执行体系三个方面，如图2-1所示。就监管模式来说，中国主要采取集中型，中国证券市场的监管机构是中国证监会；就监管权力来说，主要集中于政府，行业自律组织和交易所仅起辅助作用；就监管法律体系来说，中国属于分业监管思路下的证券监管，中国已经先后颁布了《中华人民共和国证券法》和一大批法律政策文件；就监管组织体系来说，中国采取了政府设立证券监督管理委员会及其分支局，同时强化交易所一线监管职能，一定程度上发挥行业自律组织作用的组织体系；就监管执行体系来说，监管手段包括经济手段、法律手段和行政手段，在做法上包括一系列的证券监管制度。

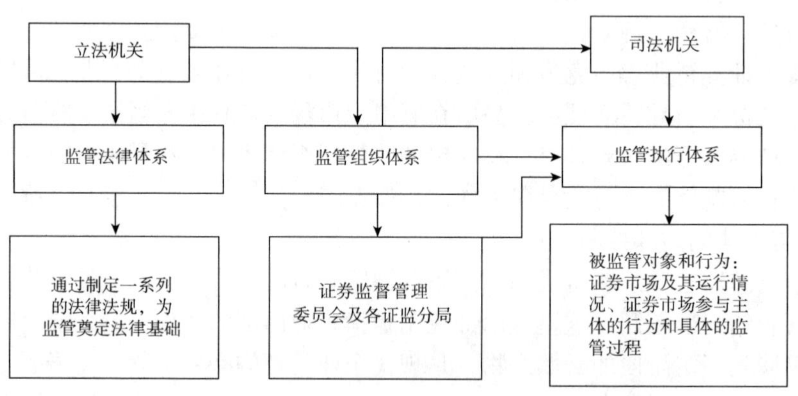

图 2-1 中国证券监管体系

① 谢百三.金融市场学.北京：北京大学出版社，2003.

（三）证券监管制度

证券监管都是在一定的制度环境下实施的。所谓证券监管制度，是指一系列旨在维护金融体系稳健高效运行，防范证券市场风险的制度安排。就内容来说，包括法律法规、证券市场政策和金融监管体制。

下面我们从发行监管制度、交易监管制度、信息披露制度和其他制度安排角度进行介绍。

1.发行监管制度

我们首先了解一下证券的发行监管，它是指各国证券监管主体对证券发行的审查与核准。证券发行监管是证券市场监管的第一道门，监管结果影响证券发行市场和交易市场的稳定和发展。当前，各国对证券发行的监管主要采取了注册制或者核准制。

1）注册制

所谓注册制，是指发行人在发行证券之前必须按照法律规定向主管机关申请注册的制度，体现了信息公开原则。它的特点在于，只要提供了法律规定所需要的资料并通过注册，什么样的证券都能够发行。注册制度的一大好处在于免除了烦琐的授权程序，是一种形式管理。这样的发行方式需要两个条件，即信息披露的充分性和投资者参与的理性。由于一般市场难以满足这些条件，使注册制适用于历史比较悠久的成熟市场。

2）核准制

核准制体现出实质管理原则，是指证券发行人在发行证券之前，不仅必须公开所发行证券的真实资料，而且必须提供满足法律法规规定的各项实质性条件，同时监管机构有权否决不符合实质发行条件的证券发行。当前，中国的证券发行便采取了核准制。在核准制下，发行申请是否被监管机构批准，主要取决于主管当局的具体审查结果。

阅读资料 2.1

对中国现行股票发行制度的评价

1.核准制：从“指标管理”到“通道制”

随着资本市场的发展，审批制的弊端显得愈来愈明显。第一，在审批制下，企业选择行政化，资源按行政原则配置。上市企业往往是利益平衡的产物，担负着为地方或部门内其他企业脱贫解困的任务，这使他们难以满足投资者的要求，无法实现股东的愿望。第二，企业规模小，二级市场容易被操纵。第三，证券中介机构职能错位、责任不清，无法实现资本市场的规范发展。第四，一些非经济部门也获得额度，存在买卖额度的现象。第五，行政化的审批在制度上存在较大的寻租行为。

2.核准制的优化：“保荐制”代替“通道制”

“通道制”下股票发行“名额有限”的特点未变，但“通道制”改变了过去行政机制遴选和推荐发行人的做法，使主承销商在一定程度上承担起股票发行风险，并且获得了遴选和推荐股票发行的权力。核准制下的实质性审核主要是考察发行人目前的经营状况，但据此并不能保证其未来的经营业绩，也不能保证其募集资金不改变投向，更不能在改变投向的情况下保证其收益率。

3.注册制更利于市场三大功能发挥

新股发行体制改革的初衷和最后目标，均在于更好地发挥资本市场价格发现、融资、资源配置三大基础功能。对定价、交易干预过多，不利于价格发现功能的实现；发行节奏由行政手段控制，不利于融资功能的实现；上市门槛过高，审核过严，则不利于资源配置功能的实现。注册制与核准制相比，发行人成本更低、上市效率更高、对社会资源耗费更少，资本市场可以快速实现资源配置功能。注册制最大的好处在于把发行风险交给了主承销商，把合规要求的实现交给了中介机构，把信息披露真实性的实现交给了发行人。

2.交易监管制度

这里的交易监管，一方面是指对一种已发行证券能否上市交易的审查与核准，也就是上市标准；而另一方面则是对已上市证券的交易行为进行监管。就债券来说，国债享有发行豁免权，因此上市标准是针对企业债的；就股票而言，则是针对所有准备上市的股票而言。

在上市标准上，一般考虑公司经营情况、股本情况、经营年限等。具体规定在各国的法律规定中是有差异的。

就已上市的证券来说，交易监管包括对内幕交易的查处、对关联交易的监管，以及对其他各类交易行为的监管。

3.信息披露制度

这里的信息披露制度包括两个方面：一是证券发行时的信息披露；二是证券发行后的信息披露。而这里的信息，既包括会计信息，又包括非会计信息。

证券发行时的信息披露，是指证券发行人按照法律规定提供真实、可靠、准确、及时的会计信息和其他相关信息；而证券发行后的信息披露，是指发行人在已经公开发行证券后，根据法律法规的规定，定期公布自己的相关会计信息和非会计信息。证券监管部门有权对信息的披露做出规定，以及对虚假会计信息和非会计信息进行处罚。

4.其他制度安排

其他制度安排包括对券商的监管、对证券交易所的监管、对市场中介机构的监管等。对券商的监管包括设立资格、资本和资金监管、行为监管等方面。对证券交易所的监管和对市场中介机构的监管类似于对券商的监管。

第三节　证券投资工具

总体来看，我们可以把投资方式和投资工具概括为如表 2-7 所示的内容。

表 2-7　投资工具与投资方式

投资方式分类标准	投资方式	投资工具
投资标的	证券投资	债券、股票、期权、期货等
	物权投资	房地产、黄金、艺术品、古董等
投资渠道	直接投资	直接购买股票、房地产、古董等
	间接投资	购买共同基金或其他投资组合
投资期限	长期投资	一年以上，如股票、定存等
	短期投资	一年以下，如国库券、活存等
证券投资品种	债权投资	国库券、中长期国债、公司债等
	股权投资	普通股、优先股等
	衍生品投资	期权、期货、互换、远期等
风险大小	低风险投资	投资国债、存放银行等
	高风险投资	投资衍生品、垃圾债等或投机
投资市场	国内投资	投资国内金融产品、财产等
	国外投资	投资国外金融产品、财产等

正如我们前面指出的，投资学主要关注证券市场的投资，因此，本节我们主要研究表 2-7 中与证券市场有关的投资工具，即债券、股票和证券投资基金。对于衍生证券的投资分析我们将集中在本教材第六篇进行。

一、债券

债券是一种有价证券，也是一种金融契约。它是指经济主体为筹集资金而向投资者出具的，且承诺按一定利率定期付息和到期偿还本金的债权债务凭证。债券持有人不拥有公司的所有权。

由上述债券的定义可见，债券既是筹资工具（对发行者而言），又是投资工具（对持有者而言），同时它还是债权（对持有者而言）和债务（对发行者而言）凭证。

（　）债券的类型

从不同的角度，可以对债券进行不同的分类。例如，按发行主体的不同，可分为政府债券、金融债券、公司债券、国际债券；按偿还期限的不同，可分为短期（1 年内）债券、中期（1~10 年）债券、长期（10 年以上）债券；按计息方式的不同，可分为附息债券、贴息债券、单利债券、累进利率债券等①。此外，还有一个重要的划分方式，即根据债券属于货币市场还是资本市场进行分类（表 2-8）。

① 按记息方式不同所进行的分类，详见第四篇“固定收益证券估值与投资管理”。

表 2-8 债券的类型

货币市场债券	资本市场债券
短期国债	中期国债
商业票据	长期国债
银行承兑汇票	市政债券
回购协议	公司债券
可转让定期存单	抵押债券
欧洲美元	—

首先我们看表 2-8 中的货币市场债券。其中的短期国债，即国库券（treasure bills，也称 T-bills），是政府债务的金融债券，其偿还期在一年以内，一般以招标方式发行。由于国库券以政府信用做担保，因此是风险最低（近似于无风险）的证券。

商业票据是一种无资产担保的票据，它是以公司的保证和信用做支持的，一般折价发行。一般而言商业票据的发行者是信誉较高的大公司，以商业票据融资比向银行贷款的成本要低。但商业票据的违约风险比国库券要高，且由于大多数商业票据的投资者为机构投资者，如共同基金和退休基金等，它们一般都会持有票据至到期，因此商业票据发行后流动性不强。

银行承兑汇票（banker’s acceptances）是根据顾客要求在将来某一日期付款给供货商而产生的一种短期债务。在国际贸易中，供货商发货后希望顾客立即付款，而客户则希望在货物抵达并验收后付款。银行承兑汇票实际上是在货物未到之时替客户将货款先支付给供货商，它满足了供货商和客户双方的要求，当然银行也要收取一定的费用。在货币市场上，银行会将承兑汇票这一短期贷款合同出售给其他投资者，从而收回其所支付的款项，而由于这种短期贷款合同的利率一般比类似的货币市场债券的利率要高，因此对投资者也具有吸引力。银行承兑汇票的交易一般以低于面值的价格进行。

回购协议（repurchase agreement）是资金需求公司将自己所持有的证券卖给另一公司，同时签订一份在未来某一日期以特定的更高的价格买回这些证券的协议。回购协议为本来已经具有流动性的证券提供了额外的流动性，它实质上是一种短期贷款，即资金需求公司可通过这种方式筹集到更多的资金。回购协议中的证券一般为政府发行的证券，且期限都较短，大多用来满足隔日借款的要求。

可转让定期存单（negotiable certificates of deposit，CDs）形成于投资者对其存单投资的流动性要求。大多数存单不能进行交易，且提前取款会受到罚息或手续费等处罚，其流动性较差。为满足投资者对流动性的要求，金融机构允许投资者之间进行大面额存单交易。该市场上的投资者主要是货币市场共同基金和投资公司。

欧洲美元（Eurodollars）是指美国以外的国家所持有的美元存款，该存款利率称为 LIBOR（London interbank offer rate，即伦敦银行同业拆放利率）。它一般不同于美国国内存款利率，而是根据伦敦的几个主要银行间欧洲美元存放款的利率计算出 LIBOR，成为银行间的存款利率。

我们再来看表 2-8 中的资本市场债券。中、长期国债和短期国债一样，是政府负债筹资的工具。中期国债的偿还期一般为 2~10 年，长期国债的偿还期超过 10 年。

市政债券（municipal bonds）是指地方政府为公路、水利、学校或其他市政项目筹集资金而发行的债券。市政债券可分为一般责任债券和收益债券两类，前者受市政的全面担保，后者则由具体项目所产生的收入做担保。

公司债券是公司发债筹资的工具，它又可分为零息债券（zero coupon bonds）、附息债券（coupon-bearing bonds）等，具体我们将在第四篇“固定收益证券的估值投资管理”中给以详细介绍。

抵押债券（mortgage-backed securities）是债券的一种，它由其借入方（抵押人）为借出方（受押人）提供抵押品，一般用不动产作抵押，如住房抵押。抵押债券的违约风险可由私人担保，也可由政府保险机构担保。抵押债券管理的难点在于抵押债券被预付的风险。

（二）债券的特征

债券具有流动性、收益性、偿还性和安全性四大特征。债券的前两个特征——流动性和收益性，应该说是几乎所有金融资产都具备的共同特征。而其后两个特征，即偿还性和安全性，在与股票的对比中体现得更为明显。由下面的研究我们看到，股票的特性之一是没有偿还期，而从上面我们对债券的定义即可看到，债券是要求发行者（筹资者）到期偿还的。

与股票相比，债券的安全性至少体现在两个方面①：一是收益的相对安全性，即相对于股票收益的不确定而言，一般情况下债券的持有者可按照其发行者所承诺的利率获得确定的收益；二是相对较低的清算风险，即当一家既发行股票又发行债券的公司破产清算时，按照法定清偿程序，包括债券持有人在内的债权人所获得的偿还，要先于对股票持有者进行的补偿。

此外，债券还具有两个缺点：一是潜在收益有限，这一点来源于其收益的相对安全性；二是对利率的变化非常敏感，由于债券价格与利率负相关，利率变化越大，债券价格的反向变化越大，即其波动性越大从而风险越大②。

阅读资料 2.2

中国的债券市场

表2-9给出了截至2014年年末中国债券市场的基本情况。

① 更进一步的对债券与利率关系的研究可见第四篇的相关内容。

② 参阅第三章对风险的定义。

表 2-9 中国债券市场的基本情况

类别	债券数量/只	债券数量比重/%	债券余额/亿元	余额比重/%
国债	248	2.21	95 908.93	26.68
地方政府债	97	0.87	11 623.50	3.23
央行票据	9	0.08	4 222.00	1.17
同业存单	667	5.95	5 995.30	1.67
金融债	1 024	9.14	121 006.61	33.66
企业债	2 148	19.16	29 237.51	8.13
公司债	1 161	10.36	7 677.67	2.14
中期票据	2 250	20.07	33 900.29	9.43
短期融资券	1 367	12.20	17 637.43	4.91
定向工具	1 674	14.94	17 648.04	4.91
国际机构债	3	0.03	31.30	0.01
政府支持机构债	84	0.75	10 175.00	2.83
资产支持证券	439	3.92	3 120.86	0.87
可转债	30	0.27	1 162.99	0.32
可分离转债存债	2	0.02	98.00	0.03
可交换债	5	0.04	59.76	0.02
合计	11 208	100.00	359 505.19	100.00

资料来源：Wind 数据库

二、股票

股票是一种有价证券，是股份公司公开发行的，用以证明投资者股东身份和权益并具以获得股息和红利的凭证。它代表了股东对股份有限公司的部分所有权。

股东对公司的所有权是一种剩余权益，即普通股股东所得到的权益，是公司债权人的权益得到满足后的剩余权益。股票一经认购，不得以任何理由要求退股，只能通过证券市场转让。股票可以分为普通股和优先股两类。

（一）普通股

普通股的特点有三个：第一，是发行量最大的股票，如中国 2013 年推出第一只优先股之前，上市公司所发行的股票全部为普通股。第二，是风险最大的股票，这主要表现在普通股的持有者其所获得的收益依赖于二级市场的差价——能否低买高卖，以及公司分红。前者要受市场走势的影响，后者则取决于公司业绩和分红政策。也就是说，普通股持有者的收益具有很大的不确定性。第三，是投票权最完备的股票——其持有者既具备用手投票权[①]，又具有用脚投票权[②]。

① 即股东通过股东大会、董事会等集体表决机制享有参与公司治理的权利。

② 即当股东对团体表决通过的决定不同意或不满意时，他可采取“用脚投票”（voting with feet）的方式，转让其权利，退出该团体。

普通股的分类一般可分为成长股（growth stock）、收益股（income stock）、蓝筹股（blue-chip stock）、投机股（speculative stock）和周期股（cyclical stock）。成长股一般是指规模较小或处于成长期的公司所发行的股票，这类公司一般不发放或较少发放现金股利，以便把盈利用于再投资来谋求更大的发展，如著名的微软公司从 1986~1996 年没有分派过股利。

收益股一般是指历史悠久或比较成熟的公司发行的股票，这类公司一般派发的红利较多，但其成长性（增长幅度）不是很大。收益股一般为低风险行业发行的股票，如公用事业。

蓝筹股是指实力雄厚、股利优厚且盈利稳定增长的大公司所发行的股票。该类股票违约风险小，股利连年稳定增长，而且其潜在的资本利得（capital gains）[①]比收益股更大。

投机股与蓝筹股正好相反，一方面其分红的波动性大，另一方面其市场价格在短期内也变化较大。这两方面的情况导致了投机股的风险很高。

周期股是指随着经济周期而变动的股票，当经济复苏或高涨时，股票形势也逐步好转；当经济萧条时，股票收益也较差。一般而言，汽车制造行业所发行的股票属于较典型的周期性股票。

（二）优先股

优先股的特点如下。第一，风险较低。这主要表现在两方面：一方面其股息率确定，一般在发行说明书中对优先股股东所获得的股息数量或比例有明确规定；另一方面，当公司清算时优先股股东先于普通股股东得到清偿。第二，股东的投票权受限。一般情况下优先股股东没有参与公司治理的投票权，只有当公司没有按照承诺的数量或比例及时向其持有者支付股息时，优先股股东才具有投票权。换言之，优先股股东的投票权是一种“状态依存权”（contingent claim）。第三，优先股一般不能在二级市场流通转让，但当优先股股东要行使用脚投票权时，可按照公司的有关规定由公司赎回。

优先股可分为累积优先股（cumulative preferred stock）和参与优先股（participating preferred stocks）两类。前者的特点在于股利的派发可跨期累积；后者的特点在于其红利可根据一些特定条款与公司的盈利状况联系在一起。

阅读资料 2.3

中国的股票市场

表2-10给出了截至2014年12月中国股票市场的基本情况。

① 投资者低价买进而高价卖出所获得的差价收益，即资本利得。

表 2-10 中国股票市场基本情况

基本情况	深圳证券交易所	上海证券交易所	中小企业板块
股票总市值/亿元	128 572.94	243 974.020	51 058.20
流通市值/亿元	95 128.44	220 495.870	36 017.99
总股本/亿股	9 709.93	27 085.170	3 470.59
流通股本/亿股	7 374.66	24 914.590	2 552.05
上市公司数/家	1 618	995	732
投资者开户数/万户	11 742.474	11 844.918	—
平均市盈率/倍	34.050	15.990	41.06

资料来源：Wind 资讯

三、证券投资基金

证券投资基金（mutual fund）（以下简称基金），是指通过发售基金份额，将众多投资者的资金集中起来，形成独立财产，由基金托管人托管，基金管理人管理，以投资组合的方法进行证券投资的一种利益共享、风险共担的集合投资方式。它既是一种投资制度，又是一种面向大众的投资工具；其本身是一种金融信托工具，也属于有价证券。本节我们从投资工具的角度对证券投资基金进行研究。

（一）证券投资基金类型

从投资工具角度可以将证券投资基金分为封闭式基金（closed-end funds）与开放式基金（open-end funds）。

1.封闭式基金

封闭式基金是指发行期满后基金份额封闭，一般不再追加新的发行单位。其特点是基金规模不变，不可赎回；可以上市交易，交易价格由市场供求决定；有时期限制，一般为 5~15 年，期满后按照基金份额分配剩余资产。

对封闭式基金定价，既要考虑市场价格，又要估算该基金中包含的所有证券的现行价值。所谓现行价值，即净资产价值（net asset value，NAV），也称为基金净值[①]。基金单位净值是指基金权益减去基金负债，再除以已经出售在外的基金单位，其公式为

$$\text{NAV}=\left(\sum_{i=1}^{n}Q_iP_i-\text{Liab}\right)/N \tag{2-1}$$

式中，Q_i 为基金所持有的证券 i 的数量；P_i 为证券 i 的市场价格；Liab 为基金的所有净负债；N 为基金发行在外的总基金单位。

① 在基金定期所公布的财务报告中，我们还会看到累计净值这一概念，它是指基金的单位净值与基金成立以来累计分红派息之和。

例题 2.1

假定有一封闭式证券投资基金，管理着价值1.2亿元的资产组合，假设该基金欠基金管理费和托管费400万元，并欠租金、应发工资及杂费100万元。该基金发行在外的股份为500万份，则

单位资产净值= (1.2亿元−500万元)/500万份= 23元/份

封闭式基金的现行市场价格与NAV会产生差别，即出现溢价或折价（premium or discount）。所谓溢价是指现行市场价格（current market price，CMP）与NAV之间存在的正值百分比差异。而如果这一差异为负值，即所谓折价。因此，折价或溢价公式为

$$P_{disc} = (\text{CMP}-\text{NAV})/\text{NAV} \qquad (2\text{-}2)$$

例题 2.2

在深圳证券交易所上市的封闭式基金“基金科瑞”（500056），其2015年6月5日单位净值为2.354 4元，该日交易均价为1.826元/份。因此其折价为

$$\begin{aligned} P_{disc} &= (1.826-2.354\,4)/2.354\,4 \\ &= -0.224 \end{aligned}$$

即基金科瑞出现22.4%的折价率。

封闭式基金的投资风险来源于较高的溢价。这是因为，如果市场不景气，那么基金的市场价值就会下降，从而其高于净资产价值的溢价会下降，导致了投资者的投资损失。

一般来说，新发行的封闭式基金最初会以溢价销售，而后又会降至折价进行交易。导致封闭式基金在价格上出现这一趋势的原因[①]，一方面是基金经纪公司成功的市场营销，另一方面，则是有关研究所证明的，基金由溢价变为折价，这是基金价格变化方面的内在规律。

2.开放式基金

开放式基金是一种自由俱乐部性质的基金，其基金规模可变，且没有到期期限；投资者可以进行赎回，但一般该基金不能上市交易。

开放式基金与封闭式基金存在许多不同，表 2-11 给出了二者的比较。

① 关于封闭式基金的折价之谜（closed-end fund puzzle），更深入的实证研究提出了“未实现的资本增值假说”“交易成本假说”“投资者情绪假说”等原因。

表 2-11 封闭式基金与开放式基金的比较

内容	封闭式基金	开放式基金
期限	5 年以上，多数 15 年	没有固定存续期
规模	一般不变	可变
可否上市	可以上市	一般不可上市
价格形成方式	主要是取决于供求关系	完全取决于净值
投资策略	没有赎回的压力，可长期投资	有赎回压力，资金不能完全用于长期投资
激励机制	较弱	较强

3.交易所交易基金

交易所交易基金（exchange-traded funds，ETF）又称交易型开放式指数基金。它是一种在交易所买卖的有价证券，代表一篮子股票的所有权，通常基于某一指数进行完全被动式管理，兼具股票和指数基金的特色，所以也被称为指数股票或指数参与单位。

它被分割为一定规模的投资单位，可以连续发售和用一篮子股票赎回，提高了市场的定价效率，节省了基金的运作费用。虽然从名称本身来看跟一般传统开放式共同基金差不多，但实际上在交易成本、基金管理方式与交易方式等方面有较大的差异。

首先，ETF 的申购是指投资者用指定的一篮子指数成分股实物（开放式基金用的是现金）向基金管理公司换取固定数量的 ETF 基金份额；而赎回则是用固定数量的 ETF 基金份额向基金管理公司换取一篮子指数成分股（而非现金）。

其次，在交易成本方面，传统开放式基金每年需支付 1.0%~1.5%的管理费，较 ETF 的管理费（0.3%~0.5%）高出很多；另外，传统开放式基金申购时需要支付 1%左右的手续费，赎回时需支付 0.5%左右的手续费，而 ETF 则仅于交易时支付证券商最多 0.2%的佣金，与开放式基金的交易成本相比相对便宜。

再次，在基金管理方式方面，ETF 管理的方式属于“被动式管理”，即 ETF 管理人不会主动选股，指数的成分股就是 ETF 这只基金的选股，ETF 操作的重点不是在打败指数，而是在追踪指数。换言之，ETF 采取的是消极的管理策略。一只成功的 ETF 能够尽可能与标的指数走势一模一样，即能够“复制”指数，使投资人安心地赚取指数的报酬率。传统股票型基金的管理方式则多属于“主动式管理”，即基金经理主要通过积极选股达到基金报酬率超越大盘指数的目的。

最后，在交易方式方面，ETF 上市后，交易方式就如股票一样，价格会在盘中随时变动，投资人可在盘中下单买卖，十分方便；而传统开放式基金则是根据每日收盘后的基金份额净值作为当日的交易价格。

自 1990 年多伦多证券交易所、AMEX 率先推出 ETF 以来，ETF 发展非常迅速，截至 2003 年 9 月，全球共有 269 只 ETF 在 28 个国家和地区交易，总规模达 1 767 亿美元。由于美国是最先发展 ETF 市场的，其 ETF 只数、类型及资产规模也是全球之冠，其中资产规模占全球的 67.8%。

阅读资料 2.4

LOF

LOF（listed open-ended funds，即上市开放式基金），是一种可以同时在场外市场进行基金份额申购、赎回，在交易所进行基金份额交易，并通过份额转托管机制将场外市场与场内市场有机地联系在一起的新型基金运作方式。尽管同样是交易所的开放式基金，但就产品特性看，中国深圳证券交易所推出的LOF在世界上具有首创性。与ETF的区别是，LOF不一定采用指数基金模式，同时申购和赎回均以现金进行。2004年10月14日，南方基金管理公司募集设立了"南方积极配置证券投资基金"，并于2004年12月20日在深圳证券交易所上市交易，成为第一只LOF基金。截至2015年6月，已经有"南方积极配置证券投资基金""博时主题行业股票基金""中银国际中国精选混合型基金"等131只LOF基金在深圳证券交易所上市交易。

（二）对基金进行投资的收益与成本

总体而言，对基金进行投资的收益由两部分组成，即红利所得和资本利得。前者是指基金向其投资者所分配的红利，后者则是指投资者买卖基金的价差。

对基金进行投资所付出的成本相对较为复杂。它主要由以下成本因素构成：

（1）前端费用（front-end load），是指购买基金份额时所支付的销售费用或佣金。其中的销售费用又叫发起认购费率，在中国这一费率为 1%~1.2%；佣金又称购买费率，一般为 1.6%左右。

（2）后端费用（back-end load），即赎回费，又称撤离费。一般规定赎回费率按持有年限递减。

（3）运作费用，包括管理费与咨询费，管理费占 0.2%~2%。基金管理费的公式为

$$基金管理费=E\times R/365 \tag{2-3}$$

式中，E 为前一日基金资产净值；R 为费率。中国规定管理费为资产总额的 1%~1.5%。每日计提累计，按月支付。

（4）软货币酬金（soft dollars），即基金向证券经纪人支付较高佣金，证券经纪人替基金支付一些管理费用，而基金对外宣称管理费率并不高。

案例 2.6

华夏成长证券投资基金各项费用①

这里我们以中国华夏成长证券投资基金为例，来观察对基金进行投资的成本支出。该基金基本情况是基金类型为契约型开放式基金，基金管理人为华夏基金管理有限公司，

① 本案例取材于《华夏成长证券投资基金发行公告》。

基金托管人是中国建设银行。

针对有可能发生的巨额赎回，该基金特别制定了巨额赎回条款如下。

出现巨额赎回时,基金管理人可以根据本基金当时的资产组合状况决定接受全额赎回或部分延期赎回。

（1）接受全额赎回：当基金管理人认为有能力兑付投资者的全部赎回申请时,按正常赎回程序执行。

（2）部分延期赎回：当基金管理人认为兑付投资者的赎回申请有困难或认为兑付投资者的赎回申请进行的资产变现可能使基金单位净值发生较大波动时,基金管理人在当日接受赎回比例不低于上一日基金总份额10%的前提下,对其余赎回申请延期办理。对于当日的赎回申请,应当按单个账户赎回申请量占赎回申请总量的比例,确定当日受理的赎回份额；未受理部分除投资者在提交赎回申请时选择将当日未获受理部分予以撤销者外,延迟至下一开放日办理。转入下一开放日的赎回申请不享有赎回优先权并将以下一个开放日的基金单位净值为基准计算赎回金额,以此类推,直到全部赎回为止。

当发生巨额赎回并部分延期赎回时,基金管理人应立即向中国证券监督管理委员会备案并在3个工作日内在至少有一种中国证券监督管理委员会指定的信息披露媒体公告,并说明有关处理方法。

本基金连续两个开放日以上发生巨额赎回,如基金管理人认为有必要,可暂停接受赎回申请，已经接受的赎回申请可以延缓支付赎回款项。

该基金的赎回费率：持有基金1年以内为1.8%；1~2年为1.5%；2~3年为1.2%；3~4年为1%；4~8年为0.5%；8年以上赎回费率为0。

申购费率：申购基金份额100万份以下为1.8%；100万~500万份为1.5%；500万份以上为1.2%。

管理费率为每年1.5%；托管费率为每年0.25%。

（三）ETF 投资

由于 ETF 的特点，对其进行投资与对一般的开放式或封闭式基金的投资有所不同。

1.最小申购赎回单位

最小申购赎回单位是指投资者进行 ETF 实物申购、赎回申报的基本单位，又称“创设单位”（creation unit，CU）。每只 ETF 的最小申购赎回单位不尽相同，其大小的确定主要取决于目标指数成分股构成与基金跟踪误差控制目标的设定，但相对 ETF 的交易单位而言普遍较大。以深证 100ETF 为例，最小申购赎回单位为 100 万份基金份额，而交易单位才 100 份基金份额。故一般情况下，只有机构投资者以及资产规模较大的个人投资者才能参与 ETF 的实物申购、赎回。

2.ETF 的实物申购、赎回

实物申购是指投资者按当日所公布的申购赎回清单用一篮子股票向基金管理人申购 ETF 份额的过程，投资者获得 ETF 份额所交付的对价是一篮子目标指数股票加少量现金差额。实物赎回则是实物申购的反向过程，即投资者将所持有的 ETF 份额向基金管理人提出赎回申请，基金管理人将按当日所公布的申购赎回清单给付一篮子股票加少量现金差额的过程。实物申购导致基金规模增长和ETF总份额增加，实物赎回则会导致基金规模缩小和ETF总份额的减少。实物申购的运作如图2-2所示。

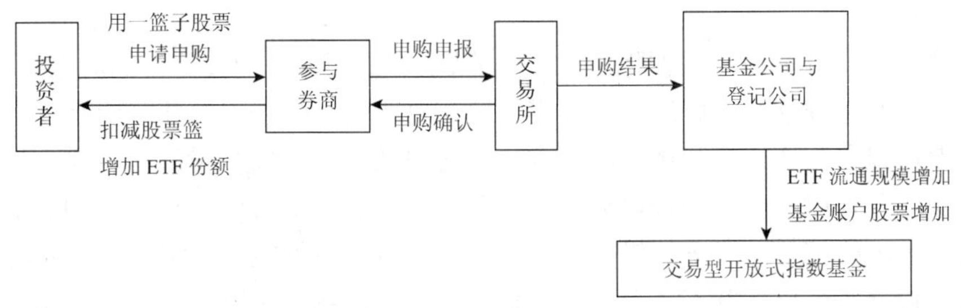

图2-2　实物申购示意图

实物赎回的过程如图2-3所示。

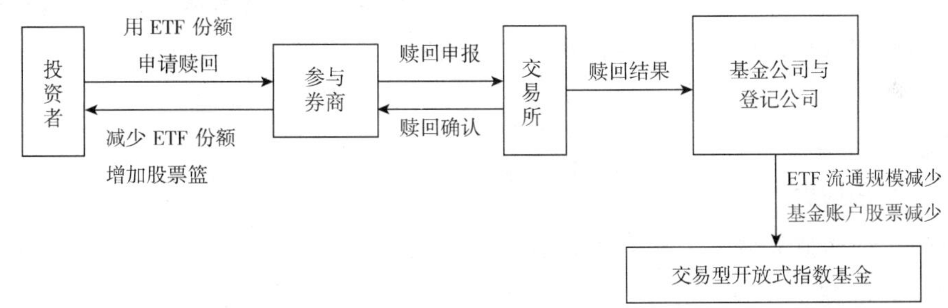

图2-3　实物赎回示意图

ETF采取的实物申购赎回主要有以下两方面的重要作用：①降低基金管理成本和现金头寸比例，保障ETF基金份额净值有效跟踪目标指数。ETF采用实物进行申购赎回，给付的是按目标指数构成的一篮子股票，避免了普通开放式基金现金申购后的建仓成本和赎回时基金资产变现成本，也不存在巨额赎回压力。基金资产预留现金头寸比例小，资产组合结构稳定，买卖活动少，管理成本低，有利于保障ETF基金份额净值有效跟踪目标指数。②提供了在基础股票市场与ETF二级市场之间的套利机制，保障ETF市场价格能紧贴基金份额净值运行，有效控制折、溢价幅度。ETF的实物申购赎回将一篮子股票的市场价格与ETF的市场价格关联起来，当ETF的市场价格高于基金份额参考净值一定幅度，投资者可用相对较低的价格买入一篮子股票，然后申购ETF份额，再以较高的价格卖出ETF份额获得套利收益（以下简称溢价套利）；当ETF的市场价格低于基金份额参考净值一定幅度，投资者可进行反向操作，以较低的价格买入ETF份额，赎回获得一篮子股票然后卖出获得套利收益（以下简称折价套利）。上述套利活动将缩小ETF的市场价格与基金净值的偏离，使价格紧贴基金净值运行。

➢本章小结

本章我们对证券市场的融资主体、投资主体、中介主体和监管主体进行了分析和介绍，并着重对证券投资工具，特别是债券、股票、证券投资基金进行了介绍。

债券是一种有价证券，也是一种金融契约。它是经济主体为筹集资金而向投资者出具的且承诺按一定利率定期付息和到期偿还本金的债权债务凭证。债券持有人不拥有公司的所有权。

股票是一种有价证券，是股份公司公开发行的，用以证明投资者的股东身份和权益，并具以获得股息和红利的凭证，它代表了股东对股份有限公司的部分所有权。

股票可以分为普通股和优先股两类。普通股的特点为发行量最大、风险最大、投票权最完备。普通股的分类一般可分为成长股、收益股、蓝筹股、投机股和周期股。优先股的特点为风险较低、股东的投票权受限、优先股一般不能在二级市场流通转让。

证券投资基金也称共同基金，是投资专业化的产物。它既是一种投资制度，又是一种面向大众的投资工具，其本身是一种金融信托工具，也属于有价证券。其中封闭式基金是指基金份额在发行前即确定，发行后基金总额不再变动；投资者只能在证券市场买卖基金，而不能赎回。开放式基金的基金总额不固定，可发行新基金，投资者也可赎回。在资本市场较发达的国家或地区，开放式基金处于主流地位。

➢练习题

一、名词解释

QFII　证券监管体系　债券　股票　证券投资基金

二、简答题

1.简述公司融资的目的。

2.简述契约型基金与公司型基金的区别。

3.简述市场中介机构的作用。

4.简述属于资本市场的债券。

5.简述优先股的特点。

第二篇　资产组合、资产定价与绩效评价

资产组合理论、资产定价模型与投资绩效评价方法是现代投资学的核心理论，因此也是需要我们着重研究、理解和掌握的核心内容之一。本篇由第三章“风险、收益与投资者效用”、第四章“资产组合理论”、第五章“资本资产定价模型”、第六章“因素模型与套利定价理论”和第七章“投资绩效评价”组成。

第三章

风险、收益与投资者效用

投资学的一个基本指导理念是风险与收益的最优匹配。对一个理性的投资者而言，所谓风险与收益的最优匹配，是在一定风险下追求更高的收益，或是在一定收益下追求更低的风险。对风险与收益的量化以及对投资者风险偏好的分类，是构建资产组合时首先要解决的一个基础问题。

本章分别对单一资产和组合资产的风险与收益的分类及其计量进行了研究，并对投资者的风险偏好与效用进行了分析，为进入资产组合理论的核心提供了概念基础。

第一节　单一资产风险与收益的衡量

我们知道，一个投资组合是由不同的资产或证券构成的，而对单一资产或证券的收益和风险的衡量，则是计量投资组合的收益与风险的基础。本节我们从收益的衡量与测定、风险的衡量与含义，以及风险的分类三个角度，对单一资产风险与收益进行量化研究。

一、收益的类型与测定

我们可以将投资收益率分为持有期收益率、预期收益率和必要收益率三大类型。

（一）持有期收益率

进行证券投资，收益额由当前收益与资本利得两部分构成，如图 3-1 所示。

由图 3-1 可见，所谓持有期收益率是指当期收益与资本利得之和占初始投资的百分比，即

$$\text{持有期收益率}=\frac{\text{当期收益}+\text{资本利得}}{\text{初始投资}}\times 100\% \tag{3-1}$$

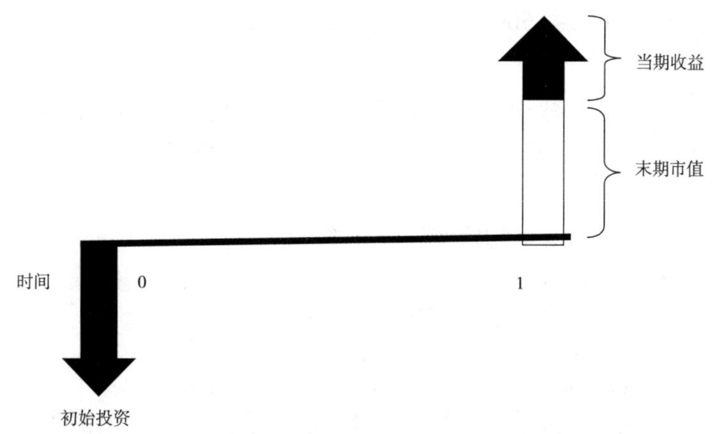

图 3-1　投资收益的构成

持有期收益率的计算

假定小王在去年的今天以每股25元的价格购买了100股浦发银行股票。过去1年中小王得到20元的红利（=0.2元/股×100股），年底时股票价格为每股30元，那么，持有期收益率是多少？

解：1.计算过程如下：

小王的投资为25×100=2 500元。

年末小王的股票价值为3 000元，同时还拥有现金红利20元。

小王的收益为20+(3 000−2 500)=520元。

则年持有期收益率为 $\frac{520}{2500}\times100\%=20.8\%$。

2.图形描述如图3-2所示。

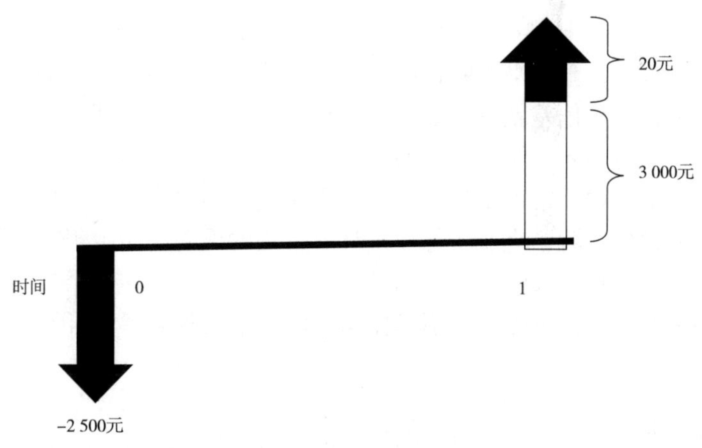

图 3-2　投资收益的图形描述

即收益额为20+3 000–2 500=520元，收益率=（520/2 500）×100%=20.8%。

进一步讲，持有期收益率从计算上可分为算术平均持有期收益率和几何平均持有期收益率。算术平均持有期收益率是指投资者在持有某种投资品 n 年内获得的收益率总和，公式为

$$算术平均持有期收益率=(r_1+r_2+\cdots+r_n)/n \quad (3\text{-}2)$$

几何平均持有期收益率是指投资者在持有某种投资品 n 年内按照复利原理计算的实际获得的年平均收益率，其中 r_i 表示第 i 年持有期收益率（i=1，2，…，n），公式为

$$几何平均持有期收益率=\sqrt[n]{(1+r_1)\times(1+r_2)\times\cdots\times(1+r_n)}-1 \quad (3\text{-}3)$$

当各期收益出现巨大波动时，算术平均收益率会呈明显的上偏倾向。几何平均收益率指标优于算术平均收益率指标的地方，是因为它引入了复利的程式，考虑了货币的时间价值，即通过对时间进行加权来衡量最初投资价值的复合增值率，从而克服了算术平均收益率有时会出现上偏倾向的缺点。通过下面的案例可以理解这一点。

案例 3.1

持有期收益率——算术平均与几何平均

某种股票的市场价格在第1年年初时为100元，到了年底股票价格上涨至200元，但时隔1年，在第2年年末它又跌回到了100元。假定这期间公司没有派发过股息，计算其算术平均收益率和几何平均收益率。

第1年的投资收益率为100%（r_1=（200–100）/100=1=100%），第2年的投资收益率则为–50%（r_2=（100–200）/200=–0.5=–50%)。

用算术平均收益率来计算，这两年的平均收益率为25%，即 r =[100%+(–50%)]/2=25%。

采用几何平均收益率来计算，$r_c=\sqrt{(1+1)(1-0.5)}-1=0$。这个计算结果符合实际情况，即两年来平均收益率为0。

由以上案例可见，算术平均收益的上偏倾向使它总是高于几何平均收益，而且收益波动的幅度越大，这种偏差就越明显。只有在整个投资期间各期的收益率都是相同的情况下，两种平均收益率才可能是一致的。

从经济意义上来说，几何平均收益率因为从复利的角度考虑，从而对时间进行了加权，当收益率波幅较大时，克服了等权重计算带来的误差。而由于算术平均收益率是等权重计算的，因此波幅较大时，计算的结果也会较大。只有在整个投资期间各期的收益率都是相同的情况下，权重因素才不起作用，两种平均收益率才可能是一致的。

（二）预期收益率

所谓预期收益率，即未来收益率的期望值。其计算公式可以表述为

$$E(R)=\sum_{i=1}^{n}(\text{收益率的概率})\times(\text{可能的收益率}) \quad (3\text{-}4)$$

记作：

$$E(R)=p_1r_1+p_2r_2+\cdots+p_nr_n=\sum_{i=1}^{n}p_ir_i \quad (3\text{-}5)$$

通常，可以通过选择历史样本数据，利用收益率的算术平均值来估计预期收益。

预期收益率的计算

在可供选择的投资中，假定投资收益可能会由于经济运行情况的不同出现几种结果，如在经济运行良好的环境中，该项投资在下一年的收益率可能达到20%；而当经济处于衰退时，投资收益将可能是–20%；如果经济仍然像现在一样运行，该收益率是10%，见表3-1。

表 3-1　不同情况下的可能收益率

经济状况	概率	收益率
经济运行良好，无通胀	0.15	0.20
经济衰退，高通胀	0.15	–0.20
正常运行	0.70	0.10

根据以上数据即可算出该投资的下一年的预期收益率：

$$E(r)=0.15\times0.20+0.15\times(-0.20)+0.70\times0.10=0.07$$

（三）必要收益率

所投资的证券产生的收益率必须补偿：①货币纯时间价值，即真实无风险收益率 RR_f；②该期间的预期通货膨胀率 π^e；③所包含的风险，即风险溢价RP（risk premium）。这三种成分的总和被称为必要收益率，用公式表示为

$$k-\mathrm{RR}_f+\pi^e+\mathrm{RP} \quad (3\text{-}6)$$

作为对延期消费的补偿，这是投资者进行一项投资所能接受的最小收益率，即必要收益率。

二、风险的衡量与含义

如果我们面对普通股、长期国债、国库券三种证券，仅仅从收益的角度来看，如图3-3所示。

由图3-3可见，根据收益率的计算公式：

$$1\times(1+R_{1948})\times(1+R_{1949})\times\cdots\times(1+R_{2000})=383.82\text{ 美元}$$

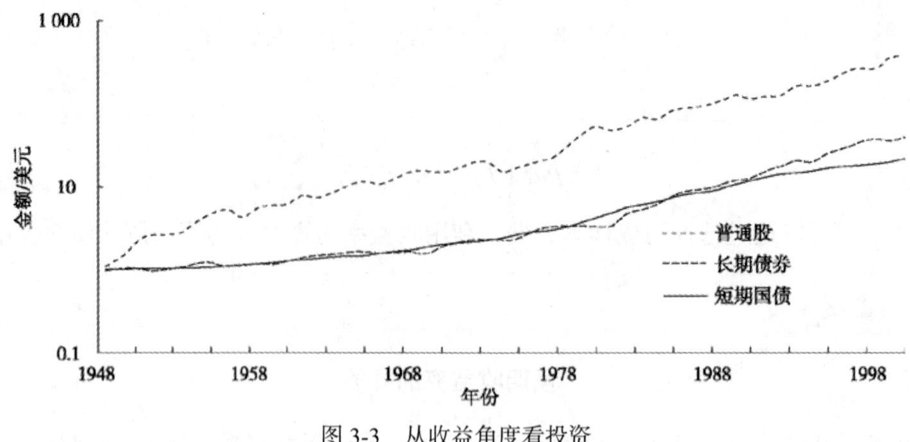

图 3-3 从收益角度看投资

即 1948 年 1 美元的股票投资到 2000 年时将变为 383.82 美元，其结果则是将没有哪个投资者愿意持有国债和国库券。

但如果我们从收益率的变化来看，情况则大不相同，见图 3-4。这也就引出了另一个重要的概念——风险。

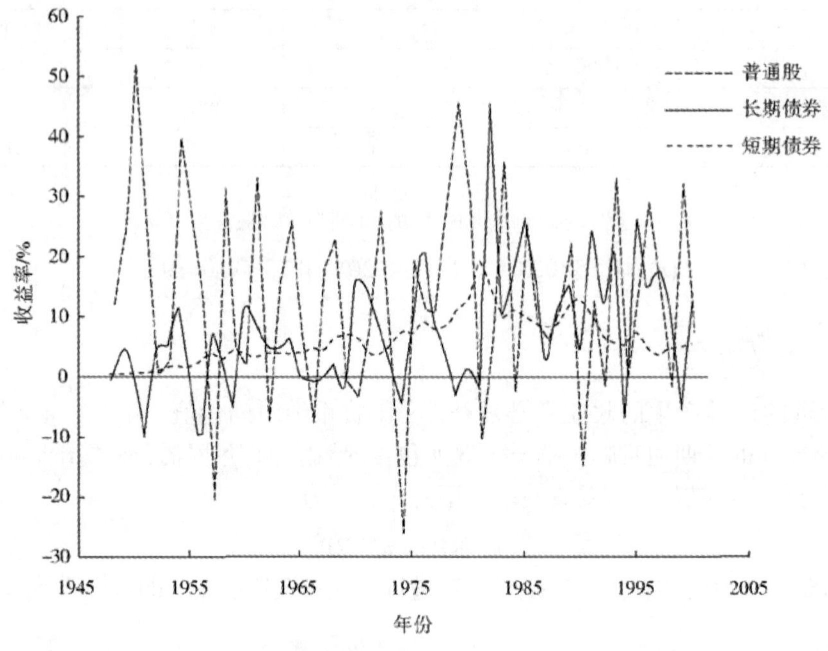

图 3-4 从收益率变化看投资

（一）风险的衡量与含义

1.风险的衡量

一般将投资风险定义为实际收益对预期收益的偏离，数学上可以用预期收益的方差来衡量。公式为

$$\sigma^2 = \sum_{i=1}^{n} p_i[r_i - E(r_i)]^2 \tag{3-7}$$

方差的平方根为标准差，公式为

$$\sigma = \sqrt{\sum_{i=1}^{n} p_i[r_i - E(r_i)]^2} \tag{3-8}$$

标准差的统计学含义是当资产收益服从正态分布时，2/3 的收益率在 $E(r_i) \pm \sigma_i$ 的范围内；95%的收益率在 $E(r_i) \pm 2\sigma_i$ 的范围内。因此，其金融学的含义是，方差或标准差越大，随机变量与数学期望的偏离越大，即实际收益对预期收益的偏离越大，风险就越大。

例题 3.3

假定投资于某股票，初始买入价格为10元/股，持有期为1年，现金红利为0.4元/股，预期股票价格在表3-1所示的不同经济运行状态下有如表3-2所示的三种可能，求各种可能下的收益率，并求该股票的期望收益和方差。

表 3-2 一个假设的股票投资

经济状态	繁荣	正常运行	萧条
概率	0.25	0.50	0.25
期末价/（元/股）	14	11	18

解：设r_1、r_2、r_3分别为经济繁荣、正常运行和经济萧条状态下的收益率。则

$$r_1=(14-10+0.4)/10=44\%$$

$$r_2=(11-10+0.4)/10=14\%$$

$$r_3=(8-10+0.4)/10=-16\%$$

根据预期收益率计算公式：

$$E(r)=(0.25\times44\%)+(0.5\times14\%)+[0.25\times(-16\%)]=14\%$$

再根据方差的计算公式：

$$\sigma^2=0.25(44\%-14\%)^2+0.5(14\%-14\%)^2+0.25(-16\%-14\%)^2=0.045$$

2.变异系数

进一步看，还可以用变异系数对风险进行衡量。所谓变异系数，即夏普比率，是指每获得单位收益所承担的风险，即

$$\text{变异系数}=\text{CV}=\frac{\text{标准差}}{\text{预期收益率}}=\frac{\sigma}{E(r)} \tag{3-9}$$

夏普比率的值越大，表明获得单位收益所承担的风险越大，即该资产（或证券）越

没有投资价值。夏普比率是我们进行资产选择的一个重要原则或指标。

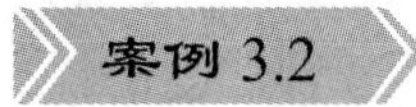

案例 3.2

用变异系数评估投资项目

假定项目A、B的收益率和方差如表3-3所示。

表 3-3 项目 A、B 的收益率和标准差

项目	项目 A	项目 B
收益率	0.05	0.07
标准差	0.07	0.12

通过分别计算上例中A、B项目的变异系数就可以从中选择出较优项目：

$$CV_A=\frac{0.07}{0.05}=1.40 \qquad CV_B=\frac{0.12}{0.07}=1.71$$

由计算结果可见，项目A变异系数低于项目B，所以项目A更优。

（二）风险溢价与资产选择

风险溢价，是指超过无风险资产收益的预期收益，这一溢价为投资的风险提供了补偿。其中的无风险（risk-free）资产，是指其收益确定，从而方差为 0 的资产。一般以货币市场基金或者短期国债作为无风险资产的代表品。

如果投资者是风险厌恶的，为了保持其效用不变，要使其承担一定的风险，必须给予其更高的预期收益。换言之，一个风险厌恶的投资者，其行为方式将服从均值方差标准（mean-variance criterion），即如果投资者是风险厌恶的，则其对于证券 A 和证券 B 的选择，当且仅当 $E(r_A) \geqslant E(r_B)$，$\sigma_A^2 \leqslant \sigma_B^2$ 成立时，投资者应选择证券 A 而放弃证券 B。这是根据风险与收益的关系进行资产选择的原则之一。

三、风险的分类

总体上，我们可以将风险分为系统性风险和非系统性风险。

（一）非系统性风险

非系统性风险是由个别上市公司或其他融资主体的特有情况所造成的风险，这一风险只与该公司本身的情况有关，而与整个市场无关，也称为微观风险。如果市场是有效的[①]，则整个证券市场可以看做“市场组合”，该组合将弱化，甚至完全消除非系统性风险，因此市场组合或整个市场的非系统性风险为 0。

① 关于市场有效性理论，详见第八章。

（二）系统性风险的衡量

所谓系统性风险，是指由于某种全局性的因素而对所有资产收益都产生影响的风险。这种风险主要源于宏观经济因素的变化，如利率、汇率的变化所产生的风险，因此又称为宏观风险。

正由于系统性风险是通过宏观经济因素变化所导致的，因此它无法通过投资组合给以消除。对于某证券所面临的系统性风险的衡量，可以用该证券的收益率与市场收益率之间的β系数代表该证券的系统性风险。某证券i的β系数β_i是指该证券的收益率和市场收益率的协方差σ_{im}，再除以市场收益率的方差σ_m^2，即

$$\beta_i=\sigma_{im}/\sigma_m^2 \tag{3-10}$$

对一个证券组合的β系数β_p，它等于该组合中各证券的β系数的加权平均，权数为各种证券的市值占该组合总市值的比重X_i，即

$$\beta_p=\sum_{i=1}^{n}X_i\beta_i \tag{3-11}$$

β值的判断标准是：如果某证券或证券组合的$\beta=1$，则表明其系统性风险与市场风险一致；如果$\beta>1$，则表明该证券或投资组合的风险大于市场风险；如果$\beta<1$，则表明其系统性风险小于市场风险；当$\beta=0$时，无系统性风险。

这里我们需要注意的是，β值等于、大于还是小于市场风险，本身无好坏之分，要依据投资策略而言。因为，一方面理论上存在承担的风险越高可能获得的收益越高的观点；另一方面不同投资者（或机构）对风险的偏好（目标）不一样。若投资策略是追求风险价值，则其组合的β值应大于1。换言之，这种情况下，$\beta<1$或$\beta=1$可能是无效组合。

案例 3.3

期望收益率和方差

如表3-4所示，三种状态出现的概率均为1/3，资产为股票基金和债券基金。

表 3-4　股票、债券在不同状态下的收益率

经济状态	收益		
	概率/%	股票基金/%	债券基金/%
萧条	33.3	−7	17
正常	33.3	12	7
繁荣	33.3	25	−3

最终的计算结果见表3-5。

表 3-5 股票、债券投资的期望收益率、差平方、方差和标准差

经济状态	股票基金		债券基金	
	收益率/%	差平方/%	收益率/%	差平方/%
萧条	−7	3.24	17	1.00
正常	12	0.01	7	0.00
繁荣	28	2.89	−3	1.00
期望收益率/%	11.00		7.00	
方差	0.020 5		0.006 7	
标准差/%	14.3		8.2	

计算过程如下。

第一，股票基金期望收益率（表3-6）。

表 3-6 股票基金期望收益率计算

经济状态	股票基金		债券基金	
	收益率/%	差平方/%	收益率/%	差平方/%
萧条	−7	3.24	17	1.00
正常	12	0.01	7	0.00
繁荣	28	2.89	−3	1.00
期望收益率/%	**11.00**		7.00	
方差	0.020 5		0.006 7	
标准差/%	14.3		8.2	

$$E(R_S)=\frac{1}{3}\times(-7\%)+\frac{1}{3}\times12\%+\frac{1}{3}\times28\%=11\%$$

即表3-6中“期望收益率”一行中粗体的数据。

第二，债券基金的期望收益率（表3-7）。

表 3-7 债券基金的期望收益率计算

经济状态	股票基金		债券基金	
	收益率/%	差平方/%	收益率/%	差平方/%
萧条	−7	3.24	17	1.00
正常	12	0.01	7	0.00
繁荣	28	2.89	−3	1.00
期望收益率/%	11.00		**7.00**	
方差	0.020 5		0.006 7	
标准差/%	14.3		8.2	

$$E(R_B)=\frac{1}{3}\times17\%+\frac{1}{3}\times7\%+\frac{1}{3}\times(-3\%)=7\%$$

即表3-7中“期望收益率”一行中粗体的数据。

第三，差平方（表3-8）。

表 3-8　股票基金的差平方计算

经济状态	股票基金		债券基金	
	收益率/%	差平方/%	收益率/%	差平方/%
萧条	−7	**3.24**	17	1.00
正常	12	**0.01**	7	0.00
繁荣	28	**2.89**	−3	1.00
期望收益率/%	11.00		7.00	
方差	0.020 5		0.006 7	
标准差/%	14.3		8.2	

表3-8中，差平方一列中得到的各结果如下：

$$[(-7\%)-11\%]^2=3.24\%$$

$$(28\%-11\%)^2=2.89\%$$

$$(12\%-11\%)^2=0.01\%$$

第四，方差（表3-9）。

表 3-9　股票基金的方差计算

经济状态	股票基金		债券基金	
	收益率/%	差平方/%	收益率	差平方/%
萧条	−7	3.24	17	1.00
正常	12	0.01	7	0.00
繁荣	28	2.89	−3	1.00
期望收益率/%	11.00		7.00	
方差	**0.020 5**		0.006 7	
标准差/%	14.3		8.2	

表3-9中，股票基金的方差由下式得到：

$$0.020\,5\%=3.24\%\times\frac{1}{3}+0.01\%\times\frac{1}{3}+2.89\%\times\frac{1}{3}$$

第五，标准差（表3-10）。

表 3-10　股票基金的标准差计算

经济状态	股票基金		债券基金	
	收益率/%	差平方/%	收益率/%	差平方/%
萧条	−7	3.24	17	1.00
正常	12	0.01	7	0.00
繁荣	28	2.89	−3	1.00
期望收益率/%	11.00		7.00	
方差	0.020 5		0.006 7	
标准差/%	**14.3**		8.2	

对所求得的方差开根号，即得到标准差：

$$14.3\% = \sqrt{0.020\,5}$$

第二节 组合资产的收益和风险衡量

在实际投资中，大多数投资者都会考虑组合投资。构建一个投资组合的基础性问题，即要对该组合的收益和风险做到心中有“数”。此外，组合投资相对于单一资产投资的优势所在，以及产生这一优势的条件等，都是通过对资产组合的收益和风险的分析与计量得到的。在第一节对单一资产收益与风险进行研究的基础上，本节我们对组合资产的收益与风险进行分析，并研究组合资产中特有的协方差和相关系数。

一、组合资产的收益

对组合资产的投资决策，不仅要考虑单个资产的收益和风险，而且要考虑资产组合作为一个整体的收益和风险，还需要决定对组合中的某一单独资产的投资比例。

资产组合的预期收益$E(r_p)$是资产组合中所有资产预期收益的加权平均，其中的权数x为各资产投资占总投资的比率。公式为

$$E(r_p) = \sum_{i=1}^{n} x_i E(r_i) \tag{3-12}$$

式中，i=1，2，…，n；$x_1+x_2+\cdots+x_n=1$。

例题 3.4

假设我们以上海证券市场的三只股票构建投资组合，其基本情况如表3-11所示。

表 3-11 一个假设的组合

证券名称	中国国贸	钢联股份	华夏银行	组合
证券代码	600007	600010	600015	—
组合中股份	100	200	100	400
初始买入价（每股）/元	5.98	4.29	4.36	—
总投资/元	598	858	436	1 892
占组合比例/%	0.316	0.454	0.23	1
期望收益率/%	5	7	3	5.448

表3-11中的“初始买入价”分别是三只股票在某一交易日的收盘价。“期望收益率”分为两部分：一部分是三只股票各自的期望收益率，分别以三只股票的样本均值计算得到；另一部分是组合的期望收益率，是本题求解的结果。

解：根据式（3-12），该组合期望收益率=0.316×5%＋0.454×7%＋0.23×3%=5.448%。

对例题 3.4 我们还存在两个问题需要解决。其一，组合中三只股票的股份分别为 100 股、200 股和 100 股，根据三只股票各自的单价，从而使其各自的投资额占组合总投资额的比例分别为 31.6%、45.4%和 23%。那么，这一比例，或者说三只股票各自的购买量是依据什么确定？对这一问题的详细解答正是第四章马科维茨资产组合理论所要研究和解决的问题。我们这里只是根据了一个简单的原则：对预期收益较高的股票给出较高的投资比例。

其二，在表 3-11 所示的组合中，我们选择了“中国国贸”、“钢联股份”和“华夏银行”三只股票，为什么选择这三只股票？或者说“选股”的依据是什么？对这一问题的回答需要用到 CAPM、基本分析方法、技术分析方法等。此外，还有一个简单而明确的原则，即第三节要讲到的相关系数问题。

二、资产组合的风险

正如对资产组合收益的计算一样，资产组合的方差也不是组合中各资产方差的简单加权平均，而是资产组合的收益与其预期收益偏离数的平方，即

$$\sigma_p^2 = E[r_p - E(r_p)]^2 \quad (3\text{-}13)$$

式中，r_p为资产组合的收益率。

如果是由 n 个资产构成的组合，计算该组合方差的一般公式为

$$\sigma_p^2 = \sum_{i=1}^{n} x_i^2 \sigma_i^2 + \sum_{i=1}^{n}\sum_{j=1}^{n} x_i x_j \operatorname{cov}(x_i, x_j) \quad (i \neq j) \quad (3\text{-}14)$$

式中，cov（x_i，x_j）为资产i与资产j之间的协方差，对此我们将在第三节给以详细讨论。式（3-14）表明，资产组合的方差是资产各自方差与它们之间协方差的加权平均。

例题 3.5

假设由两项资产构成投资组合，x_1=0.25，σ_1=0.20，x_2=0.75，σ_2=0.18，且σ_{12}=0.01，计算该组合的方差。

根据式（3-14）有

$$\sigma_p^2 = 0.25^2(0.20)^2 + 0.25(0.75)(0.01) + 0.75^2(0.18)^2 + 0.75(0.25)(0.01)$$
$$= 0.024\ 5$$

对例题 3.5 我们做进一步的分析。由题中的已知条件可见，资产 1 的方差 σ_1^2 =0.04，资产 2 的方差 σ_2^2 =0.032 4；而我们所计算的投资组合的方差 σ_p^2 =0.024 5。可见组合投资有利于降低投资风险。但这一结果的取得还有赖于一个前提性条件，即资产之间的相关系数。

三、协方差与相关系数

所谓协方差，即两个或更多的随机变量之间的相互依赖关系。设 x_1、x_2 为两个随机变量，其均值分别为 $E(x_1)$ 和 $E(x_2)$，则两变量之间的协方差被定义为

$$\text{cov}(x_1, x_2)=E\{[x_1-E(x_1)][x_2-E(x_2)]\} \tag{3-15}$$

经过简单推导，我们可以得到式（3-15）的一个替代公式：

$$\text{cov}(x_1, x_2)=E(x_1x_2)-E(x_1)E(x_2) \tag{3-16}$$

通常我们以 σ_{12} 表示两个资产之间的协方差。

协方差所告诉我们的信息是：如果 $\sigma_{12}=0$，即两资产为不相关的随机变量；如果 $\sigma_{12}>0$，则两随机变量正相关，此时如果一个随机变量高于均值，则另一个随机变量也高于均值；如果 $\sigma_{12}<0$，则两个随机变量负相关，如图 3-5 所示。

图 3-5 以两个随机变量 X_1 和 X_2 为例，显示了协方差所表明的随机变量之间的相关性。其中图 3-5（a）表明 $\sigma_{12}=0$；图 3-5（b）表明 $\sigma_{12}>0$；图 3-5（c）则表明 $\sigma_{12}<0$。

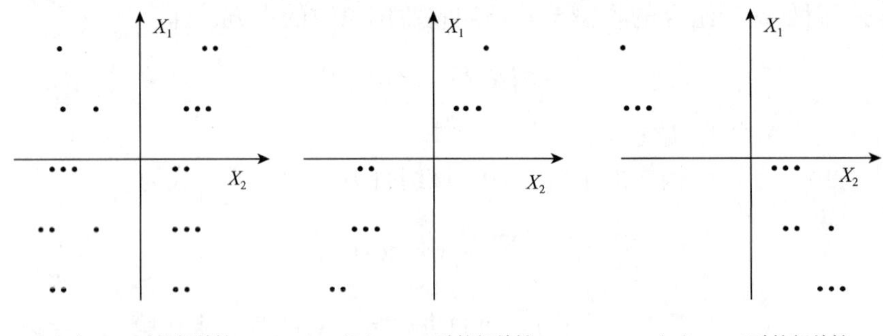

（a）$\sigma_{12}=0$时的相关性　（b）$\sigma_{12}>0$时的相关性　（c）$\sigma_{12}<0$时的相关性

图 3-5　协方差：资产的相关性

协方差的一个重要界限，是两个随机变量的协方差满足：

$$|\sigma_{12}| \leqslant \sigma_1\sigma_2 \tag{3-17}$$

这一不等式表明，如果 $\sigma_{12}=\sigma_1\sigma_2$，则两个随机变量完全正相关；如果 $\sigma_{12}=-\sigma_1\sigma_2$，则两个随机变量完全负相关。

协方差描述了两个随机变量之间的相关状态，即是正相关、负相关，还是零相关，但它却不能说明变量之间的相关程度。相关系数反映两个随机变量的联系程度，其计算公式为

$$\rho_{ij}=\frac{\sigma_{ij}}{\sigma_i\sigma_j} \tag{3-18}$$

ρ_{ij} 为资产 i 与 j 的相关系数。由协方差的计算公式我们可以得到，相关系数的取值为 $+1\geqslant\rho_{ij}\geqslant-1$。正号表示正相关，负号表示负相关。当 $\rho_{ij}=1$ 时为两个资产完全正相关，当 $\rho_{ij}=-1$ 时为完全负相关，当 $\rho_{ij}=0$ 时两个资产不相关。

不同资产之间的相关系数对资产组合的风险有重大影响。如果由两个资产构成一个资产组合，则该组合的方差可表述为

$$\sigma_p^2 = x_1^2\sigma_1^2 + x_2^2\sigma_2^2 + 2x_1x_2\rho_{12}\sigma_1\sigma_2 \quad (3\text{-}19)$$

由式（3-19）可见，如果两个资产的权重及其各自的方差既定不变，ρ_{12}越大，则σ_p^2越大，反之则反是。这说明，资产的相关度越高，资产组合的风险越大。或者说，选择相关度小的资产组合，可降低投资风险。

例题 3.6

根据例题3.5的数据，该组合中两资产的相关系数为

$$\rho_{12}=0.01/(0.2\times0.18)=0.278$$

可见，虽然两资产的相关系数为正，但趋近于0，从而才导致例题3.5的组合风险低于单个的资产风险这一结果。这也就回答了例题3.4所提出的问题，即选择“中国国贸”、“钢联股份”和“华夏银行”三只股票构成该例题的组合，其“选股”的依据是较低的相关系数——越是行业跨度大的资产，其相关系数越低。

案例 3.4

资产组合的收益率和风险

我们在案例3.3的基础上，来看股票基金和债券各基金占50%的资产组合如何平衡风险和收益。基础数据如表3-12所示。

表 3-12 股票基金和债券基金资产组合的收益

经济状态	股票基金		债券基金	
	收益率/%	差平方/%	收益率/%	差平方/%
萧条	−7	17	5.0	0.160
正常	12	0.02	7	0.32
繁荣	28	2.15	−3	0.19
期望收益率/%	13.3%		1.33	
方差	0.007 2		0.001 7	
标准差/%	8.5		4.1	

计算过程如下。

第一，组合的收益率。

资产组合的收益率由其中股票和债券收益率加权而来，即

$$R_P=w_BR_B+w_SR_S$$

例如，在繁荣情况下如表3-13所示。

表 3-13 投资组合的收益率与期望收益率

经济状态	收益率			
	股票基金	债券基金	投资组合	差平方
萧条/%	−7	17	5.0	0.160
正常/%	12	7	9.5	0.003
繁荣/%	28	−3	12.5	0.123
期望收益率/%	11.00	7.00	9.00	—
方差	0.020 5	0.006 7	0.001 0	—
标准差/%	14.3	8.2	3.08	—

表3-13中，繁荣情况下投资组合的收益率为

$$12.5\%=50\%\times 28\%+50\%\times(-3\%)$$

而资产组合的预期收益率由其中的证券的预期收益率加权而来，即

$$E(R_P)=w_B E(R_B)+w_S E(R_S)$$

即

$$9\%=50\%\times 11\%+50\%\times 7\%$$

第二，组合的风险。

两种风险资产组合的收益率方差为

$$\sigma_p^2=(w_B\sigma_B)^2+(w_S\sigma_S)^2+2(w_B\sigma_B)(w_S\sigma_S)\rho_{BS}$$

式中，ρ_{BS}为股票和债券的收益率之间的相关系数，本案例中假设等于−0.999。由最终的计算结果我们看到：就收益的排名而言，股票基金最高，投资组合其次，债券基金最低；就风险而言，股票基金最大，债券基金其次，而投资组合最小。综合而言我们得到以下结论：资产组合的最大效用就在于，在相同收益（或收益下降不大）的情况下，承担了最低的风险。

第三节 投资者的风险偏好

在对β值的研究中我们提到，不同投资者有不同的风险偏好。原则上，我们可以依据投资者对风险的态度，将投资者分为风险厌恶型、风险中性和风险偏好三种类型。本节我们从效用价值和确定性等价的概念入手，对投资者的风险偏好进行研究。

一、效用价值与确定性等价利率

衡量一项投资或投资组合的效用，即观察其风险与收益的匹配状态：在风险一定的情况下，预期的收益越高，该投资或资产组合的效用价值越大；而收益波动性越强的投资或资产组合，效用值就越低。

给定预期收益为$E(r)$，收益波动性（方差）为σ^2，则资产组合的效用价值为

$$U=E(r)-0.005A\sigma^2 \qquad (3\text{-}20)$$

式中，U 为效用价值；A 为投资者的风险厌恶指数；系数 0.005 是一个按比例计算的方法，这使我们可以将预期收益和标准差表述为百分比而不是表示为小数。式（3-20）表明，高预期收益会提高效用，而高波动性（风险）将降低效用。

我们可以将效用价值与无风险投资的报酬率进行比较，以确定风险投资与安全投资之间的选择，即我们可以将风险投资的效用看做投资者的确定性等价的收益率。一个资产组合的确定性等价的利率（certainty equivalent rate）是为使无风险投资与风险投资具有相同吸引力而确定的无风险投资的报酬率。

例题 3.7

如果某股票的期望收益率为7%，方差σ^2为78.69%，假定无风险利率为4%。如果某投资者A的风险厌恶指数为8，而另一投资者B的风险厌恶指数为6。请问这两个投资者该如何进行投资（资产）选择？

解：根据式（3-20）给出的投资者效用价值公式，对投资者A来说，如果他投资于例题中所给的股票，则其效用值为

$$U_A=7-(0.005\times8\times78.69)$$

$$=3.85$$

可见，对该股票的投资收益低于无风险报酬率，即投资者A应放弃股票投资而选择对无风险资产的投资。

对投资者B来说，其投资于股票的效用值为

$$U_B=7-(0.005\times6\times78.69)$$

$$=4.64$$

即收益高于无风险报酬率，投资者B就会选择投资于股票。

二、投资者的风险偏好类型

由式（3-20）可见，方差（即风险）与效用价值负相关，即风险越大，投资组合给投资者的效用越低。式（3-20）还表明，风险减少效用的程度取决于投资者的风险厌恶（risk averse）指数 A。

一个风险厌恶型的投资者，为补偿所承担的风险，会按一定比例降低投资组合的预期收益，从而将降低组合的效用价值。换言之，对风险厌恶的投资者来说，为了保持其效用不变，要使其承担一定的风险，必须给予其更高的预期收益。也就是说，风险厌恶型的投资者，其风险与收益是正相关的。从确定性等价利率的角度看，如果风险溢价等于 0，即风险投资的收益率减去无风险投资的收益率等于 0，则风险厌恶型投资者的确定性等价报酬率将低于无风险投资报酬率。

一个风险中性（risk-neutral）型的投资者只按预期收益率来衡量组合的效用，即风险（方差）因素与其投资组合所带来的效用无关。换言之，对风险中性的投资者来说，

资产组合的确定性等价报酬率就是预期收益率。

风险爱好者（risk lover）在其效用中加入了风险的“乐趣”，即风险的增加提高了投资组合的效用。换言之，风险爱好者的预期收益与风险之间是负相关的：即便预期收益有所下降，他也愿意承担更大的风险。从另一角度来看，即便风险溢价等于0，风险爱好者的确定性等价报酬率也高于无风险投资的报酬率。

三、风险厌恶型投资者的无差异曲线

一般而言，我们假定一个理性的投资者是风险厌恶的。为了描述风险厌恶型投资者的效用最大化，我们给出风险厌恶型投资者的无差异曲线，这也是马科维茨组合理论确定最优资产组合工具之一。

（一）投资者无差异曲线

在投资组合理论中，效用函数代表着投资者偏好。投资者的目标是投资效用最大化，而投资效用，如上面的式（3-20）所示，取决于投资的预期收益率和风险。该效用函数可以通过在预期收益率-风险平面上以无差异曲线表现出来。

资本市场的无差异曲线表示在一定的风险和收益水平下（即在同一曲线上），投资者对不同资产组合的满足程度是无区别的，即同等效用水平曲线，如图 3-6 所示。图 3-6 中，纵轴 $E(r)$ 表示预期收益，横轴 σ 为风险水平。

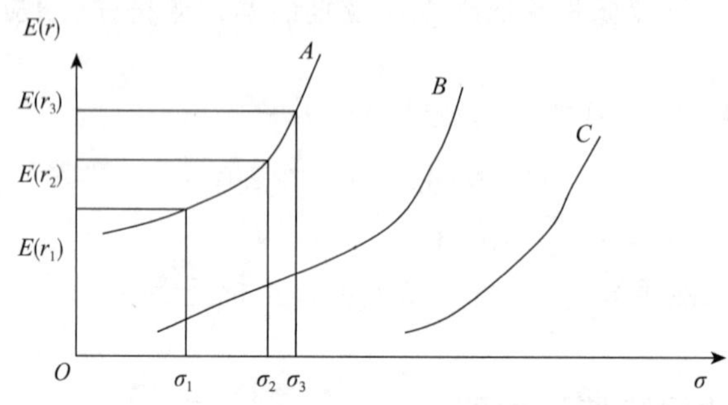

图 3-6 风险厌恶型投资者的无差异曲线

（二）风险厌恶型投资者无差异曲线的特点

风险厌恶型投资者的无差异曲线具有以下特点。

（1）斜率为正，即为了保证效用相同，如果投资者承担的风险增加，则其所要求的收益率也会增加。对不同的投资者而言无差异曲线斜率越陡峭，表示越厌恶风险。在一定风险水平上，为了让其承担等量的额外风险，必须给予其更高的额外补偿；反之无差异曲线越平坦表示风险厌恶的程度越小。

（2）下凸①，这意味着随着风险的增加要使投资者再多承担一定的风险，其期望收

① 如果无差异曲线凸向原点，即风险与收益反相关，表明投资者为风险偏好型；风险中性投资者的无差异曲线则为水平线。

益率的补偿越来越高。图 3-6 中，当风险程度较低时，风险上升（由 $\sigma_1 \rightarrow \sigma_2$），投资者要求的收益补偿为$E(r_2)-E(r_1)$；而当风险进一步增加时，虽然是较小的增加（由 $\sigma_2 \rightarrow \sigma_3$），收益的增加都要大幅上升为$E(r_3)-E(r_2)$。这说明风险厌恶型投资者的无差异曲线不仅是非线性的，而且该曲线越来越陡峭。这一现象实际上是边际效用递减规律在投资上的表现。

（3）不同的无差异曲线代表着不同的效用水平。越靠左上方无差异曲线代表的效用水平越高，如图3-6中的A曲线。这是由于给定某一风险水平，越靠上方的曲线对应的期望收益率越高，因此其效用水平也越高；同样，给定某一期望收益率水平，越靠左边的曲线对应的风险越小，其对应的效用水平也就越高。此外，在同一无差异曲线图（即对同一个投资者来说）中，任何两条无差异曲线都不会相交。

➢本章小结

投资学的一个基本指导理念是风险与收益的最优匹配。当风险与收益达到最优匹配状态时，一项投资或投资组合给投资者的效用就越高。在风险一定的情况下，预期的收益越高，该投资或资产组合的效用价值越大；而收益波动性越强的投资或资产组合，其效用值越低。给定预期收益为 $E(r)$，收益波动性为 σ^2，则资产组合的效用价值为

$$U=E(r)-0.005A\sigma^2$$

上式表明，高预期收益会提高效用，而高波动性（风险）将降低效用。上式还表明，风险减少效用的程度取决于投资者的风险厌恶指数A。一个风险厌恶型的投资者，其为补偿所承担的风险，会按一定比例降低投资组合的预期收益，从而将降低组合的效用价值。也就是说，风险厌恶型的投资者，其风险与收益是正相关的。

风险厌恶型投资者的无差异曲线，是马科维茨组合理论确定最优资产组合工具之一。资本市场的无差异曲线表示在一定的风险和收益水平下（即在同一曲线上），投资者对不同资产组合的满足程度是无区别的，即同等效用水平曲线。

进一步讲，需要我们对影响投资者效用的风险与收益两个因素给以明确的量化。对单一资产或证券的收益和风险的衡量，是计量投资组合的收益与风险的基础。就收益方面而言，对资产收益的估计可用数学期望方法进行，即对每一收益率的估计都给出其实现的概率，再对各收益率及其概率加权平均。

就风险而言，一般将投资风险定义为实际收益对预期收益的偏离，数学上可用预期收益的方差来衡量。方差或标准差越大，随机变量与数学期望的偏离越大，风险就越大。

在实际投资中，大多数投资者都会考虑组合投资。对组合资产的投资决策，不仅要考虑单个资产的收益和风险，还要考虑资产组合作为一个整体的收益和风险。

资产组合的预期收益 $E(r_p)$ 是资产组合中所有资产预期收益的加权平均，其中的权数 x 为各资产投资占总投资的比率。资产组合预期收益的计算公式为

$$E(r_p)=\sum_{i=1}^{n} x_i E(r_i)$$

正如对资产组合收益的计算一样，资产组合的方差也不是组合中各资产方差的简单加权平均，而是资产组合的收益与其预期收益偏离数的平方，即

$$\sigma_p^2=E\left[r_p-E(r_p)^2\right]$$

如果是由 n 个资产构成的组合，计算该组合方差的一般公式为

$$\sigma_p^2=\sum_{i=1}^{n}x_i^2\sigma_i^2+\sum_{i=1}^{n}\sum_{j=1}^{n}x_ix_j\operatorname{cov}(x_i,x_j)\quad(i\neq j)$$

式中，cov（x_i，x_j）为资产 i 与资产 j 之间的协方差。设 x_1、x_2 为两个随机变量，其均值分别为 $\overline{x}_1$ 和 $\overline{x}_2$，则两变量之间的协方差被定义为

$$\operatorname{cov}(x_1,x_2)=E(x_1x_2)-\overline{x}_1\overline{x}_2$$

协方差的一个重要界限，是两个随机变量的协方差满足：

$$|\sigma_{12}|\leqslant\sigma_1\sigma_2$$

这一不等式表明，如果 $\sigma_{12}=\sigma_1\sigma_2$，表明两个随机变量完全正相关；如果 $\sigma_{12}=-\sigma_1\sigma_2$，表明两个随机变量完全负相关。

相关系数反映两个随机变量的联系程度，其计算公式为

$$\rho_{ij}=\frac{\sigma_{ij}}{\sigma_i\sigma_j}$$

相关系数的取值为 $+1\geqslant\rho_{ij}\geqslant-1$。正号表示正相关，负号表示负相关；当 $\rho_{ij}=1$ 时为两个资产完全正相关，当 $\rho_{ij}=-1$ 时为完全负相关，当 $\rho_{ij}=0$ 时两个资产不相关。不同资产之间的相关系数对资产组合的风险有重大影响，即资产的相关度越高，资产组合的风险越大。或者说，选择相关度小的资产组合，可降低投资风险。

投资组合所面对的风险还可进一步分为系统性风险和非系统性风险两类。非系统性风险是由个别上市公司或其他融资主体的特有情况所造成的风险，这一风险只与该公司本身的情况有关，而与整个市场无关，也称为微观风险。

而所谓系统性风险，是指由于某种全局性的因素而对所有资产收益都产生影响的风险。这种风险主要源于宏观经济因素的变化，因此又称为宏观风险。

对于某证券所面临的系统性风险的衡量，可以用该证券的收益率与市场收益率之间的 β 系数来进行。某证券的 β 系数 β_i 是指该证券的收益率和市场收益率的协方差 σ_{im}，再除以市场收益率的方差 σ_m^2，即

$$\beta_i=\sigma_{im}/\sigma_m^2$$

对一个证券组合的 β 系数 β_p，它等于该组合中各证券的 β 系数的加权平均，权数为各种证券的市值占该组合总市值的比重 X_i，即

$$\beta_p=\sum_{i=1}^{n}X_i\beta_i$$

β 值的判断标准是，如果某证券或证券组合的 $\beta=1$，其系统性风险与市场风险一致；如果其 $\beta>1$，该证券或投资组合的风险大于市场风险；如果其 $\beta<1$，则表明其系统性风

险小于市场风险；当 $\beta=0$ 时，无系统性风险。

➤练习题

一、名词解释

持有期收益率　几何平均持有期收益率　必要收益率　风险溢价　非系统性风险　系统性风险风险　厌恶型投资者

二、简答题

1.简述风险与收益的最优匹配。

2.如何判断系统性风险？

3.简述风险厌恶型投资者效用曲线的特点。

三、计算题

1.假定投资于某股票，初始价格为100元/股，持有期为1年，现金红利为4元/股，预期该股票价格在不同经济运行状态下有表3-14所示的三种可能，求各种可能下的收益率，并求该股票的期望收益和方差。

表 3-14　不同情况下的期末股价

经济状态	繁荣	正常运行	萧条
概率	0.25	0.50	0.25
期末价/（元/每股）	15	12	7

2.假设由两项资产构成投资组合，$x_1=0.40$，$\sigma_1=0.30$，$x_2=0.60$，$\sigma_2=0.20$，且 $\sigma_{12}=0.01$，请计算该组合的方差及两资产的相关系数，并对计算结果进行简要分析。

3.假设小王以三只股票构建投资组合，其基本情况如表3-15所示。请计算该组合的期望收益率。

表 3-15　*A*、*B*、*C* 三只股票的基本情况

组合中的证券	股票 *A*	股票 *B*	股票 *C*	组合
组合中股份	1 000	2 000	1 000	4 000
初始买入价（每股）/元	7.23	6.55	6.67	—
期望收益率/%	6	8	7	?

4.假设有*A*、*B*、*C*三种证券可供选择，它们的期望收益率分别为12.5%、25%、10.8%，标准差分别为6.31%、19.52%、5.05%，请问这三种证券进行投资选择的次序。

四、分析题

分析什么是系统性风险？如何衡量系统性风险？其判断标准是什么？在依据其标准进行判断时有什么注意事项？

第四章

资产组合理论

在实际投资行为中，无论是个人投资者还是机构投资者，他们都不可能仅仅对一项资产或一个证券进行投资[①]，而是将不同证券构成一篮子资产进行投资，即形成一个资产组合。投资者在构建一个投资组合时，所面临的主要问题如下：第一，构建组合的原则是什么？第二，这一组合中应包括多少种资产或证券？第三，应选择哪些资产或证券构成这一组合？第四，总投资额如何在这些资产或证券中分配？资产组合理论将要解决或部分解决这些问题。资产组合理论是现代微观金融学的核心理论之一。

本章将在第三章对风险、收益和投资者效用研究的基础上，研究和展示资产组合理论的逻辑脉络和核心内容。

第一节　资产组合理论概述

1952 年马科维茨发表了堪称现代微观金融理论史上里程碑式的论文——《投资组合选择》。该论文阐述了衡量收益和风险水平的定量方法，建立了均值-方差模型的基本框架，奠定了求解投资决策过程中资金在投资对象中的最优分配比例问题的理论基础。本节我们从理论上对马科维茨资产组合理论进行概述。

一、前提假设

马科维茨的投资组合理论是建立在单一期间（single time period）和终点财富的预期效用（expected utility of terminal wealth）最大化基础上的。所谓单一期间是指投资者持有资产的期间是确定的，在期间开始时持有证券并在期间结束时售出。由此简化了对一系列现金流的贴现和对复利的计算。

① 我们从第三章的有关研究中看到，进行组合投资不是投资于单一证券，而是进行多样化投资以降低风险。

终点财富的预期效用最大化的假设，区别于预期终点财富（expected terminal wealth）最大化。因为财富最大化本身不是投资者的目标，而效用这一概念既包括了财富的期望值，也考虑了获得这种预期财富的不确定性，即风险效用的最大化才是投资者真正追求的目标。

此外，马科维茨投资组合理论还包含下列前提假设。

（1）证券市场是有效的，即该市场是一个信息完全公开、信息完全传递、信息完全解读、无信息时滞的市场。

（2）投资者为理性的个体，遵循不满足和风险厌恶的行为方式，且影响投资决策的变量是预期收益和风险两个因素。在同一风险水平上，投资者偏好收益较高的资产组合；在同一收益水平上，则偏好风险较小的资产组合。

（3）投资者在单一期间以均值和方差标准来评价资产和资产组合。该前提假设隐含证券收益率的正态分布假设，即证券的收益率为具有一定概率分布的随机变量，一般情况下它服从正态分布 $R_i \sim N(\sqrt{R_i}, \sigma^2)$。正态分布的特性在于随机变量的变化规律通过两个参数就可以完全确定，即期望值和方差在收益率服从正态分布的假设下，投资者投资该证券的预期收益率和风险就可以通过期望值和方差加以描述。

（4）资产具有无限可分性。在上述假设基础上，通过揭示资产组合的可行集，并从中分离出资产组合的有效集，再结合第三章我们研究过的投资者的效用无差异曲线，最终得到投资者的最优选择，这是马科维茨资产组合理论的逻辑脉络及其核心内容。

二、风险资产的可行集

通过给出风险资产的可行集，并从中分离出有效集，是从理论上确定投资者投资组合的另一基础性工具。

所谓风险资产的可行集是指资本市场上由风险资产可能形成的所有投资组合的期望收益和方差的集合。将所有可能投资组合的期望收益率和标准差的关系描绘在期望收益率–标准差坐标平面上、封闭曲线上及其内部区域上来表示可行集。

假设由两种资产构成一个资产组合，这两种资产的相关系数为$-1 \leqslant \rho_{12} \leqslant 1$。当相关系数分别在$\rho_{12}=1$和$\rho_{12}=-1$时，可以得到资产组合可行集的顶部边界和底部边界，其他所有可能的情况则在这两个边界之中。下面我们逐步进行研究。

第一步，我们考虑如果两种资产完全正相关，即$\rho_{12}=1$，则组合的标准差为

$$\begin{aligned}\sigma_p(w_1) &= \sqrt{w_1\sigma_1^2 - (1-w_1)^2\sigma_2^2 + 2w_1(1-w_1)\rho_{1,2}\sigma_1\sigma_2} \\ &= \sqrt{[w_1\sigma_1 + (1-w_1)\sigma_2]^2} \\ &= w_1\sigma_1 + (1-w_1)\sigma_2\end{aligned} \tag{4-1}$$

式中，σ_p σ_1和σ_2分别为资产组合、资产 1 和资产 2 的标准差；w_1为资产1在组合中的比重；（$1-w_1$）为资产 2 在组合中的比重。

组合的预期收益为

$$\bar{r}_p(w_1) = w_1\bar{r}_1 + (1-w_1)\bar{r}_2 \tag{4-2}$$

当w_1=1时，则有σ_p=σ_1，r_p=r_1；当w_1=0时，即有σ_p=σ_2，r_p=r_2。因此，该可行集为连接（$\bar{r}_1$，σ_1）和（$\bar{r}_2$，σ_2）两点的直线，即当权重w_1从1减少到0时可以得到一条直线，该直线就构成了两种完全正相关资产组合的可行集（假定不允许买空卖空），如图4-1所示。

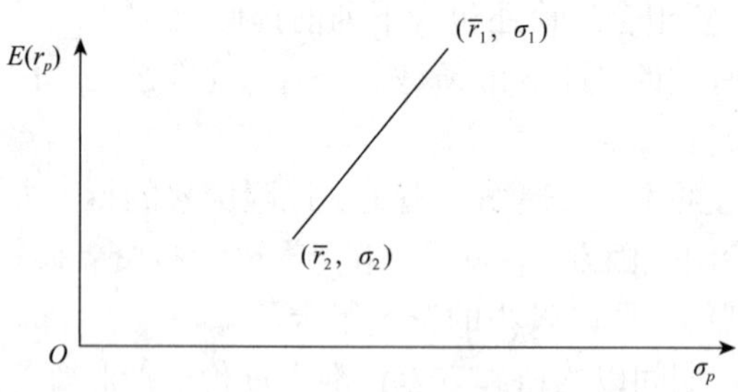

图 4-1 完全正相关资产所构成组合的可行集

第二步，如果两种资产完全负相关，即ρ_{12}=−1，则有

$$\begin{aligned}\sigma_p(w_1) &= \sqrt{w_1^2\sigma_1^2 + (1-w_1)^2\sigma_2^2 - 2w_1(1-w_1)\sigma_1\sigma_2} \\ &= \left|w_1\sigma_1 - (1-w_1)\sigma_2\right|\end{aligned} \tag{4-3}$$

$$\bar{r}_p(w_1) = w_1\bar{r}_1 + (1-w_1)\bar{r}_2 \tag{4-4}$$

当w_1=σ_2/（σ_1+σ_2）时，σ_p=0；当$w_1 \geqslant \sigma_2$/（σ_1+σ_2）时，σ_p（w_1）=$w_1\sigma_1$−（1−w_1）σ_2，则可得到w_1=f（σ_p），从而有

$$\begin{aligned}\bar{r}_p(\sigma_p) &= \frac{\sigma_p+\sigma_2}{\sigma_1+\sigma_2}\bar{r}_1 + \left(1-\frac{\sigma_p+\sigma_2}{\sigma_1+\sigma_2}\right)\bar{r}_2 \\ &= \frac{\bar{r}_1-\bar{r}_2}{\sigma_1+\sigma_2}\sigma_p + \frac{\bar{r}_1-\bar{r}_2}{\sigma_1+\sigma_2}\sigma_2 + \bar{r}_2\end{aligned} \tag{4-5}$$

同理，当$w_1 \leqslant \sigma_2$/（σ_1+σ_2）时，σ_p（w_1）=（1−w_1）σ_2−$w_1\sigma_1$，则

$$\bar{r}_p(\sigma_p) = -\frac{\bar{r}_1-\bar{r}_2}{\sigma_1+\sigma_2}\sigma_p + \frac{\bar{r}_1-\bar{r}_2}{\sigma_1+\sigma_2}\sigma_2 + \bar{r}_2 \tag{4-6}$$

也就是说，完全负相关的两种资产所构成的组合的可行集是两条直线，其截距相同，斜率异号，如图 4-2 所示。

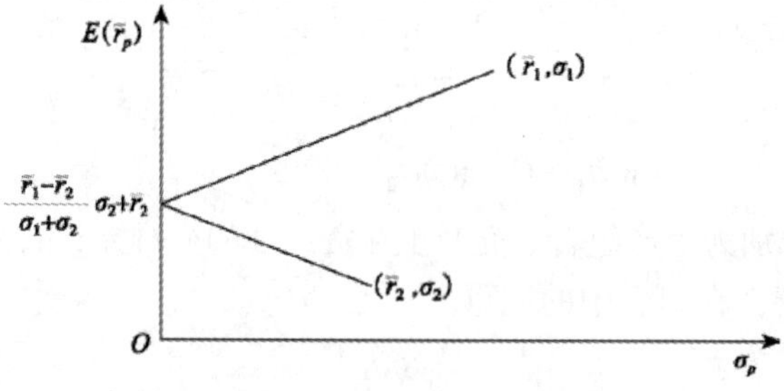

图 4-2 完全负相关资产所构成组合的可行集

案例 4.1

两个风险资产的可行集

假设有股票和债券两个风险资产。如果完全持有债券（股票的持有比例为0），其风险为8.2%，其收益率为7.0%；如果完全持有股票（即债券持有量为0），其风险为14.3%，其收益率为11.0%。而如果我们将两项资产按照不同比例构建投资组合，情况如表4-1所示。

表 4-1　股票和债券的不同组合（单位：%）

股票投资比例	风险	收益率
0	8.2	7.0
5	7.0	7.2
10	5.9	7.4
15	4.8	7.6
20	3.7	7.8
25	2.6	8.0
30	1.4	8.2
35	0.4	8.4
40	0.9	8.6
45	2.0	8.8
50	3.08	9.0
55	4.2	9.2
60	5.3	9.4
65	6.4	9.6
70	7.6	9.8
75	8.7	10.0
80	9.8	10.2
85	10.9	10.4
90	12.1	10.6
95	13.2	10.8
100	14.3	11.0

根据表4-1的数据，我们即可绘制如图4-3所示的两个风险资产的可行集。

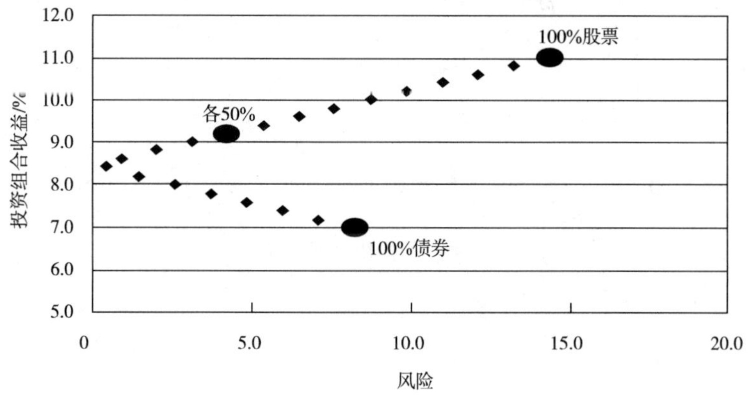

图 4-3　投资组合风险（标准差）

第三步，根据以上推导，在各种可能的相关系数下，两种风险资产构成的可行集如图4-4所示。由图4-4可见，可行集曲线的弯曲程度取决于相关系数，当相关系数由1向-1转变时，曲线的弯曲程度逐渐加大：当相关系数为1时，曲线是一条直线，即没有弯曲；当相关系数为-1时，曲线成为折线，即弯曲程度达到最大；当$-1\leqslant \rho_{12}\leqslant 1$时，曲线即介于直线和折线之间，成为平滑的曲线。

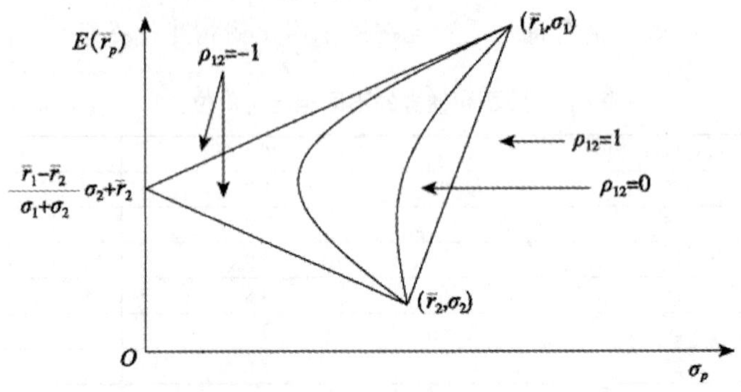

图 4-4 各种可能的相关系数下风险资产的可行集

考虑到一方面在现实中我们在资本市场上很难找到完全负相关的原生性资产①，另一方面，进行资产组合的目的之一就是通过降低资产之间的相关性来降低投资风险。因此在一个实际资产组合中一般不会存在相关系数为-1或1的情况。也就是说，正常的可行集应是一条有一定弯曲度的平滑曲线。

进一步看，当我们考虑一个由n项风险资产构成的投资组合时，即形成了如图4-5所示的伞形可行集曲线图。其边界上或边界内的每一点代表一个投资组合。将不规则分布的最外围的组合点连接起来，整个可行集呈雨伞状，其左侧边界是一条双曲线的一部分。

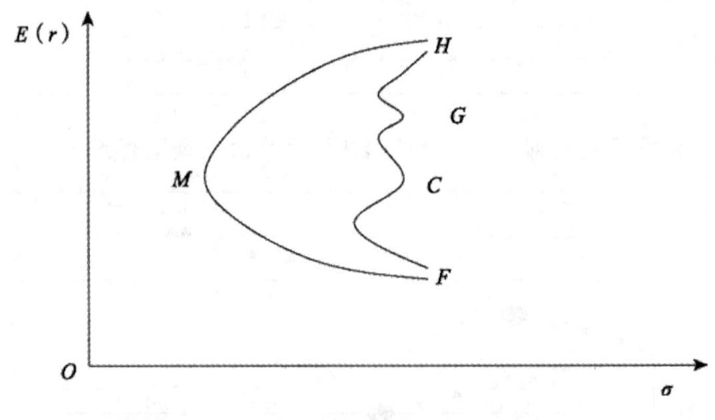

图 4-5 风险资产的可行集

① 一些衍生性金融工具，即试图创造出负相关性较大的不同资产。详见第六篇“衍生证券分析”。

例题 4.1

不同相关系数下的可行集

如果两种证券证券1和证券2的预期收益和标准差分别为

$E(R_1)=20\%$　　　　$E(R_2)=25\%$

$\sigma_1=10\%$　　　　$\sigma_2=20\%$

并且权重$w_1=w_2=50\%$。

请分别计算$\rho_{12}=1$，0.5，0，−0.5和−1时的资产组合的预期收益率和标准差，并绘制对应情况的可行集。

解：根据公式

$$E(R_P)=w_B E(R_B)+w_S E(R_S)$$

和

$$\sigma_p^2=(w_B\sigma_B)^2+(w_S\sigma_S)^2+2(w_B\sigma_B)(w_B\sigma_B)\rho_{BS}$$

计算得出如表4-2所示。

表 4-2　资产组合收益、风险与标的资产相关系数（单位：%）

ρ_{12}	资产组合预期收益率	资产组合标准差
1	22.50	15.00
0.5	22.50	13.23
0	22.50	11.18
−0.5	22.50	8.66
−1	22.50	5.00

将上述表格数据绘制为图，即得到不同相关系数下的可行集（图4-6）。

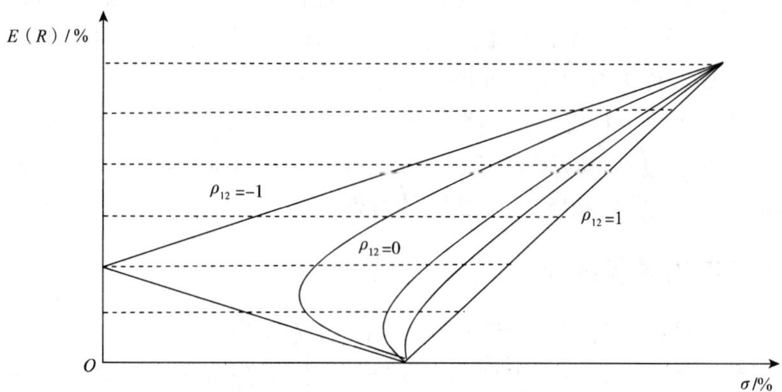

图 4-6　证券 1 和证券 2 不同相关系数下的可行集

三、资产组合的有效边界

根据马科维茨投资组合理论的前提条件，投资者为理性个体且服从不满足假定和回避风险：①投资者在既定风险水平下要求最高收益率；②在既定预期收益率水平下要求最低风险，即所谓有效集原则。

在前面的图 4-5 中，按原则①，则 *M* 点到 *H* 点的边界之下的点可以全部不用考虑。*M* 为最小风险点，*H* 为最大风险点。按原则②，则弧 *FMH* 之右的点可以完全去除。*H* 点和 *F* 点分别为期望收益率的最大点和最小点。

为了更清晰地表明资产组合有效边界的确定过程，这里我们集中揭示可行集左侧边界的双曲线 *FMH*。该双曲线上的资产组合都是同等收益水平上风险最小的组合，因此该边界线称为最小方差资产组合的集合，如图 4-7 所示。

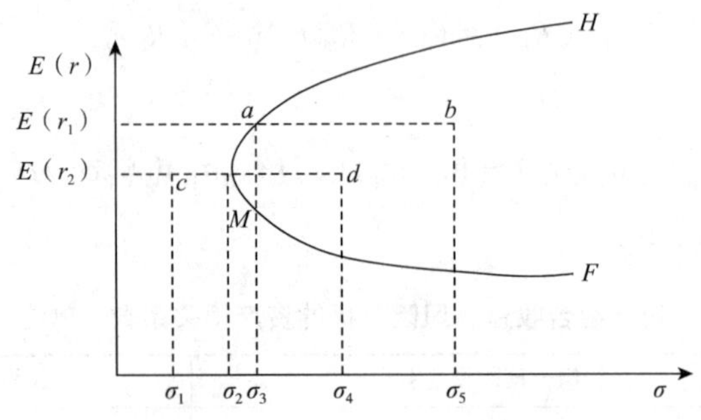

图 4-7　资产组合的有效边界

图 4-7 中，既定收益水平 $E(r_1)$ 下，边界线上的 *a* 点所对应的风险为 σ_3，而同样收益水平下，边界线内部的 *b* 点所对应的风险则上升为 σ_5。

FMH 双曲线左侧端点处的 *M* 点，其资产组合是所有最小方差资产组合集合中方差最小的，被称为最小方差资产组合（minimum variance portfolio，MVP）。图 4-7 中，*M* 点左侧的 *c* 点，其对应的风险水平为 σ_1，但它脱离了可行集；*M* 点右侧的 *d* 点，则在同样收益 $E(r_2)$ 水平下，风险上升为 σ_4。也就是说，同时满足前述两条有效集原则的只剩下弧 *MH* 边界，称为有效集，亦即资产组合的有效边界。

有效边界的一个重要特性是上凸性，即随着风险增加，预期收益率增加的幅度减慢。在某种意义上，有效边界是客观确定的，即如果投资者对证券的期望收益率和方差协方差有相同的估计，则他们会得到完全相同的有效边界。

四、投资者的最优选择

对各种可供选择的风险资产或证券，如果已知其期望收益率和方差-协方差矩阵，则有效边界可以确定下来。投资者根据个人偏好的不同选择有效边界上的某一点进行投资决策，由于有效边界上凸，而效用曲线下凸（图3-4），所以两条曲线必然在某一点相切，切点代表的就是为了达到最大效用而应该选择的最优组合。

不同投资者会在资产组合有效边界上选择不同的区域。风险厌恶程度较高的投资者会选择靠近端点的资产组合；风险厌恶程度较低的投资者会选择端点右上方的资产组合，如图 4-8 所示。

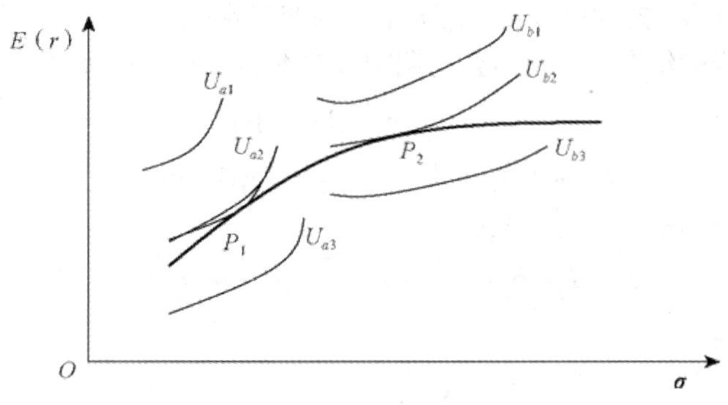

图 4-8　投资者最优投资组合的确定

图 4-8 中的黑体曲线，即有效边界线；图中的 P_1 点和 P_2 点分别是投资者 A 和投资者 B 的最优投资组合点。由二者的位置可见，投资者 A 比投资者 B 更厌恶风险。对投资者 A 来说，虽然效用线 U_{a1} 代表的效用水平更高，但因处于有效边界上方，故不可行（infeasible）；等效用线 U_{a3} 代表的效用水平比 U_{a2} 所代表的水平低，投资者显然不愿意只达到这一效用水平；只有在 P_1 点为投资者 A 的最优组合，因为这一点所在的等效用线 U_{a2} 与有效边界相切。对于投资者 B 而言，由于其比投资者 A 更喜好风险，他将选择期望收益率更高而风险也更高的 P_2 点进行投资。

第二节　马科维茨模型

根据本章第一节确定有效集的两条原则，构造最优投资组合的过程，就是在所有可以实施的组合集中，选择那些期望收益率固定时风险最小或风险固定时期望收益率最大的组合。因此，这一过程是一个非线性规划问题，本节我们就以此方法具体介绍马科维茨的资产组合模型。

一、模型

假设构造风险最小的组合，则目标函数为

$$\min_{(w_1,\cdots,w_n)} \sigma_p^2 = \sum_{i=1}^{n}\sum_{j}^{n} w_i w_j \sigma_{ij} \tag{4-7}$$

式中，w_i、w_j 分别为证券 i 和证券 j 所占的比重（权数）；$\sigma_{ij}=\sigma_i\sigma_j\rho_{ij}$，$\rho_{ij}$ 为证券 i 和证券 j 的相关系数。

式（4-7）的约束条件为

$$\sum_{i=1}^{n} w_i = 1$$

且

$$\sum_{i=1}^{n} w_i \bar{r_i} = \overline{r_p}$$

约束条件中 r_i 为证券 i 的期望收益，r_p 为组合的期望收益。

假设是两证券的组合，则该组合的期望收益率和方差分别为

$$\bar{r}_P = w_1 \bar{r}_1 + (1 - w_1)\bar{r}_2$$

$$\sigma_P^2 = w_2 \sigma_1^2 + (1 - w_1)^2 \sigma_2^2 + 2 w_1 (1 - w_1) \sigma_{12}$$

构造拉格朗日函数：

$$L = \sigma_P^2 - \lambda\left[\bar{r}_P - w_1 \bar{r}_1 - (1 - w_1)\bar{r}_2\right] \tag{4-8}$$

求最优解，得

$$\frac{\mathrm{d}L}{\mathrm{d}w_1} = \frac{\mathrm{d}\sigma_p^2}{\mathrm{d}w_1} + \lambda(\bar{r}_1 - \bar{r}_2) = 0 \tag{4-9}$$

通过对式（4-9）求解，可得 w_1 的唯一解或边界解，从而可得到 w_2 的值，最终构造出组合。

二、有效集方程组

对于均值为 $\bar{r}$ 的有效投资组合，在允许卖空的条件下，其组合中 n 个资产的权重 w_i（$i=1$，2，…，n）与两个拉格朗日乘数 λ，μ 满足：

$$L = \sum_{i=1}^{n}\sum_{j=1}^{n} w_i w_j \sigma_{ij} - \lambda\left(\sum_{j=1}^{n} w_i \bar{r}_i - \bar{r}\right) - \mu\left(\sum_{i=1}^{n} w_i - 1\right)$$

则有

$$2\sum_{j=1}^{n} w_i \sigma_{ij} - \lambda \bar{r}_i - u = 0$$

$$\frac{\partial L}{\partial w_i} = 2\sum_{j=1}^{n} w_i \sigma_{ij} - \lambda \bar{r}_i - \mu = 0 \quad (i = 1, 2, \cdots n) \tag{4-10}$$

$$\sum_{j=1}^{n} w_i \bar{r}_i = \bar{r} \tag{4-11}$$

$$\sum_{i=1}^{n} w_i = 1 \tag{4-12}$$

式（4-10）中有 n 个方程，再加上式（4-11）和式（4-12），得到 n+2 个方程组成的方程组，相应地，有 n+2 个未知数 w_i、λ 和 μ。因此，求解后将得到均值为 $\bar{r}$ 的一个有效投资组合的权数。

例题 4.2

假设由3个资产构成一个投资组合，3个资产各自的均值分别为1，2，3，各资产的方

差和协方差都为1。请确定各资产的投资比例及该组合的方差。

解：根据题意，有 $\sigma_1^2=\sigma_2^2=\sigma_3^2=1$；$\sigma_{12}=\sigma_{23}=\sigma_{13}=1$

因此，式（4-10）变为

$$\begin{cases} w_1-\lambda-\mu=0 \\ w_2-2\lambda-\mu=0 \\ w_3-3\lambda-\mu=0 \end{cases} \tag{4-13}$$

式（4-11）和式（4-12）变为

$$\begin{cases} w_1+2w_2+3w_3=\bar{r} \\ w_1+w_2+w_3=1 \end{cases} \tag{4-14}$$

由式（4-10）变形后的方程组（4-13）解出w_1，w_2，w_3，并将其代入式（4-11）和式（4-12）变形后的方程组（4-14）中，得

$$\begin{cases} 14\lambda+6\mu=\bar{r} \\ 6\lambda+3\mu=1 \end{cases} \tag{4-15}$$

解该方程组，得 $\lambda=\dfrac{\bar{r}}{2}-1$，$\mu=2\dfrac{1}{3}-\bar{r}$。将该结果代入方程组（4-13）中，得

$$w_1=(4/3)-(\bar{r}/2)$$
$$w_2=1/3$$
$$w_3=(\bar{r}/2)-(2/3)$$

据此，求解标准差有

$$\sigma=\sqrt{w_1^2+w_2^2+w_3^2}=\sqrt{\frac{7}{3}-2\bar{r}+\frac{\bar{r}}{2}}$$

三、卖空的限制

上述研究中未对 w_i 加以限制，意味着允许卖空。当禁止卖空时，可通过限制 w_i 为非负来表示。卖空限制下的马科维茨模型为

$$\min_{(w_1,\cdots,w_n)} \sigma_p^2=\sum_{i=1}^{n}\sum_{j=1}^{n} w_i w_j \sigma_{ij} \tag{4-16}$$

限制条件为

$$\sum_{i=1}^{n} w_i \bar{r}_i=\bar{r}_p \tag{4-17}$$

和

$$\sum_{i=1}^{n} w_i=1 \tag{4-18}$$

且

$$w_i \geqslant 0，\text{其中 } i=1，2，\cdots，n$$

卖空限制下的马科维茨模型的求解目标是非线性的（二次的），而其限制条件是线

性的（一次的）等式或不等式，这称为二次规划，需用金融计量软件计算。

卖空限制与非卖空限制的马科维茨模型，其投资学的差别在于：当允许卖空时，绝大部分最优的 w_i 有非 0 值（或正或负），即几乎所有的资产都可被使用；当禁止卖空时，许多 w_i 值为 0，即存在许多“闲置”资产或投资机会不能为投资者所用。

案例 4.2

以资产组合理论考察中国证券投资基金实际组合的构建

本案例我们以马科维茨模型为指导，以中国资本市场中的证券投资基金“大成价值增长”为例，对中国证券投资基金实际组合的构建进行实证研究。研究中我们以“大成价值增长”2014年3月31日公布的投资组合为例，对其组合中的个股（前十名）利用组合理论，围绕投资比例进行计算①。模型中计算的周期为“周”；无风险收益选取2014年1年期居民储蓄定期存款利率3.00%（换算为周利率＝0.062 5%）②。

从表4-3中的结果看，基金的实际持仓风险 σ_p 为0.03，而按照马科维茨模型所得到的风险 σ_p 为0.011 2，从这个意义上讲，应用马科维茨模型是较优的选择。

表 4-3　投资比例与风险

序号	名称	相对比例/%	马科维茨计算的投资比例/%
1	中国平安	15.60	20.85
2	浦发银行	15.26	12.30
3	民生银行	13.68	−13.24
4	万科 A	11.37	−21.60
5	兴业银行	9.97	31.27
6	美的集团	8.08	7.61
7	康美药业	7.49	−2.75
8	中国建筑	7.18	−7.41
9	桑德环境	6.00	13.88
10	王府井	5.38	11.08
σ_p		0.03	0.0112

进一步我们对收益进行计算。计算方法如下：假设基金以自己的持仓比例持有的时间与在相同期望收益下模型计算的持仓比例的持仓时间相同，通过比较各自的实际收益大小检验模型的实际效用。如果按照模型计算的比例进行投资，在相同时间内获得的实际收益高于基金的实际收益，则可以认为模型具有较好的适用性，反之，应当对模型的

① 在投资决策过程中，当投资者确定了投资对象后最为关心的是如何在投资对象之间进行资金分配，使其在一定收益下风险最小，或风险一定时收益最大。至于投资对象的确定，假设基金的选择是理性的。

② 这一选择的理由是，一方面，至今为止中国商业银行（特别是国有商业银行）的兑付和破产风险还只是一种理论上的存在；另一方面，正如第三章对中国证券投资基金投资组合的研究中所说明的，基金的“闲置”资产大多存于托管银行的账户中并获得相应的储蓄收益。

适用性进行检讨。

根据以上基本思路，设定基金持有期为3个月，在2014年6月30日计算基金组合的实际收益。计算结果见表4-4。由表4-4中可见，按基金金泰实际持仓比例获得的收益为–8.93%，而按马科维茨模型计算的比例获得的实际收益为–11.19%，远低于基金按实际持仓比例获得的收益。

表 4-4　基金金泰不同持仓比例的收益表

股票名称	买入价格/元	持有期结束价格/元	涨幅/%	实际收益率/%	马科维茨模型/%
中国平安	37.56	39.34	4.74	0.74	0.99
浦发银行	9.72	9.05	–6.89	–1.05	–0.85
民生银行	9.64	6.21	–18.93	–2.59	2.51
万科 A	8.09	8.27	2.22	0.25	–0.48
兴业银行	9.52	10.03	5.36	0.53	1.68
美的集团	45.08	19.32	–57.14	–4.62	–12.35
康美药业	16.20	14.95	–7.72	–0.58	0.21
中国建筑	2.91	2.82	–3.09	–0.22	0.23
桑德环境	27.48	22.85	–16.85	–1.01	–2.34
王府井	17.01	15.80	–7.11	–0.38	–0.79
基金持仓 3 个月的总收益率				–8.93	–11.19

综合以上研究结果，按照马科维茨模型计算的比例进行投资，其所获得的收益和风险都低于“基金金泰”的实际投资组合所获得的收益和承担的风险。

这也就是说，按照马科维茨模型指导投资组合的构建其效果与基金按照自身的投资方式进行投资的结果相比，并没有明显的比较优势。这可能主要是由于马科维茨模型在其假设中隐含要求市场具备强式有效，但我国的市场目前只具备弱式有效。这是马科维茨模型应用受到限制的重要原因。进一步看，由检验结果可见，“大成价值增长”的投资组合也并未按照组合理论进行设计（否则结果应一致）。

当然，本案例只是对马科维茨组合理论的模拟应用，它只是对2014年的一只基金所进行的实证检验，还不足以构成一个全面、真实的研究结论。

第三节　最优资产组合的确定

在马科维茨模型中，每一资产的方差都大于 0，即组合中的资产都是风险资产。本节我们即研究加入无风险资产后对风险投资组合的影响，以及如何建立一个最优资产组合。

一、风险资产与无风险资产的配置

（一）无风险资产的含义

所谓无风险资产，是指其收益率是确定的，从而其资产的最终价值也不存在任何不确定性。换言之，无风险资产的预期收益率与其实际收益率不存在任何偏离，即其方差（标准差）为0。

进一步看，根据第三章给出的相关系数公式 $\rho_{ij}=\sigma_{ij}/\sigma_i\sigma_j$，两种资产 i 和 j 之间的协方差等于这两种资产之间的相关系数和这两种资产各自的标准差的乘积，即

$$\sigma_{ij}=\rho_{ij}\sigma_i\sigma_j \tag{4-19}$$

假设 i 是无风险资产，则 $\sigma_i=0$，因此 $\sigma_{ij}=0$，即无风险资产的收益率与风险资产的收益率之间的协方差也是0。

（二）资本配置的含义

要使一个资产组合具有分散或降低风险的功能，其前提条件之一是降低组合中各资产之间的协方差或相关系数。

由于无风险资产的收益率与风险资产的收益率之间的协方差为 0，控制资产组合风险的一个直接方法，即将全部资产中的一部分投资于风险资产，而将另一部分投资于无风险资产上。

所谓资本配置，即根据风险与收益相匹配的原则，将全部资产投资于风险资产和无风险资产中，并决定这两类资产在一个完全资产组合中的比例（权重），这一过程称为资本配置。

上述的资本配置的结果，也就形成了完全的资产组合（complete portfolio）。所谓完全的资产组合，是指在该组合中既包括了风险资产又包括了无风险资产所形成的组合。

如果我们已经按照马科维茨模型确定了最优风险资产组合，则一个资本配置过程，实际上是在不改变风险资产组合中各资产的相对比例的情况下，将财富从风险资产向无风险资产进行转移；或者说，是在一个全面资产组合中，降低风险资产组合的权重，而提升无风险资产组合的权重。

（三）无风险资产与风险资产构造的投资组合

如果我们以任意风险资产与无风险资产（通常选择国库券）构造资产组合，该组合的构造将形成一条CAL，如图4-9所示。

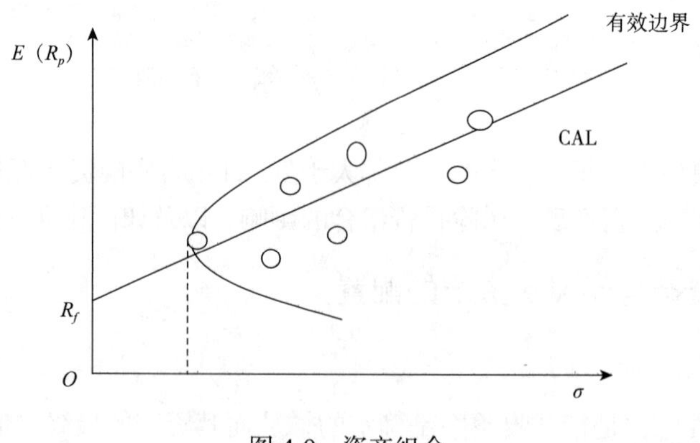

图4-9 资产组合

图 4-9 中，

$$E(R_P)=yR_f+(1-y)E(R_A)$$

$$\sigma_P=(1-y)\sigma_A$$

$$\text{CAL：}E(R_P)=R_f+\frac{E(R_A)-R_f}{\sigma_A}\sigma_P \tag{4-20}$$

二、资本配置线

那么，上述 CAL 方程是如何导出的呢？假设一个全面的资产组合由一个风险资产和一个无风险资产构成，其中风险资产的预期收益率（以 r 表示）为 16.2%，方差为 1.46%；无风险资产的预期收益率（以 r_f 表示）为 4%。并假设这两种资产在组合中的比例（X_1 代表风险资产，X_2 代表无风险资产）分别为表 4-5 所示的 5 种情况。

表 4-5　全面组合中两种资产的权重

组合	组合 C_1	组合 C_2	组合 C_3	组合 C_4	组合 C_5
X_1	0	0.25	0.5	0.75	1
X_2	1	0.75	0.5	0.25	0

（一）资本配置线的导出

根据以上情况，该完全组合的预期收益率为

$$E(r_c)=X_1r+X_2r_f=(X_1\times 16.2\%)+(X_2\times 4\%) \tag{4-21}$$

对于组合 C_1，其全部资产都投资于无风险资产，因此其预期收益率为 4%；而对于组合 C_5，其全部资产都投资于风险资产，因此其预期收益率为 16.2%。对于组合 C_2、C_3 和 C_4，其预期收益率分别为

$$E(r_{C_2})=(0.25\times 16.2\%)+(0.75\times 4\%)=7.05\%$$

$$E(r_{C_3})=(0.5\times 16.2\%)+(0.5\times 4\%)=10.10\%$$

$$E(r_{C_4})=(0.75\times 16.2\%)+(0.25\times 4\%)=13.15\%$$

我们再计算该完全组合的标准差。对于组合 C_1 和组合 C_5 来说，其标准差分别为

$$\sigma C_1=0\%，\sigma C_5=12.08\%$$

组合 C_2、C_3 和 C_4 的标准差可由下述组合标准差的公式计算：

$$\sigma_C=(X_1^2\sigma_1^2+X_2^2\sigma_2^2+2X_1X_2\sigma_1\,)_2^{1/2} \tag{4-22}$$

根据无风险资产的定义，有 $\sigma^2=0$，$\sigma_{12}=0$。因此公式可简化为

$$\sigma_C=(X_1^2\times 1.46\%)^{1/2}=X_1^2\times 12.8\% \tag{4-23}$$

从而组合 C_2、C_3 和 C_4 的标准差分别为

$$\sigma_{C_2}=0.25\times 12.08\%=3.02\%$$

$$\sigma_{C_3}=0.5\times 12.08\%=6.04\%$$

$$\sigma_{C_2}=0.75\times 12.08\%=9.08\%$$

我们将上述计算结果概括为表 4-6。

表 4-6 5 个组合的预期收益率和标准差

组合	X_1	X_2	预期收益率/%	标准差/%
C_1	0	1	4	0
C_2	0.25	0.75	7.05	3.02
C_3	0.5	0.5	10.1	6.04
C_4	0.75	0.25	13.15	9.06
C_5	1	0	16.1	12.08

将表 4-5 中的数据绘制到以预期收益率为纵轴，以标准差为横轴的坐标图中，从而得到图 4-10。

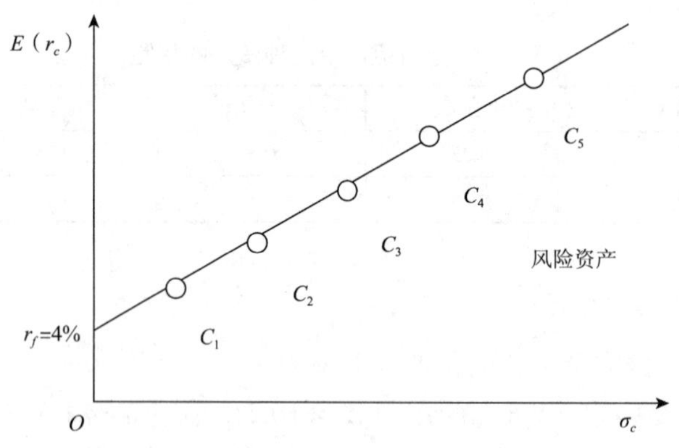

图 4-10 风险资产与无风险资产组合

表 4-5 中所示的 5 个组合都落在连接无风险资产（C_1点）和风险资产（C_5点）的两个点的直线上，而且，我们可以证明，由无风险资产和风险资产构成的任何一个组合，都会落在该直线上。

我们还可以推论出，对于任意一个由无风险资产和风险资产构成的组合，其相应的预期收益率和标准差都落在连接无风险资产和风险资产的直线上。该线被称作CAL。

（二）资本配置线的表述

如果我们将一个完全的资产组合中风险资产的预期收益率记为 $E(r_p)$，投资比例为 x，无风险资产的投资比例为（1–x），则该完全资产组合的预期收益率为

$$E(r_c)=xE(r_p)+(1-x)r_f=r_f+x[E(r_p)-r_f] \tag{4-24}$$

根据式（4-23）有

$$\sigma_c = x\sigma_p$$

则

$$x=\sigma_c/\sigma_p \tag{4-25}$$

将式（4-25）代入式（4-24），得到

$$E(r_c)=r_f+\frac{\sigma_c}{\sigma_p}[E(r_p)-r_f] \tag{4-26}$$

式（4-26）即 CAL 方程，其截距即无风险资产收益率 r_f，其斜率为 $[E(r_p)-r_f]/\sigma_p$。该斜率实际上所表明的是组合中每单位额外风险的风险溢价测度。CAL 表示投资者所有可行的风险–收益组合。

三、资本市场线

不同的风险资产与无风险资产的配置，会形成不同的 CAL。在均衡情况下，投资者会选择最陡的（有限制条件的）一条 CAL，这条线被称为 CML，与有效边界的切点即为市场组合 M，如图 4-11 所示。

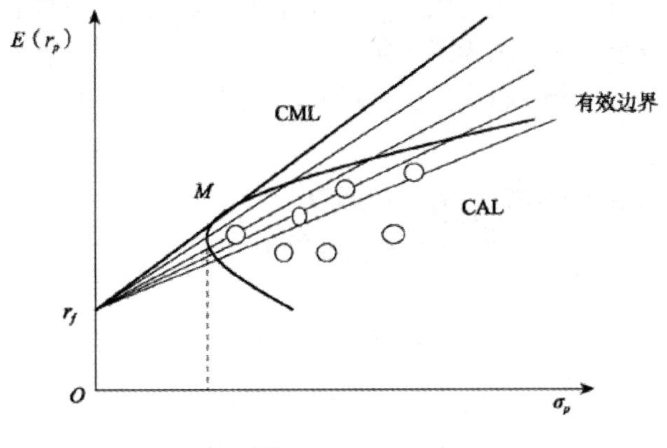

图 4-11　CML

市场组合是一个完全多样化的风险资产组合。市场组合中的每一种证券的现时市价都是均衡价格，就是股份需求数等于上市数时的价格。如果偏离均衡价格，交易的买压或卖压会使价格回到均衡水平。

风险溢价或风险报酬是一个资产或资产组合的期望收益率与无风险资产收益率之差，即 $E(R_p)-R_f$。通常 CML 是向上倾斜的，因为风险溢价总是正的。风险越大，预期收益也越大。

CML 的斜率反映有效组合的单位风险的风险溢价，表示一个资产组合的风险每增加 1 百分点，需要增加的风险报酬，其计算公式为

$$\text{CML 的斜率}=[E(R_M)-R_f]/\sigma_M \tag{4-27}$$

CML 上的任何有效的资产组合 P 的预期收益＝无风险收益＋市场组合单位风险的风险溢价×资产组合 P 的标准差，即 CML 的公式表述为

$$E(R_p)=R_f+\frac{E(R_M)-R_f}{\sigma_M}\sigma_P \tag{4-28}$$

四、最优资产组合的确定

（一）投资者效用与资本配置

1.定性分析

CML 给出风险水平不同的各个有效证券组合的预期收益。不同投资者可根据自己的无差异效用曲线在 CML 上选择自己的资产组合，具体内容如下。

对于风险承受能力弱、偏爱低风险的投资者可在 CML 上的左下方选择自己的资产组合，一般可将全部资金分为两部分，一部分投资于无风险资产，另一部分投资于风险资产。越是追求低风险，在无风险资产上投资越大，所选择的资产组合点越接近纵轴上的 R_f。

对于风险承受能力强、偏爱高风险的投资者可在 CML 上的右上方选择自己的资产组合。一般将全部资金投资于风险资产组合后，还按无风险利率借入资金投资于风险资产。风险偏好越强，借入资金越多，所选择的资产组合点越远离 CML 上的 M 点。

2.定量分析

根据第三章我们给出的投资者的效用函数：

$$U=E(r)-0.005A\sigma^2$$

求解该函数的最大化，即

$$\text{Max}U=E(r_c)-0.005A\sigma_c^2 \tag{4-29}$$

根据 $E(r_c)$ 和 σ_c 的计算公式，式（4-29）变为

$$\text{Max}U=r_f+x[E(r_P)-r_f]-0.005x^2\sigma_P^2 \tag{4-30}$$

对U求一阶导数并令其等于0，即得到风险厌恶型投资者的最优风险资产头寸x^*：

$$x^*=\frac{E(r_P)-r_f}{0.01A\sigma_P^2} \tag{4-31}$$

式（4-31）表明，最优风险资产头寸是用方差度量的，这一最优解与风险厌恶水平 A 成反比，与风险资产提供的风险溢价成正比。由此我们即得到一组新的投资者无差异曲线（图 4-12）。

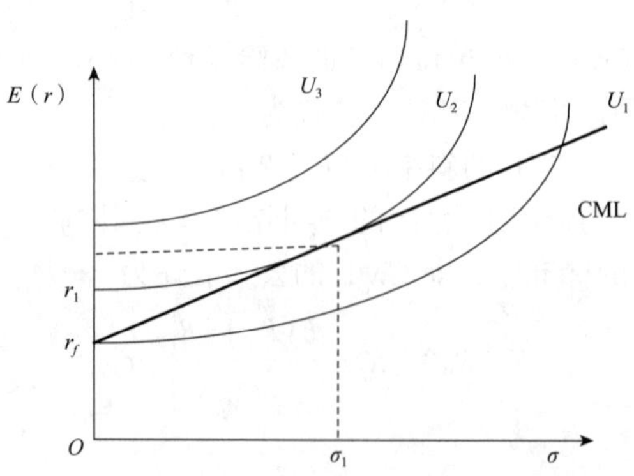

图 4-12　投资者效用与资本配置

图 4-12 中，无差异曲线在纵轴的截距，即无风险资产组合的效用，它实际上是该组合的预期收益率。

在 CML 与投资者无差异曲线的切点处，决定了完全资产组合风险与收益的最优匹配。

（二）有效边界与资本配置

根据马科维茨资产组合理论，风险资产的最优组合一定位于有效边界线上。现在我们在有效边界图中加入 CAL，如图 4-13 所示。由于 CAL 的斜率由风险溢价和方差决定，因此我们通过变动风险资产组合中各资产的权重，即可变动 CAL 的斜率，直到其斜率与有效边界线的斜率一致（即成为 CML），如图 4-13 中的切点 P。该点处是满足有效边界要求（即在有效边界线上）的斜率最大的 CAL，即最优风险资产组合点。

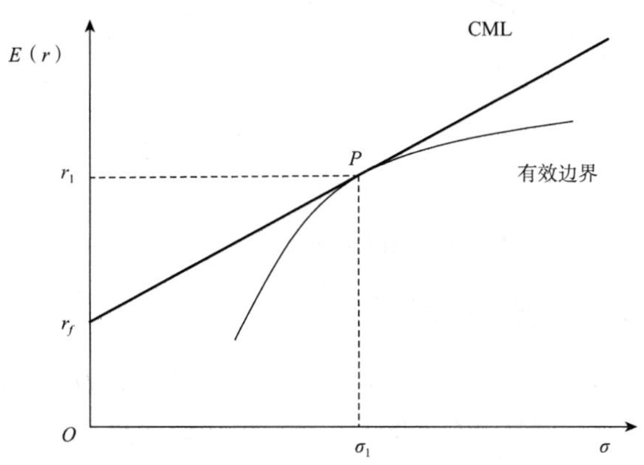

图 4-13 CAL 下的最优风险资产组合

如果我们假设上述风险资产组合由股票 E 和债券 D 两种资产构成，我们的任务即是找出这两种资产的各自权重 W_D 和 W_E，以使 CAL 的斜率 S_P 最大，即

$$\text{Max}S_P=\frac{E(r_P)-r_f}{\sigma_P} \tag{4-32}$$

s.t：

$$\sum X_i=1$$

式中，

$$E(r_P)=W_DE(r_D)+W_EE(r_E) \tag{4-33}$$

$$\sigma_P^2=W_D^2\sigma_D^2+W_E^2\sigma_E^2+2W_DW_E\ \sigma_D\sigma_E\rho_{DE} \tag{4-34}$$

将式（4-33）和式（4-34）代入目标函数，并令 W_D 对 S_P 的一阶导数等于 0，即求得 W_D：

$$W_D=\frac{\left[E(r_D)-r_f\right]\sigma_E^2-\left[E(r_E)-r_f\right]\text{cov}(r_D,r_E)}{\left[E(r_D)-r_f\right]\sigma_E^2+\left[E(r_E)-r_f\right]\sigma_D^2-\left[E(r_D)-r_f+E(r_E)-r_f\right]\text{cov}(r_D,r_E)} \tag{4-35}$$

则

$$W_E=1-W_D$$

从而 CAL 的斜率 S_P 达到最大。

（三）最优全部资产组合的确定

图 4-12 所显示的是一个完全资产组合的确定，图 4-13 所显示的则是风险资产组合的确定。将两个图合到一起，我们即可得到一个全部资产组合的确定，如图 4-14 所示。

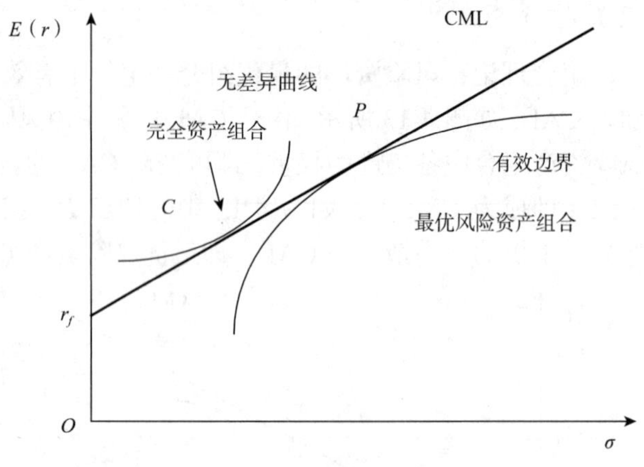

图 4-14　最优全部资产组合的确定

五、资产组合与风险分散化

第三章的研究中我们已指出，投资风险总体上可以划分为系统性风险和非系统性风险两个部分。构建一个完全的资产组合，其最大的功效就是，从理论上，它可以分散掉全部的非系统性风险，如图 4-15 所示。

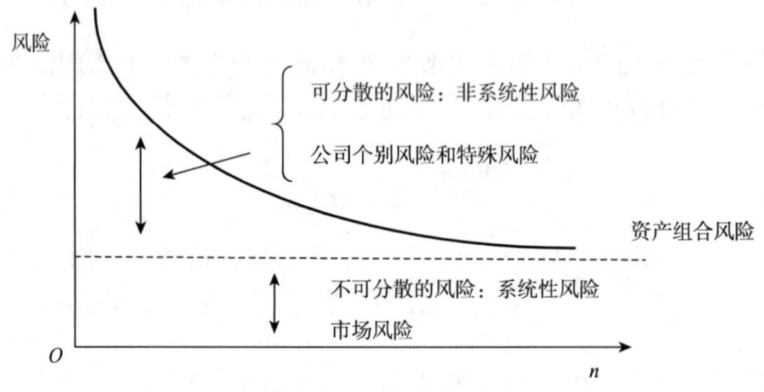

图 4-15　投资组合与风险

因此，分散投资可以消除部分风险——非系统性风险，但无法消除所有的风险——系统性风险是投资组合无能为力的。

➢本章小结

资产组合理论所要解决的核心问题是，以不同资产构建一个投资组合，提供确定组合中不同资产的权重（投资比例），达到使组合风险（方差）最小的目的。

马科维茨的投资组合理论是建立在单一期间和终点财富的预期效用最大化基础上

的。单一期间简化了对一系列现金流的贴现和对复利的计算；终点财富的预期效用最大化的假设，既包括了财富的期望值，也考虑了获得这种预期财富的不确定性。

此外，马科维茨投资组合理论还包含下列前提：①证券市场是有效的。②投资者为理性的个体，服从不满足和风险厌恶的行为方式；且影响投资决策的变量是预期收益和风险两个因素；在同一风险水平上，投资者偏好收益较高的资产组合；在同一收益水平上，则偏好风险较小的资产组合。③投资者在单一期间内以均值和方差标准来评价资产和资产组合。④资产具有无限可分性。

风险资产的可行集和有效集，是从理论上确定投资者投资组合的一个基础性工具。风险资产的可行集是指资本市场上由风险资产可能形成的所有投资组合的总体。将所有可能投资组合的期望收益率和标准差的关系描绘在期望收益率-标准差坐标平面上、封闭曲线上及其内部区域上表示可行集。当我们考虑一个由 n 项风险资产构成的投资组合时，即形成了一个伞形可行集曲线图。其边界上或边界内的每一点代表一个投资组合。整个可行集呈雨伞状，其左侧边界是一条双曲线的一部分。

根据马科维茨投资组合理论的前提条件，投资者为理性个体且服从不满足假定和回避风险：①投资者在既定风险水平下要求最高收益率；②在既定预期收益率水平下要求最低风险，即所谓的有效集原则。同时满足两条有效集原则的边界，亦即资产组合的有效边界。有效边界的一个重要特性是上凸性，即随着风险增加，预期收益率增加的幅度减慢。

投资者根据个人偏好的不同选择有效边界上的某一点进行投资决策，由于有效边界上凸，而效用曲线下凸，所以两条曲线必然在某一点相切，切点代表的就是为了达到最大效用而应该选择的最优组合。不同投资者会在资产组合有效边界上选择不同的区域。风险厌恶程度较高的投资者会选择靠近端点的资产组合；风险厌恶程度较低的投资者会选择端点右上方的资产组合。

➢练习题

一、名词解释

持有期收益率　几何平均持有期收益率　必要收益率　风险溢价　非系统性风险　系统性风险　风险厌恶型投资者　风险资产的可行集　马科维茨有效集　无风险资产　资本配置

二、简答题

1.简述有效集的原则及其图形解释。

2.用图形表述投资者的最优选择。

3.简述CML为什么是向上倾斜的？其斜率的投资学含义是什么？

三、计算题

1.请详细计算本章节中各个案例和例题。

四、论述题

1.论述最优全部资产组合是如何确定的。

2.论述资产组合是如何分散风险的。

第五章

资本资产定价模型

CAPM 是现代金融学的基石之一，它是在马科维茨资产组合理论的基础上，通过 Sharpe 的《资本资产价格：一个市场均衡理论》、Lintner 的《在股票组合和资本预算中的风险资产估值和风险投资选择》，以及 Mossin 的《资本资产市场均衡》三篇经典论文而发展起来的。

第一节 模型的含义与假设

CAPM 本质上是一个市场均衡模型，它是在资产组合理论的基础上，通过一系列特定的前提假设导出的。本节我们先来了解该模型的含义及其假设条件。

一、模型的含义

在 CAPM 中，资本资产一般被定义为任何能创造终点财富的资产。CAPM 所要解决的问题是，在资本市场中，当投资者采用马科维茨资产组合理论选择最优资产组合时，资产的均衡价格是如何在收益与风险的权衡中形成的，或者说，在市场均衡状态下，资产的价格是如何依风险而定的。

换言之，CAPM 所研究的问题就是，当所有投资者依据马氏理论选择了最优资产组合后，市场即达到一种均衡状态。那么，这种状态下资产如何定价？收益与风险的关系是资本资产定价模型的核心。

二、模型的假设

CAPM 是在如下理论假设的基础上导出的。

（1）投资者通过预期收益和方差来描述和评价资产或资产组合，并按照马科维茨均值方差模型确定其单一期间的有效投资组合；对所有投资者而言，投资起始期间都是相同的。

（2）投资者为理性的个体，服从不满足和风险厌恶假定。

（3）存在无风险利率，投资者可以按该利率进行借贷，并且对所有投资者而言，无风险利率都是相同的。

（4）不存在任何手续费、佣金，也没有所得税及资本利得税，即市场不存在任何交易成本。

（5）所有投资者都能同时自由迅速地得到有关信息，即资本市场是有效率的。

（6）所有投资者关于证券的期望收益率、方差和协方差、经济局势都有一致的预期。这也是符合马科维茨模型的。依据马科维茨模型，给定一系列证券的价格和无风险利率，所有投资者对证券的预期收益率和协方差矩阵都相等，从而产生了唯一的有效边界和独一无二的最优资产组合。这一假设也被称为“同质期望”（homogeneous expectations）假设。

第二节　模型的内容

在本章第一节给定的假设条件的基础上，本节我们即导出正式的 CAPM。

一、β系数

（一）β系数定理

假设在资产组合中包括无风险资产，那么，当市场达到买卖交易均衡时，任意风险资产的风险溢价 $E(r_i)-r_f$ 与全市场组合的风险溢价 $E(r_m)-r_f$ 成正比，该比例系数即β系数，它用来测度某一资产与市场一起变动时该资产收益变动的程度。换言之，β系数所衡量的即是市场系统性风险的大小。

上述β系数定理可以表示为

$$E(r_i)-r_f=\beta_i[E(r_M)-r_f] \tag{5-1}$$

式中，

$$\beta_i=\mathrm{cov}(r_i,\ r_M)/\sigma_M^2 \tag{5-2}$$

（二）市场组合的β值

任意一个给定的投资组合的β值等于该组合中各证券β值的加权平均，而对于一个市场组合而言：

$$\beta_M=1 \tag{5-3}$$

即一个市场组合的所有资产的加权平均β值必定为 1。这也正是第五章我们指出的如果某组合 P 的β值大于 1，即意味着该组合承担的系统性风险大于市场的原因所在。

二、CAPM 的导出

首先，依据第四章给出的方差的计算公式，市场组合的方差可以表述为

$$\sigma_M^2 = x_1 \sigma_{1M} + x_2 \sigma_{2M} + \cdots + x_i \sigma_{iM} \tag{5-4}$$

式中，$x_i \sigma_{iM}$ 为投资比重为 x_i 的第 i 种成员证券对市场组合 M 的风险贡献大小的绝对衡量，而我们可以将 $\frac{x_i \sigma_{iM}}{\sigma_M^2}$ 作为投资比重为 x_i 的第 i 种证券对市场组合 M 的风险贡献大小的相对度量。

进一步讲，根据对风险溢价的表述，我们可以把 $E(r_M)-r_f$ 视为市场对市场组合 M 的风险补偿，即相当于对方差 σ_M^2 的补偿，于是单位资金规模的证券 i 的期望收益补偿存在如下关系：

$$x_i[E(r_i)-r_f]=[E(r_M)-r_f]\frac{x_i \sigma_{iM}}{\sigma_M^2} \tag{5-5}$$

于是有

$$E(r_i)-r_f=[E(r_M)-r_f]\frac{x_i \sigma_{iM}}{\sigma_M^2}=[E(r_M)-r_f]\beta_i \tag{5-6}$$

整理式（5-6），我们即得到某证券 i 的预期收益率与风险之间的定价关系：

$$E(r_i)=r_f+\beta_i[E(r_M)-r_f] \tag{5-7}$$

式（5-7）即经典的 CAPM。如果是一个投资组合，则

$$E(r_p)=r_f+\beta_p[E(r_M)-r_f] \tag{5-8}$$

例题 5.1

假设对 A、B 和 C 三只股票进行定价分析。其中 $E(r_A)=0.15$，$\beta_A=2$；残差的方差 $\sigma_{\varepsilon A}^2=0.1$；需确定其方差 σ_A^2；$\sigma_B^2=0.0625$，$\beta_B=0.75$，$\sigma_{\varepsilon B}^2=0.04$，需确定其预期收益 $E(r_B)$。$E(r_C)=0.09$，$\beta_C=0.5$，$\sigma_{\varepsilon C}^2=0.17$，需确定其 σ_C^2。请用CAPM求出各未知数，并进行投资决策分析。

解：根据以上条件，由股票 A 和股票 C 得到方程组：

$$0.15=r_f+[E(r_m)-r_f]\times 2$$
$$0.09=r_f+[E(r_m)-r_f]\times 0.5$$

解方程组，得

$$r_f=0.07$$
$$E(r_m)=0.11$$

代入CAPM，求解 $E(r_B)$，有

$$E(r_B)=0.07+(0.11-0.07)0.75=0.1$$

由于

$$\sigma_A^2=\beta_A^2\sigma_m^2+\sigma_{\varepsilon A}^2 \tag{5-9}$$

因此先求 σ_m^2：

$$\sigma_m^2=(\sigma_B^2-\sigma_{\varepsilon B}^2)/\beta_B^2=(0.062\,5-0.04)/0.75^2=0.04$$

代入式（5-9）得

$$\sigma_A^2=2^2\times 0.04+0.1=0.26$$

再求解σ_C^2，有

$$\sigma_C^2=\beta_C^2\sigma_m^2+\sigma_{\varepsilon C}^2$$

由上述计算分析，得如下综合结果：

$$E(r_A)=0.15 \quad \sigma_A^2=0.26 \quad \beta_A=2$$

$$E(r_B)=0.1 \quad \sigma_B^2=0.062\ 5 \quad \beta_B=0.75$$

$$E(r_C)=0.09 \quad \sigma_C^2=0.18 \quad \beta_C=0.5$$

先分析第一列和第二列。可见，$E(r_C)<E(r_B)$，而$\sigma_C^2>\sigma_B^2$，因而可剔除股票C。对A和B而言，则体现了高风险高收益、低风险低收益，是符合收益–方差定理的。

再来考虑收益–风险矩阵的最后一列。虽然股票A和股票B是无差异的，但考虑投资者的风险偏好，如果投资者是风险厌恶的，则应选择股票B，因为它的β小于1；而如果投资者是风险爱好者，即应选择股票A，因为它的β值大于1。

结论：CAPM可帮助我们确定资产的预期收益和方差，从而有助于我们做出投资决策。

三、风险和期望收益率的关系

CAPM 表达了风险与期望收益的关系。市场组合的预期收益率为

$$E(R_M)=R_f+\text{市场风险溢价}$$

单个证券或证券组合的预期收益率为

$$E(r_i)=R_f+\beta_i\times(E(R_M)-R_f) \tag{5-10}$$

式中，$E(R_M)-R_f$ 为市场风险溢价。

该公式适用于充分分散化的资产组合中处于均衡状态的单个证券或证券组合。

例题 5.2

组合的收益与风险

假定市场资产组合的风险溢价的期望值为8%，标准差为22%，如果一资产组合由25%的通用汽车股票（β=1.10）和75%的福特公司股票（β=1.25）组成，那么这一资产组合的风险溢价是多少？

解：β_p=（0.75×1.25）+（0.25×1.10）=1.212 5

因为市场风险溢价$E(r_M)-r_f$=8%，故资产组合的风险溢价为

$$E(r_p)-r_f=\beta_p(E(r_M)-r_f)=9.7\%$$

四、证券市场线

（一）证券市场线的含义

每种资产都有它自己的风险–收益关系。如果期望收益恰好弥补了投资者所承担的风

险，那么我们就认为市场处于均衡的状态。这时，不存在卖出或买进股票的动力，投资者不希望改变他的证券组合构成。

当市场处于均衡状态时，所有的资产均价如其值，市场上不存在“便宜货”。此时，由 CAPM 确定的期望收益和β系数之间的线性关系被称为证券市场线(security market line，SML）。也就是说，CAPM 是指均衡定价模型，而 SML 则是这一模型的最终结果，如图 5-1 所示。

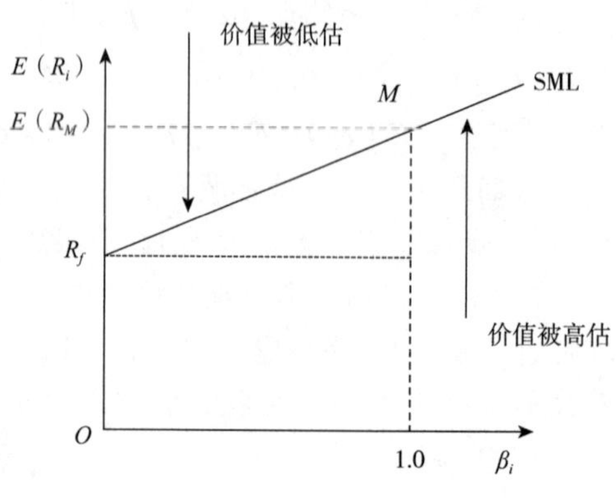

图 5-1　CAPM 和 SML

图 5-1 中，SML 的方程表述为

$$\text{SML}：E(R_i)=R_f+[E(R_M)-R_f]\times\beta_i \tag{5-11}$$

例题 5.3

单一资产风险和期望收益率的关系

如果已知β_i=1.5，R_f=3%，且$E(R_M)$=10%。请利用SML确定某单一资产i的期望收益率。

解：依据SML的公式，得到

$$E(R_i)=3\%+1.5\times(10\%-3\%)=13.5\%$$

如图5-2所示。

（二）证券市场线与资本市场线的比较

SML 与 CML 都是描述资产或资产组合的期望收益率与风险之间关系的曲线。

CML 是由所有风险资产与无风险资产构成的有效资产组合的集合，反映的是有效资产组合的期望收益率与风险程度之间的关系。CML 上的每一点都是一个有效资产组合，其中 M 是由全部风险资产构成的市场组合，线上各点是由市场组合与无风险资产构成的资产组合。SML 反映的则是单项资产或任意资产组合的期望收益与风险程度之间的关系。

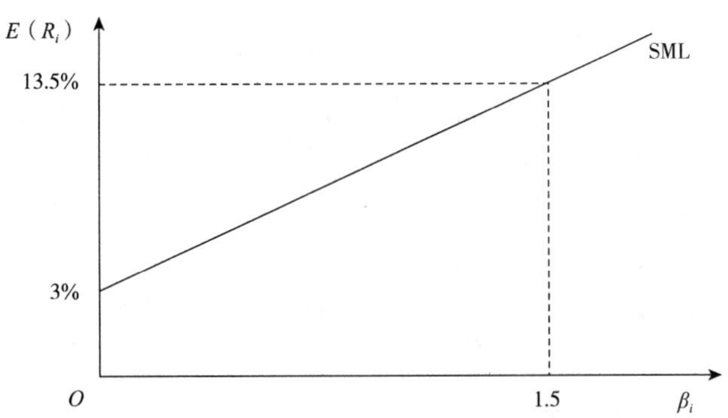

图 5-2　SML 所表示的单一资产风险和期望收益率的关系

CML 是由市场证券组合与无风险资产构成的，它所反映的是这些资产组合的期望收益与其全部风险间的依赖关系。SML 是由任意单项资产或资产组合构成的，但它只反映这些资产或资产组合的期望收益与其所含的系统风险的关系，而不是全部风险的关系。因此，它用来衡量资产或资产组合所含的系统风险的大小。

五、α系数

当资产价格与期望收益率处于不均衡状态时，即称为资产的错误定价，这可以用 α 系数度量，其计算公式为

$$\alpha_i = E(R_i) - E'(R_i) \tag{5-12}$$

式中，$E(R_i)$ 为资产 i 的期望收益率，来自历史取样法或情景模拟法；$E'(R_i)$ 为资产 i 的均衡期望收益率，即位于 SML 上的资产 i 的期望收益率，由 SML 得出，即

$$E'(R_i) = R_f + (E(R_M) - R_f)\beta_i$$

则

$$\alpha_i = E(R_i) - [R_f + (E(R_M) - R_f)\beta_i] \tag{5-13}$$

如果某资产的 α 系数为 0，则它位于 SML 上，说明定价正确；如果某资产的 α 系数为正数，则它位于 SML 的上方，说明价值被低估；如果某资产的 α 系数为负数，则它位于 SML 的下方，说明价值被高估。

第三节　资本资产定价模型的应用与评价

CAPM 可以指导我们进行一系列投资分析和投资决策，与此同时，CAPM 也受到了来自理论上的挑战和批评。本节我们对 CAPM 的应用进行介绍，并在对其进行实证检验的基础上，提出对该模型的理论评论。

一、CAPM 的应用

CAPM 自产生以来，就引起了各类投资者的高度重视，并被广泛应用于各种投资分

行投资分析，以提高投资决策的科学性和正确性。

（一）进行证券分类

依据 CAPM 的 β 值定理，可以将证券分为进攻型、防守型和中性三大类。如果一只股票的 β 值大于 1，即大于市场组合的 β 值，意味着其风险大于市场风险，则为进攻型股票；如果 β 值小于 1，即小于市场组合的 β 值，意味着其风险小于市场风险，则为防守型股票；如果 β 等于 1，则为中性股票。

上述分类可以帮助我们在了解投资者风险偏好态度的基础上，更为准确地构建满足投资者效用最大化的完善的投资组合。

（二）在证券投资决策中的应用

在进行投资决策时，如我们要对证券价格的高估或低估进行判断，以便决策是买入（或持有）该证券还是卖出该证券时，一个简便的方法是将证券现行的实际市场价格与均衡的期初价格进行比较，若两者不等，则说明市场价格被误定，或通过直接比较依据 CAPM 计算得到的均衡收益率与个人预测的收益率进行决策。其中均衡的期初价格可以依据下式进行判断：

$$均衡期初价格=E（期末价格+利息）/［E（R_i）+1］ \qquad （5\text{-}14）$$

（三）进行证券投资的积极管理

所谓积极型投资策略（active investment strategy），是指资产管理者力图预测未来的市场趋势，并据此改变组合中的投资比例，或构建新的投资组合，以试图最终战胜市场、获得超额收益的投资管理方式。

对积极的组合管理而言，可利用 CAPM 预测市场走势、计算资产 β 值。当预测市场价格将上升时，由于预期的资本利得收益将增加，根据风险与收益相匹配的原则，可增加高 β 值证券的持有量；反之增加低 β 值证券的持有量。

积极管理的投资决策依赖于投资经理对未来一段时间大盘走势的预测，预测得是否准确可以从一个侧面反映投资经理的积极管理能力和择时能力。

案例 5.1

基金银华核心价值优选的资产配置

通过考察基金实际组合的 β 值与市场组合 β 值的关系式，得到 β_{PM}，即 $\beta_{PM}=\beta_P-1$[①]。本案例我们据此公式考察我国封闭式基金“银华核心价值优选”（519001）的资产配置情况。由公式的计算结果我们得到如图5-3所示的情况。

① 李学峰，张茜.我国证券投资基金投资管理行为成熟性研究.证券市场导报，2006，（10）：52-57.

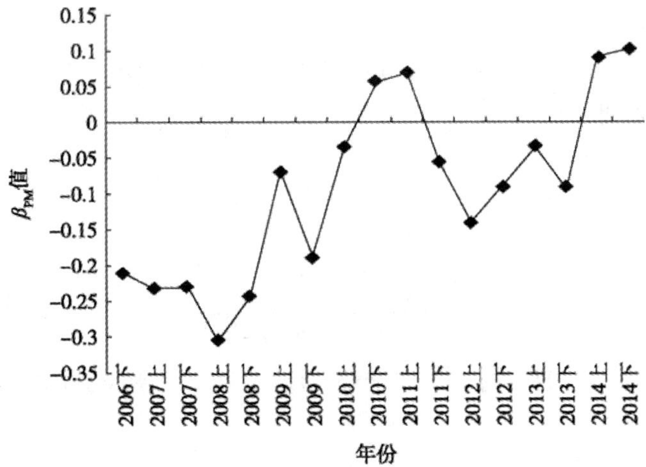

图 5-3　基金银华核心价值优选的资产配置

由图5-3我们看到，银华核心价值优选值的几个相对高点（即实际组合β值较高）分别出现在“2006年下半年、2009年上半年、2011年上半年、2014年下半年”的几个时期内。

其相对低点（即实际β值较低）位于“2008年上半年、2009年下半年、2012年上半年和2013年下半年”的几个时期内。

将上述情况与各时期市场的实际走势相结合，我们看到，实际β值高点往往出现在单边上升行情中，而低点往往出现在震荡平盘及单边下跌的行情中。这说明基金开元的资产配置是符合根据CAPM所给出的资产配置原则的。

（四）在投资绩效评价中的应用

从第七章对投资绩效评价的研究中我们将看到，经典的夏普业绩指数（Sharpe’s performance index），是建立在CAPM基础上的。进一步，我们还可以利用CAPM及其β值定理，对投资经理所构建投资组合的风险与收益的匹配性进行评价。

从理论上看，投资组合的β值等于、大于还是小于市场风险，并不能成为判断一个组合优劣的标准，或者说β值本身的大小无好坏之分。因为一方面理论上存在高风险应伴随高收益，即承担的风险越大可能获得的收益越高；另一方面不同投资者（或机构）对风险的偏好不一样，或者说其投资策略不同。例如，以追求风险价值为投资策略的投资者，其投资组合理应存在较高的β值。也就是说，一个证券组合的β值应与该组合的投资策略结合在一起进行研究和评价。

从现实来看，一个投资者的投资策略，实际上是在其投资组合构建和调整方面，规定了原则上应遵守的理论β值。因此，我们对投资者投资管理行为是否规范的研究，也就进一步具体到对基金投资组合的实际β值与其投资策略所规定的理论β值是否相符的考察[①]。

① 李学峰.我国证券投资基金投资组合与投资策略的匹配性研究.证券市场导报，2006，（4）：45-51.

（五）在公司财务中的应用

如果我们已知某资产的购买价格为 p，其未来的出售价格为 q，且 q 是一个随机变量，那么，该资产的预期收益率为

$$\bar{r}=\frac{\bar{q}-p}{p}=r_f+\beta(\bar{r}_M-r_f)$$

因此，

$$p=\frac{\bar{q}}{1+r_f+\beta(\bar{r}_M-r_f)} \tag{5-15}$$

在项目决策中，若项目的投资成本小于通过 CAPM 计算得到的购买价格 p，则该项目具有可行性。

例题 5.4

以CAPM进行投资项目决策

某项目未来期望收益为1 000万元，假设该项目与市场相关性较小，即 β=0.6，如果无风险收益率为10%，市场组合的期望收益率为17%，则该项目最大可接受的投资成本是多少？

解：根据公式可得

$$p=\frac{\bar{q}}{1+r_f+\beta(\bar{r}_M-r_f)}=\frac{1\ 000}{1.1+0.6(0.17-0.10)}=876\text{（万元）}$$

二、对 CAPM 的检验与评价

由经典 CAPM 的公式可见，资产的预期收益由无风险收益率（纵轴的截距）、市场收益率和无风险收益率的差，以及 β 值等因素共同决定。假设无风险收益率既定，则资产收益率取决于市场收益率和 β 值。

上述结论属于理论性结论，理论本身是否正确需要实证检验；而且理论能否应用于实践，也需要给予检验和证明。

（一）检验的方法

对 CAPM 进行实证检验通常分为两大类方法，即基于 CAPM 本身的检验，以及扩展性检验。其具体的检验步骤一般包括：①测算所研究的每一股票在 5 年持有期内的收益率和 β 值，其中收益率为月收益率；②将股票按 β 值由大到小排列，并构成 N 个组合，其中 N 通常取 10、12 或 20；③组合的构建应尽可能分散非系统性风险，即证券间的协方差较小；④上述步骤完成后再测算下一个 5 年持有期证券组合的收益率和 β 值；⑤最后，将若干时间序列数据进行线性回归分析。

（二）检验结果

1.基于 CAPM 本身的检验

即以 CAPM 为指导建立回归模型进行检验。其结果如下。

（1）实现的收益率和用β值衡量的系统性风险之间存在明显的正相关关系，即正如 CAPM 所表明的，β值是影响证券预期收益率的重要因素之一。

（2）系统性风险和非系统性风险都与证券收益率正相关，即非系统性风险不为 0。也就是说，CAPM 本身所没有包括的企业微观因素（风险）也在影响证券预期收益的决定。

上述结果表明，实证检验结果没有完全支持 CAPM。

2.扩展性检验

扩展性检验，即在 CAPM 中加入其他因素，如公司规模、股利政策等，检验这些因素对资产定价（收益率）的影响。根据经典 CAPM，这些因素不应有影响，但实证检验发现了如下结果。

（1）规模效应，也称小公司效应，即小公司的收益超过大公司的收益。

（2）一月效应，即每年一月份股票收益率远高于其他月份的股票收益率。

（3）周末效应，即一周中周五的收益率最高。

上述结果至少表明 CAPM 所揭示的影响资产定价的因素不全面。

（三）对 CAPM 的评价

从理论上看，CAPM 本身存在着逻辑矛盾。在 CAPM 的分析中，形成最优风险资产组合时，投资者要买入一些资产，并卖出另外一些资产。但根据该模型的假设（见本章第一节的有关内容），由于投资者决策目标一致，持有的资产结构完全一致，而市场中交易双方都是这些投资者，这就意味着交易双方都想同时买入或同时卖出某项资产，而这样的交易显然不可能发生。

从实际中看，受中央银行货币政策影响，在投资组合持有期间内，无风险利率是不断变化的，这意味着最优投资组合的内部资产价值构成比例会发生调整，而这种调整又会遇到前面提到的无法交易这个问题。或者说，在无风险利率发生调整时，原有均衡仍将得以维持，投资者之间不会发生实质性的资产交易活动，均衡点仍然在原处，但该点已经不是最优组合点。

从成因上看，造成上述悖论的关键原因是模型假设中认为投资者对资产特性的完全一致认同，加上模型认为投资者会追求任何最优组合，而这一最优组合又是所有投资者一致认同的。因此，所有投资者都会选择同一最优组合，即一致做出买入某项资产或卖出某项资产的决定，由此导致无法满足资产交易所需的条件。

从后果上看，CAPM 悖论造成的对投资决策的影响是，投资者无法决定采取消极投资法还是积极投资法。CAPM 意味着，投资者应采取消极投资法，即将无风险资产与某一指数基金组合，或者说，投资者采取积极投资法去试图“战胜”市场是徒劳的。然而，如果投资者都不试图去“战胜”市场，那么市场就是不可以“战胜”的。如此，对一个

一指数基金组合，或者说，投资者采取积极投资法去试图“战胜”市场是徒劳的。然而，如果投资者都不试图去“战胜”市场，那么市场就是不可以“战胜”的。如此，对一个具体的投资者而言，他认为市场是可以“战胜”的，还是不可以“战胜”的呢？投资者陷入了两难境地。

问题在于，如果修改投资者预期一致性的条件，加入现实中投资者非一致性预期的因素，则 CAPM 将无法满足，并进而导致无法对 CAPM 进行实证检验。

第四节　对 CAPM 的扩展

第三节对 CAPM 的实证检验表明，CAPM 所揭示的影响资产定价的因素还不全面。我们这里所说的 CAPM 的扩展形式，主要是针对 CAPM 的前提假设所做的修改，加入了 CAPM 所没有考虑到的因素。这样，就产生了基于经典 CAPM 的扩展形式。此外，正是由于经典 CAPM 在揭示资产定价因素方面所存在的缺陷，也需要我们从理论上对 CAPM 给以进一步的评价。

一、零贝塔资本资产定价模型

CAPM 的假设条件 3 指出，存在无风险利率，投资者可以按该利率进行借贷，并且对所有投资者而言无风险利率都是相同的。正是由这一假设，我们得到所有投资者都会选择市场资产组合作为其最优的切线资产组合。

但是，当借入受到限制时，或者当投资者无法以一个共同的无风险利率借入资金时[①]，市场资产组合不再是投资者共同的理想资产组合，即不再是最小方差有效组合。此时CAPM所导出的预期收益-贝塔关系也就不再反映市场均衡。这样，我们通过加入限制性借款的条件，将经典CAPM扩展为了零贝塔模型。

有效资产组合的方差-均值存在如下三个性质。

（1）任何有效资产组合组成的资产组合仍然是有效资产组合。

（2）有效边界上的任一资产组合在最小方差资产组合集合的下半部分（无效部分，见图 5-2）均有相应的伴随性或对应性资产组合存在，由于这些伴随性资产组合与有效组合是不相关的，因此这些组合可视为有效资产组合中的零贝塔资产组合（zero-beta port-folio）。

（3）任何资产的预期收益都可由任意两个边界资产组合的预期收益的线性函数表 示。

以上三个性质是资产组合零贝塔CAPM建立的基础[②]。零贝塔伴随性资产组合的预期收益和标准差如图 5-4 所示。

---

① 例如，由于投资者要支付违约溢价，从而使其借入资金的利率高于贷出资金的利率。

② 由这三个性质，Black 推导出了三种情况：不存在无风险资产的资产组合；以高于无风险利率 r_f 借入的资产组合；可贷出但不能借入无风险资产的资产组合。我们这里只介绍第三种情况。详见 Black F.Capital market equilibrium with restricted borrowing.Journal of Business，1972，45（3）：444-455.

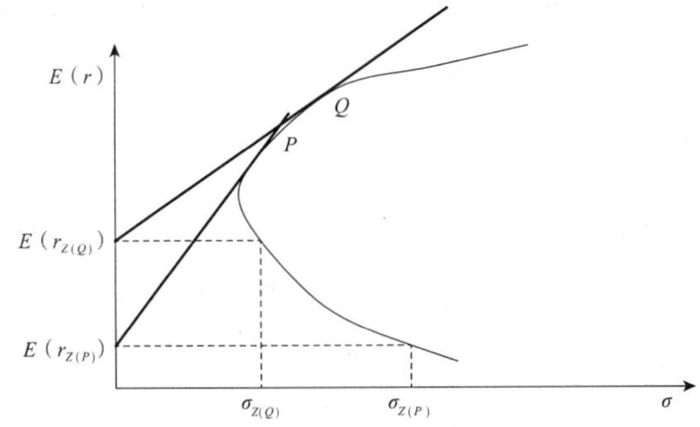

图 5-4　有效组合及其零贝塔伴随组合

图 5-4 中，假设任意有效资产组合 P，过 P 点做有效组合边界的切线，该切线与纵轴的交点为资产组合 P 的零贝塔伴随性资产组合，记为 $Z(P)$；从该交点做横轴平行线，使其与最小方差资产组合集合线相交，这一交点即是零贝塔伴随性资产组合的标准差。由图 5-4 可见，不同的有效组合（如 P 和 Q），有不同的零贝塔伴随性资产组合。

根据性质三，考虑有两个最小方差边界资产组合 P 和 Q，任意资产 i 的预期收益的表达式为

$$E(r_i)=E(r_Q)+[E(r_P)-E(r_Q)]\frac{\operatorname{cov}(r_1,r_p)-\operatorname{cov}(r_p,r_Q)}{\sigma_P^2-\operatorname{cov}(r_P,r_Q)} \tag{5-16}$$

根据性质二，市场资产组合 M 同样存在一个最小方差边界上的零贝塔伴随性资产组合 $Z(M)$。再根据性质三和式（5-16），可用市场资产组合 M 及其 $Z(M)$ 来表示任何证券的收益。这里，由于 $\operatorname{cov}[r_M, r_{Z(M)}]=0$，因此有

$$E(r_i)=E[r_{Z(M)}]+E[r_M-r_{Z(M)}]\frac{\operatorname{cov}(r_1,r_M)}{\sigma_M^2} \tag{5-17}$$

该式即是零 β 资产组合模型，其中的 $E[r_{Z(M)}]$ 取代了 r_f。

二、CAPM 的生命期模型

本章第一节给出的 CAPM 的假设条件一表明，投资者按照马科维茨均值方差模型确定其单一期间的有效投资组合。这意味着投资者是短视的——所有投资者只在某一个时期内计划他们的投资。

然而，实际投资中投资者更多的是进行跨期消费，甚至是考虑整个生命期内的消费计划。消费计划的可行性则取决于投资者现有财富与资产组合的预期收益。因此就需要将经典 CAPM 修改为更为实际的生命期模型。对这一工作的代表性研究是由 Fama 做出的。

Fama通过假设投资者的偏好不随时间而发生改变，以及无风险利率和证券收益率的

概率分布也不随时间而变动这两个关键假定[①]，推导出了即便将CAPM扩展为多阶段模型，单一阶段的CAPM仍然适用的结论[②]。

三、流动性CAPM[③]

经典 CAPM 的第四个假定是市场不存在任何交易成本。换言之，所有资产都是可交易的，且所有交易都是免费的，即任何证券都具有完全的流动性（liquidity）。然而，我们从交易实际中看到，所有证券交易都有交易费用，没有什么证券具有完全的流动性。

所谓流动性，是指将资产转换为现金时，也就是将资产出售时所需的费用，以及资产出售的便捷程度。实际投资中，投资者更愿意选择那些流动性高且交易费用低的资产，由此导致了流动性高的资产预期收益也高，而流动性低的资产将低价交易，即流动性溢价（illiquidity premium）体现在资产价格中。换言之，流动性是影响资产定价的重要因素。

（一）流动性对投资者资产选择的影响

假定有大量互不相关的证券，因此充分分散化的证券组合的标准差接近于 0，此时市场资产组合的安全性也就与无风险资产基本相同；同时，由于互不相关性，任何一对证券的协方差也是 0，根据式（5-2），则任一证券对市场组合的β值也为 0。因此，根据经典 CAPM，所有资产的预期收益率等于无风险资产收益率。

进一步讲，我们假定上述大量互不相关的证券都可分为两种类型：可流动的股票（L 类型）和不可流动的股票（I 类型），并假定 L 类股票的流动费用为 c_L，I 类股票的流动费用为 c_I，且 $c_L<c_I$。因此对于持有 h 期的投资者而言，L 类股票的流动费用以每期（c_L/h）%的速度递减；I 类股票的流动费用高于 L 类，从而减少了每期的收益（c_I/h）%。这样，如果某投资者打算持有 L 类股票 h 期，则其净预期收益率为 $E(r_L)-c_L/h$。

根据经典CAPM，均衡时所有证券的预期收益率为r，则L类股票的毛预期收益率为$r+xc_L$，I 类股票的毛预期收益率为$r+yc_I$，其中x和y都小于 1[④]。由此，L类股票对持有期为h的投资者而言，其净收益率为（$r+xc_L$）$-c_L/h=r+c_L(x-1/h)$；I 类股票的净收益率为$r+c_I(y-1/h)$；而无风险资产的净收益率为r。图 5-5 显示了在投资者持有L类股票、I 类股票和无风险资产三种类型证券时，各证券净收益率曲线随持有期而变化的情况。

---

① 实际上，这两个假定，特别是后者也是不现实的。

② Fama E F.Multi-petiod consumption-investment decisions.Department of Economics and Groduate School of Business，University of Chicago，1968.

③ 本部分的研究借鉴了 Bodie 等的研究和表述思路。可参阅 Bodie Z，Kane A，Marcus A J.Investments.5th ed.New York：The McGraw-Hill Companies，2002.

④ 否则分散化的资产组合的净收益率将高于无风险资产的净收益率。

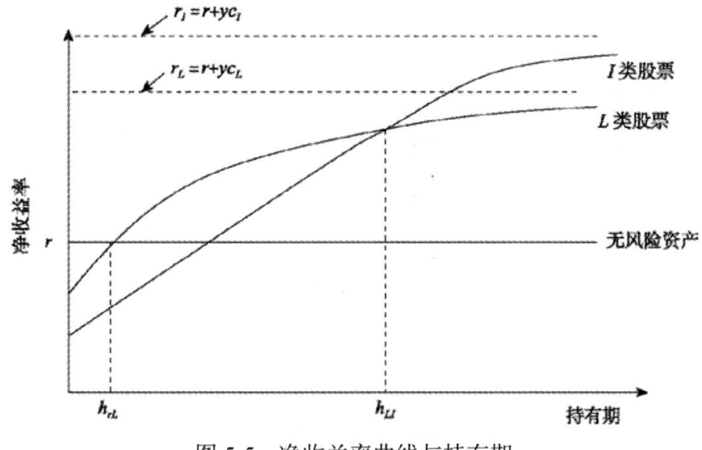

图 5-5 净收益率曲线与持有期

根据前面对流动费用的分析，持有期越短，两类股票的流动费用越高，从而其净收益率就越低。当持有期短到一定程度，如短于图 5-5 中的h_{rL}时，两类股票的收益率都低于无风险资产，投资者将选择完全持有无风险资产；随着持有期的延长，股票的毛收益率（从而其净收益率）将超过无风险资产，其中对于流动性较好的L类股票而言，只要对其的持有期超过h_{rL}，其收益率就会高于r，投资者就会选择持有L类股票而放弃无风险资产；随着持有期的进一步延长，如超过图 5-5 中的h_{LI}时，由于$c_I>c_L$，I 类股票的净收益率大于L类股票[①]，投资者将选择流动性较差但毛收益率较高的I类股票。

（二）均衡（非）流动溢价的决定

首先我们来看 I 类股票的非流动溢价。由图 5-5 可见，当持有期为 h_{LI}时，I 类股票和 L 类股票的收益率从边际上是相等的，即

$$r+c_L(x-1/h_{LI})=r+c_I(y-1/h_{LI}) \tag{5-18}$$

求解 y，得到

$$y=\frac{1}{h_{LI}}+\frac{c_L}{c_I}\left(x-\frac{1}{h_{LI}}\right) \tag{5-19}$$

非流动股票的预期毛收益率为

$$r_I=r+c_I y \tag{5-20}$$

将式（5-19）代入式（5-20），得

$$\begin{aligned} r_I &= r+\frac{c_I}{h_{LI}}+c_L\left(x-\frac{1}{h_{LI}}\right) \\ &= r+c_L x+\frac{1}{h_{LI}}(c_I-c_L) \end{aligned} \tag{5-21}$$

已知 $r_L=r+c_Lx$，因此 I 类股票对 L 类股票的非流动溢价为

① 这里我们可以从另一个角度进行理解：对流动性高的资产来说，持有期越长，其流动性优势越不显著；而对流动性低的资产而言，持有期越长，其非流动性的劣势越不显著。

$$r_I - r_L = \frac{1}{h_{LI}}\left(c_I - c_L\right) \quad (5\text{-}22)$$

其次我们来确定 L 类股票的非流动性溢价。由图 5-5 可见，当持有期位于 h_{rL} 时点时，边际投资者投资于 L 类股票所得到的收益率与无风险资产收益率相等，即

$$r + c_L\left(x - \frac{1}{h_{rI}}\right) = r \quad (5\text{-}23)$$

可得

$$x = \frac{1}{h_{rI}} \quad (5\text{-}24)$$

则 L 类股票的收益率为

$$r_L = r + xc_L = r + \frac{1}{h_{rI}} c_L \quad (5\text{-}25)$$

从而得到L类股票[①]对于无风险资产[②]的非流动性溢价，为

$$r_I - r = \frac{1}{h_{rI}} c_L \quad (5\text{-}26)$$

式（5-22）和式（5-25）即是（非）流动性溢价的确定公式。由这两个公式我们得到如下结论：①均衡预期收益率应足以弥补交易费用；②非流动性溢价是交易费用的非线性函数，且两者呈负相关关系；③式（5-22）显示，I 类股票的非流动溢价高于 L 类股票的非流动溢价 $1/h_{LI}$；式（5-25）则显示 L 类股票的非流动性溢价高于无风险资产的非流动性溢价 $1/h_{rL}$。

根据上述结论，再加上 $h_{LI}>h_{rL}$，我们的最终结论就是随着非流动资产不断注入投资组合，投资组合的非流动效应增加额在逐步下降。

（三）流动性 CAPM

上述的分析和推导过程我们假定所有资产都是不相关的。现在引入存在系统性风险且彼此相关的资产。这里我们假定，对每一水平的 β，在该风险等级中都存在大量证券，且这些证券都有不同的交易费用。由此，我们以上的分析就可应用于每一风险等级，其结果是将非流动溢价加到系统性风险溢价——CAPM 风险溢价之中，这样，我们即得到包括流动性效应的 CAPM：

$$E(r_i) - r_f = \beta_i[E(r_M) - r_f] + f(c_i) \quad (5\text{-}27)$$

式中，$f(c_i)$ 为在 i 证券交易费用确定的条件下，测度非流动溢价效应的交易费用的函数，并且 $f(c_i)$ 为关于 c_i 的一阶单调递增函数，其二阶导数为负。

---

① 虽然该类股票可以流动，但它也存在流动性费用，因此它并不是一种完全流动的资产，换言之，该类股票也存在一定程度的非流动性。

② 如果我们以短期国库券代表无风险资产，由于短期国库券基本没有流动性费用，因此它近似于一种完全流动的资产。

➤本章小结

CAPM 所要解决的问题是，在资本市场中，当投资者采用马科维茨资产组合理论选择最优资产组合时，资产的均衡价格是如何在收益与风险的权衡中形成的，或者说，在市场均衡状态下，资产的价格是如何依风险而定的。CAPM 是在如下理论假设的基础上导出的。

（1）投资者通过预期收益和方差来描述和评价资产或资产组合，并按照马科维茨均值方差模型确定其单一期间的有效投资组合；对所有投资者而言，投资起始期间都是相同的。

（2）投资者为理性的个体，服从不满足和风险厌恶假定。

（3）存在无风险利率，投资者可以按该利率进行借贷，并且对所有投资者而言，无风险利率都是相同的。

（4）不存在任何手续费、佣金，也没有所得税及资本利得税，即市场不存在任何交易成本。

（5）所有投资者都能同时自由迅速地得到有关信息，即资本市场是有效率的。

（6）所有投资者关于证券的期望收益率、方差和协方差都有一致的预期。

在上述假设基础上，通过 CML 和 β 系数定理，我们可得到经典 CAPM。所谓 CML，也就是投资者可能达到的最优 CAL，它是在以预期收益和标准差为坐标的图中，表示风险资产的有效率组合与一种无风险资产再组合的有效率的组合线。CML 上任何一点都表示风险资产和无风险资产相结合而得到的风险与期望收益的组合。对一个市场资产组合而言，CML 的方程为

$$E(R_p)=R_f+\frac{E(R_M)-R_f}{\sigma_M}\sigma_P$$

所谓 β 系数定理，即假设在资产组合中包括无风险资产，那么，当市场达到买卖交易均衡时，任意风险资产的风险溢价 $E(r_i)-r_f$ 与全市场组合的风险溢价 $E(r_m)-r_f$ 成正比，该比例系数即 β 系数。该定理可以表示为

$$E(r_i)-r_f=\beta_i[E(r_M)-r_f]$$

式中，

$$\beta_i=\text{cov}(r_i,\ r_M)/\sigma_M^2$$

将上式的 β 系数代入 $E(R_p)=R_f+\frac{E(R_M)-R_f}{\sigma_M}\sigma_P$，得到

$$E(r_i)=r_f+[E(r_M-r_f)]\beta$$

该式即 CAPM 的经典形式——期望收益-β 关系。

CAPM 认为，证券的风险溢价与 β 和市场资产组合的风险溢价是成比例的，即证券的风险溢价等于 $\beta[E(r_M-r_f)]$。由此我们可得到 SML。所谓 SML，即预期收益-β 关系线，将这一关系表示在以预期收益和 β 值为坐标的平面上，即构成一条以 r_f 为起点的射线，该射线即为 SML。SML 与 CML 的区别是：①CML 用于描述无风险资产与风险资产组合后的有效资产组合的风险溢价，它是资产组合标准差的函数；而 SML 描述的是

任何一种资产或资产组合的收益和风险之间的关系，其测度风险的工具是β值，即单个资产的风险对资产组合方差的贡献度。②通过我们对 CML 的研究可见，只有有效组合才落在 CML 上，而非有效组合将偏离 CML；但无论是有效组合还是非有效组合，当市场均衡时，所有的证券都落在 SML 上。

在上述研究基础上，针对 CAPM 的前提假设所做的修改，以及加入了 CAPM 所没有考虑到的因素，这样，就产生了基于经典 CAPM 的扩展形式。

一个扩展，即零β资产组合模型。CAPM 的假设条件三指出，存在无风险利率，投资者可以按该利率进行借贷，并且对所有投资者而言无风险利率都是相同的。但是，当借入受到限制时，如由于投资者要支付违约溢价，从而使其借入资金的利率高于贷出资金的利率。我们通过加入限制性借款的条件，即将经典 CAPM 扩展为了零贝塔模型：

$$E(r_i)=E[r_{Z(M)}]+E[r_M-r_{Z(M)}]\frac{\text{cov}(r_i,r_M)}{\sigma_M^2}$$

该式即零贝塔资产组合模型。式中的 $E[r_{Z(M)}]$为最小方差边界上的零贝塔伴随性资产组合的期望收益率，它取代了$E(r_i)=r_f+[E(r_M-r_f)]\beta$中的无风险收益率$r_f$。

另外一个对经典 CAPM 的扩展形式为流动性 CAPM。经典 CAPM 的第四个假定是市场不存在任何交易成本。换言之，任何证券都具有完全的流动性。然而，我们从交易实际中看到，所有证券交易都有交易费用，没有什么证券具有完全的流动性。也正因此，投资者更愿意选择那些流动性高且交易费用低的资产，由此也就导致了流动性高的资产预期收益也高，而流动性低的资产将低价交易，即非流动性溢价会体现在资产价格中。换言之，流动性是影响资产定价的重要因素，包括流动性效应的 CAPM 为

$$E(r_i)-r_f=\beta_i[E(r_M)-r_f]+f(c_i)$$

式中，$f(c_i)$为在 i 证券交易费用确定的条件下，测度非流动溢价效应的交易费用的函数，并且$f(c_i)$为关于c_i的一阶单调递增函数，其二阶导数为负。

从理论上看，经典CAPM的应用主要体现在资产估值和资产配置两个方面，而其在实际中的应用，是用于企业对投资项目的选择。

➤练习题

一、名词解释

有效组合　　CML曲线　　SML曲线　　CAPM

二、简答题

1.简述CAPM所要解决的问题。

2.简述β系数定理。

3.简述CAPM如何表达了风险与期望收益的关系。

4.简述SML与CML的比较。

5.简述资产的错误定价，它是如何表达的？

三、计算分析题

1.如果$E(r_P)=17\%$，$r_f=5\%$，$E(r_M)=15\%$，请计算该组合的β值。

2.假定借款受到限制，即零贝塔CAPM成立。给定市场资产组合的预期收益率是17%，零贝塔资产组合的预期收益率是8%，那么β值为0.7的资产组合的预期收益率是多少？

3.计算分析本章各例题。

第六章

因素模型与套利定价理论

第四章我们通过马科维茨模型，说明了如何在给定的风险水平下获得最大的资产组合的收益。然而，在实际应用中，马科维茨方法受到了一个限制，即所需要的计算量是巨大的。例如，如果一个投资者能够详细分析 50 只股票，这意味着他需要做如下计算：

$n=50$ 个预期收益的估计

$n=50$ 个方差估计

（n^2-n）/2=1 225 个协方差估计

共计 1 325 个估计值。

这是足以令任何个人投资者生畏的任务。而如果把 n 扩大一倍，成为 100 只股票，所需的估计值将几乎增加 4 倍，达到 5 150 个，这足以令任何机构投资者望而却步。如果 $n=1\ 500$，即大约相当于目前在中国深圳和上海两个交易所上市的所有股票，就需要对近 113 万个数据进行估计，对投资决策的时效性而言，这将是一个无法完成的任务。

进一步而言，第五章对 CAPM 的实证检验发现，除了 β 值影响证券预期收益率以外，还有其他的市场因素会对预期收益率产生影响。

因素模型的引入，一方面大大简化了计算量，另一方面则考虑了影响证券定价的其他因素，从而提高了投资决策的可操作性和准确性。

APT 是由 Stephen Ross 在 20 世纪 70 年代中期建立的。在某种意义上来说，它是一种比 CAPM 简单的定价理论。总体上我们可以说：

最优投资组合理论+市场均衡=CAPM

因素模型+无套利=APT

第一节　因素模型

所谓因素模型，是一种假设证券的回报率只与不同的因素波动（相对数）或者指标的运动有关的证券定价模型。

作为一种回报率产生过程，因素模型具有以下三个特点：第一，因素模型中的因子应该是系统影响所有证券价格的经济因素。第二，在构造因素模型中，我们假设，两个证券的回报率相关仅仅是因为它们对因子运动有共同反应。第三，证券回报率中不能由因子模型解释的部分是该证券所独有的，从而与别的证券回报率的特有部分无关，也与因素的运动无关。

如果假设证券回报率满足因素模型，那么证券分析的基本目标就是辨别这些因素，以及确定证券回报率对这些因素的敏感度。依据因素的数量，该类模型可以分为单因素模型（single-factor model）和多因素模型（multifactor models）。

一、单因素模型

证券收益的协方差具有正的确定性，因为相同的经济因素对几乎所有的公司都会产生影响，如经济周期、利率、原材料价格等的变化。如果这些经济因素发生了非预期的变化，则整个证券市场的收益率也会随之发生非预期的变化。这是系统性风险（宏观风险）存在的原因。

此外，股票收益的不确定性还源于股票发行公司所特有的因素，如技术发明、企业文化、品牌等。这样，证券的持有期收益为

$$r_i=E(r_i)+m_i+e_i \tag{6-1}$$

式中，$E(r_i)$为证券持有期期初的预期收益；m_i为证券持有期内非预期的宏观风险对证券收益的影响；e_i为非预期的公司特有事件的影响，e_i具有零期望值。

进一步看，不同企业对宏观经济因素的变化具有不同的敏感性。我们记宏观因素的非预期成分为F，证券i对该因素的敏感度为β_i，则式（6-1）变为

$$r_i=E(r_i)+\beta_i F+e_i \tag{6-2}$$

该式即证券收益的单因素模型。该证券（或组合）收益率的方程为

$$\sigma_i^2=\beta_i^2\ \sigma_F^2+\sigma_{e_i}^2 \tag{6-3}$$

式中，β_i^2、σ_F^2为因素风险；$\sigma_{e_i}^2$为非因素风险。

单因素模型具有两个重要的性质。第一，单因子模型能够大大简化我们在均值–方差分析中的估计量和计算量。单因素模型所需要输入的数据量包括n个预期收益率$E(r_i)$的估计；n个敏感度协方差β_i的估计；n个公司特有方差$\sigma_{e_i}^2$的估计；一个宏观经济因素方差σ_M^2的估计，共计$3n+1$个估计值。

这样，对于50只股票的资产组合，需要计算151个估计值，而不是1 325个估计值。对于1 500只在我国深圳和上海两个交易所上市的所有股票，所需的估计值是4 501个，而不是113万个。

第二，风险的分散化。由式（6-3）可见，一个投资组合的因素风险既包括系统性风险，即$\beta_P=\sum_{i=1}^{N}\omega_i\beta_i$，又包括非系统性风险，即$\sigma_{e_P}^2=\sum_{i=1}^{N}\omega_i^2\sigma_{e_i}^2$。根据平均法则，随着组合中证券数量$W_i$的增加，系统性风险将平均化，非系统性风险（都是相互独立的）将越来

越小（具有零期望值），这部分风险是可分散的（diversifiable）。

案例 6.1

GDP的预期增长率对证券收益率的影响

假设有表6-1所示的数据。

表 6-1 单因素模型举例

年份	I_{GDPt} / %	股票 A 收益率/ %
1	5.7	14.3
2	6.4	19.2
3	8.9	23.4
4	8.0	15.6
5	5.1	9.2
6	2.9	13.0

将表6-1的数据绘制到以横轴表示GDP的增长率，纵轴表示股票A的回报率的图中，如图6-1所示。

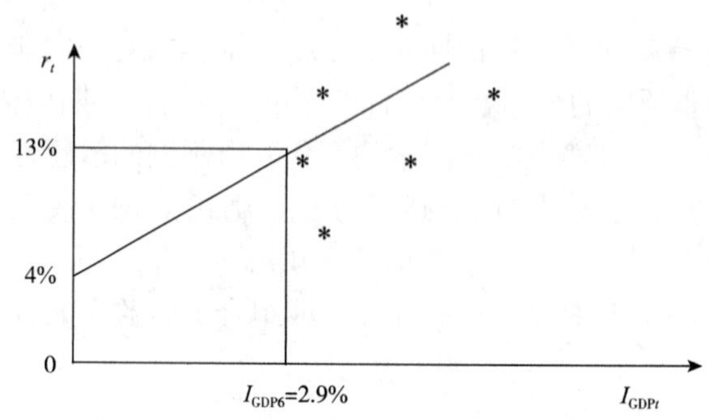

图 6-1 证券 A 收益率与 GDP 回归图

图6-1中的每一点都表示在给定的年份，股票A的回报率与GDP增长率的组合点。在图6-1中，零因子是4%，这是GDP的预期增长率为0时，A的回报率。本案例中，第6年的GDP的预期增长率为2.9%，A的实际回报率是13%。因此，A的回报率的特有部分（由e_t给出）为3.2%，给定GDP的预期增长率为2.9%，从A的实际回报率13%中减去A的期望回报率9.8%。

通过线性回归，我们得到一条符合这些点的直线（极大似然估计）为

$$r_t=4\%+2I_{GDPt}+e_t$$

这是由GDP增长率因素所决定的证券收益率的单因素模型。这条直线的斜率为2，说明A的回报率与GDP增长率有正的关系；该值表明A的回报率对GDP增长率的敏感度为2，即高的GDP的预期增长率一定伴随着高的A的回报率。如果GDP的预期增长率是5%，则A的回报率为14%；如果GDP的预期增长率增加1%，即6%时，则A的回报率增加2%，即

16%。GDP增长率越大，A的回报率越高。

从案例可以看出，A在任何一期的回报率包含了三种成分。

（1）在任何一期都相同的部分，即零因子 α_i。

（2）依赖于GDP的预期增长率，每一期都不相同的部分 β_{GDP}。

（3）属于特定一期的特殊部分e_t。

二、单指数模型

单因素模型没有给出因素F的具体测度和明确界定。由Sharpe所提出的单指数模型（single index model，SIM）认为[①]，我们可以用市场指数作为一般宏观因素的有效代表，即Sharpe假设影响资产价格波动的主要因素是市场总体价格水平（即价格指数），并据此提出某资产收益率与市场收益率之间呈线性相关关系，即所谓的SIM，它用市场指数来代表系统性因素。

根据单因素模型[式（6-2）]，实际上我们可以把证券的收益率视为由三部分构成：①α_i，它是指当市场超额收益 r_M-r_f 为 0 时证券 i 的期望超额收益率；②$\beta_i(r_M-r_f)$，即证券 i 收益受到整个市场因素影响的部分，其中β_i是市场因素对证券 i 收益的影响程度；③e_i，即证券发行公司的特有因素对证券 i 收益的影响。这样，证券持有期的超额收益为

$$r_i-r_f=\alpha_i+\beta_i(r_M-r_f)+e_i \tag{6-4}$$

如果我们以 R 代表超额收益，则式（6-4）变为

$$R_i=\alpha_i+\beta_iR_M+e_i \tag{6-5}$$

这即 SIM，它表明每个证券的收益受到两种风险的影响：一个是系统性风险，它表现在R_M上；另一个是企业特有的风险（非系统性风险），它反映在 e_i 上。由此证券 i 收益率的方差也受到两部分的影响：一是源于宏观因素不确定性的方差，记为 $\beta_i^2\sigma_M^2$，其中 σ_M^2 为市场超额收益 R_M 的方差；二是源于公司特有因素不确定性的方差，即 $\sigma^2(e_i)$。

因为 e_i 是公司特有的不确定性，即独立于市场的因素，所以 e_i 和 R_M 的协方差为 0。从而证券 i 收益率的方差为

$$\sigma_i^2=\beta_i^2\sigma_M^2+\sigma^2(e_i) \tag{6-6}$$

组合中任意两种证券 i 和 j 的相关系数可以表达为

$$\mathrm{cov}(r_i,\ r_j)=\mathrm{cov}(\alpha_i+\beta_iR_M+e_i,\ \alpha_j+\beta_jR_M+e_j) \tag{6-7}$$

由于 α_i 和 α_j 是常数，因此它们与任何变量的相关系数为 0；又由于公司特有因素（e_i，e_j）与市场无关，且相互之间无关。因此两种证券之间的相关系数仅仅源于它们共同依赖的因素 R_M。也就是说，证券之间的相关系数源于每个证券都不同程度地依赖于宏观经济运行的状态，即

$$\begin{aligned}\mathrm{cov}(r_i,\ r_j)&=\mathrm{cov}(\beta_iR_M,\ \beta_jR_M)\\&=\beta_i\beta_j\sigma_M^2\end{aligned} \tag{6-8}$$

① Sharpe W F.A simplified model for portfolio analysis.Management Science，1963，9（2）：277-293.

案例 6.2

以SIM考察中国证券投资基金的投资组合

这里我们应用SIM，研究我国大成基金管理有限公司所管理的大成价值增长证券投资基金投资组合的风险与收益。该基金的投资策略和目标是以价值增长类股票为主构造投资组合，在有效分散投资风险的基础上，通过资产配置和投资组合的动态调整，达到超过市场的风险收益比之目标，实现资金资产的长期稳定增值。

我们选取该基金所公布的2014年第1季度报告中披露的投资组合为研究标的，报告期为2014年1月1日至2014年3月31日。首先我们计算了基金实际组合中持有比例的前10大股票的情况，如表6-2所示。

表 6-2　报告期末按市值占基金资产净值比例大小排序的前十名股票明细

序号	股票代码	股票名称	数量/股	市值/元	市值占基金资产净值比例/%
1	601318	中国平安	9 514 967	357 382 160.52	5.54
2	600000	浦发银行	36 000 000	349 920 000.00	5.42
3	600016	民生银行	40 887 472	313 198 035.52	4.86
4	000002	万科 A	32 184 843	260 375 379.87	4.04
5	601166	兴业银行	24 000 000	228 480 000.00	3.54
6	000333	美的集团	4 100 000	184 828 000.00	2.87
7	600518	康美药业	10 599 868	171 717 861.60	2.66
8	601668	中国建筑	56 535 291	164 517 696.81	2.55
9	000826	桑德环境	5 000 000	137 400 000.00	2.13
10	600859	王府井	7 225 218	122 900 958.18	1.91

其次，我们运用SIM计算基金组合中持有比例为前10大股票的风险与收益，见表6-3。研究中模型的计算周期为周；无风险收益选取2014年1年期居民储蓄定期存款利率3%（换算为周利率=0.062 5%）；个股的β系数通过一元线性回归求得，为周β系数；考虑到我国股票实际上很少分配现金股利及股票股利，在不影响计算精度的前提下，为了简化计算，本案例的周收益率计算不考虑股利因素。

表 6-3　大成基金所持 10 大股票 Sharpe SIM 表

股票代码	601318	600000	600016	000002	601166	000333	600518	601668	000826	600859
平均周收益率/%	0.022 7	0.133 6	0.216 7	0.043 5	0.125 8	0.009 3	0.164 9	0.018 3	0.315 5	−0.195 5
平均周β	1.369 3	1.473 3	1.354 1	1.251 5	1.447 8	0.451 4	0.676 9	1.008 7	1.092 9	1.346 1

进一步讲，我们还可以计算该基金组合中上述 10 只股票所获得的实际风险和收益，然后将其与通过 SIM 的计算所获得的风险与收益进行比较，以便得出更有意义的结论。有兴趣的读者可以对此进行尝试。

三、多因素模型

单因素模型将收益分解为系统的和公司特有的两部分，但宏观因素其本身又受到多种因素的影响，如经济周期、利率和通货膨胀等。第五章我们在对经典 CAPM 进行实证检验中也指出，CAPM 所揭示的影响资产定价的因素并不全面。正是这些理论考虑，构成了多因素模型的定义基础。

此外，单因素模型的一个隐含假定是每个证券对每个风险因素具有相同的敏感度。但实际上不同的证券对不同的宏观经济因素有不同的 β 值。

（一）双因素模型

假设经济周期的不确定性和利率的变动是宏观经济风险的来源，前者我们用 GDP 来测度，后者用 IR 表示。考虑两家公司，一家是公用事业公司，另一家是航空公司。由于公用事业公司的收益受到政府管制，一般它对 GDP 的敏感性较弱，即有一个“低 GDP β 值”；但可能对利率的敏感度较高，即有一个“负的高 IR β 值”。相反地，航空公司的业绩对经济活动非常敏感，而对利率的敏感度较低，即它有一个“高 GDP β 值”和“负的低 IR β 值”。很明显，这种情况下，单因素模型很难对风险因素进行精确处理。

对上述情况，我们可以把单因素模型扩展成为一个双因素模型，即

$$R_i = \alpha + \beta_{\text{GDP}}\text{GDP}_t + \beta_{\text{IR}}\text{IR}_t + e_t \tag{6-9}$$

这样，我们即可精确描述不同宏观风险对不同证券的影响。这是多因素模型优于 SIM 的原因所在。

在应用多因素模型时，一个重要的工作是对因素的选择与确定，也就是说，我们在众多的宏观经济因素中，应选择哪些因素作为对证券收益产生影响的宏观风险？一般而言，对因素的选择应遵循两个原则，其一是仅考虑与证券收益直接有关的宏观因素；其二是选择那些投资者最关心的因素。

（二）多因素模型

当风险对期望收益有影响时，这一风险是“可定价”的。单因素模型认为，只有市场因素可定价。Merton 则推导出了多因素的 CAPM，并证明，其他风险来源因素也可定价，这些因素包括劳动收入、重要消费品价格（如能源价格）等。也就是说，对其他风险来源可否定价的研究，构成了多因素模型的理论基础。

多因素模型的一般形式为

$$r_i = a_i + \beta_{i1}F_{1t} + \beta_{i2}F_{2t} + \cdots + \beta_{ik}F_{kt} + e_{it} \tag{6-10}$$

式中，$i=1, 2, \cdots, n$；$j=1, 2, \cdots, m$；$E(e_i)=0$；$\text{cov}(e_i, F_j)=0$；$\text{cov}(e_i, e_j)=0$，$i \neq j$。

第二节 套利定价理论

在一个均衡的资本市场中，所有的资产将遵循“一价法则”，即同一个资产即便在不同的市场上也只有一个均衡价格。当“一价法则”被违反时，即出现了套利（arbitrage）机会。APT 即通过对套利条件和行为的研究，揭示出套利定价模型及其对市场均衡的影响。APT 本质上是一个多因素定价模型。

一、有关套利的概念

所谓套利，即无风险套利，是对同一个金融产品进行使净投资为零且能赚取正值收益的投资方式或行为。套利与风险套利是对应的概念。

套利通常有两种类型，一种是空间套利，另一种为时间套利。前者是指同一资产在同一时间不同市场具有不同的收益率时，投资者利用这一状态所进行的套利行为。例如，投资者在相对高价的市场卖出资产，而在相对低价的市场买入资产。在高价市场出售资产所得资金用于在低价市场购买资产，利用这种高低价市场的价格联系，获取套利。

时间套利是指同一资产在不同时间具有不同的收益率时，投资者利用此状态所进行的套利投资行为。例如，投资者在当前购买（或卖出）一种资产，同时承诺在将来某个时间卖出（或买进）该项资产。它是在两个不同的时间同时进行的买卖一种资产的行为。

套利机会的大量和持续性出现，意味着市场处于非均衡状态，此时投资者的套利行为将最终消除套利机会，使市场恢复均衡。这一状态下的市场称为无套利均衡，它是指即使很少的投资者能发现套利机会，并动用大笔资金获利，也能通过价格变动，很快恢复均衡的结果。

APT 中“无风险套利”行为的特点为：①总投资为零。②不承担风险，一种情况是风险因素相抵消，如不同的市场中买卖同一不同定价的证券；另一种情况是在确凿的市场参数条件下，虽然标的并非完全相关，但确凿的市场参数预期使投资行为是近似无风险的，如前面的两例。③套利主体不确定，不一定为所有投资者。由于波动剧烈，少数投资者发现套利机会，从而持有巨大的头寸。④瞬时性。

二、套利定价理论的假设和主要观点

（一）假设

（1）市场是完全竞争的、无摩擦的——保证套利的可实施性。

（2）投资者是非满足的，当投资者具有套利机会时，他们会构造套利证券组合来增加自己的财富——进行套利的主观性。

（3）所有投资者有相同的预期，任何证券 i 的回报率满足多因素模型[式（6-10）]——预期不同属风险套利。

（4）市场上的证券的种类远远大于因子的数目 k ——保证有足够多的证券来分散

（二）主要观点

（1）套利行为是利用同一资产的不同价格赚取无风险利润的行为。在一个高度竞争的、流动性强的市场中，套利行为将导致差价的消失，最终使市场趋于均衡。

（2）APT 认为，套利行为是市场效率（市场均衡）的决定因素之一。如果市场未达到均衡，市场上即存在套利机会，投资者即会利用差价买入或卖出，直至套利机会消失，市场恢复或达到均衡。

（3）套利机会主要表现于差价的存在，因此凡是影响价格的因素都会影响套利机会的存在。

（4）根据无套利均衡原则，在因素模型下，具有相同因素敏感性的资产（组合）应提供相同的期望收益率。

三、构造有效套利组合需满足的条件

一个有效的套利组合必须同时满足如下三个条件。

第一，应是一个不需要投资者增加额外资金的组合。以 Δx_i 表示投资者对证券 i 的持有量的改变量，则该条件要求：

$$\Delta x_1+\Delta x_2+\cdots+\Delta x_n=0 \tag{6-11}$$

即组合中各证券之间的持有量具有替代性（有增加即有减少），但组合中所有证券持有量的总体变化为 0（增减抵消）。这一条件表明投资者一方面要大量购入头寸，另一方面还要大量卖出头寸，而且买卖行为是同时进行的。

第二，该组合对任何因素都没有敏感性，即组合不存在额外风险，即

$$\beta_{pj}=0 \tag{6-12}$$

这正是所谓无风险套利的原因。

第三，组合的预期收益必须为正，即

$$x_1E(r_1)+x_2E(r_2)+\cdots+x_nE(r_n)>0 \tag{6-13}$$

否则构建组合无意义。

可见，有效的套利组合是有吸引力的，即不需要额外资金、无额外风险、收益为正。

四、套利定价模型

套利定价模型也可以分为单因素模型和多因素模型。

（一）单因素套利定价模型

假设只有单个系统性因素影响证券的收益，即考察一个单因素的情况。在这一模型中，证券收益的不确定性来自两个方面，系统性因素和公司特有的因素。如果我们用 F 代表系统性因素的影响，β_i 表示公司 i 对该因素的敏感性，ε_i 表示公司 i 特定因素的扰动，则该单因素模型可以表述为

$$r_i=E(r_i)+\beta_iF+\varepsilon_i \tag{6-14}$$

式中，所有非系统性收益 ε_i 之间均相互独立，同时与 F 相互独立。

例题 6.1

假设一个充分分散化的投资组合A，其β_A=1，预期收益为10%，则该投资组合的收益为

$$E(r_A)+\beta_A F=10\%+1\times F$$

如果宏观因素发生积极的变化，即F为正值，投资组合的收益将超过预期收益，反之如果F为负值，则收益将低于平均值。

进一步讲，假设存在另一投资组合B，其预期收益为8%，β_B=1。那么，组合A和组合B如果同时存在，将导致套利机会的出现。以数字为例表述，如果我们做100万元的组合B的空头，同时买入100万元组合A，即实施一项净投资为0的策略，我们将获利2万元，即

$$[(0.1+1\times F)\times 100\text{ 万元}]-[(0.8+1\times F)\times 100\text{ 万元}]=2\text{ 万元}$$

资产组合A做多头，资产组合B做空头，即我们获得了净收益2万元的无风险利润。这种情况下，投资者的套利行为必将使利差消失。

（二）双因素模型：一个案例

假如市场上存在四种股票，每个投资者都认为它们满足因素模型，且具有如表 6-4 所示的期望回报率和敏感度。

表 6-4　四只股票的期望回报率和敏感度

I	$\bar{r}_i$/%	β_{i1}	β_{i2}
股票 1	15	0.9	2.0
股票 2	21	3.0	1.5
股票 3	12	1.8	0.7
股票 4	8	2.0	3.2

假设某投资者投资在每种股票上的财富为 5 000 元，投资者现在总的投资财富为 20 000 元。首先，我们看看这个证券市场是否存在套利证券组合。显然，一个套利证券组合（ω_1，ω_2，ω_3，ω_4）是下面四个方程的解。

初始成本为 0：

$$\omega_1+\omega_2+\omega_3+\omega_4=0$$

对因子的敏感度为 0：

$$0.9\omega_1+3.0\omega_2+1.8\omega_3+2\omega_4=0$$

$$2\omega_1+1.5\omega_2+0.7\omega_3+3.2\omega_4=0$$

期望回报率为正：

$$0.15\omega_1+0.21\omega_2+0.12\omega_3+0.08\omega_4>0$$

满足这四个条件的解有无穷多个。例如，（0.1，0.088，−0.108，−0.08）就是一个

满足这四个条件的解有无穷多个。例如，（0.1，0.088，-0.108，-0.08）就是一个套利证券组合。这时候，投资者如何调整自己的初始财富 20 000 元?

答案是：因为（0.1，0.088，-0.108，-0.08）是一个套利证券组合，所以，每个投资者都会利用它。从而，每个投资者都会购买证券 1 和 2，而卖空证券 3 和 4。由于每个投资者都采用这样的策略，必将影响证券的价格，相应地，也将影响证券的回报率。

特别地，由于购买压力的增加，证券 1 和 2 的价格将上升，而这又导致证券 1 和 2 的回报率下降。相反，由于销售压力的增加，证券 3 和 4 的价格将下降，这又使证券 3 和 4 的回报率上升。

这种价格和回报率的调整过程一直持续到所有的套利机会消失。此时，证券市场处于均衡状态。在这时的证券市场里，不需要成本、没有因子风险的证券组合，其期望回报率必为 0。

这样，当无套利时，四种证券的期望回报率和因子敏感度 β_{i1} 与 β_{i2} 对任意组合（ω_1，ω_2，ω_3，ω_4），如果

$$\omega_1+\omega_2+\omega_3+\omega_4=0$$

$$b_{11}\omega_1+b_{21}\omega_2+b_{31}\omega_3+b_{41}\omega_4=0$$

$$b_{12}\omega_1+b_{22}\omega_2+b_{32}\omega_3+b_{42}\omega_4=0$$

则必有

$$\bar{r}_1\omega_1+\bar{r}_2\omega_2+\bar{r}_3\omega_3+\bar{r}_4\omega_4=0$$

根据 Farkas 引理，必存在常数 λ_0，λ_1，λ_2 使式（6-15）成立：

$$E(r_i)=\lambda_0+\lambda_1\beta_{i1}+\lambda_2\beta_{i2} \tag{6-15}$$

式（6-15）即双因素套利定价模型。

五、对套利定价理论的进一步研究

（一）因素的识别与估计

APT 对系统风险进行了细分，而且又能够测量每项资产对各种系统因素的敏感系数，因而可以使投资组合的选择更准确，对实际的组合策略更具有指导意义。要利用 APT 来定价，首先必须辨别市场中重要的因素的类别，并对因素进行估计。

1.因素的识别

直观上来说，因为股票的价格应视为将来红利的贴现值，而将来的红利与总的经济状况，如 GDP 增长率或工业生产的增长率有关；贴现率则与通货膨胀率和利率有关。所以，重要的因子应具有以下特征。

（1）它们应该包含表明总的经济行为的指标。

（2）它们应该包含通货膨胀。

（3）它们应该包含某种利率。

一般而言，在学术研究和实际分析中，我们会确定 3~5 个因素。例如，根据特定的研究，可以设定 GDP 增长率、长短期利率差、石油价格变化率、国防开支增长率等。

上述因素的识别，其理论基础与指导思想来源于宏观经济学、微观经济学、产业组

织、基本分析。

2.因素模型的估计

主要应用如下方法进行因素模型的估计。

（1）时间序列方法（times-series approaches），这是最直观的方法。该方法假设投资者事先知道影响证券回报率的因素，其中准确度量因素值是关键。

（2）横截面方法（cross-sectional approaches），即先估计敏感度，再估计因素的值。应用时要注意计量经济学上与时间序列方法的区别。

（3）因子分析方法（factor-analytic approaches），当我们既不知道因素的值，也不知道因素的敏感度的情况下，适用该方法。

（二）因素模型与 CAPM 的区别

单因素模型可以表述为

$$E(r_i)=\alpha+\beta_i F \tag{6-16}$$

CAPM 则表述为

$$E(r_i)=r_f+\beta_i(r_m-r_f) \tag{6-17}$$

两者在理论上的区别在于：其一，因子模型不是均衡模型，而 CAPM 为均衡模型。其二，在 CAPM 中，β值相同的证券回报率相同，但在因子模型中，β值相同的证券回报率不一定相同。其三，两者的出发点不同，因素模型假设证券的回报率只与不同的因素波动或指标的运动有关，而 CAPM 依据风险资产的风险溢价与全市场组合的风险溢价间的关系而确定。

➤本章小结

股票收益的不确定性大体上源于两方面，一个是系统性风险（宏观风险），另一个是股票发行公司所特有的因素。由此可得到证券收益的单因素模型，$E(r_i)$是证券持有期期初的预期收益，m_i是证券持有期内非预期的宏观风险对证券收益的影响，e_i是非预期的公司特有事件的影响。e_i具有零期望值，则证券的持有期收益为

$$r_i=E(r_i)+m_i+e_i$$

记宏观因素的非预期成分为 F，证券 i 对该因素的敏感度为β_i，则该证券（或组合）收益率的方差为

$$\sigma_i^2=\beta_i^2\sigma_F^2+\sigma_{ei}^2$$

单因素模型不仅能够大大简化在均值–方差分析中的估计量和计算量，而且有利于风险的分散化。但是，它没有给出因素 F 的具体测度和明确界定。SIM 用市场指数来代表系统性因素的方法解决了上述问题，其具体形式为

$$R_i=\alpha_i+\beta_i R_M+e_i$$

式中，R 为超额收益（$R_i=r_i-r_f$；$R_M=r_M-r_f$）；β_i为市场因素对证券 i 收益的影响程度；e_i为证券发行公司的特有因素对证券 i 收益的影响。

则证券 i 收益率的方差为

$$\sigma_i^2 = \beta_i^2 \sigma_M^2 + \sigma_{ei}^2$$

证券之间的相关系数为

$$\text{cov}(r_i, r_j) = \text{cov}(\beta_i R_M, \beta_j R_M) = \beta_i \beta_j \sigma_M^2$$

单因素模型将收益分解为系统的和公司特有的两部分，而宏观因素其本身又受到多种因素的影响，因此需要构建多因素模型。多因素模型认为，不仅市场因素可定价，其他风险来源因素也可定价，这些因素包括劳动收入、重要消费品价格（如能源价格）等。其一般形式为

$$r_i = a_i + \beta_{i1}F_{1t} + \beta_{i2}F_{2t} + \cdots + \beta_{ik}F_{kt} + e_{it}$$

在多因素定价模型的基础上，形成了通过对套利条件和行为的研究以揭示套利定价模型及其对市场均衡的影响的 APT。

所谓套利，即无风险套利，是对同一个金融产品进行使净投资为零且能赚取正值收益的投资方式或行为。通常包括空间套利和时间套利两种类型，前者是指同一资产在同一时间不同市场具有不同的收益率时，投资者利用这一状态所进行的套利行为；后者是指同一资产在不同时间具有不同的收益率时，投资者利用此状态所进行的套利投资行为。

一个有效的套利组合应是不需要额外资金的、无额外风险的、收益为正的，因此需要满足以下条件。

第一，不需要投资者增加额外资金，以 Δx_i 表示投资者对证券 i 的持有量的改变量，则该条件要求：

$$\sum_{i=1}^{n} \Delta x_i = 0$$

第二，该组合对任何因素都没有敏感性，组合不存在额外风险，即

$$\beta_{pj} = 0$$

第三，组合的预期收益必须为正，即

$$\sum_{i=1}^{n} x_i E(r_i) > 0$$

APT 中“无风险套利”行为的特点包括总投资为零、不承担风险、套利主体不确定、瞬时性。

APT 有四个假设条件，分别是：市场完全竞争、无摩擦；投资者是非满足的；所有投资者有相同的预期；市场上的证券的种类远远大于因子的数目 k。

APT 的主要观点是在一个高度竞争的、流动性强的市场中，套利行为将导致差价的消失，最终使市场趋于均衡，因此，套利行为是市场效率（市场均衡）的决定因素之一；凡是影响价格的因素都会影响套利机会是否存在；根据无套利均衡原则，在因素模型下，具有相同因素敏感性的资产（组合）应提供相同的期望收益率。

单因素套利定价模型将证券收益的不确定性假定为来自系统性因素和公司特有的因素两个方面，该模型可以表述为

$$r_i = E(r_i) + \beta_i F + \varepsilon_i$$

考虑到多种因素对套利行为的影响，定义多因素套利定价模型为

$$E(r_i)=\lambda_0+\sum_{k=1}^{n}\lambda_k\beta_{ik}$$

总之，套利定价模型与 CAPM 均是关于证券均衡价格的模型，但是，前者建立在更少更合理的假设之上，并且大大简化了投资者的计算量。套利定价模型以回报率形成的多指数模型为基础，认为具有相同因素敏感性的证券或组合必然要求有相同的预期回报率，否则，就会出现套利机会。投资者将建立套利组合，利用这些套利机会，最终导致套利机会消失，市场达到均衡，资产的均衡预期回报率是其因素敏感性的线性函数。

➤练习题

一、名词解释

套利　空间套利　时间套利　因素模型

二、简答题

1.简述因素模型的特点。

2.简述单因素模型的性质。

3.简述一个有效的套利组合必须同时满足的条件。

4.简述因素模型与CAPM的区别。

5.简述因素模型和套利定价模型中的β值的区别和联系。

第七章

投资绩效评价

任何投资者进行投资的主要目的是获得良好的投资绩效，本章即对投资绩效的评估模型和方法进行深入研究。这里我们首先要指出的是，任何对投资绩效进行评估的方法，都是相对业绩评价而言的，它是将投资结果与某一参照标准相比较而进行的。但这里我们需要明确的是，虽然是相对的评价，然而投资者对自身投资绩效的评估，一则不能与其他投资者的投资结果进行比较，即“不要与别人比”，其原因就是我们一直强调的，不同投资者对风险有不同的态度，而根据风险与收益相匹配的原则，也就会产生与其特定风险偏好相适应的收益。二则不能将目前的投资结果与自己的历史绩效相比，即“不能与自己比”，否则会产生投资行为方面的逻辑悖论：为了使明年的绩效令自己满意，今年将设法大幅降低自己的投资业绩，特别是对机构投资者（如证券投资基金）而言。那么，投资者的理性何在?

有效的绩效评估包括两个环节，第一个环节是确定投资绩效是好是坏；第二个环节是进一步区分这一业绩的具体来源。本章通过三部分（即组合收益的测定、组合风险-收益综合指标：绩效指数、投资绩效的分解）来探讨这两个环节。

第一节　组合收益的测定

本节先介绍三种组合收益的测定方法，即持有期收益率、时间加权收益和金额加权收益率，然后对各种收益率计算方法进行比较。

一、持有期收益率

（一）含义

持有期收益率衡量的是某一项投资在给定的投资期间实际获得的包括当期收益和资本增值在内的总收益，是一个衡量投资实际业绩表现的指标。

（二）案例

表 7-1 列示了由 a、b 两只股票组成的投资组合的各个参数，请计算该组合的持有期收益率。

表 7-1　a、b 两只股票组成的投资组合

股票	持股数量/股	期初价格/（元/股）	期末价格/（元/股）	期末红利/（元/股）
a	100	20	24	1
b	200	15	16	2

本题有两种解法，第一种方法是直接计算组合的当期收益和资本利得，然后计算组合的持有期收益率。第二种方法是分别计算 a、b 两只股票的持有期收益率，然后按照各只股票占组合的比例进行加权计算组合的持有期收益率。

第一种方法：

计算组合的期初、期末价值，为

$$V_{p0}=100\times 20+200\times 15=5\ 000\text{ 元}$$
$$V_{p1}=100\times 24+200\times 16=5\ 600\text{ 元}$$

计算组合的当期收益，为

$$D_p=100\times 1+200\times 2=500\text{ 元}$$

计算投资组合的持有期收益率，为

$$R_p=\frac{5\ 600-5\ 000+500}{5\ 000}\times 100\%=22\%$$

第二种方法：

计算各只股票的持有期收益率，为

$$R_1=\frac{100\times 24-100\times 20+100\times 1}{100\times 20}\times 100\%=25\%$$
$$R_2=\frac{200\times 16-200\times 15+200\times 2}{200\times 15}\times 100\%=20\%$$

计算各只股票的期初投资比例，为

$$w_1=\frac{100\times 20}{100\times 20+200\times 15}=0.4$$
$$w_2=1-w_1=0.6$$

使用加权平均法计算投资组合的持有期收益率，为

$$R_p=0.4\times 25\%+0.6\times 20\%=22\%$$

二、时间加权收益率

（一）含义

时间加权收益率是指各个时期的持有期收益率的平均值。根据计算平均值的方法不同，分为算术平均时间加权收益率和几何平均时间加权收益率。算术平均时间加权收益

率是指按照算术平均法计算各个时期持有期收益率的平均值。几何平均时间加权收益率是指按照几何平均法计算各个时期持有期收益率的平均值。

（二）案例

某投资者在第 1 年年初购买 100 份共同基金，第 1 年年初共同基金的价值为 50 元/份，第 1 年年末为 56 元/份，第 2 年年末为 58 元/份，投资者在第 1、2 年年末获得的当期收益均为 5 元/份。投资者在第 1 年年末追加投资，又买了 100 份共同基金，在第 2 年年末将所有的共同基金卖出。那么，如何衡量投资者的时间加权收益率？

我们可以按照前面所讲的持有期收益率分别计算第 1 年和第 2 年的收益率，然后再计算时间加权收益率。

第 1 年和第 2 年的持有期收益率为

$$R_1=\frac{56+5}{50}-1=22\%$$

$$R_2=\frac{58+5}{56}-1=12.50\%$$

算术平均时间加权收益率为

$$R=\frac{22\%+12.50\%}{2}=17.25\%$$

几何平均时间加权收益率为

$$1+R^2=(1+22\%)\times(1+12.50\%)\Rightarrow R=17.15\%$$

三、金额加权收益率

（一）含义

考虑到各个时期投资金额的不同，需要使用金额加权收益率方法来衡量投资业绩。金额加权收益率，又称资金加权收益率，它是使投资组合在各个时点的现金流入的贴现值总和等于现金流出的贴现值总和的贴现率。

（二）特征

金额加权收益率既考虑了投资组合在各个时点现金流的时间价值，又考虑了不同时期投资金额不同对投资组合平均收益率的影响。实际上，金额加权收益率是使投资组合的净现值（net present value）等于零的内部回报率（internal rate of return）。

（三）案例

某投资者在第 1 年年初投资 5 000 元，在第 2 年年初追加投资 5 600 元。第 1 年年末和第 2 年年末的当期收益分别为 500 元和 1 000 元，所有投资在第 2 年年末的总价值为 11 600 元。计算投资者的金额加权收益率。

首先，绘制投资者投资组合的价值的时间分布图，如图 7-1 所示。

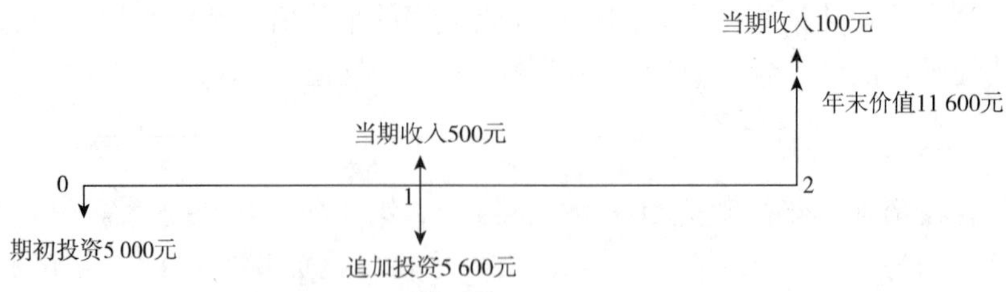

图 7-1 投资者投资组合的价值的时间分布图

其次，按照资金加权收益率的计算原理可得现金流出的贴现值=现金流入的贴现值，即

$$5\ 000+\frac{5\ 600}{1+r}=\frac{500}{1+r}+\frac{11\ 600+1\ 000}{(1+r)^2}\Rightarrow r=15.74\%$$

四、收益率计算方法的比较

（一）金额加权收益率与时间加权收益率的比较

金额加权收益率比时间加权收益率更准确，时间加权收益率比金额加权收益率使用更频繁。

（二）算术平均收益率与几何平均收益率的比较

1.区别

算术平均收益率采用单利原理，暗含的假定条件是每一期的当期收益不进行再投资，而几何平均收益率采用复利原理，暗含的假设条件是各期的当期收益要进行再投资。

2.适用条件

对于相同的投资组合，算术平均收益率一般要比几何平均收益率大。由于算术平均收益率是预期收益率的无偏估计量，因此，在选取样本预测投资组合的预期收益率时，我们常常选用算术平均收益率而不是几何平均收益率。

当各期收益出现巨大波动时，算术平均收益率会呈明显的上偏倾向。几何平均收益率指标优于算术平均收益率的地方，是因为它引入了复利的程式，即通过对时间进行加权来衡量最初投资价值的复合增值率，从而克服了算术平均收益率有时会出现的上偏倾向。因此，当各期收益出现巨大波动时，应该选用几何平均收益率。

3.案例

某种股票的市场价格在第 1 年年初时为 100 元，到了年底股票价格上涨至 200 元，但时隔 1 年，在第 2 年年末它又跌到了 100 元。假定这期间公司没有派发过股息，计算其算术平均收益率和几何平均收益率。

分别计算第 1 年和第 2 年的收益率：

第 1 年的投资收益率为 100%，即 R_1=（200–100）/100=1=100%。

第 2 年的投资收益率则为–50%，即 R_2=（100–200）/200=–0.5=–50%。

计算算数平均收益率：

算术平均收益率为 25%，即 R=［100%+（–50%）］/2=25%。

计算几何平均收益率：

几何平均收益率为 0，即 RG=[（1+1）（1−0.5）]^1/2−1=0。

通过上述计算可以看出几何平均收益率更符合实际情况，即两年来平均收益率为 0。只有在整个投资期间各期的收益率都是相同的情况下，两种平均收益率才可能是一致的。

第二节　投资绩效评估：业绩指数方法

所谓投资绩效评价的业绩指数，即经典的夏普业绩指数、特雷诺业绩指数（Treynor' s performance index）和詹森业绩指数（Jensen' s performance index）这三大指数评价模型。这三大业绩指数也是在学术研究和实际投资领域中最为常见的评价方法。

一、夏普业绩指数

根据第四章我们得到的 CML，它表明了期望收益 $E(R_I)$ 与标准差 σ_{R_I} 之间的线性关系，即

$$E(R_I)=r_f+\frac{\left[E\left(R_M\right)-r_f\right]}{\sigma_M}\sigma_{R_I} \tag{7-1}$$

式中，r_f 为无风险收益率；$E(R_M)$ 为市场组合的预期收益率；σ_M 为市场组合的标准差。

虽然我们不知道参数 $E(R_I)$ 和 σ 的值，但我们可以通过历史数据估算期望收益率 $\overline{R}_I$（即投资组合的历史平均收益）和标准差 σ_{R_I}；而且我们通常假设这一估计是无偏估计，这样我们即可得到由历史数据估计的 CML。

CML 代表了市场组合与无风险资产之间的所有可能组合，其斜率越大，一定风险下的平均收益就越高，如图 7-2 中 CML_A 与 CML_B 的比较。

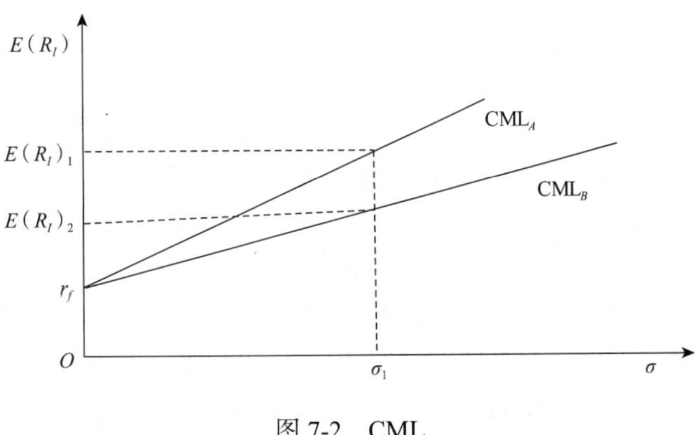

图 7-2　CML

由图 7-2 可见，在同样的风险 σ_1 下，斜率较高的 CML_A 的预期收益率高于斜率较低的 CML_B 的预期收益率。也就是说，投资者倾向于对 CML 斜率更大的资产进行投资。所谓夏普指数，是指上升幅度除以 σ_{R_I}，其中的上升幅度，即投资组合的预期收益率与无风险利率的差。从而夏普业绩指数的公式为

$$\mathrm{PI_S}=(\overline{R_I}-r_f)/\overline{\sigma_{R_I}} \quad (7\text{-}2)$$

夏普业绩指数其分子和分母均为百分数，其结果是不带单位的数字。夏普业绩指数越大，表明在承担一定风险的情况下，投资组合获得的风险补偿（收益）越大，从而该组合的绩效就越高。

例题 7.1

假设有A、B、C三只基金，其基本情况如表7-2所示，并假设无风险收益率为5%。请用夏普业绩指数评价这三只基金的业绩。

表 7-2　三只基金的基本情况

基金	A	B	C
收益率均值/%	10.78	12.02	13.46
标准差	10.03	13.17	13.33

解：根据夏普指数公式，基金A的绩效为

$$\mathrm{PI}_{\mathrm{S},A}=(10.78\%-5\%)/10.03\%=0.576$$

基金B的绩效为

$$\mathrm{PI}_{\mathrm{S},B}=(12.02\%-5\%)/13.17\%=0.533$$

基金C的绩效为

$$\mathrm{PI}_{\mathrm{S},C}=(13.46\%-5\%)/13.33\%=0.635$$

由计算结果可见，基金C的绩效最好，基金A的绩效次之，而基金B的绩效最差。

二、特雷诺业绩指数

特雷诺业绩指数是用 SML 评价投资组合的经营业绩。根据第五章给出的 SML，它代表了某个资产期望收益率与其β值的线性关系，其定义式为

$$E(r_i)=r_f+[E(r_m)-r_f]\beta_i \quad (7\text{-}3)$$

式中，$E(r_i)$为特定资产（或投资组合）的期望收益率；β_i为该资产（或组合）的β值。当市场均衡时，所有资产都将落在 SML 上。而实际投资中，一些组合将位于 SML 之上，另一些则会落在曲线之下。凡是位于 SML 之上的组合，即意味着该组合“战胜了市场”。

进一步看，投资者的目标是在一定的β值下获得更高的收益，或在一定收益下尽可能降低β值，即投资者希望获得更大斜率的 SML。SML 的斜率为$[E(r)-r_f]/\beta_i$，特雷诺业绩指数即以组合形成的特定 SML 斜率的大小作为衡量该组合业绩的指标，即

$$\mathrm{PI_T}=[E(r)-r_f]\beta_i \quad (7\text{-}4)$$

式中，$E(r_i)$和β_i可通过历史数据进行无偏估计。如果一个组合的表现与市场一致，即该组合落在 SML 上；如果其由无风险收益率到组合点所形成的直线的斜率更大，则该组

合绩效优于市场；反之则绩效低于市场。

例题 7.2

在前述例题7.1的基础上，我们假设这三只基金的β值分别为$\beta_A=0.64$，$\beta_B=0.85$，$\beta_C=1$。请用特雷诺业绩指数评价这三只基金的绩效。

解：根据特雷诺业绩指数公式，基金A的绩效为

$$PI_{T,A}=（10.78\%-5\%）/0.64=9.031\%$$

基金B的绩效为

$$PI_{T,B}=（12.02\%-5\%）/0.85=8.259\%$$

基金C的绩效为

$$PI_{T,C}=（13.46\%-5\%）/1=8.46\%$$

由计算结果可见，基金A的绩效最好，基金C的绩效次之，基金B的绩效最差。

由例题 7.1 和例题 7.2 的比较可见，对同一组合或基金进行检验时，夏普业绩指数和特雷诺业绩指数所得结果并不一致，夏普业绩指数的业绩排序为C、A、B；而特雷诺业绩指数的业绩排序为A、C、B。

导致上市业绩评价差异的原因有两方面，一方面，夏普业绩指数以 CML 为衡量标准，其关注的是标准差，特雷诺业绩指数以 SML 为衡量标准，其关注的是β值；另一方面，夏普业绩指数适用于不持有其他组合的投资者，特雷诺业绩指数适用于除投资基金外还持有其他多项资产的投资者。也就是说，夏普业绩指数和特雷诺业绩指数的适用对象是不同的，它们是针对不同的投资者而设计的不同的绩效评价方法。换言之，同一投资者不能同时应用这两个指标进行业绩评估，这也正是例题 7.1 和例题 7.2 产生不同结果的原因所在。

这里我们需要进一步指出的是，夏普业绩指数和特雷诺业绩指数能够对组合或基金的业绩进行排序，但它们却不能告诉我们基金或组合优于市场组合的具体程度，这一工作是由詹森业绩指数完成的。

三、詹森业绩指数

詹森业绩指数是以 CAPM 为基础的。根据第五章给出的 CAPM，风险与收益的均衡关系为

$$E(r_i)=r_f+[E(r_M)-r_f]\beta_i \tag{7-5}$$

詹森业绩指数通过比较评估期的实际收益和由 CAPM 推算出的预期收益偏离值的大小，来判断一个投资组合的绩效。通过在 CAPM 中加入詹森业绩指数α_i，得到

$$E(r_i)=r_f+[E(r_M)-r_f]\beta_i+\alpha_i \tag{7-6}$$

式中，α_i为组合的实际收益与 CAPM 的偏离程度：$\alpha_i>0$，即组合的实际收益超过了与其风险相匹配的期望收益；$\alpha_i<0$，即组合的实际收益低于均衡的风险与收益匹配性。因

此，詹森业绩指数为

$$PI_J=r_i-r_f-\beta_i[E(r_M-r_f)] \quad (7-7)$$

式中，r_i为组合的实际收益；PI_J（即α_i）>0，表明组合的实际收益超过了与其风险相对应的收益，即基金战胜了市场，反之则反是。

例题 7.3

根据例题7.1和例题7.2的数据，并假设基金C为一个指数基金（市场组合）。请用詹森业绩指数对这三只基金进行绩效评价。

解：根据詹森业绩指数的式（7-7），基金A的绩效为

$$PI_{J,A}=10.78\%-[5\%+0.64(13.46\%-5\%)]=0.366\%$$

基金B的绩效为

$$PI_{J,B}=12.02\%-[5\%+0.85(13.46\%-5\%)]=-0.171\%$$

基金C的绩效为

$$PI_{J,C}=13.46\%-[5\%+(13.46\%-5\%)]=0\%$$

由结果可见，基金A比与其β值相匹配的收益多出了0.366%的超额收益，基金B则出现了超额损失，基金C由于是市场组合，其实际收益与期望收益-β关系完全吻合。

上述计算结果表明，詹森业绩指数所计算的基金绩效排序为A、C、B，这与特雷诺业绩指数是完全一致的，其原因即在于特雷诺业绩指数和詹森业绩指数都以β值作为衡量风险的指标。也就是说，如果一个基金或组合的特雷诺业绩指数表明该基金战胜了市场，则詹森业绩指数也将给出同样的结果。但我们需要注意的是，特雷诺业绩指数和詹森业绩指数虽然会给出同样的结论，但其具体的绩效排序却会产生不一致。

詹森业绩指数的优势在于它的直观性。由我们的例题可见，詹森业绩指数表明，基金A优于基金C 36.6个基点，基金B则劣于基金C 17.1个基点。

四、三大业绩指数方法的比较与应用

夏普业绩指数、特雷诺业绩指数和詹森业绩指数这三大指数因其定义和原理的不同而产生的绩效评价的结果不同，总体来看，三者具有以下几点区别和联系。

第一，夏普业绩指数（以S代替）和特雷诺业绩指数（以T代替）衡量的是单位风险下的超额收益，而詹森业绩指数（以J代替）给出的为绝对差异率。

第二，衡量的风险不同，S衡量的是总风险，关注的是标准差，而J和T衡量的是系统风险，关注的是β值。

第三，绩效排序的顺序不同，取决于针对的风险不同及风险的分散程度不同。

第四，J和T仅仅考虑了绩效评价的深度（即超额收益的大小），而S额外地考虑了风险程度，即绩效评价的广度。

第五，J要求使用样本期内所有变量的样本数据进行计算，而T和S仅需要平均收

益率即可。

此外，在使用三大绩效评价指标进行评价时，一些问题难以避免，导致评价的结果出现偏差。首先，CAPM 的有效性。特雷诺业绩指数和詹森业绩指数以 SML 线为基础，只有 CAPM 符合假定条件，即市场具有有效性，两大指标才可成立。其次，SML 的错误确定可能引致的衡量误差。评价绩效中需使用一个市场组合，但在实际应用中，只能选择一个“准市场组合”作为替代，可能与真实市场组合有所差别。最后，基金组合的风险水平并非保持不变。基金的投资策略会随着市场而改变，利用历史数据对风险的估计可能与目前组合的风险有所不同，即风险水平随基金投资策略的改变而改变。总之，以单一市场组合为基准的绩效衡量指标有一定的偏颇，应考虑多个因素比较合理，特别是目前我国的证券市场发展尚不成熟，需从多方面进行比较和衡量。

案例 7.1

中国封闭式证券投资基金的投资绩效

本案例我们以特雷诺业绩指数对在中国深圳证券交易所上市的25只封闭式证券投资基金的绩效进行检验。经过数据的搜集、处理和计算，我们得到表7-3所示的截至2014年年底25只基金的相关数据。

表 7-3　基金相关数据

基金名称	$E(r_i)$	r_f	β_i	基金名称	$E(r_i)$	r_f	β_i
国投瑞银瑞和小康	0.046 8	0.156 6	1.137 9	南方新兴消费收益	0.113 4	0.156 6	−0.000 7
国联安双禧 A 中证 100	0.107 3	0.156 6	0.002 4	信诚沪深 300A	0.114 0	0.156 6	−0.001 0
兴全合润分级 A	0.115 2	0.156 6	0.140 7	泰达稳健	0.125 9	0.139	0.001 1
银华稳进	0.121 4	0.156 6	−0.000 1	工银瑞信中证 500A	0.128 4	0.139	0.000 6
富国汇利回报分级 A	0.081 5	0.116 5	0.000 4	长城中小 300A	0.110 9	0.127 8	0.000 2
申万菱信深证成指 A	0.142 7	0.082 8	0.281 9	银华资源 A	0.127 2	0.116 5	0.000 6
信诚中证 500A	0.141 8	0.127 8	0.002 9	长盛同瑞 A	0.124 8	0.082 8	−0.000 4
银华中证 90A	0.133 6	0.127 8	−0.003 9	国泰互利 A	0.084 8	0.082 8	−0.001 0
嘉实多利优先	0.092 2	0.105 3	0.001 0	诺安稳健	0.126 2	0.105 3	0.000 5
泰达宏利聚利 A	0.080 8	0.082 8	−0.000 5	浙商稳健	0.114 0	0.105 3	−0.000 8
建信稳健	0.131 9	0.105 3	−0.000 8	广发深证 100A	0.126 3	0.082 8	0.000 7
中欧鼎利分级 A	0.076 7	0.082 8	−0.000 5	申万菱信中小板 A	0.125 9	0.072 4	−0.000 3
银华消费 A	0.137 4	0.062 5	−0.001 1				

将表7-3的相关数据代入式（7-3），即得到各基金的特雷诺业绩指数及其绩效排序，如表7-4所示。

表 7-4 基金绩效

基金代码	基金名称	特雷诺业绩指数	绩效排序
150008	国投瑞银瑞和小康	0.000 1	13
150012	国联安双禧 A 中证 100	0.230 0	10
150016	兴全合润分级 A	0.004 5	11
150018	银华稳进	−12.057 9	25
150020	富国汇利回报分级 A	0.695 2	6
150022	申万菱信深证成指 A	0.003 2	12
150028	信诚中证 500A	0.304 6	9
150030	银华中证 90A	−0.206 8	14
150032	嘉实多利优先	0.390 0	8
150034	泰达宏利聚利 A	−0.524 6	17
150036	建信稳健	−1.020 0	22
150039	中欧鼎利分级 A	−0.466 0	16
150047	银华消费 A	−0.750 4	19
150049	南方新兴消费收益	−0.929 9	21
150051	信诚沪深 300A	−0.628 9	18
150053	泰达稳健	0.659 8	7
150055	工银瑞信中证 500A	1.182 9	4
150057	长城中小300A	3.076 2	1
150059	银华资源A	1.271 4	3
150064	长盛同瑞A	−1.953 1	23
150066	国泰互利A	−0.326 0	15
150073	诺安稳健	1.357 2	2
150076	浙商稳健	−0.810 6	20
150083	广发深证100A	1.071 5	5
150085	申万菱信中小板A	−2.570 0	24
平均值		−0.479 9	

第三节 投资绩效评估：其他方法

夏普业绩指数、特雷诺业绩指数和詹森业绩指数这三个绩效评价指标，至今为止还是我们进行投资绩效评价的经典方法。此外，随着对投资绩效评价指标研究的深入，一些新的评价方法不断产生并经常被应用于实际投资绩效评估工作中，这些方法主要包括套利定价理论绩效评估法、M^2 测度、FF3 方法，以及四因素模型等。

一、套利定价理论绩效评估法

将詹森业绩指数的分析思路应用于第六章给出的 APT 中，形成了套利定价理论绩效评估方法。其主要思路是计量评估期的平均收益率与基于 APT 的预期收益率的偏离度。与詹森业绩指数相同，它同样可以使我们得到一种基金的绩效比另一种基准基金的表现好或差的具体程度。

例如，假设考虑所有风险因素后，期望收益率为 5%，而基金的实际收益率为 8%，则 APT 评估法告诉我们，基金的绩效超过了市场组合，其幅度为 3%。

APT 绩效评估法与詹森业绩指数的区别在于 APT 所特有的假设，即它假设有多个风险因素，如通货膨胀、经济增长率等。也就是说，如果我们认为除了市场组合外，通货膨胀等因素也影响证券价格的形成，我们即可用 APT 评估法对基金或投资组合的绩效进行评估。

二、M^2 测度

M^2测度方法是由F.Modigliani和L.Modigliani两人发明的，从而根据这两人的姓氏得以命名。

M^2测度与夏普业绩指数一样，也是基于CML。但正如第二节的研究所指出的，夏普业绩指数能够对组合或基金的业绩进行排序，但它不能告诉我们基金或组合优于市场组合的具体程度。M^2测度试图通过第五章所导出的CAL与CML的相对位置，来具体得出基金或组合优于市场组合的程度，如图7-3所示。

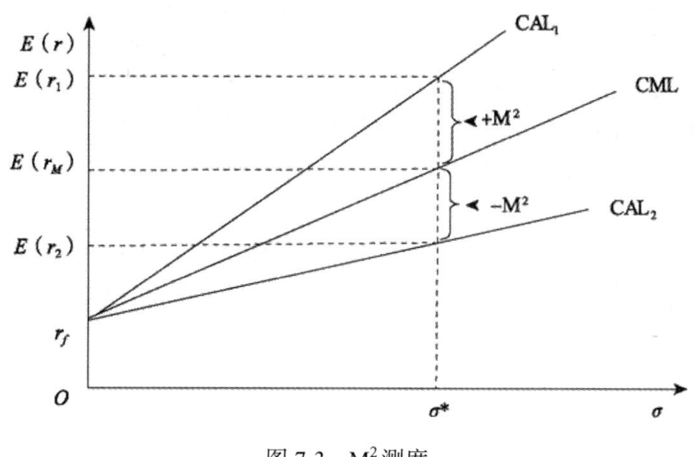

图 7-3 M^2 测度

由图 7-3 可见，如果一个包含无风险资产的投资组合的 CAL 为 CAL_1，即该线斜率大于 CML 的斜率，这一资本配置的预期收益率为 $E(r_M)$，大于由 CML 所表明的市场组合的预期收益率 $E(r_M)$，其大于的程度为+M^2。反之，如果 CAL 为 CAL_2，这一资本配置的预期收益率为 $E(r_2)$，小于由 CML 所表明的市场组合的预期收益率 $E(r_M)$，其小于的程度为–M^2。这样，我们得到了 M^2 测度的具体公式，即

$$M^2=r_P-r_M \qquad (7\text{-}8)$$

式中，r_P 为基金实际组合的收益率。

例题 7.4

给定例题7.1的已知条件，并假设基金C为市场组合，请用M^2测度评估基金A和基金B的绩效。

解：根据M^2测度的公式，基金A的绩效为

$$M^2=10.78\%-13.46\%=-2.68\%$$

基金B的绩效为

$$M^2=12.02\%-13.46\%=-1.44\%$$

即基金A和基金B的绩效都低于市场组合（没有“战胜”市场），其分别比市场平均收益率低2.68%和1.44%。

为了更好地理解 M^2 的计算，假定市场上的一只股票型证券投资基金，当我们把一定量的国债头寸加入其中后，这个经过调整的资产组合的风险就有可能与市场指数（如上证指数）的风险相等。

例如，如果该投资基金 P 原先的标准差是上证指数的 1.5 倍，那么经调整的资产组合应包含 2/3 比例的股票和 1/3 比例的国债。这里，我们把经过调整的基金资产组合称为 P'，通过简单的计算可知，此时它与上证指数具备了相同的标准差。这里需要说明的是，如果基金 P 的标准差低于上证指数的标准差，构建调整组合的方法可能就是卖空国库券，然后投资于股票，最终也能够使调整组合的方差“追赶”上上证指数。

此时调整组合 P' 和上证指数的标准差相等，我们只要通过比较它们之间的收益率就可以观察到它们之间的业绩差异，于是得到式（7-8）。

假设基金 P 具有 42%的标准差，而上证指数的标准差为 30%。因此，调整的组合 P' 应由 0.714（30/42）比例的原股票 P 和 0.286（1–0.714）比例的国债构成，调整后组合具有 26.7%［（0.286×6%）+（0.714×35%）］的预期收益率，比上证指数的平均收益率（假设为 28%）少 1.3%，所以该基金的 P' 指标为–1.3%，这是业绩低于上证指数的情况。

案例 7.2

M^2指数的应用

表7-5是某投资于机械制造业的基金P及市场资产组合（以上证指数代表）M的风险收益数据参数，假设无风险收益率为3%。

表 7-5 示例数据

内容	基金 P	上证指数 M
平均收益率/%	9	7
收益率的标准差/%	15	11

如果我们希望采用M^2指标来评价该基金的业绩水平，需要如何构建调整后的资产组合？原基金和国债的占比分别为多少？最终计算得到的指标为多少？其含义是什么？

根据组合调整方法，新的组合中原基金所占的比例应为

$$\sigma_M/\sigma_P=11/15=0.733$$

相应加入的国债比例为0.267，则该基金的M^2指标为

$$M^2=r_p-r_M=0.733\times9\%+0.267\times3\%=0.4\%$$

可见，本案例中的机械制造业基金的M^2指标为正，因此获得了较市场组合更优的业绩。

三、FF3 方法

T-M模型和H-M模型都是在CAMP的背景下，特别是其中的证券特征线（security characteristic line，SCL）基础上建立的。而Fama和French的研究表明，CAMP在解释横截面股票收益率时没有涵盖各类风险因素，对此他们提出了三大影响因素，即所谓的FF3模型①，即

$$r_i-r_f=\alpha_i+\beta_1(r_m-r_f)+\beta_2\text{SMB}+\beta_3\text{HML}+\varepsilon_i \tag{7-9}$$

式中，SMB为小盘股组合与大盘股组合的收益率之差；HML为高B/P（账面价值与市值之比）股票组合与低B/P股票组合的收益率之差。

如果式（7-9）的回归结果表明系数β_2和β_3是正值，则表明基金基于抓住市场时机将资金在不同股票中进行配置的能力。

四、四因素模型

Carhart在FF3 模型基础上，加入了Jegadeesh和Titman提出的一年期收益因子，形成了四因素模型②。该模型显著地改善了平均价格误差并减少了平均绝对误差。模型如下：

$$R_{it}-r_{ft}=\alpha_i+\beta_i^{mkt}\text{MKT}_t+\beta_i^{smb}\text{SMB}_t+\beta_i^{hml}\text{HML}_t+\beta_i^{umd}\text{UMD}_t+\varepsilon_{it} \tag{7-10}$$

式中，R_{it}为基金i在t期的收益率；r_{ft}为第t期的无风险收益率；α_i为常数项；MKT_t为第t期市场组合的超额收益率；SMB_t为第t期小市值股票与大市值股票收益率的差；HML_t为第t期大市值账面比股票与小市值账面比股票收益率的差，UMD_t为第t期高收益股票与低收益股票收益率的差。

在对式（7-10）进行估计之前，要进行一系列计算。其中SMB_t的计算方法为对每年市场所有股票按市值大小升序排列，根据排序结果，以中位数为基准将所有股票分为大市值组和小市值组，并以股票市值为权重计算每月两组股票收益率的差值，该值即反映上市公司规模差异。

HML_t的计算为对每年市场所有股票按账面比的大小升序排列，根据排列结果将排在前30%的股票定义为大市值账面比股票，将排在后30%的定义为小市值账面比股票，并以股票市值为权重计算每月两组股票收益率的差值，该值即反映上市公司成长性差异。

UMD_t的计算为对每月市场所有股票按前11个月的收益率大小进行升序排列，根据

① Fama E F，French K R.Common risk factors in the returns on stocks and bonds.Journal of Financial Economics，1993，33（1）：3-56.

② Carhart M M.On persistence in mutual fund performance. Journal of Finance，1997，52：57-82；Jegadeesh N，Titman S.Returns to buying winners and selling losers：implications for stock market efficiency.The Journal of Finance，1993，48（1）：65-91.

排序结果将排在前30%的股票定义为高收益股票，将排在后30%的定义为低收益股票，并以股票市值为权重计算每月两组股票收益率的差值，该值即反映上市公司盈利能力的差异。

计算上述数据后，为满足大样本的要求，可以用如前30个月的数据对式（7-10）进行估计，得到当月的β_i^{mkt}、β_i^{smb}、β_i^{hml}和β_i^{umd}的估计值，然后从当月R_{i_t}中减去估计值与其对应变量乘积之和，即得出经各变量调整后的反映当月业绩的报酬率（alpha）。

第四节 投资业绩的分解

虽然影响基金业绩的因素非常多，但是Fama认为，基金业绩可以通过及基金的两种预测能力进行分析：一是指对于股票整体而言，预测个股价格走势的能力，即资产选择（择股）能力；二是指预测整个股票市场总体价格走势的能力，即时机选择（择时）能力[①]。

一、资产选择（择股）

（一）含义

资产选择（择股）能力表现为投资者能否识别那些相对于整个市场而言被低估或者高估的股票。

（二）图形表示

图7-4中的斜线为SML，其中，市场收益率r_M为9%，无风险利率r_f为2%。假设投资组合A所实现的收益率为r_A=8%，其市场风险为β_A=0.67，用A点表示。当投资组合处于市场风险水平β_A时，所期望获得的收益率为r_{β_A}=6.7%。这一期望收益率由两部分构成，即无风险利率2%，以及风险溢价4.7%。投资组合实际获得的收益率为8%，比期望值高1.3%，这一增加值就是股票选择的收益率。

根据图7-4和式（7-11）：

$$r_A-r_f=(r_A-r_{\beta_A})+(r_{\beta_A}-r_f) \quad (7\text{-}11)$$

我们可以得到投资组合A的总的超额收益率等于股票选择的收益率加上风险溢价，即

$$8\%-2\%=(8\%-6.7\%)+(6.7\%-2\%)$$

$$6\%=1.3\%+4.7\%$$

① Fama E F.Components of investment performance.The Journal of Finance，1972，27（3）：551-568.

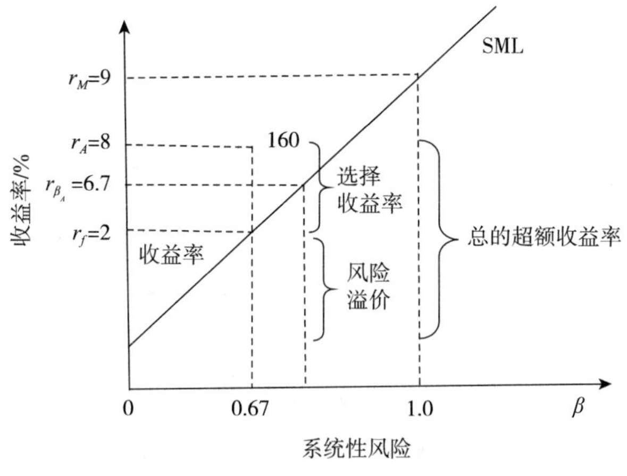

图 7-4　资产选择能力

二、市场时机选择

（一）含义

所谓市场时机选择，是指投资者能否根据市场走势的变化，将资金在风险资产和无风险资产之间进行转移，以便抓住市场机会获得更大绩效的能力。具体表现为当预期行情上升时，可以减少投资组合中的现金持有比例而提高投资组合中股票的比例从而提高组合的β值。当预期行情下跌时，则相应扩大投资组合中的现金比例从而降低投资组合的β值。

（二）判断标准

判断投资经理在市场时机的选择中是否成功，最直接的方法就是分析投资组合的投资收益率与市场指数收益率之间的关系。具体而言，就是通过计算业绩评价期间投资组合的收益率和市场指数收益率，再将所有的点描述在坐标图上。根据这些点画出一条表示投资组合与市场指数之间关系的直线，据此进行市场时机选择的分析。

假设基金经理人以市场指数和国债两种证券构建了一个投资组合r_p，该组合中两证券的比例是一定的，则该组合的SCL①的斜率也是一定的。该基金经理人如果保持这一组合不变，即意味着其没有市场时机能力，如图 7-5 所示。

而如果基金经理人能够抓住市场机会，在市场走势较好时将资金更多地配置到市场指数基金②中，则其证券市场线如图 7-6 所示。

---

① 描述 R_i 和 R_M 之间关系的回归线并称为 SCL。该回归线的方程为：$R_{i_t}=\alpha_i+\beta_i R_{M_t}+e_{i_t}$。按照 ZviBodie 等的观点，该方程表述的是所谓传统 SCL，因为它没有考虑β值和收益均值的变动性。我们这里所使用的实际上是扩展的 SCL，它不要求固定均值和固定方差的假设。

② 或者说，基金代理人基于对市场指数的“复制”构建投资组合，进行资金配置。

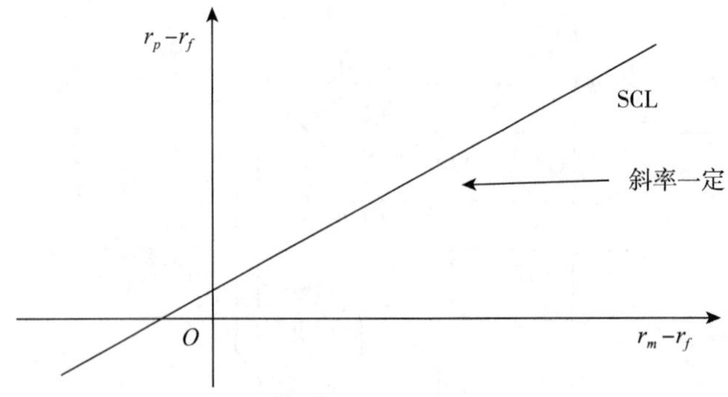

图 7-5 非市场时机能力

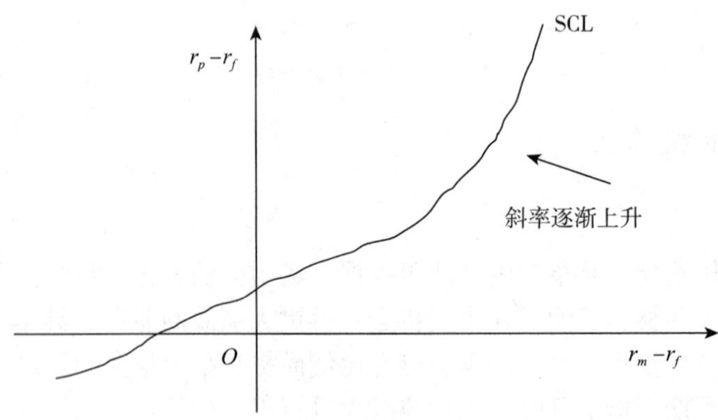

图 7-6 市场时机能力

图 7-6 中 SCL 的斜率逐渐上升的原因在于该基金经理人抓住了市场牛市的机会，加大了对市场指数组合的投资比重，从而 r_m 升高，SCL 的斜率即随之增大。而当投资组合的收益低于无风险收益时，SCL 的斜率递减，其原因在于，当市场熊市（$r_p<r_f$）时，为了规避市场下跌的风险，基金代理人将资产更多地配置到了低 β 值资产中。

表达市场时机能力的 SCL 的方程为

$$r_i - r_f = \alpha_i + \beta_1 (r_m - r_f) + \beta_2 (r_m - r_f)^2 + \varepsilon_i \tag{7-12}$$

式中，r_i、r_m和r_f 分别为基金收益、市场收益和无风险收益；α_i、β_1、β_2为回归系数。如果回归系数 β_2是正的，则该项将使曲线斜率逐渐上升，即表明市场时机能力存在。该方程被称为T-M模型，它是由Treynor和Mazuy给出的[①]。

在T-M模型基础上，Henriksson和Merton给出了判断市场时机能力的H-M模型[②]。该模型假设资产组合的 β 值为两值之一：当市场走势好时 β 值取值较大，当市场为弱势时 β 值取值较小。这样，资产组合的特征线如图 7-7 所示。

---

① Treynor J L，Mazuy K.Can mutual funds outguess the market?Harvard Business，1966，44：131-136.

② Henriksson R D，Merton R C.On market timing and investment performance.Ⅱ.statistical procedures for evaluating forecasting skills.The Journal of Business，1981，54（4）：513-533.

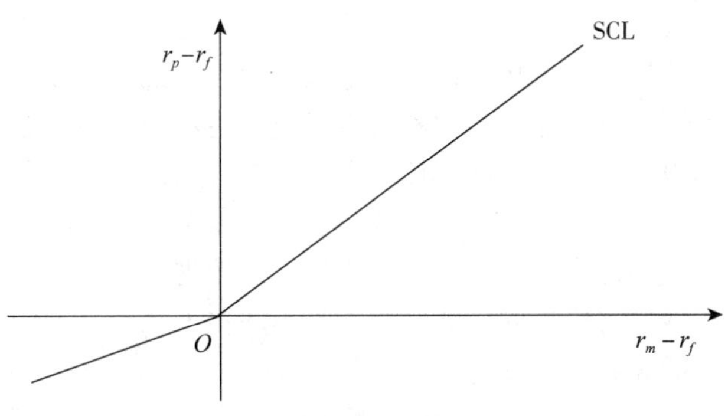

图 7-7　H-M 模型中的 SCL

图 7-7 中的 SCL 方程为

$$r_i-r_f=\alpha_i+\beta_1(r_m-r_f)+\beta_2(r_m-r_f)D+\varepsilon_i \quad (7\text{-}13)$$

式中，D 为一个虚拟变量：当 $r_m>r_f$ 时，$D=1$；当 $r_m<r_f$ 时，$D=0$。这样，资产组合的 β 值在熊市时为 β_1，在牛市时则为 β_2。H-M 模型与 T-M 模型的判断标准一样：如果回归的结果 β_2 为正值，则基金代理人的市场时机能力存在，否则即不存在。

➤本章小结

业绩评估是一种相对评估，其参照的标准是市场。其中最典型的绩效评估方法即业绩指数方法。业绩评估的夏普业绩指数，是指上升幅度除以 CML 的斜率。其中的上升幅度即投资组合的预期收益率与无风险率的差。夏普业绩指数的公式为

$$PI_S=(\overline{R_I}-r_f)/\overline{\sigma_{R_I}}$$

夏普业绩指数越大，表明在承担一定风险的情况下，投资组合获得的风险补偿（收益）越大，从而该组合（基金）的绩效就越高。

特雷诺业绩指数是以组合所形成的特定的 SML 的斜率的大小作为衡量该组合业绩的指标，即

$$PI_T=[E(r_i)-r_f]/\beta_i$$

如果一个组合（或基金）的表现与市场一致，即该组合落在 SML 上；如果其由无风险收益率到组合点所形成的直线的斜率更大，则该组合（或基金）绩效优于市场；反之则绩效低于市场。

詹森业绩指数通过比较评估期的实际收益和由 CAPM 推算出的预期收益的大小，来判断基金或组合的绩效。詹森业绩指数为

$$PI_J=r_i-r_f-\beta_i[E(r_m-r_f)]$$

PI_J（即 α_i）>0，表明基金或组合的实际收益超过了与其风险相对应的收益，即基金战胜了市场，反之则反是。

上述三大指数的综合比较表明：①夏普业绩指数和特雷诺业绩指数的共同点在于能够对组合或基金的业绩进行排序，但它们却不能告诉我们基金或组合优于市场组合的具体程度。二者的区别是，一方面，夏普业绩指数以 CML 为衡量标准，其关注的是标准

差，特雷诺业绩指数以 SML 为衡量标准，其关注的是 β 值；另一方面，夏普业绩指数适用于不持有其他组合的投资者，特雷诺业绩指数适用于除投资基金外还持有其他多项资产的投资者。也就是说，夏普业绩指数和特雷诺业绩指数的适用对象是不同的，它们是针对不同的投资者而设计的不同的绩效评价方法。换言之，同一投资者不能同时应用这两个指标进行业绩评估。②特雷诺业绩指数与詹森业绩指数的共同点在于都以 β 值作为衡量风险的指标。也就是说，如果一个基金或组合的特雷诺业绩指数表明该基金战胜了市场，则詹森业绩指数也将给出同样的结果。其不同在于二者给出的具体绩效排序会不一致。詹森业绩指数的优势在于它的直观性。

除了上述经典的三大指数外，还有一些新的评价方法：套利定价理论绩效评估方法，其主要思路是计量评估期的平均收益率与基于 APT 的预期收益率的偏离度。M^2 测度，即通过 CAL 与 CML 的相对位置，来具体得出基金或组合优于市场组合的程度。市场时机能力，即通过 SCL，检验投资者（如基金经理）能否根据市场走势的变化，将资金在风险资产和无风险资产之间进行转移，以便抓住市场机会获得更大绩效的能力。所谓 FF3 方法，即在 CAMP 的基础上，再考虑小盘股组合与大盘股组合的收益率之差，以及高 B/P 股票组合与低 B/P 股票组合的收益率之差。

➢练习题

一、名词解释

夏普业绩指数　特雷诺业绩指数　詹森业绩指数　M^2测度　市场时机能力　四因素模型

二、简答题

1.简述特雷诺业绩指数、夏普业绩指数和詹森业绩指数三大经典绩效评估指标的异同。

2.简述“选股能力”和“择时能力”的含义及表现。

3.简述业绩持续性的评价方法。

三、计算题

1.假设有A、B、C三只基金，其基本情况如表7-6所示；并假设基金C为一个指数基金（市场组合），无风险收益率为5%。请分别用夏普业绩指数、特雷诺业绩指数和詹森业绩指数评价这三只基金的业绩。

表 7-6　三只基金的基本情况

基金	A	B	C
收益率均值/%	8.78	10.02	11.46
标准差	8.03	11.17	11.33
β值	0.64	0.85	1

2.假设有基金A和市场资产组合的风险收益数据参数如表7-7所示。

表 7-7　基金 A 业绩与市场的比较

内容	基金 A	上证指数 M
平均收益率/%	8	6
收益率的标准差	13	7

如果采用M^2指标来评价该基金的业绩水平，则调整后的原基金和国债的占比分别为多少？M^2指标为多少？

3.基金A的投资组合和市场组合的基本情况如表7-8所示，无风险收益率为6%。

表 7-8　基金 A 的投资组合和市场组合的比较

投资组合	收益率均值/%	标准差	β值
基金 A 的投资组合	10	18	0.60
市场组合	12	13	1.00

计算基金A的投资组合和市场组合的特雷诺业绩指数和夏普业绩指数，根据这两个指标，判断投资组合是否超过风险调整基础上的市场组合？简要说明使用特雷诺业绩指数和夏普业绩指数所得结果不符的原因。

4.使用H-M模型，自己选择一只基金，使用数据库找到需要的数据（选择一个时期，如2013~2014年），对市场时机能力做检验，判断该基金的基金代理人是否具有市场时机能力。（选做）

第三篇　市场有效性假说与行为金融理论

EMH既是现代微观金融学的一个理论支柱，又是判断资本市场效率的理论依据，并决定着实际投资中的投资策略。在有关对市场有效性理论的实证检验中，发现了大量市场异常现象的存在。对这些异常现象的研究和解释导致了行为金融学的产生和发展。

本篇作者以第八章和第九章两章的内容，对市场有效性理论和行为金融进行研究和介绍。

第八章

市场有效性假说

什么样的市场才是有效的？市场有效性程度的划分及其相应特征是什么？这就是EMH要回答的核心问题。

第一节　有效市场理论

在运转良好的金融市场中，价格反映了所有相关信息，这样的市场就被称为有效市场或效率市场（efficient market）。EMT认为，如果市场是有效的，证券价格即反映了所有相关信息，或者说，证券的真实价值即是其现行的市场价格。

一、股票价格的随机游走与市场有效性

20世纪50年代以前，经济学家们一直认为股票价格是由其“内在价值”决定的，是可以预测的；股价的波动应该是有规律的，即股票价格应围绕其内在价值做有规律的波动。然而，英国著名统计学家肯德尔（Maurice Kendall）在1953年发表的论文《经济时间序列分析，第一部分：价格》中发现：股票价格变动没有任何模式可寻，就像“醉汉走步一样”，昨天的价格与今天的价格无关，今天的价格与明天的价格无关，股市运动每天都是新的内容，即股票价格完全是随机游走的。

如何解释这一现象呢？EMT提供了答案。市场价格的随机波动反映的正是一个功能良好、理性的有效市场，即价格已经反映了已知信息，而股价取决于相关信息。首先，股价由供求决定，供求是通过买卖来实现的，投资者买卖股票受其心理预期的影响，而心理预期是投资者在收集、处理相关信息的基础上形成的。其次，随机的“新信息”导致了股价的随机游走。在一定时点上，股价反映了“旧”的相关信息，而下一时点的股价取决于“新”的相关信息。因为“新”信息的出现是随机而不可预测的，所以股价随机游走。

股票价格的随机游走并不是说市场是非理性的，而恰恰表明这是理性投资者争相寻求新信息，以使自己在别的投资者获得这种信息之前买卖股票而获得利润。产生股票价格随机游走的根本原因在于投资者理性的存在。由于投资者是理性的，任何能够用来对股票价格做出预测的信息必定被投资者获得并反映在股票的价格中；而由于价格是公开可知的，这意味着已经反映价格的所谓“新信息”已经可知，则“新信息”就成为了旧信息。此时，如果用已反映价格的信息去预测未来，等价于以旧信息作为决策依据，这种决策就是无效的——未来价格的变化什么结果可能都有，即价格是随机游走的。

案例 8.1

收购消息公布对股票价格的影响

如图8-1所示，某一收购消息公布前，股票价格是随机游走的，而在收购消息公布之后，股票价格在新状态下运行。

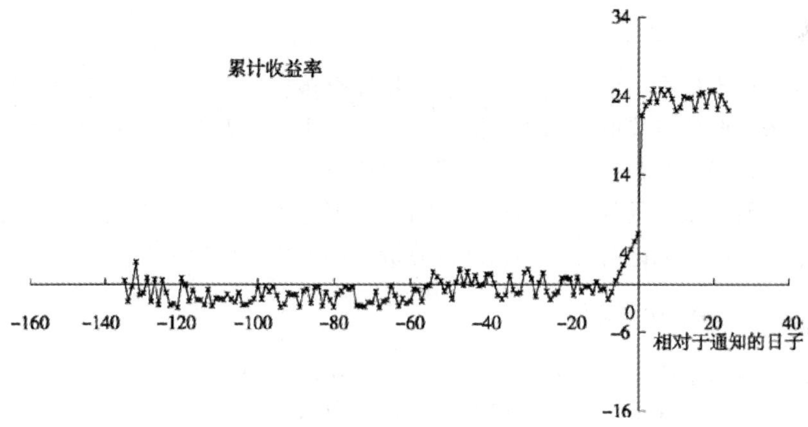

图 8-1　收购消息公布对股票价格的影响

二、有效证券市场的含义及其必备条件

有效资本市场理论认为，在一个有效的资本市场上，资本品的全部信息都能迅速、完整和准确地被投资者得到，从而投资者可根据这些信息准确判断出该资本品的价值，进而以符合价值的价格购买该资本品。

（一）有效证券市场的含义

根据有效资本市场理论，在一个有效的证券市场上，证券价格曲线上任一点的价格均真实、准确地反映了该证券及其发行人在该时点的全部信息；同时如果证券市场是有效的，则任何一个在该市场上交易的证券的实际价格，都应全面反映该证券的价值。

如果一个证券市场满足上述条件，则该证券市场即是有效的。这里的有效，是指价格对信息的反映具有高效率，这种高效率不仅指价格对信息反映的速度，还包括价格对信息反映的充分性和准确性。

（二）有效证券市场需具备的条件

根据上述有效证券市场的含义，一个有效的证券市场需要同时具备四个条件：

（1）信息公开的有效性，即证券的全部信息都能真实、及时地在市场上得到公开。

（2）信息获得的有效性，即所有公开有效的信息都能被投资者全面、准确地获得。

（3）信息判断的有效性，即所有投资者都能根据所得到的有效信息做出一致地价值判断。

（4）投资行为的有效性，即所有投资者能够根据获得的信息，做出准确、及时地行动。

三、有效市场的分类

根据以上有效市场需要具备的条件，总体而言我们可以将市场有效的程度分为三类，即强有效市场（strong form of efficient market）、半强有效市场（semi-strong form of efficient market）和弱有效市场（weak form of efficient market）。

（一）强有效市场

如果在一个市场中，信息完全公开、信息完全传递、信息被投资者完全解读，且无任何信息及依据此信息采取行动的时滞，也即有效市场的四个条件同时具备，这样的市场即是强有效市场。在强有效市场中，股票价格可充分反映一切信息，包括内幕信息、公开信息，以及股票交易的历史信息。强有效市场理论（strong form of EMT）认为，在这样一个市场中，无论对什么信息进行分析，都无法获得超额利润。

（二）半强有效市场

如果一个市场中的信息不完全公开，但只要是公开的信息就能够完全传递、被投资者完全解读，且不存在信息时滞。也就是说，有效市场的后三个条件都具备，但信息公开的有效性不具备，即存在着内幕信息。这样的资本市场属于半强有效市场。在半强有效市场中，股票价格所反映的信息仅包括公开信息和历史交易信息。

（三）弱有效市场

如果一个证券市场中存在信息不完全公开和信息不完全解读，前者如只公开历史信息，但对现在和未来的信息没有公开，即存在强烈的内幕信息；后者如机构投资者对信息的解读能力和水平大于个人投资者，或者掌握内幕信息者的信息能力大于只掌握公开信息者的信息能力。也就是说，不满足有效市场的第一、第三两个条件，这一市场即属于弱有效市场。在弱有效市场中，股票价格所反映的信息仅包括历史交易信息。

四、有效市场模型

市场有效性理论给出了不同市场有效性的定性分类。要使市场有效性理论可进行定量检验，就必须明确刻画出价格序列的形成过程，预期收益模型较好地做到了这一点。

Fama给出了预期收益模型的一般形式[①]，即

$$E(P_{j,t+1}|\Phi_t)=[1+E(R_{j,t+1}|\Phi_t)]P_{j,t} \quad (8\text{-}1)$$

式中，$P_{j,t+1}$为证券j在t+1时刻的价格；$R_{j,t+1}$为证券j在t+1时刻的收益率，$R_{j,t+1}=(P_{j,t+1}-P_{j,t})/P_{j,t}$；$\Phi_t$表示$t$时刻股票价格中所反映的信息；$E(R_{j,t+1}|\Phi_t)$和$E(P_{j,t+1}|\Phi_t)$均为条件期望。

式（8-1）可用于描述任何程度有效市场的价格形成过程，区别在于信息集Φ_t的范围是不同的：弱有效市场的信息集Φ_t仅包含历史价格信息；半强有效市场的信息集Φ_t包含历史信息和市场中全部的公开信息；强有效市场中的信息集Φ_t包含全部的公开信息和内幕信息。

如果市场是有效的，即当Φ_t包含全部的公开和非公开信息时，投资者将不可能获得超额期望收益，超额期望收益为0，即

$$E(R_{j,t+1}|\Phi_t)=0 \quad (8\text{-}2)$$

由式（8-1）和式（8-2）可得

$$E(P_{j,t+1}|\Phi_t)=P_{j,t} \quad (8\text{-}3)$$

利用当前全部信息Φ_t估计证券未来价格$P_{j,t+1}$的期望值，其结果只能是当前价格。

第二节　市场有效性理论的实证研究

市场有效性理论给出了不同市场有效性的定性分类。本节我们即研究这一定性理论如何对现实中的市场运行进行有效性方面的评估。

一、实证研究方法

以 Fama 给出的市场有效性模型为基础，在对该模型的实证检验中，存在如下四种方法。

（一）随机游走模型

根据方程（8-1）可知，随机游走模型假定价格序列的改变量相互独立，且具有相同的分布，其分布可以表示为

$$f(P_{j,t+1}|\Phi_t)=f(P_{j,t+1}) \quad (8\text{-}4)$$

即j证券t+1时期的价格，在给定的信息集下，只与其t+1时期的价格相关，或者说，与t期价格的相关系数为0。

根据上述假设，随机游走模型一般表述为

$$P_t=P_t-1+\varepsilon_t \quad (8\text{-}5)$$

根据式（8-5），如果实证检验证明t期的价格与t–1期的价格之间的相关系数为0，则说明市场是有效的，或者至少是半强有效的。

① Fama E F.Efficient capital markets：a review of theory and empirical work.The Journal of Finance，1970，25(2)：383-417.

（二）游程检验

在股票市场的实际运行中，t 期的价格明显是在 $t-1$ 期价格的基础上形成的，从而式（8-5）会存在序列相关性，这就使该模型中价格之间的相关系数很难为 0，进而使对市场有效性的检验失灵。对此，经济学家们提出了游程检验的方法，以克服随机游走模型的上述缺陷。

所谓游程，是指股价连续地上升或下降的过程，每一次这样的过程称为一个游程。该模型的构造过程是在随机游走假设下，当样本容量很大时，总游程 Q 服从正态分布，再构造统计量 Z，得

$$Z=\frac{Q-E(Q)}{\sigma_Q} \tag{8-6}$$

式中，$E(Q)$ 为总游程的期望值；σ_Q 为总游程的标准差。$E(Q)$ 的计算公式为

$$E(Q)=\frac{N+2N_1N_2}{N} \tag{8-7}$$

式中，N 为股价变动的总天数；N_1 为股价上升的天数；N_2 为股价下降的天数。σ_Q 的计算公式为

$$\sigma_Q=\sqrt{\frac{2N_1N_2(2N_1N_2-N)}{N^2(N-1)}} \tag{8-8}$$

如果 Z 服从标准的正态分布，则市场是（弱）有效的；如果实证检验的 Z 大于临界值，则市场不具有弱有效性。

（三）方差比检验模型

上述的随机游走模型和游程模型都假定方差是不变的，但在现实中，金融资产收益的方差并非如此，特别是在短期内更可能出现大幅变动，这就有可能使上述模型的检验失效。

针对上述问题，Campbell等提出了方差比检验方法[①]。该方法认为，如果时间序列呈随机游走，则股票在两个时期的连续复合收益$r_t(2)$的方差与时期 1 连续复合收益$r_t(1)$的方差之比为 2，即q期的方差是时期 1 的q倍，有

$$\frac{\operatorname{Var}\left[r_t(q)\right]}{\operatorname{Var}\left[r_t(1)\right]}=q \tag{8-9}$$

由此，方差比检验模型为

$$\mathrm{VR}=\frac{\operatorname{Var}\left[r_t(q)\right]}{q\times\operatorname{Var}\left[r_t(1)\right]} \tag{8-10}$$

当 VR 接近于 1 时，即可认为市场已达到弱有效，否则不具有有效性。

---

① 对该方法的详细证明和表述，可参见 Campbell J Y，Lo A W，Mackinlay A C.The Econometrics of Financial Markets.Princeton：Princeton University Press，1997.

（四）渐进有效性检验

以上检验方法是在研究成熟的股票市场中得出的。但对于新兴的或转轨中的股票市场来说，市场早期的无效会对整个时期的检验产生影响。由于基期的强烈影响，会错误地推断整个市场是无效的。例如，Cornelius指出[①]，在新兴股市中，市场参与各方的行为并不符合EMH的范式，按EMT，新兴股市的无效是必然的，因而需要新的检验方法。

在上述背景下，Emerson等提出了渐进有效性检验方法[②]，即

$$r_t=\beta_{0,t}+\sum_{i=1}^{p}\beta_{i,t}\, r_{t-i}+e_t \qquad (8\text{-}11)$$

$$\beta_{i,t}=\beta_{i,t-1}+u_{i,t},\ u_{i,t}\sim N(0,\ \sigma^2) \qquad (8\text{-}12)$$

式中，序列$\{r_t\}$为市场指数的收益率序列；序列$\{\beta_{i,t}\}$为状态变量，通过考察其变化情况，可以观察市场有效性的动态演进，如$\{\beta_i\}$随时间变化逐渐向0收敛，即可认为市场在趋向有效，否则说明市场的有效性在降低。

渐进有效性检验不是将市场有效性视为一成不变的，而是设法发现其动态的演进规律，这正是该方法的独特性。

二、对市场有效性的分类研究

由第一节的研究可见，市场有效性理论将市场有效的程度分为三类，即弱有效市场、半强有效市场和强有效市场。那么更进一步的实证研究是针对这三类市场有效程度所进行的分类实证研究。

（一）对弱有效市场的实证检验

检验一个市场是否是弱式有效，有两种主要的实证方法。其一是研究技术分析方法能否产生额外的收益。在弱有效市场中，技术分析方法是无效的——不能为投资者带来额外利润[③]。那么，在技术分析的规则下[④]，如果实证研究证明了这一额外利润的存在，即可判断该市场不是弱有效的。

这里所谓的额外利润，即非正常收益率（abnormal rates of return）[⑤]，它是指在给定风险水平下，投资者所获得的超过预期收益率以上的收益。我们可以通过CAPM、SIM或APT来确定正常收益率。根据CAPM，证券（或组合）i的预期收益率为

$$E(r_i)=r_f+[E(r_m-r_f)]\beta \qquad (8\text{-}13)$$

式中，$E(r_i)$为正常收益率。这样，非正常收益率AR_i可定义为

$$AR_i=r_i-E(r_i)=r_i-\{r_f+[E(r_m-r_f)]\beta\} \qquad (8\text{-}14)$$

---

① Cornelius P K .A note on the informational efficiency of emerging stock markets.Weltwirtschaftliches Archiv，1993，129（4）:820-828.

② Emerson R，Hall S G，Zalewska-Mitura A.Evolving market efficiency with an application to some bulgarian shares. Economics of Planning，1997，30:75-90.

③ 详见本章第三节。

④ 详见第十四章。

⑤ 从理论上说在一个有效市场中，投资者仅能获得正常收益，而任何相反的证据都是违背有效市场的非正常现象。

式中，r_i 为证券（或组合）i 已实现的或实际的收益率。式（8-14）表明，非正常收益率=实际收益率－正常收益率。实证研究中一般用累加非正常收益率（cumulative abnormal rate of return，CAR_i）表述，其公式为

$$\text{CAR}_i = \sum_{i=1}^{m} \text{AR}_{i,t} \tag{8-15}$$

式中，m 为时间，一般以天为单位。如果 CAR_i 为较大的正值，即可认为技术分析可产生额外收益，因此市场不具有弱有效。

另一种检验市场是否是弱式有效的方法，是对历史数据进行统计分析。例如，用自相关（auto correlation）或序列相关（serial correlation）方法检验过去的收益是否对未来收益有预测力。如果过去的价格变动与目前的价格变动是高度相关的（无论正负），那么就可用过去的收益去预测未来的收益，从而技术分析方法是有效的，即市场是无效的。

表 8-1 是对美国股票市场是否是弱有效的代表性研究。由表 8-1 中可见，在 20 世纪 80 年代之前，美国的股票市场是弱有效的，而进入 1980 年以后，美国股市已脱离了弱有效市场。

表 8-1 美国股票市场弱有效性的实证检验

作者	Fama	Solink	Merton	Keim	Lehmann
年份	1965	1973	1980	1983	1990
是否弱有效	是	是	否	否	否

（二）对半强有效市场的实证检验

在半强有效市场中，由于信息的不完全公开，通过基本分析的方法，有可能“挖掘”到内幕信息、发现定价“错误”的证券，因此应用基本分析方法可能产生额外利润。那么，如果实证检验能够证实基本分析方法可带来非正常利润，则半强有效市场即是成立的。

具体来看，对半强有效市场的研究，即是研究公司特有的信息对股票价格的影响。一般我们可通过揭示公司所公布的每股盈余 EPS 对其股价的影响进行研究。这里关键在于区别实际盈余与期望盈余之间的关系，其公式为

$$\text{Sue} = [\text{EPS} - E(\text{EPS})] / \text{SEE} \tag{8-16}$$

式中，Sue 为标准化未预期到的盈余；E（EPS）为每股盈余的历史均值；SEE 是估计的标准差。根据式（8-16）解出 Sue 后，再研究未预期到的盈余是否影响股票价格。如果 Sue 能够产生非正常利润 CAR，则市场是半强有效的——基本分析能够获得非正常收益。

（三）对强有效市场的实证检验

在一个强有效市场中，无论对什么信息进行分析，都无法获得超额利润。因为在这样一个市场中，有效市场的四个条件同时具备，不存在任何内幕信息。

这样，如果实证研究发现内幕交易者（insiders）可以获得高额利润，则强有效市场不成立。表 8-2 是有关美国股票市场是否是强有效的实证研究，这些研究基本证实了即

便是美国这样的发达资本市场，也没有达到强有效状态。

表 8-2　对美国股市是否强有效的代表性研究

作者	年份	研究内容	是否强有效
Scholes	1972	内幕交易者	否
Jaffe	1974	内幕交易者	否
Seyhun	1986	内幕交易者	否
Liu, Smith and Syed	1990	内幕交易者	否

资料来源：Levy H.投资学.任淮秀，等译.北京：北京大学出版社，2004

第三节　有效市场假说与股票分析

EMH 不仅是理论上我们判断市场有效性的依据，也对实际投资决策、股票分析具有指导意义，并对我们研判现实市场的运行以及对投资者权益的侵害具有重要的指导价值。

一、不同市场有效性与股票分析

在不同市场有效性状态下，股票分析方式的有效性是不同的，也就意味着，对股票分析方式的选择和应用，要注意其在不同市场有效性下的适用性。

可以从对“全部已知信息”的含义的不同理解来区分。弱有效形式假定认为：

（1）股价已经反映了全部能从市场交易数据中得到的信息，这些信息包括，如过去的股价史、交易量等，过去的股价资料是公开的且几乎毫不费力就可以获得。

（2）该假定认为市场的价格趋势分析是徒劳的，如果这样的数据曾经传达了未来业绩的可靠信号，那所有投资者肯定已经学会如何运用这些信号了。随着这些信号变得广为人知，它们最终会失去其价值——技术分析无效。

半强有效形式假定认为：

（1）与公司前景有关的全部公开的已知信息一定已经在股价中反映出来了。除了过去的价格信息外，这种信息还包括公司生产线的基本数据、管理质量、资产负债表组成、持有的专利、利润预测，以及会计实务等。如果任一投资者能从公开已知资源获取这些信息，我们可以认为它会被反映在股价中。

（2）正如前面所述，投资者利用这些信息也不能够获得超额利润，利用公开信息进行分析也是徒劳的——基本分析无效。

强有效形式假定认为：

（1）股价反映了全部与公司有关的信息，甚至包括仅为内幕人员所知的信息。

（2）内幕人员包括公司管理层、董事、主要的股东等人员。这些内幕知情者、其家属，以及其他相关人员若根据内部消息交易将被视为利用了内幕消息。

（3）要定义内幕交易并非易事，毕竟股票分析家们也在发掘尚未广为人知的信息。私人信息与内幕信息的区别有时是含糊的。

（4）在强势有效市场中，所有投资者都能够得到包括内幕信息在内的所有信息，即使通过内幕信息也不能获得超额利润——内幕信息无效。

二、有效市场中的主动管理

对于个人投资者，即便在完全有效的市场中，理性的资产组合管理也有重要作用，这是因为：

（1）理性的投资者同样要求在证券选择中反映赋税要求。高税阶层的投资者通常不愿意购入对低税阶层有利的证券。

（2）投资者要考虑其特定的风险范畴。例如，通用汽车公司的一个经理，通常他不应在汽车股上进行额外的投资。

（3）对于年龄不同的投资者，也应考虑其对风险的承受能力而提供不同的资产组合政策。

结论是，即便在有效的市场中，资产组合管理仍具作用。投资者资金的最佳部位将随年龄、税赋、风险厌恶程度，以及职业等因素而变化。

三、有效市场中的事件分析

在有效市场中，“事件”的发生能够立竿见影地反映在股票价格波动上，这里的“事件”多指各种公告的重大事项的发生和披露。

这里需要指出，事件研究中的一个通常方法是在某个股票的新信息在市场发布的那几天对非常规收益进行估计，并且把股票的非正常行为归因于新信息。

案例 8.2

股息政策公告的效应，如图8-2所示。

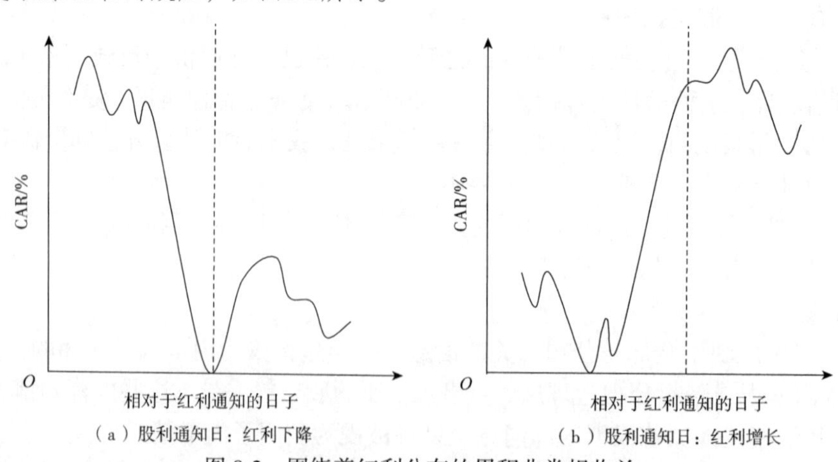

（a）股利通知日：红利下降　（b）股利通知日：红利增长

图 8-2　围绕着红利公布的累积非常规收益

可见，信息有效市场这个概念可以帮助我们研究两个事情：

（1）假设证券价格反映了所有当前可知的信息，那么价格变动一定反映了新信息。

因此，人们可以通过考察在事件发生的一段时期内的价格变化来测度事件的重要性。

（2）我们可以运用事件研究来测度违反内部人员交易规则或其他证券法的交易商所得的非法收入，如信息诈骗案。

假定市值 1 亿元的公司在诈骗消息公布当天出现–6%的非常规收益，则可以推算投资者因诈骗而蒙受的损失为 600 万元。

然而，上述案例的图 8-2 中，价格并不是在瞬间达到公平价值的。这主要是由信息的泄漏所引发的，通过内部交易者和市场投资者的羊群行为来实现的。

在内幕交易泄漏严重或内幕交易行为十分猖獗的情况下，就会导致信息公布前股价迅速调整到公平水平，信息公布时反而没有反应了[①]。严重的内幕交易一方面证明了市场无效，但也可以帮助我们推测内幕交易者获得了多少的非法利润。

➢本章小结

有效资本市场理论认为，在一个有效的资本市场上，资本品的全部信息都能迅速、完整和准确地被投资者得到，从而投资者可根据这些信息准确判断出该资本品的价值，进而以符合价值的价格购买该资本品。

EMH 的基础在于股票价格的随机游走。所谓股票价格的随机游走，是指股票价格的变化是随机的且不可预测的，它是股票价格变动的本质特征。股票价格的随机游走反映了只有新信息会引起价格变化。所谓新信息，即它是随机的、无法预测的，也就是说，只有无法预测的信息才是新信息。市场有效的本质是信息有效，即股票价格已经充分地、有效地、立即地消化了所有可以得到的信息。

一个有效的证券市场需要同时具备四个条件：①信息公开的有效性，即证券的全部信息都能真实、及时地在市场上得到公开。②信息获得的有效性，即所有信息都能被投资者准确获得。③信息判断的有效性，即所有投资者都能根据得到的信息做出一致地价值判断。④投资行为的有效性，即所有投资者能够根据获得的信息，做出准确、及时地行动。

如果有效市场的四个条件同时具备，这样的市场即是强有效市场。强有效市场理论认为，在这样的一个市场中，无论对什么信息进行分析，都无法获得超额利润，此时技术分析方法将失效，而且，用基本分析法也“挖掘”不到任何内幕信息，基本分析方法也将失效。投资者的最佳策略是进行消极的组合管理。

如果有效市场的后三个条件都具备，但信息公开的有效性不具备，即存在着内幕信息，这样的资本市场属于半强有效市场。在半强有效市场中，技术分析也不会产生额外收益。但通过基本分析的方法，有可能“挖掘”到内幕信息、发现定价“错误”的证券，因此基本分析方法有其被应用的合理性。同时，进行资产组合管理将同样产生效益。

如果一个证券市场中存在信息不完全公开和信息不完全解读，即不满足有效市场的第一、第三两个条件，这一市场属于弱有效市场。这种情况下，市场处于非均衡状态，任何定价分析和组合分析都无法获得均衡价格和最优组合位置，投资者只能依据股价的

---

① 中国市场中存在的“见光死”现象，就将这种猖獗的内幕交易发挥到了极致。

历史走势去“猜测”未来，即技术分析是适用的，而且，由于存在投资者对信息解读能力的差异，此时应用基本分析方法将可能缩小投资者之间的信息不完全。同时，投资者可通过积极型投资策略去捕捉市场机会、获取超额利润。

EMH 的模型化表述为

$$E(P_{j,t+1}|\Phi_t)=[1+E(R_{j,t+1}|\Phi_t)]P_{j,t}$$

如果市场是有效的，则投资者利用已知的信息集 Φ_t，将不可能获得超额期望收益，超额期望收益为 0，即

$$E(R_{j,t+1}|\Phi_t)=0$$

由上述两个公式可得

$$E(P_{j,t+1}|\Phi_t)=P_{j,t}$$

即利用历史信息 Φ_t 估计证券未来价格 P_{t+1} 的期望值，其结果只能是当前价格，当前价格已经包含所有的历史信息。

检验一个市场是否是弱式有效，有两种主要的实证方法。其一是研究技术分析方法能否产生额外的收益，即通过 CAPM 确定正常收益率，从而非正常收益率 AR_i 可定义为

$$AR_i=r_i-E(r_i)$$

实证研究中一般用 CAR_i 表述，如果 CAR_i 为较大的正值，即可认为技术分析可产生额外收益，因此市场仅具有弱有效。

其二是对历史数据进行统计分析，检验过去的收益是否对未来收益有预测力。如果过去的价格变动与目前的价格变动是高度相关的（无论正负），那么就可用过去的收益去预测未来的收益，从而技术分析方法是有效的，即市场是无效（弱有效）的。

对半强有效市场的研究，是研究公司特有的信息对股票价格的影响。一般我们可通过揭示公司所公布的每股盈余EPS对其股价的影响进行研究。如果未预期到盈余能够产生非正常利润CAR，则市场是半强有效的——基本分析能够获得非正常收益。

如果实证研究发现内幕交易者可以获得高额利润，则强有效市场不成立。至今为止大量的实证研究没有发现哪个市场达到了强有效状态。

此外，有关对市场有效性理论的实证检验，还发现了大量市场异常现象的存在。典型的发现，如公司异常、季节异常、事件异常和会计异常等。这些异常现象不仅引发了对EMT的重大争论和冲击，而且导致了行为金融学的产生和发展。

➢练习题

一、简答题

1.简述有效资本市场应具备的条件。

2.简述强有效市场、半强有效市场和弱有效市场各自的条件特征。

3.简述市场有效性理论的模型化表述。

4.简述不同有效市场下的投资策略。

二、论述题

请以EMH分析论述中国资本市场的有效性。

第九章

行为金融理论

有关对市场有效性理论的实证检验，发现了大量市场异常现象的存在。这些异常现象[①]包括以下内容。

公司异常（firm anomaly），是指由公司本身或投资者对公司的认同程度所导致的非正常收益的出现。例如，Benz研究所揭示的规模效应（size effect）[②]，即将公司按规模分成五组，发现最小规模组的平均年收益率比那些最大规模组的公司要高19.8%，而且无论是在风险调整之前还是调整之后，小规模组的公司股票的收益率都高。换言之，对小公司的投资收益大于对大公司的投资收益。一般也将这一现象称为小公司效应（small-firm effect）。

季节异常（seasonal anomaly），是指由于时间因素所导致的非正常收益的出现。例如，据Morgan Stanley公司于1990年的研究，1月全球指数的月平均收益率为2.35%，明显高于其他月份的平均收益率，即1月效应；又如大量研究所发现的周末效应，即证券价格在周末（一般是每周五）趋于上升，而在周一则趋于下降的情况。

事件异常（event anomaly），是指由某种容易辨明的事件（如公司挂牌上市、被分析师推荐等）所引起的证券价格的上升。例如，当公司宣布由OTC转入挂牌交易后，该公司股票价格将上升；又如当某股票被很多分析师推荐后，该股票价格将上升。

会计异常（accounting anomaly），是指在会计信息公布后所引起的股票价格的变动。例如，前面所讨论的在实际每股盈余高于市场预期时，股票价格将上升；又如投资低市

---

① 除了下面列示的这些异象外，大量的实证研究和经验观察表明股票市场存在收益异常现象（如股票溢价之谜、股利之谜等），这些现象无法用主流金融学及其资产定价理论给以圆满的解释。此外，Fisher 和 Statman 发现共同基金常为一些投资者设计了较高股票比例的投资组合，而对另一些投资者却设计了较高债券比例的投资组合，这也是传统的资产组合理论无法解释的。因为两基金分离定理证明所有有效组合都能够表示为一个股票与债券具有固定比例的风险组合和不同数量的无风险证券（国库券）的组合，该组合处在均值方差有效前沿上。

② Benz R W.The relationship between return and market value of common stocks.Journal of Financial Economics，1981，9（1）：3-18.

盈率[①]的股票往往能获得更高的收益。

上述异常现象不仅仅存在于弱有效市场中，而且在半强有效市场上也经常出现，特别是它们的出现或存在往往是持续性或反复性的，这不仅引发了对EMT的重大争论和冲击，而且导致了行为金融学的产生和发展。

第一节 行为金融学及其基本理论

行为金融学是行为经济学（behavioral economics）的一个分支，可以看做金融学和心理学相结合而产生的交叉学科，它是在对现代金融理论（尤其是在对EMH和CAPM）的挑战和质疑下产生的，并由此形成了其基本理论框架。

一、行为金融学的产生与发展

以EMH和理性人假设为前提的现代金融理论对投资者行为的界定是在标准的新古典理论的基础上进行的，即认为（或假定）投资者是理性的、其投资决策是厌恶风险的等。因此，它对金融市场的大量异象无法给出圆满的解释，表明了标准金融学理论的局限性。

对行为金融学的产生和发展有突出贡献的研究主要有1951年俄勒冈大学的Burrel教授所写的文章《投资战略的实验方法的可能性研究》（*Possibility of an experimental approach to investment strategies*），将行为心理学结合在经济学中，被认为是行为金融学产生的标志；1972年俄勒冈大学的Slovic教授和Bauman教授所写的《人类决策的心理学研究》（*Psychological study of human judgement*）为投资决策的行为分析做出了开创性的贡献；Kahneman和Tversky则通过实验对比发现，大多数投资者并非是标准金融投资者而是行为投资者，他们的行为并不总是理性的，也并不总是风险回避的[②]。

正是由于标准投资理论所存在的理论缺陷，以及包括上述学者在内的众多金融学家的共同努力，使更接近真实市场行为理论特色的行为金融学在20世纪90年代后得到了迅猛的发展。

Kahneman和Tversky于1979年发表文章《前景理论：风险状态下的决策分析》，该研究成果首次提出了前景理论（prospect theory，PT），这被认为是行为金融学正式产生的标志。

之后有两大学术事件，一个是1999年《金融分析家》杂志在该年度的最后一期出版了行为金融理论专刊，另一个是2001年，由Shefrin任主编的三卷本《行为金融学》论文集出版。这两大学术事件促进了行为金融学逐渐进入主流经济学家的视野。

而使行为金融学成为全球学术界和实务界研究与关注焦点的事件，无疑是2002年前景理论的创始人Kahneman教授被授予诺贝尔经济学奖。

---

① 关于市盈率的概念及其应用，参阅第十三章“股票的定价与估值”。

② Kahneman D，Tversky A.Prospect theory：an analysis of decision under risk.Journal of the Econometric Society，1979，47（2）：263-291.

二、行为金融学的基本理论

行为金融学是行为经济学在金融领域的应用与延伸，其研究的重点是人们在投资过程中认知、感情、态度等心理特征，以及由此而引起的市场非有效性。也就是说，行为金融学研究的出发点是人们的心理特征，中间环节是由心理特征所决定和引发的投资者行为，落脚点则是由投资者行为所导致的市场的非有效性。

（一）行为金融学的基本框架

根据行为金融学的有关研究（图9-1），金融投资过程首先是一个心理过程，它包括投资者对市场的认知过程、受环境影响的情绪过程，以及投资者的意志过程。这些心理过程决定了投资者的行为选择，如过度自信（overconfidence）、损失厌恶，以及羊群效应等。投资者的行为特征则导致了投资决策的制定，而投资决策偏差进一步导致了资产定价偏差。上述过程又会形成一个反馈机制，即资产定价偏差会产生一种锁定效应，它反过来会影响投资者对资产价值的判断，并进一步影响投资者的心理过程，产生认知偏差和情绪偏差等。

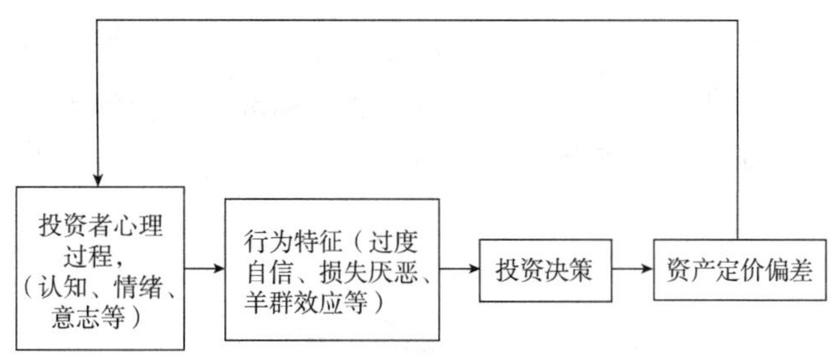

图 9-1 投资者的心理、行为过程及其对资产定价的影响

基于上述的研究框架，行为金融学主要提出了两种理论观点，即BSV理论和DHS理论①。

BSV理论认为收益是随机变动的，但一般投资者错误地认为收益变化有两种范式。范式A认为，收益变化是均值回归的，股价波动对收益变化的影响只是一种暂时的现象，不需要根据收益变化充分调整自身的行为，这就是说当投资者奉行这种范式时，对股票本来收益状况的预期反应不足，而当后来的实际收益状况与先前的预期不符时，才进行调整，使股价变动对于收益变化的反应滞后。范式B认为，收益变化是趋势性的，股价变化对收益的影响是同方向的、连续的，这就是说当投资者奉行这种范式时，就会错误地将这种趋势扩大，从而导致股价变动对于收益变化的反应过度。

DHS理论将投资者分为两类，一类是有信息者，另一类是无信息者。无信息者其投资行为不会受到判断偏差的影响，而有信息者其投资行为容易受到判断偏差的影响。DHS模

---

① BSV 理论参见：Barberis N A，Shleifer A，Vishy R.A model of investor sentiment.Journal of Financial Economics，1998，49（3）：307-343；DHS 理论参见：Daniel K，Hirshleifer D，Subrahmanyam A.Investor psychology and security market under-and overveations.The Journal of Finance，1998，53（6）：1839-1885.

型中将有信息者的判断偏差又分为两类，一类是过度自信；另一类是有偏差的自我归因（self-contribution）。过度自信使投资者夸大自己对股票价值判断的准确性；有偏差的自我归因使投资者低估公共信息对股票价值的影响。这就是说当投资者奉行这种模型时，会产生个人掌握的信息与公共信息的背离，这种背离导致股票回报的短期连续性和长期的支持性。

（二）行为金融学的基础理论：前景理论

很多学者研究风险及不确定性条件下的决策时，提出的模型非常多，其中最常用的被接受的理性选择模型是von Neumann和Morgenstern于1953年发展的财富预期效用理论[①]。该理论提供了数学化的公理，是一个标准化的模型，解决了当人们面对风险选择时他们应该怎样行动的问题，应用起来比较方便。但是在最近的几十年，该理论遇到了很多问题，它不能解释众多的异象，它的几个基础性的公理被实验数据所违背，这些问题也刺激了其他的一些试图解释风险或者在不确定性条件下个人行为的理论的发展。PT就是其中比较优秀的一个。PT认为人们通常不是从财富的角度考虑问题，而是从输赢的角度考虑，关心收益和损失的多少。

PT认为，与预期效用理论相反，大多数的投资者的行为并不总是理性的，其效用不是单纯财富的函数，他们也并不总是风险规避的。标准金融投资者的效用决定财富或消费的绝对水平，而行为金融投资者的效用则是一条中间有一个拐点的S形曲线，如图9-2所示。

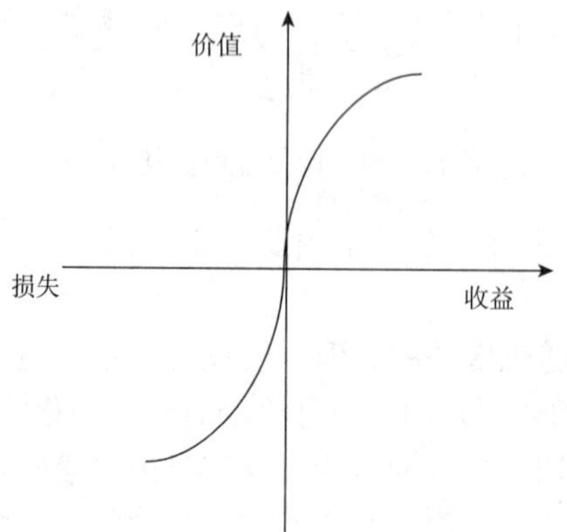

图 9-2　处置效应的效用函数

价值函数定义在相对目前财富状态的变化上，以现状为原点，纵坐标右侧是收益区，左侧是损失区。投资者对于损失表现出风险厌恶特征，而对于收益则表现出风险喜好特征。这意味着当投资者处于盈利状态时，投资者是风险回避者；当投资者处于亏损状态时，投资者是风险偏好者。而且，价值函数呈不对称性，投资者由于亏损导致的感觉上的不快乐程度大于相同数量的盈利所带来的快乐程度，因此投资者对损失更为敏感。

① von Neumann J， Morgenstern O. Theory of Games and Economic Behavior. Princeton：Princeton University Press，1944.

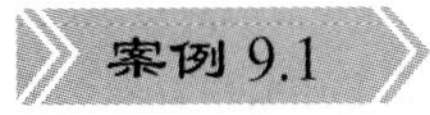

投资者的处置效应

假设有表9-1和表9-2两种情况。

表 9-1　盈利情况下的选择

选择	内容/元	概率/%	期望值
A	得到 1 000	100	1 000
B	得到 2 000	50	1 000
	得到 0	50	

表 9-2　亏损情况下的选择

选择	内容/元	概率/%	期望值
A	损失 1 000	100	−1 000
B	损失 0	50	−1 000
	损失 2 000	50	

表9-1的情况下，大部分人会选择*A*；而在表9-2的情况下，大部分人会选择*B*。表9-1中，即面对盈利时，人们是风险厌恶的；而当情况变为表9-2，即面对亏损时，人们又变成风险偏好的。

而实际上，表9-1和表9-2情况是一样的，可以将表9-2的情形考虑成在表9-1的情形做选择前先损失了2 000元的情况。

结论如下：人们通常不是从财富的角度考虑问题，而是从输赢的角度考虑，关心收益和损失的多少。

第二节　投资者的行为偏差

早在18世纪英国南海泡沫事件中，艾萨克·牛顿就评论道："我能计算出天体运行，但人们的疯狂实在难以估料。"

EMH严重依赖于理性投资者假定。理性被定义为根据所有可以获得的信息估价证券，并据此而定价的行为模式；特别是投资者是回避风险型的——如果投资者准备接受更大的风险，他们就必须得到更高收益率的补偿。

但事实证明，当牵涉到亏损时，人们更倾向于追求风险，他们更倾向于赌一把，如果赌博有可能把他们的亏损减少到最低限度。换言之，在真实市场中，真实的投资者往往会出现各种行为偏差。行为金融学的研究表明，投资者的行为偏差主要表现为代表性偏差（representative heuristic）、过度自信、过度反应与反应不足（overreaction，ender-reaction）、羊群行为（herd behavior）、处置效应（disposition effect）等方面。

一、代表性偏差

代表性偏差是指人们在不确定的情形下，会抓住问题的某个特征直接推断结果，而不考虑这种特征出现的真实概率，以及与特征有关的其他原因。在很多情况下，代表性偏差是一种非常有效的方法，能帮助人们迅速地抓住问题的本质推断结果，但有时也会造成严重的偏差，特别是会忽视事件的基本要素（base rate neglect），即无条件概率和样本大小。Rabin称这种用小样本特征反映母体特征的信念为“小数定律”。

由于在金融市场上投资者的决策受到代表性启发式的影响，Werner等指出投资者在进行概率修正时常倾向于反应过度，对近期的信息赋予过大的权重而对整体的基率数据赋予较低的权重，其对获利数据的过度反应会推动股票价格偏离基本面价值①。由此推论，在前段时期表现不佳的股票很可能比表现出色的股票更具投资价值。

概率论中有个“大数定律”，但研究发现，人们往往信奉“小数定律”，即不管样本容量多小，人们总认为它能反映总体。例如，前五次抛出的硬币都是正面时，大多数人就会认为第六次抛出的硬币更可能是反面，因为人们认为“正正正正正反”比“正正正正正正”更具有一般性。一些投资者经常抱着一些深度套牢的股票不放，就是他们会认为该股票已经两年没涨了，现在它应该到了上涨的时候。投资者的这种股价会“自我矫正”的错误观念，无疑是“把牢底坐穿”的一个很重要的原因。

与自我矫正观念相反的是，投资者还很容易忽略事件会有向平均数回归的倾向。例如，两只都缺乏题材的股票*A*和*B*，*A*持续上涨，*B*则按兵不动，此时有些投资者往往认为*A*会继续上涨，于是跟进，结果却往往吃了大亏。

投资者在挑选分析师时也同样存在非回归现象。例如，有两位股评家*A*和*B*，*A*可能连续两次预测准确，而*B*两次都预测错误，这时投资者往往就会认为*A*比*B*要好，于是往往听从*A*的意见。事实上，也许*B*要比*A*好，只不过是*B*这两次太不走运罢了。

代表性偏差是投资者非理性心理的反应，主要包括启发式偏差（heuristics bias）和框架依赖（framing dependence）。其中，框架依赖是指个体在面临不确定性选择下的决策制定受到其作为参考的框架（frame）的影响，不同的框架会导致不同的结果。

启发式偏差是指投资者往往依据“经验法则”来进行投资决策，依赖“启发法”做出的投资决策带有不确定性，只能说可能是正确的结论，但如果所遗漏的因素和现象很重要，那么信息的缺损就会导致判断与估计上的严重偏差。其中锚定和调整偏差（anch-oring heuristics bias）是一种重要的启发式偏差②，是指人们在形成某一判断和估计时，经常先始于某初始值或基准值（可能是任意的），目标价值以此为基础结合其他信息进行上下调整而得出，即人们趋向于把对将来的估计和过去已有的估计相联系，然后相对此值再做出“调整”。

---

① Werner F M，Bondt W F M，Thaler R. Does the stock market overreact? The Journal of Firnance，1985，40（3）：793-805.

② 启发式偏差具体包括易获得性偏差、代表性偏差与锚定和调整偏差。

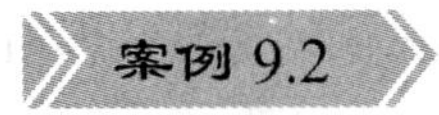

案例 9.2

卡纳曼试验

背景1：约翰，男，45岁，已婚，有子女。他比较保守，谨慎并且富有进取心。他对社会和政治问题不感兴趣，闲暇时间多用于业余爱好，如做木匠活和猜数字谜语。约翰更有可能从事哪种职业？卡纳曼试验结果如表9-3所示。

表 9-3 卡纳曼试验结果

样本	工程师/%	律师/%
样本 1	30	70
样本 2	70	30

即使在强调了样本概率的情况下，多数人还是根据描述性的语言选择工程师，而忽略了先验概率的影响。

背景2：琳达，31岁，单身，性格外向，哲学毕业。在学校其间关心歧视和社会公平问题，参加过反核武器抗议示威活动。那么，根据表9-4，她可能是个什么样的人?

表 9-4 职业选择

选项 1	银行职员和女权主义者
选项 2	银行职员

多数人选择选项1，因为人们认为该描述更符合琳达的特性。但是选项1出现的概率要比选项2出现的概率小得多，即人们忽视了事件发生的真实概率。

二、过度自信

大量的认知心理学的文献认为，人是过度自信的，尤其对其自身知识的准确性过度自信。人们系统性地低估某类信息并高估其他信息。Gervaris等将过度自信定义为，认为自己知识的准确性比事实中的程度更高的一种信念，即对自己的信息赋予的权重大于事实上的权重。

人类倾向于从无序中看出规律，尤其是从一大堆随机的经济数据中，推出所谓的规律。Tversky提供了大量的统计数据，来说明许多事件的发生完全是由于运气和偶然因素的结果，而人类有一种表征直觉推理（representative heuristic）特点，即从一些数据的表面特征，直觉推断出其内在的规律性，从而产生认知和判断上的偏差（biases of cognition and judgment）。投资者的归因偏好也加重了这种认知偏差，即将偶然的成功归因于自己操作的技巧，将失败的投资操作归于外界无法控制的因素，从而产生了所谓过度自信的心理现象。过度自信是指人们对自己的判断能力过于自信。投资者趋向于认为别人的投资决策都是非理性的，而自己的决定是理性的，是在根据优势的信息基础上进行操作的，但事实并非如此。Kahneman认为，过度自信来源于投资者对概率事件的错误估计。人们对于小概率事件发生的可能性产生过高的估计，认为其总是可能发生的，这也是各种博彩行为的心理依据。而对于中等偏高程度的概率性事件，人们易产生过低的估计，但对于90%以上的概率性事件，则认为肯定会发生。这是过度自信产生的一个主要原因。此外，参加投资活动会让投资者产生一种控制错觉（illusion of control），即人们在知觉上将社会世界扭曲成一个比真实世界更有次序、有组织、可预测、可控制的世界，从而令投资者有系统的高估自己对事件的控制程度，而低估外界不可控因素对事件发展所造成的影响，最终导致过度自信。总之，过度自信产生的原因包括表征直觉推理、对概率事件的错误估计、控制错觉。

在传统的金融理论中都假设行为人是风险规避的，但现实中人往往是风险中性甚至是风险寻求的。早在1948年，Friedman和Savage就发现，尽管赢得彩票的几率只有数百万分之一，但还是有很多人去买彩票，这种购买彩票的行为就表现为风险寻求。风险寻求的原因很可能是过度自信。

案例 9.3

过度自信对交易的影响

当投资者过度自信时，市场中的交易量会增大。在无噪音的完全理性预期的市场中，如果不考虑流动性需求，交易量应该是0。如果理性是共识，当一个投资者买进股票时，另外的投资者卖出股票，买进者会考虑是否存在卖出者知道而买进者不知道的信息，这时就不会有交易产生。

而现实中金融市场的交易量是非常大的。1997年，Dow和Gorton发现，全球外汇的日交易量大约是年度世界贸易总额和投资流动总额之和的四分之一。

1998年NYSE的周转率超过75%。1996年上海证券交易所的换手率是591%，深圳证券交易所的换手率是902%。

由于没有模型来说明在理性市场中交易量应该是多少，所以很难证明什么样的交易量是过多的。1998年，Odean分析了投资者的买卖行为，发现在考虑了流动性需求、风险管理和税收影响后，投资者买进的股票表现差于卖出的股票，这些投资者交易过多，由于交易成本的原因，过多的交易损害了其收益，其解释是投资者是过度自信的，过度评价了其私人信息的准确性并错误地解释了这些信号，才导致了差的决策[①]。Odean观察了166个投资俱乐部6年的交易，发现平均每年的周转量是65%，年净收益是14.1%，而作为基准的标准普尔500指数收益是18%。

三、羊群行为

羊群行为，也叫从众行为，最开始是生物学用于研究动物群聚特征的，后来被用于分析人类行为，表示人们采用同样的思维活动、进行类似的行为，在心理上依赖于大多数人的行为，以减少损失、获得尽可能多的收益。“跟风”“随大流”更能通俗地描述

① Odean T. Do investors trade too much? The American Economic Review，1998，89（5）：1279-1298.

羊群行为。进一步延伸至金融市场上，则指在信息不确定的情况下，投资者行为相互影响，个体行为更容易受到群体行为倾向的影响，个人私人信息和分析可能被投资者群体“共有信念”所取代，结果可能导致金融市场系统性风险增加，市场不稳定性增强。

投资者采取相同的投资决策并不一定是羊群行为，羊群行为的关键是其他投资者的行为影响了该投资者的投资决策，并对他的决策结果造成影响。羊群行为的特征如下。

（1）路径依赖。羊群行为的产生不仅取决于投资者对信息的评价，而且还取决于投资者的交易顺序。

（2）随机性。由于数名投资者投资行为的一致，羊群行为产生的概率非常大。

（3）脆弱性。羊群行为发生后，投资者的私人信息就不再真实地反映在公众信息集中，因此，该公众信息集提供给投资者的信息并不是充分、准确的信息，从而羊群行为面对较小的冲击就会崩溃。

对于羊群行为，需要区分虚假羊群行为（spurious herding）与故意羊群行为（inten-tional herding）。前者是指投资者在面临相似的决策问题和信息集时采取相似的决策；后者是指投资者观察并模仿他人的交易行为，重在投资者之间的相互影响。换言之，虚假羊群行为并不是真正的羊群行为。例如，利率提高，投资者预期股票市场价格下降，会减少投资组合中股票的比重。投资者这一行为并不是真正的从众，而是针对利率变化共同做出的调整。我们来看这样一个例子。

有一国内投资者D先生和国外投资者F先生，由于资本项目可兑换的限制和规定，D先生只能投资于国内股票市场S_d和国内债券市场B_d，F先生既可以投资于S_d和B_d，还可以投资于国外股票市场S_f和国外债券市场B_f。

如果国外市场利率上升或出现公司盈利的悲观预期，那么F先生将减少S_f和B_f的投资，并增加S_d和B_d在投资组合中的权重。这样来看，F先生在购进资产的行为上表现出对D先生的从众行为。但是，这其实是F先生个体的决定，而不是仿效。类似地，如果没有资本可兑换的限制，D先生也可能表现出对F先生的从众，但这实际上是基于共同信息源、结合个体风险收益而做出的自主决定，表现为虚假的羊群行为。

理论上讲，羊群行为产生原因如下。

（1）理性缺陷。在经济主体拥有有限理性的情况下，投资者会在不同时点采用相似的模式进行投资，这种模式可称为大众模式。

（2）信息不完全。在信息不完全和不确定的市场中，投资者无法观察到别人的私人信息，但却可以从别人的买卖行为中推测其拥有的私人信息，并结合自己的信息进行买卖操作，这样就产生了羊群行为。

（3）委托–代理关系。基金经理的报酬往往与某一基准挂钩，在这种情况下，基金经理往往会推断、模仿别的基金经理的买卖行为，以免自身业绩落后于同行或指数或行业的平均水平。

四、处置效应

所谓处置效应，是指投资人在处置股票时，倾向卖出赚钱的股票，继续持有赔钱的股票，也就是所谓的“出盈保亏”效应。这意味着当投资者处于盈利状态时是风险回避者，而处于亏损状态时是风险偏好者。

假设投资者甲持有某只股票，买入价为每股10元，投资者乙持有同一只股票，买入价为每股20元。该股昨日收盘价为每股16元，今天跌到每股15元。请问，甲乙两位投资者，谁的感觉更差？多数人会同意乙比甲的感觉更差。这是因为，投资者甲可能会将股价下跌看做收益的减少，而投资者乙会将下跌看做亏损的扩大。由于就价值函数曲线而言，亏损时的曲线比收益时的曲线更陡峭，因此，每股1元的差异，对乙比对甲更为重要。

再假设有一位投资者，由于需要现金他必须卖出所持有两种股票中的一种。其中，一只股票账面盈利，另一只股票账面亏损（盈利和亏损均相对于买入价格而言），该投资者会卖出哪只股票？1998年，美国行为金融学家Odean在研究了10 000个个人投资者的交易记录后发现，投资者更可能卖出那只上涨的股票，当股票价格高于买入价（即主观上处于盈利）时，投资者是风险厌恶者，希望锁定收益；而当股票价格低于买入价（即主观上处于亏损）时，投资者就会转变为风险喜好者，不愿意认识到自己的亏损，进而拒绝实现亏损。当投资者的投资组合中既有盈利股票又有亏损股票时，投资者倾向于较早卖出盈利股票，而将亏损股票保留在投资组合中，回避现实损失，这就是处置效应。

Odean的结论与我们通常所了解的情况是吻合的，我们周围的投资者大都如此。国内研究者对中国股市处置效应的研究结果表明：中国的投资者更加倾向于卖出盈利股票，继续持有亏损股票，而且这种倾向比国外投资者更为严重。并且，在个人投资者和机构投资者中均存在着处置效应。处置效应的基本结论是投资者更愿意卖出盈利股票，继续持有亏损股票。这种持有亏损股票而过早卖出盈利股票的“售盈持亏”的心态在国内和国外投资者中同样存在，反映了人类的天性。处置效应的极端情况就像我们通常所说的“虱多不痒，债多不愁”，甚至是“死猪不怕开水烫”。而针对处置效应的一项有力措施就是止住亏损，让盈利充分增长。

处置效应的基本结论是投资者更愿意卖出盈利股票和继续持有亏损股票。与此相关的两个推论是如下。

第一，卖出盈利股票的比率超过卖出亏损股票的比率。

第二，持有亏损股票的时间长于持有盈利股票的时间。

➢本章小结

行为金融学是行为经济学在金融领域的应用与延伸，其研究的重点是人们在投资过程中认知、感情、态度等心理特征，以及由此而引起的市场非有效性。也就是说，行为金融学研究的出发点是人们的心理特征，中间环节是由心理特征所决定和引发的投资者行为，落脚点则是由投资者行为所导致的市场的非有效性。

行为金融学的研究表明，投资者的行为偏差主要表现为代表性偏差、过度自信、过度反应与反应不足、羊群行为、处置效应等方面。

其中代表性偏差是投资者非理性心理的反应，主要包括启发式偏差和框架依赖。其中，框架依赖是指个体在面临不确定性选择下的决策制定受到其作为参考的框架的影响，不同的框架会导致不同的结果；启发式偏差是指投资者往往依据“经验法则”来进行投资决策，依赖“启发法”做出的投资决策带有不确定性，只能说可能是正确的结论，但如果所遗漏的因素和现象很重要，那么信息的缺损就会导致产生判断与估计上的严重偏差。

Gervaris等将过度自信定义为认为自己知识的准确性比事实中的程度更高的一种信念，即对自己的信息赋予的权重大于事实上的权重。过度自信产生的原因包括表征直觉推理、对概率事件的错误估计、控制错觉。

羊群行为，也叫从众行为，最开始是生物学用于研究动物群聚特征，后来被用于分析人类行为中，表示人们采用同样的思维活动、进行类似的行为，在心理上依赖于大多数人的行为，以减少损失、获得尽可能多的收益。羊群行为的特征为路径依赖、随机性、脆弱性。

所谓处置效应，是指投资人在处置股票时，倾向卖出赚钱的股票，继续持有赔钱的股票，也就是所谓的“出盈保亏”效应。这意味着当投资者处于盈利状态时是风险回避者，而处于亏损状态时是风险偏好者。处置效应的基本结论是投资者更愿意卖出盈利股票和继续持有亏损股票。与此相关的两个推论是：

第一，卖出盈利股票的比率超过卖出亏损股票的比率；

第二，持有亏损股票的时间长于持有盈利股票的时间。

投资者的行为偏差会对市场运行和自身投资绩效产生根本性影响，理解和把握这些影响，对制定正确的投资管理方略、改善行为选择的合理性，并最终提升投资管理的能力和水平，都具有重要意义。

➢练习题

一、简答题

1.前景理论的理论思想是什么？

2.投资者的行为偏差主要有哪些？

3.羊群行为的分析原因有哪些？

第十章

行为金融与投资学

本章我们通过对行为资产定价理论、BPT，以及投资者行为对市场有效性的影响，揭示行为金融理论与投资学的密切关系及其对投资决策的指导意义。

第一节　行为投资学

资产组合理论与CAPM构成了现代投资学的理论基础，行为金融学在投资学中的重大影响与应用初步发展出了BPT与BAPM。

一、行为组合理论

BPT由Statman和Shefrin借鉴Markowitz的资产组合理论于2000年提出。该理论打破了现代投资组合理论中存在的局限，即理性人局限、投资者均为风险厌恶者的局限，以及风险度量的局限，更加接近投资者的实际投资行为。

（一）行为组合理论的理论基础

首先是安全第一组合理论（safety-first portfolio theory）。该理论由Roy于1952年提出，在这一理论中，组合的原则是安全第一，即投资者的目标是使其破产的概率$Pr\{W<s\}$最小化，这里的“破产”是指一个投资者的期终财富W低于其生存水平s。

其次是安全、潜力和期望理论（security potential/asplration，SP/A）。这是Lopes于1987年提出的，是在不确定条件下进行选择的心理理论，是对安全第一组合模型看法的扩展。其中安全（security）的定义与安全第一组合理论中的安全（safety）相类似，都是指避免财富降至较低水平。

潜力（potential）是指一种要达到较高水平财富的愿望。

期望（aspiration）就是一种目标，对安全第一资产组合中要达到给定的目标价值（如

s）的概念做出了归纳。

（二）行为组合理论的内容

BPT由单一账户资产组合理论（single account portfolio theory，BPT-SA）、多重账户资产组合理论（multiple account portfolio theory，BPT-MA），以及金字塔结构理论所构成。

BPT-SA和均值方差组合理论的投资者都将资产组合视为一个整体，即单一的账户，他们像Markowitz理论中提出的那样考虑资产间的协方差。但均值方差理论的核心是（μ，δ）平面中的均值方差有效边界。BPT-SA与之对应的则是（$Eh(W)$，$Pr\{W\leqslant A\}$）平面中的有效边界。其中，$Eh(W)$表示受感情因素影响和支配的期望财富函数，A表示投资期望值。

多重账户资产组合选择模型是建立在期望理论之上的。Shefrin和Statman提出投资者具有两个心理账户，分别对应高、低两个期望值，代表投资者既想避免贫困，又希望变得富有的愿望①。投资者的目标就是将现有财富在两个账户间分配以使整体效用达到最大。

最大化投资者整体效用的做法将会使低期望账户中的组合比高期望账户中的组合看起来更像无风险债券，与之相反的是，高期望账户里的组合更像彩票。

传统的马科维茨均值方差组合理论将资产组合看成一个整体，该理论假定在构建资产组合时投资者只考虑不同证券之间的协方差，并且都是风险厌恶者。而BPT则认为，投资者具有金字塔型层状结构的资产组合，每一层都对应着投资者特定的投资目的和风险特性（方差）。在现实中大部分投资者实际构建的资产组合是一种金字塔状的行为资产组合，位于金字塔各层的资产都与特定的目标和特定的风险态度相联系，一些资金投资于最安全的底层，也有资金投资于更冒险精神的高层，且各层之间存在着相关性，如图10-1所示。

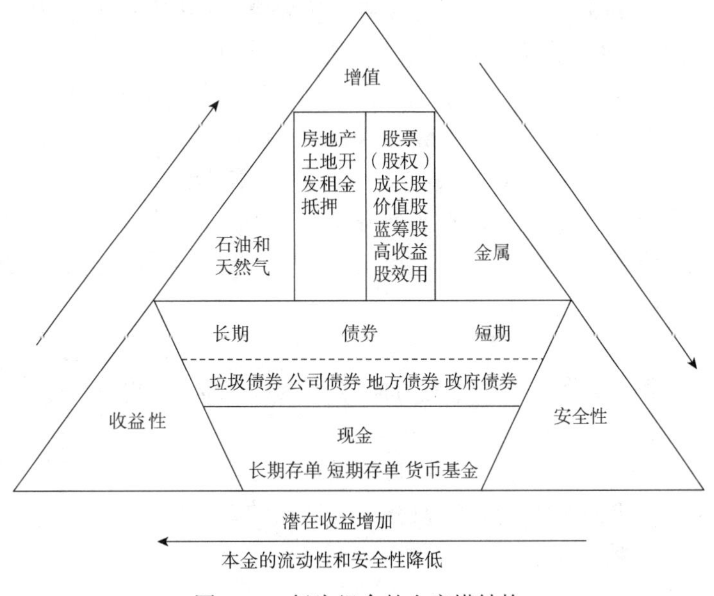

图 10-1　行为组合的金字塔结构

① Shefrin H, Statman M. Behavioral portfolio theory. Journal of Financial and Quantitative Analysis, 2000, 35(2): 127-151.

二、行为资本资产定价模型

BAPM是由Shefrin和Statman于1994年提出的。在BAPM中，投资者被划分为信息交易者和噪音交易者。信息交易者是“理性投资者”，他们通常支持现代金融理论的CAPM，避免出现认识性错误并且具有均值方差偏好。噪声交易者通常跳出CAPM，易犯认识性错误，并且无严格的均值方差偏好。当信息交易者占据着交易的主体时，市场是有效率的，而当后者占据着交易的主体地位时，市场是无效率的。在BAPM中，证券的预期收益是由其“行为贝塔”（behavioral beta）决定的，当然，这时市场组合的代表性问题更加严重。例如，噪音交易者倾向于高估成长型股票的价格，相应的市场组合中成长型股票的比例也就偏高，为此，行为资产组合（行为贝塔组合）较市场组合要人为调高成熟型股票的比例。Statman更进一步指出，决定供求的是人们的功利主义考虑（如产品成本、替代品价格）和价值表达考虑（如个人品位、特殊偏好）①。CAPM只包括了人们的功利主义考虑，而BAPM则把两者都包括了进来。

另外，BAPM还对在噪声交易者存在的条件下，市场组合回报的分布、风险溢价、期限结构、期权定价等问题进行了全面研究。在BAPM中，由于既考虑了价值表现特征，又包含了效用主义特性，因此，它一方面从无法战胜市场的意义上接受市场的有效性，另一方面从理性主义意义出发拒绝市场有效性，这对金融研究的未来发展有着深刻的启示。

总之，行为金融学通过对现代金融理论的核心假说——“理性人”假说的质疑，提出了期望理论，认为投资者对收益的效用函数是凹函数，而对损失的效用函数是凸函数，表现为投资者在投资账面值损失时更加厌恶风险，而在投资账面值盈利时，随着收益的增加，其满足程度速度减缓。在金融交易中，投资者的心理因素将使其实际决策过程偏离经典金融理论所描述的最优决策过程，并且对理性决策的偏离是系统性的，并不能因统计平均而消除②。此外，基于行为金融学也产生了许多不同于传统的行为金融投资策略，如资金平均策略（dollar-cost averaging strategy）、时间分散策略（time diversification strategy）、反向投资策略（counter investment strategy）和惯性交易策略（momentum trading strategy）等。应该说，在金融学的有关研究中，行为金融学第一次将投资者的心理和行为特征作为关键变量进行了深入研究，也正因此行为金融学对大量的市场“异象”给出了较为令人信服的解释。

第二节　行为选择对市场和绩效的影响

投资者的行为偏差会对市场运行和自身投资绩效产生根本性影响，理解和把握这些影响，对制定正确的投资管理方略、改善行为选择的合理性，并最终提升投资管理的能力和水平，都具有重要意义。

---

① Statman M. Behaviorial finance：past pattles and future engagements. Financial Analgsts Journal，1999，55（6）：18-27.

② Kahneman D，Riepe M W.Aspects of investor psychology. The Journal of Portfolio Management，1998，24（4）：52-65.

一、过度自信的市场影响

投资者的过度自信对金融市场会造成影响。Odean将市场参与者分为价格接受者、内部人和做市商，分析过度自信对金融市场的影响[①]。这三类投资者在获取信息和价格决定上具有不同的机制。

（一）过度自信对市场效率的影响

在理性市场中，只有当新的信息出来时，价格才会有变动。但是当投资者过度自信时，会对市场波动性产生影响。过度自信对市场效率的影响取决于信息在市场中是如何散布的。如果少量信息被大量投资者获得，或者公开披露的信息被许多投资者做了不同的解释，过度自信会使这些信息被过度估计，导致价格偏离资产真实价值，这时过度自信损害了市场效率。如果信息仅为内部人所拥有，过度自信的内部人会过度估计其获得的私人信号，通过其过多的交易显示其私人信息，那么做市商、其他的投资者会迅速使资产价格向其真实价值靠拢。如果内部人的信息对时间敏感，在其交易后会迅速成为公共信息，那么这种效率收益是短暂的，这时过度自信提高了市场效率。

（二）过度自信对波动性的影响

过度自信的价格接受者会过度估计他们的个人信息，这会导致总的信号被过度估计，使价格偏离其真实价格。由于过度自信使投资者扭曲了价格的影响，使市场波动增加。过度自信的做市商会促使内部人揭示更多的私人信息，从而将价格设定得更接近其真实价格，这时过度自信使市场波动增加。同时当做市商过度自信时，其风险规避程度会小于其不具有过度自信特征的程度，会认为持有存货的风险不大，这增加了其存货量，存货量的增加降低了市场波动。过度自信对价格的影响取决于不同特征交易者的数量、财富、风险承受能力和信息。如果市场中价格接受者和内部人的数量和财富都较大，而做市商的数量较少、力量较小，则价格的波动性会更大。

（三）过度自信对投资者期望效用的影响

当投资者过度自信时，其资产组合并没有完全分散化，集中的资产组合会降低其期望效用。如果信息是有成本的，过度自信的投资者会花费更大的成本去成为知情者，同时进行更频繁的交易，由于交易费用的原因，过多的交易会降低其净收益。Lakonishok的研究表明，在1983~1989年，积极的基金经理的业绩差于标准普尔500指数的表现，扣除管理费，积极的管理减少了基金价值。这可能是由于过度自信使基金经理在获取信息上花费太大，或者是由于其选股能力过度自信。但是de Long、Shleifer、Summers和Waldman的研究证明了过度自信的交易者能够在市场中存活下来。此外，其他一些学者用双寡头模型证明了过度自信的基金经理不仅能够获得比他的理性竞争对手更高的期望收益和效用，而且也比他理性时的收益和效用更高，所以过度自信严格占优于理性。

---

① 在中国，价格接受者相当于中小散户投资者；机构投资者由于其较强的获得信息的能力，相当于内部人；中国不存在做市商，但是庄家的某些行为类似于做市商，可以作为做市商来分析其对金融市场的影响。

二、交易策略对投资绩效的影响

惯性投资策略（momentum investment strategy），也叫做动量交易策略，即购入过去表现良好的股票，卖出前段时期表现不好的股票。具体来说，由于股票价格具有一定粘性，买进开始上涨，并且由于价格粘性和人们对信息的反应程度比较慢，而预期将会在一定时期内持续上涨的股票,卖出开始下跌而由于同样原因预期将会继续下跌的股票。动量投资策略的主要论据是反应不足和保守心理，研究认为动量交易策略能够获利，对此存在着许多解释：一种解释是“收益动量”，即当股票收益的增长超过预期，或者当投资者一致预测股票未来收益的增长时，股票的收益会趋于升高。因此，动量交易策略所获得的利润是由于股票基本价值的变动带来的。另一种解释是基于价格动量和收益动量的策略因为利用了市场对不同信息的反应不足而获利。收益动量策略利用了对公司短期前景的反应不足——最终体现在短期收益中；价格动量策略利用了对公司价值有关信息反应迟缓和在短期收益中未被近期收益和历史收益增长充分反应的公司长期前景。

反转投资策略（contrarian investment strategy），简单说就是买进过去表现差的股票而卖出过去表现好的股票来进行套利的方法。Werner等研究表明反转投资策略每年可获得大约8%的超常收益[①]。反转策略之所以能够获利，是因为投资者在投资决策中，往往过分注重上市公司近期表现，并根据公司的近期表现对其未来进行预测，导致对公司近期业绩做出持续过度反应，形成对业绩较差公司股价的过分低估和对业绩较好公司股价的过分高估现象，这就为投资者利用反转投资策略提供了套利的机会。

由以上分析可见，无论是惯性投资策略还是反转投资策略，都有可能给投资者带来超额收益。由此我们面临着一个投资管理问题，即为了提升投资绩效，从交易策略角度看，投资者的行为选择是应该采取惯性交易策略还是应采取反转交易策略。回答这一实际操作问题，就需要我们研究不同交易策略对投资绩效的影响方向与程度。

研究交易策略对投资绩效的影响,基本的思路是建立以夏普业绩指数为被解释变量、以交易策略指标M为解释变量的因素模型，即

$$\text{Sharp}=c+\beta M+u \tag{10-1}$$

式中，c为常数项；β为M指标前的系数，表示交易策略对绩效影响的方向及大小；u为随机误差项。根据不同实证研究的具体目标，我们要对这一理论模型进行细化和完善。

进一步讲，交易策略指标M的衡量，基本思路是检验买入股票的投资者数目或者股票的买入量与期间股票收益率之间是否存在正相关的关系。如果证券的买入量与价格的变动方向一致，则证明市场上存在正反馈交易（即动量交易），反之是负反馈交易（即反转交易）。具体而言，以$H_{i,k}$作为第k期期初投资者持有股票i的数量占该股流通数的比例，即$H_{i,k}$=某投资者在第k期期初持有股票i的股份数/第k期期初股票i的流通股份数；并以$H_{i,k'}$作为第k期期末投资者持有该股数量占流通股数的比例，即$H_{i,k'}$=该投资者在第k期期末持有股票i的股份数/第k期期末股票i的流通股份数。进一步讲，（$H_{i,k'}-H_{i,k}$）即为判断投资者在第k期内交易行为的指标，该值为正时，表示增持；反之，表示减持。

---

① Werner F M, de Bondt W F M, Thaler R.Does the stolk market overreact?The Journal of Finanle, 1985, 40(3): 793-805.

在上述基础上，就可以得出用以判断、衡量投资者惯性和反转交易策略的指标M，即

$$M=（H_{i,k'}-H_{i,k}）\times（R_{i,k}-R_{m,k}）\qquad（10-2）$$

式中，$R_{i,k}$为第k期股票i的收益率；R_m，k为第k期市场m的收益率。当投资者增持表现好的股票或减持表现差的股票时，$M>0$，表明对该股采取了惯性交易策略；当减持表现好的股票或增持表现差的股票时，$M<0$，表明对该股采取了反转交易策略。

案例 10.1

中国市场上的获利性交易策略[①]

取2005年第一季度至2007年第三季度共11个子考察期，利用上述模型和方法，对中国市场上包括南方稳健、华夏成长等27只开放式基金的情况进行实证检验，结果如表10-1所示。

表 10-1　动态面板数据估计结果

变量	c	α_1	α_2	β_1	β_2	β_3	β_4
系数	0.298 8	0.115 1	0.369 4	0.236 9	−1.997 2	−0.420 5	−1.790 7
z统计量（相伴概率）	26.96（0.000）	4.31（0.000）	16.66（0.000）	3.01（0.003）	−4.72（0.000）	−3.23（0.001）	−5.34（0.000）
Wald χ^2统计量（相伴概率）	13 549.95（0.000 0）			Sargan 检验 χ^2统计量（相伴概率）			26.69（0.968 4）

在模型估计结果较为理想的基础上，对各系数做进一步的分析。其中，c代表了各期绩效中固定的部分，α_1、α_2分别体现当期绩效受到滞后1期、2期绩效水平的正影响。β_1为0.2369，表明如果当期内采取惯性策略，会对当期的绩效产生积极影响，即提高绩效；β_2为−1.997 2，说明如果当期采用反转策略，也会对当期绩效产生积极影响[②]，提高绩效，由于其绝对值大于β_1，意味着当期反转策略对绩效的贡献大于当期惯性策略；β_3为−0.420 5，即如果上一期采取了惯性策略，会对当期绩效产生消极影响，降低绩效，由于其绝对值大于β_1，说明其消极影响的程度高于当期惯性策略的积极影响；β_4为−1.7907，说明上一期的反转策略也有助于提高当期绩效，其影响程度比当期反转策略略小，大体相当。

➢本章小结

行为金融学与投资学密切相关之处即在于BPT和BAPM，以及对投资者行为偏差的研究所揭示的其对市场运行和投资绩效的影响。

EMH严重依赖于理性投资者假定。理性被定义为根据所有可以获得的信息估价证

---

① 李学峰，张舰，常培武.证券投资基金交易策略对其投资绩效的影响研究——基于 AB 动态面板模型的实证检验.工作论文，2009.

② 虽然β_2为负数，但其对应的反转策略指标也为负数，二者成绩为正数，即对被解释变量产生正面影响。

券，并据此而定价的能力。特别是投资者是回避风险型的——如果投资者准备接受更大的风险，他们就必须得到更高收益率的补偿。但事实证明，当涉及亏损时，人们更倾向于追求风险，他们更倾向于赌一把，如果赌博有可能把他们的亏损减少到最低限度。换言之，在真实市场中，真实的投资者往往会出现各种行为偏差，并由此而产生一系列的影响与后果。

➢练习题

一、简答题

1.简述BPT的主要内容。

2.简述交易策略对投资绩效影响的模型。

二、论述题

请用行为金融学的有关理论解释我国市场上的一些异象。

第四篇　固定收益证券估值和投资管理

固定收益证券的估值和投资管理，已成为投资学重要的分支理论之一。本篇包括两章内容，第十一章“债券估值”分别介绍了债券定价的基础工具、不同债券的估值方法、影响债券定价的因素，以及债券收益率。

第十二章“利率期限结构与债券投资管理”对债券的利率期限结构理论和固定收益证券组合管理的消极策略、积极策略和混合策略进行了详细地分析和介绍。

第十一章

债券估值

对债券的价值评估或确定其理论价值所在，是进行债券投资决策分析的基础性环节之一。债券由于其收益上的特点，又被称为固定收益证券（fixed-income securities）。所谓固定收益证券，是指收益固定且按规定时期得到支付的证券。它主要是指一些期限较长（一年以上）的债务类工具，如中长期国债公司债券、优先股和国际债券。

第一节　有关债券及其定价的基础概念

在对债券估值理论和方法进行研究之前，本节先对债券的基本要素和证券定价的金融学基础进行简要分析和介绍。

一、债券的基本要素

债券的基本要素主要包括面值（face value）与本金（principal）、息票（coupon）与息票率（coupon rate）和到期日（maturity date）与期限（maturity）。

（一）面值与本金

面值是指债券票面上所标明的价值，它代表了发行人的债务和持有人的债权。

面值确定了债券到期时发行人必须向持有人偿还的金额，该金额通常被称为本金。

债券的面值包括计价币种和面额两个内容，如美国中长期国债的面值一般为1 000美元，中国国债的面值一般为100元。

（二）息票与息票率

某债券每次支付的利息（interest）由息票或息票率确定。息票是指债券每年支付的利息额，息票率则是指息票与面值的比率。

例如，对于面值为100元、息票率为8%、每半年付息1次的债券，它的息票或年利息额为8元，因此，半年的利息额为4元。

息票率为0的债券被称为零息债券（zero-coupon bonds）。

（三）到期日与期限

债券在发行时，一般要规定债券的到期日。债券的到期日是指债券偿还本金的日期。

债券的偿还期（term to maturity）是指从债券发行之日起至清偿本息之日止的时间，而债券剩余偿还期是指发行一段时间之后的债券距离到期日剩余的时间长度。

例如，某20年长期国债是2010年5月10日发行的，该债券的偿还期为20年，到期日为2030年5月10日，在2015年5月10日，该债券的剩余偿还期为15年。

二、债券定价的金融学基础

（一）有关利率的概念及其计量

任何金融工具的定价，都要考虑货币的时间价值。货币的时间价值即为货币的机会成本，而利率从本质上看即为对货币机会成本的表达和计算。

1.名义利率与实际利率

所谓名义利率（nominal interest rate），是指货币的增长率，而实际利率（real interest rate）则是指货币购买力的增长率。二者的关系为

$$1+\text{RIR}=\frac{C_0\left(1+\text{NIR}\right)}{C_1} \tag{11-1}$$

式中，RIR为实际利率；NIR为名义利率；C_0为年初的消费价格指数；C_1为年末的消费价格指数。

进一步讲，名义利率与实际利率的关系还可以表述为

$$1+\text{RIR}=\frac{1+\text{NIR}}{1+\text{IF}} \tag{11 2}$$

式中，IF为通货膨胀率。

此外，由于计息方式的不同，我们还可以把利率分为单利（simple interest）和（compound interest）复利两大类型。

2.单利

所谓单利，是指货币投资的累计利息与投资年限成正比关系，即在任1年投资产生的利息等于利息率r与初始投资的乘积。

如果初始投资为A，以单利r计息，则n年后该投资的总价值V为

$$V=（1+r）A \tag{11-3}$$

由式（11-3）可见，随时间的变动，投资额以线性方式增长。

3.复利

所谓复利，即1年后所得利息会加到初始的本金之中，从而第2年计息的本金额会增大。也就是说，复利是对利息进行计息。

在复利情况下，若初始本金为A，则1年后本金为$A(1+r)$，2年后为$A(1+r)^2$，n年后即为$A(1+r)^n$，即复利下，投资额会随着时间的推移而呈几何式加速增长。

在复利条件下，如果我们要计算投资额翻倍的时间，可依据一个简单的计算技巧——72法则，即

$$投资额翻倍时间=72/r\times 100 \tag{11-4}$$

式中，r为利率。假设年利率为8%，则投资额的翻倍时间即为9年（72/8）。这一公式可适用于利率小于20%的情况。

例题 11.1

假设一企业债券，年利率为5%，每年复利一次，如果对该债券投资1 000元，求3年后该投资的价值，并计算该投资的翻倍时间。

解：根据复利的计算公式$V=A(1+r)^n$，有

$$V=1\,000\times(1+0.05)^3=1\,157.625（元）$$

再根据72法则，该投资的翻倍时间为72/5＝14.4年。

（二）终值与现值

利率计量了当前投资额其未来价值的增加。进一步考虑，所获得的未来价值其当前的价值如何？同时，为了获得未来某一确定的价值，当前的投资额需要多大？这些问题涉及了对终值（future value）和现值（present value）的计算。

1.终值

终值是指在采用复利计算的情况下，当天的一笔投资在未来某个时点上的价值。终值的计算公式为

$$\mathrm{FV}=I_0(1+r)^n \tag{11-5}$$

式中，n为时期数；FV为从现在开始n个时期后的未来价值，即终值；I_0为初始本金，r为每个时期的利率；$(1+r)^n$为今天投入一单位货币，按照复利r，在n个时期后的价值。由式（11-5）可见，利率r越高，或复利期数n越多，一笔投资的未来值（终值）越大。

上述终值公式是在假设只有一期的现金流（即I_0），以后每期不再有现金流发生的情况下而言的。现在假设在n期内共有n次现金流I_0，I_1，I_2，…，I_n发生。初始现金流I_0在n期期末将增长为$I_0(1+r)^n$；下一现金流I_1在账户中的时间是（$n-1$）期，因此n期期末其价值是$I_1(1+r)^{n-1}$；最后一个现金流I_n无计息期，因此其价值即为I_n。

根据上述假设和分析，各期现金流的终值为

$$\mathrm{FV}=I_0(1+r)^n+I_1(1+r)^{n-1}+\cdots+I_n \tag{11-6}$$

2.现值

现值，即终值的逆运算，它衡量了所获得的未来价值其当前价值的大小。

1）贴现因子（贴现率）

未来值贴为现值，关键取决于贴现因子d。1年的贴现因子d_1为

$$d_1=1/(1+r) \quad (11\text{-}7)$$

若以每年m次进行复利，则贴现因子为

$$d_k=1/[1+(r/m)]^m \quad (11\text{-}8)$$

以未来值乘以贴现因子，即得到现值。

2）现值的求解

给定现金流I_0，I_1，I_2，…，I_n，I_0没有贴现期，现值为其自身，I_1的现值为$I_1/(1+r)$，其余类推，因此得到现值公式为

$$\text{PV}=I_0+\frac{I_1}{(1+r)}+\frac{I_2}{(1+r)^2}+\cdots+\frac{I_n}{(1+r)^n} \quad (11\text{-}9)$$

3）多次复利与连续复利下的现值

在多次复利条件下，各期现金流为I_0，I_1，I_2，…，I_n，年利率为r，利息以每年m个相等期限进行复利计算，则现值公式为

$$\text{PV}=\sum_{k=0}^{n}\frac{I_k}{[1+(r/m)]^k} \quad (11\text{-}10)$$

如果以利率r进行连续复利，现金流发生于t_0，t_1，…，t_n各期，其中$t_k=k/m$，则t_k时期发生的现金流量为

$$\text{PV}=\sum_{k=0}^{n}x(t_k)e^{-rt_k} \quad (11\text{-}11)$$

例题 11.2

假设某投资者准备对一只股票进行投资，预计该股票第1年年末分红0.4元，第2年年末分红0.5元，并预计第2年年末享受分红后该股票可以以10元的市价出售。假设贴现率为5%，请计算该股票投资所得现金流的现值。

解：根据现值公式，该投资第1年年末现金流的现值为

$$\text{PV}_1=0.4/1.05=0.381\text{（元）}$$

第2年年末现金流的现值为

$$\text{PV}_2=10.5/(1.05)^2=9.524\text{（元）}$$

则该投资总现金流的现值为

$$\text{PV}=0.381+9.524=9.905\text{（元）}$$

3.终值与现值的关系

终值为现金流在未来支付的等价值，现值为现金流在当前的等价值。因此，通过贴

现因子$1/(1+r)^n$可将现值与终值联系在一起，即

$$PV=FV/(1+r)^n \tag{11-12}$$

第二节 债券定价及其影响因素

债券在价格理论上是债券未来现金流的现值之和。

债券投资者在未来有权获得两类现金流：一是在债券存续期内定期获得的利息收入；二是在债券到期时偿还的本金。

债券价值=息票利息值的现值+票面值的现值

如果令到期日为T，贴现率为y，债券价值则为

$$债券价值=\sum_{t=1}^{T}\frac{息票利息}{(1+y)^t}+\frac{面值}{(1+y)^T} \tag{11-13}$$

债券的价值由四个因素决定，即到期日、息票利息、面值和贴现率。

本节的主要内容是贴现率、必要回报率与收益率差额；零息债券定价；永续债券定价；一般债券定价；影响债券定价的因素。

一、贴现率、必要回报率与收益率差额

债券的贴现率是指债券投资者要求获得的必要回报率，它是一种机会成本，即投资者在相同期限、相同信用品质和相同风险程度的类似投资中应该赚取的收益。

一般地，债券投资者的必要回报率由实际无风险收益率、预期通货膨胀率和债券的风险溢价三个部分构成，用公式表示为

$$y=RR_f+\pi^e+RP \tag{11-14}$$

式中，PR_f为实际无风险收益率；π^e为无风险收益率，RP为债券的风险溢价。

债券的风险溢价主要体现了信用风险（或违约风险）、流动性风险和赎回风险，而无风险收益率则考虑了利率风险和购买力风险。

一般地，时期不同，对现金流适用的贴现率也应该不同。但是，为简化问题，我们通常假设对所有期限的现金流适用同样的贴现率。

相同期限、相同息票率、不同信用级别债券的收益率之间存在的差额通常被称为收益率差额（yield spreads）。

例如，某5年期国债的收益率为5%，具有相同息票率的某5年期公司债券的收益率为10%，那么，它们之间的收益率差额为5%。

二、零息债券定价

由图11-1可见，零息债券的定价公式为

$$P=\frac{FV}{(1+y)^T} \tag{11-15}$$

图 11-1 零息债券定价

案例 11.1

零息债券定价

两种国债分别为A、B。国债A1年到期，在到期日，投资者获得1 000元，国债B两年到期，在到期日，投资者获得1 000元，两种债券在期间均不支付利息，贴现率分别为7%和8%，那么，他们的理论价格是多少？

$$\text{债券}A\text{：}\quad 934.58\text{元}\left(934.58=\frac{1\,000}{1+7\%}\right)$$

$$\text{债券}B\text{：}\quad 857.34\text{元}\left(857.34=\frac{1\,000}{(1+8\%)^2}\right)$$

三、永续债券定价

由图11-2可见，永续债券的定价公式为

$$\begin{aligned}P&=\frac{C}{1+y}+\frac{C}{(1+y)^2}+\cdots+\frac{C}{(1+y)^{100}}+\cdots+\frac{C}{(1+y)^{1\,000}}+\cdots\\&=\frac{C}{y}\end{aligned} \tag{11-16}$$

利息 C 利息 C … 利息 C … 利息 C …

0 1 2 … 100 … 1 000 …

价格 P

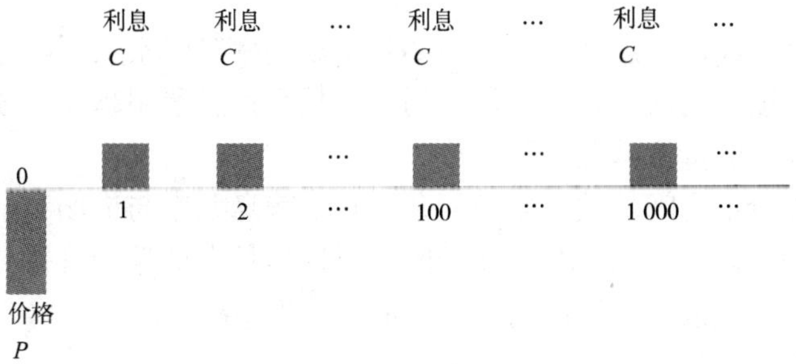

图 11-2 永续债券的定价

四、一般债券定价

（一）每年复利

对于每年复利的债券，其定价公式为

$$
\begin{aligned}
P &= \frac{C}{1+y} + \frac{C}{(1+y)^2} + \cdots + \frac{C}{(1+y)^T} + \frac{\text{FV}}{(1+y)^T} \\
&= \sum_{t=1}^{T} \frac{C}{(1+y)^t} + \frac{\text{FV}}{(1+y)^T}
\end{aligned} \tag{11-17}
$$

（二）半年复利

半年复利债券的定价公式为

$$
\begin{aligned}
P &= \frac{C/2}{1+y/2} + \frac{C/2}{(1+y/2)^2} + \cdots + \frac{C/2}{(1+y/2)^{2T}} + \frac{\text{FV}}{(1+y/2)^{2T}} \\
&= \sum_{t=1}^{2T} \frac{C/2}{(1+y/2)^t} + \frac{\text{FV}}{(1+y/2)^{2T}}
\end{aligned} \tag{11-18}
$$

案例 11.2

半年复利债券定价

息票利率为8%，30年到期，面值为1 000元，每半年支付一次利息。假设年利率为10%，则债券价值为

$$
P = \sum_{t=1}^{60} \frac{40}{(1.05)^t} + \frac{1\,000}{(1.05)^{60}} = 810.7
$$

五、影响债券定价的因素

债券的价格是由面值、息票率、偿还期和市场利率等因素共同决定的。一般地，在其他因素不变时，债券的面值越大，债券的价格越高；息票率越高，债券的价格越高；市场利率越高，债券的价格越低。

偿还期与债券价格之间的关系略微复杂，它依赖息票率与市场利率的大小关系。具体而言，当市场利率大于息票率时，债券的偿还期越长，债券的价格越低。反之，当市场利率小于息票率时，债券的偿还期越长，债券的价格越高。

（一）债券价格与市场利率的关系

图11-3中债券的期限为30年，面值为1 000美元。该图反映了债券价格和市场利率之间的反比关系，即债券价格在市场利率上升时会下跌，反之则相反。

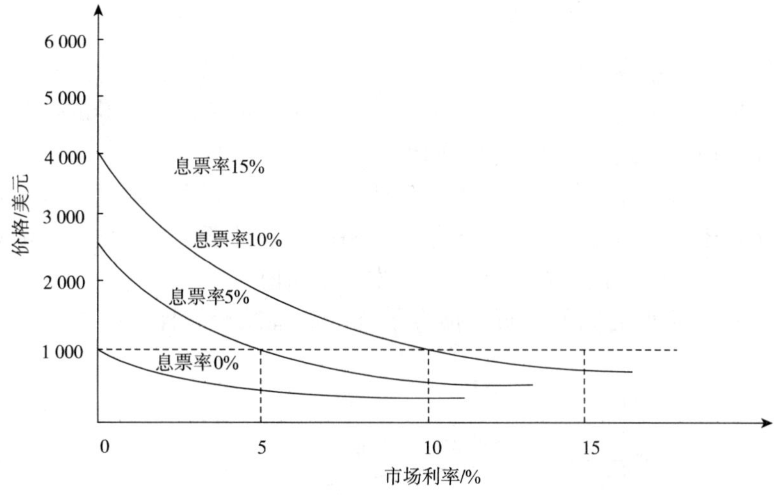

图 11-3　债券价格与市场利率的关系

图中曲线的形状显示了利率的上升所引起价格下降的幅度小于因利率相同程度的下降而引起的价格上升的幅度。因此，价格曲线在较高利率时变得比较平缓，这种特性为凸性。

在息票率等于市场利率时，债券的价格等于面值；在市场利率等于0时，债券价格为利息流和本金名义加总。息票率越高，债券价格越高。

（二）债券价格与期限的关系

在债券收益率不变时，债券的到期时间越长，债券价格的波动幅度越大。这一原则可等价地表述为：若两种债券具有相同的利息率、面值和收益率，则具有较短生命期的债券的销售折扣或溢价也较小，如图11-4所示。

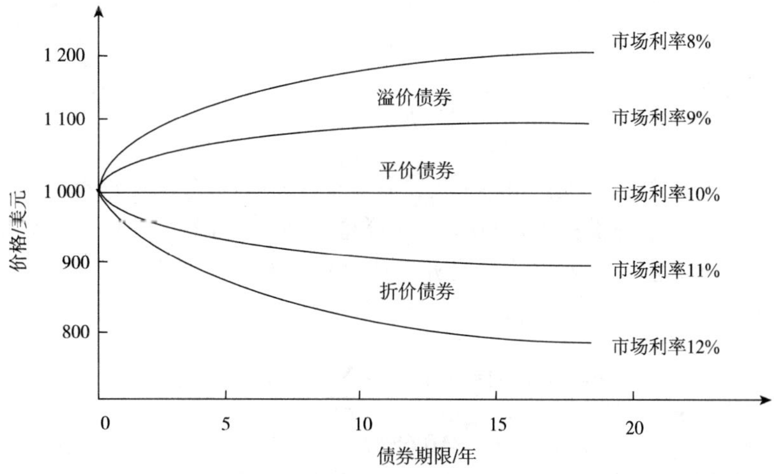

图 11-4　息票率 10%、面值 1 000 美元的各种期限债券在发行时的价格

（三）债券价格的时间轨迹

对于折价发行的债券，由于息票率低于市场利率，因此，利息收入对于债券价格的影响处于次要地位，本金对于债券价格的影响处于主要地位，该债券的价格将随时间的推移不断上涨，最后在到期日时收敛于面值。

相反地，对于溢价发行的债券，由于息票率高于市场利率，因此，利息收入对于债券价格的影响处于主要地位，本金对于债券价格的影响处于次要地位，该债券的价格将随时间的推移不断下降，最后在到期日时也收敛于面值。

总之，随债券到期时间的邻近，债券价格的波幅减少，且以递增的速度减少，如图11-5所示。

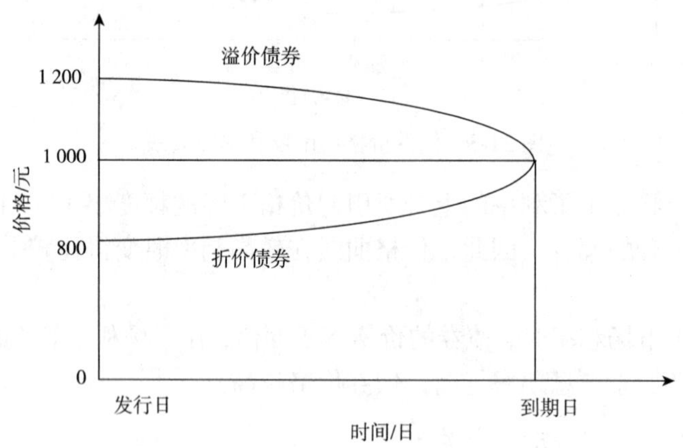

图 11-5　债券价格的时间轨迹

（四）债券价格与收益率

债券的价格与债券的收益率成反比关系。

例题 11.3

假设一债券期限为5年，面值1 000元，每年支付80元利息，现市价1 000元，求其必要收益率为多少？如果价格升为1 100元，或价格下降为900元，则其收益率各为多少？

解：设原到期收益率为 λ_1，价格上升后的收益率为 λ_2，价格下降后的收益率为 λ_3。根据式（11-5）有

$$P=\left[M/(1+\lambda)^n\right]+\sum_{m=1}^{n}\left[C/(1+\lambda)^n\right]$$

可得 $\lambda_1=8\%$；$\lambda_2=5.76\%$；$\lambda_3=10.68\%$。

由例题11.3可见，当债券价格由1 000元上升为1 100元时，收益率由8%下降为5.76%；当债券价格由1 000元下降为900元时，其收益率由8%上升为10. 68%，即债券的价格与债券的收益率成反比关系。

（五）债券价格与债券利息率

对给定的收益率变动幅度，债券利息率与债券价格的波动幅度成反比关系。

例题 11.4

给定A、B两个债券。债券A的息票利率为7%，债券B的息票利率为9%，两债券都具有5年的生命期和7%的收益率，且面值都为1 000元。求解：①两个债券的价格。②如果两个债券的收益率都提高到8%，其各自的价格为多少？

解：根据收益率公式

$$P=\left[M/(1+\lambda)^{n}\right]+\sum_{m=1}^{n}\left[C/(1+\lambda)^{m}\right]$$

可得①P_A=1 000元，P_B=1 082元。②P_A=960.07元，P_B=1 039.93元。

由例题11.4可见，虽然收益率都提高到8%，但债券A的价格减少了39.93元，下降比率为3.993%，而债券B的价格减少了42.07元，下降比率为3.889%（=42.07/1 082）。可见，在同等的收益率变动幅度下，具有较高息票利率的债券B价格波动幅度较小。

第三节　债券收益率

债券收益率是债券投资者最为关心的一个指标。本节我们对债券的当期收益率、到期收益率、持有期收益率、赎回收益率及国债与政府债券收益率进行分析。

一、债券的当期收益率

当期收益率是指债券的每年利息收入与其当前市场价格的比率，用公式表示为

$$y_C=\frac{C}{P} \tag{11-19}$$

二、债券的到期收益率

到期收益率描述的是现在时刻买进，持有至到期日这段时间债券提供的平均回报率。它是在投资者持有债券到期的前提下，使债券各个现金流的净现值等于0的贴现率。计算公式为

$$\begin{aligned}P&=\frac{C}{1+y_{\mathrm{TM}}}+\frac{C}{(1+y_{\mathrm{TM}})^2}+\cdots+\frac{C}{(1+y_{\mathrm{TM}})^T}+\frac{\mathrm{FV}}{(1+y_{\mathrm{TM}})^T}\\&=\sum_{t=1}^{T}\frac{C}{(1+y_{\mathrm{TM}})^t}+\frac{\mathrm{FV}}{(1+y_{\mathrm{TM}})^T}\end{aligned} \tag{11-20}$$

按上述定义，到期收益率类似投资决策里的内部收益率（internal rate of return）。

阅读资料 11.1

上述定义中“使债券各个现金流的净现值等于0的贴现率”的含义是什么？为什么我们要使各个现金流的净现值等于0？对于我们计算这个收益率的意义是什么？

解答：

在现实情况中，投资者不是根据允诺收益率来考虑是否够买债券的，而是必须通过综合考虑债券价格、到期日和息票收入来推断债券在它的整个生命周期内可提供的回报。

到期收益率的定义是使债券的支付现值与债券价格相等的利率。如果将够买债券时所支付的价格也当做现金流，那么将这个价格移到债券定价公式右边，就是对债券各个现金流的净现值等于0的表达。

债券的到期收益率是指假定债券在其生命周期内所获得的所有息票利率在利率等于到期收益率的情况下再投资所得到的复利收益，它既解释了当前收入，又考虑了再投资情况，说明了债券在整个寿命期内的价格涨跌，是最被广泛接受的一般收益的代表值。

案例 11.3

到期收益率计算

假定息票利率为8%，债券期限为30年，半年付息一次，债券售价为1 276.76元。投资者在这个价格上购入债券，并持有到期，平均回报率是多少？

解：为了回答这个问题，我们要找出让债券支付本息的现值与债券价格相等时的利率，这是与被考察的债券价格保持一致的利率。根据公式得

$$1\,276.76=\sum_{t=1}^{60}\frac{40}{(1+y/2)^t}+\frac{1\,000}{(1+y/2)^{60}}$$

解得$y=6\%$，即债券的到期收益率为6%。

三、持有期收益率

持有期收益率描述的是现在时刻买进，持有到一个较长时间，然后以某个价格卖出债券，在整个持有期内，该债券所提供的平均回报率。它是使投资者在持有债券期间获得的各个现金流的净现值等于0的贴现率，即

$$\begin{aligned}P&=\frac{C}{1+y_{\mathrm{HP}}}+\frac{C}{(1+y_{\mathrm{HP}})^2}+\cdots+\frac{C}{(1+y_{\mathrm{HP}})^T}+\frac{P_T}{(1+y_{\mathrm{HP}})^T}\\&=\sum_{t=1}^{T}\frac{C}{(1+y_{\mathrm{HP}})^t}+\frac{P_T}{(1+y_{\mathrm{HP}})^T}\end{aligned}\tag{11-21}$$

按上述定义，该持有期收益率也类似投资决策里的内部收益率（internal rate of return）。

四、债券的赎回收益率

（一）债券的可赎回性

债券的可赎回性是指债券发行人在到期之前可以提前赎回债券的特性。债券的可赎回性对债券发行人有利，对债券投资者不利。当市场利率下跌时，债券可赎回性增加。

按照是否可以赎回，债券基本上分为三类，即自由赎回债券、不可赎回债券和延迟赎回债券。

债券发行人在赎回债券时向持有人支付的总金额，被称为赎回价格（call price）。

（二）债券的赎回收益率

赎回收益率是指投资者从购买债券到债券被发行人提前赎回这段时期所获得的收益率，即

$$\begin{aligned} P &= \frac{C}{1+y_{\mathrm{TC}}}+\frac{C}{(1+y_{\mathrm{TC}})^2}+\cdots+\frac{C}{(1+y_{\mathrm{TC}})^T}+\frac{P_C}{(1+y_{\mathrm{TC}})^T} \\ &= \sum_{t=1}^{T}\frac{C}{(1+y_{\mathrm{TC}})^t}+\frac{P_C}{(1+y_{\mathrm{TC}})^T} \end{aligned} \qquad (11\text{-}22)$$

五、国债与市政债券收益率

（一）界定

1.国债

短期国债（t-bills），又被称为国库券，是指期限在1年或1年以下的国债；中期国债（treasury notes），是指期限在1年以上、10年以下的国债；长期国债（treasury bonds），是指期限在10年以上的国债。

2.市政债券

市政债券是由州或地方政府发行的债券。在多数国家，地方政府可以发行债券。

（二）国库券收益率

国库券是一种流动性非常强的金融工具。国库券具有很强的变现能力，交易成本很低，风险很小。国库券的期限一般为3个月、4个月、6个月或12个月。

国库券一般按贴现方式折价发行，是一种贴现证券。投资者按低于面值的价格折价购买，在到期日政府以债券面值向投资者兑付，购买价与面值之差就是投资者持有国库券到期的所得收益。

1.贴现收益率

贴现收益率（discount yield）的公式为

$$R_{\mathrm{DY}}=\frac{100-P}{100}\times\frac{365}{\mathrm{TY}} \qquad (11\text{-}23)$$

式中，100为面值；P为国库券价格；TY为1年的实际计息天数。

对公式含义的解释有以下几个方面：①公式解得的收益率是为了衡量贴现国库券的收益。一般来说，贴现国库券的期限多小于1年，它依靠折价发行带来收益。也就是说投资者以低于票面收益的价格买入债券，然后在到期日以票面价格（我国通常为100元）卖出。因此，在计算贴现国库券的贴现收益率时，通常以票面价格计算它的贴现收益率。②要注意的是此处是贴现收益率，如果为持有期收益率的话，分母仍为其购买价格P。③公式之所以要乘以365/TY，是为了将这一贴现收益率转化为年收益，方便不同收益率之间的比较。

2.有效年收益率

有效年收益率（effective annual rate of return）的公式为

$$R_{\mathrm{EAR}}=\left(1+\frac{100-P}{P}\right)^{365/\mathrm{TY}}-1 \tag{11-24}$$

对公式含义的解释有如下几个方面：①有效收益率是指假设债券投资者在收取利息后将款项进行再投资的收益，也就是说投资者买入债券持有至到期后所得的收益，是债券利息加资本利得（或减资本损失）之和。将这些从投资中所获得的所有收益（包括利息和资本利得等），除以投资本金的比率就是有效收益率。②根据以上定义，这里有一个复利的概念。例如，某人有一个债券是半年期的（TY=365/2），那么365/TY=2，而P是市场价格，那么每半年他可以得到的收益为100−P，其收益率为（100−P）/P，加上1后，再2次方，是为了将它每一期的收益进行再投资后的复利收入计算出来，后面减去1也是属于复利的计算方法。

3.等价收益率

等价收益率（equivalent yield）的公式为

$$R_{\mathrm{EY}}=\frac{100-P}{P}\times\frac{365}{\mathrm{TY}} \tag{11-25}$$

等价收益率就是投资者购买债券后持有到期的收益率，如债券价格为90元，到期100元，那么其收益就为(100−90)/90。这是针对其购买成本来说的一种投资收益的衡量方法。

案例 11.4

计算国库券收益率

假设期限为182天的票面价值为100元的国库券，售价为96元。如果小王购买该国库券，那么按一份计算，投资额为96元，折现收益为4元。

有效年收益率为

$$R_{\mathrm{EAR}}=\left(1+\frac{4}{96}\right)^{365/182}-1=8.53\%$$

贴现收益率为

$$R_{DY}=\frac{4}{100}\times\frac{365}{182}=8.02\%$$

等价收益率为

$$R_{EY}=\frac{4}{96}\times\frac{365}{182}=8.36\%$$

（三）中长期国债

中长期国债包括国库票据与狭义国库债券，它们属于资本市场金融工具，中长期国债一般是息票债券。

在美国，中期国债或国库票据的期限一般为2年、3年、5年或10年，长期国债期限一般为20年或30年，且中长期国债基本上都以1 000美元的面值发行，每半年付息1次，到期偿还本金；在中国中长期国债面值为100元，每年付息1次，到期偿还本金。

这里我们介绍其中的通货膨胀保护国债，它是指以每年的通货膨胀率调整投资者的收益以保护投资者不会因为通货膨胀而遭受损失的中长期国债。收益调整过程如下：首先根据上一年的通货膨胀率水平调整国债面值，而且，每年调整的国债面值以前一年调整的国债面值为基数；其次在下一年以调整之后的国债面值计算投资者的利息收入；最后在到期时，按调整之后的国债面值兑付给投资者。

案例 11.5

通货膨胀保护国债

在2010年年初，美国财政部门发行了10年期通货膨胀保护国债，面值为1 000美元，息票率为3%，每年付息1次。假设在2010年和2011年美国的消费物价指数分别上涨了2%和1.5%，那么在2011年年初和2012年年初调整之后的国债面值分别是多少？2011年和2012年投资者获得的利息收入分别为多少？

（1）调整之后的国债面值为

2011年年初：FV_{2011}=1 000×（1+2%）=1 020（美元）

2012年年初：FV_{2012}=1 020×（1+1.5%）=1 035.30（美元）

（2）投资者获得的利息收入为

2011年年初：C_{2011}=1 020×3%=30.60（美元）

2012年年初：C_{2012}=1 035.30×3%=31.06（美元）

（四）市政债券与应税等价收益率

市政债券是由州或地方政府发行的债券。在多数国家，地方政府可以发行债券。在美国，市政债券的发行单位为5 000美元，大约40%的市政债券由个人投资者直接持有。

市政债券主要是短期抵税票据，它是州或地方政府在实际收到税款之前为了融通资金而发行的票据。此外，还有一些长期市政债券，最长期限达30年，筹措的资金一般用于特定的大型项目。在美国，市政债券不仅可以免缴联邦收入税，而且部分市政债券对于本辖区居民还可以豁免州和地方收入税。

由于市政债券的免税性，引出了应税等价收益率。通常，人们把与免税债券收益率相对应的纳税之前的收益率（即应税收益率）称为应税等价收益率（equivalent taxable yield），用公式表示为

$$R_{\mathrm{ETY}}=\frac{R_{\mathrm{TFY}}}{1-t} \tag{11-26}$$

式中，R_{ETY}为应税等价收益率；R_{TFY}为免税收益率；t为适用边际税率。

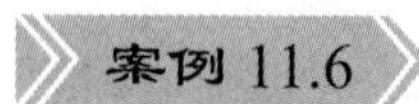

应税等价收益率

如果小王作为客户经理或理财师面临下述情况：假设某免税债券的收益率为7.5%，纳税债券的收益率为9%，小王的客户的适用边际税率为25%。那么，根据上述信息，小王应该给他提供什么样的投资建议？

首先，计算免税债券的应税等价收益率为

$$R_{\mathrm{ETY}}=\frac{7.5\%}{1-25\%}=10\%$$

其次，比较收益率大小，很明显，10%>9%，即免税债券的应税等价收益率大于纳税债券的收益率。如果在这两种债券中选择的话，小王应该建议客户投资免税债券。

➢本章小结

所谓固定收益证券，是指收益固定且按规定时期得到支付的证券。对固定收益证券的估值和投资管理，已成为投资学重要的分支理论之一。

对于债券这种金融工具的定价，同样要考虑货币的时间价值，即利率，并在此基础上，引出债券的终值和现值。

各期现金流的终值为

$$\mathrm{FV}=I_0(1+r)^n+I_1(1+r)^{n-1}+\cdots+I_n$$

各期现金流的现值公式为

$$\mathrm{PV}=I_0+\frac{I_1}{(1+r)}+\frac{I_2}{(1+r)^2}+\cdots+\frac{I_n}{(1+r)^n}$$

终值与现值的关系为

$$\mathrm{PV}=\mathrm{FV}/(1+r)^n$$

债券投资者的必要回报率由实际无风险收益率、预期通货膨胀率和债券的风险溢价三个部分构成，即

$$y=\mathrm{RR}_f+\pi^e+\mathrm{RP}$$

各种典型债券的定价公式如下所示。

零息债券的定价公式为

$$P=\frac{\mathrm{FV}}{(1+y)^T}$$

永续债券的定价公式为

$$P=\frac{C}{y}$$

年复利的债券，其定价公式为

$$P=\sum_{t=1}^{T}\frac{C}{(1+y)^t}+\frac{\mathrm{FV}}{(1+y)^T}$$

半年复利债券的定价公式为

$$P=\sum_{t=1}^{2T}\frac{C/2}{(1+y/2)^t}+\frac{\mathrm{FV}}{(1+y/2)^{2T}}$$

债券收益率（包括当期收益率、到期收益率、持有期收益率、赎回收益率等）是债券投资者最为关心的一个指标，其具体形式如下所示。

当期收益率为

$$y_c=\frac{C}{P}$$

到期收益率为

$$P=\sum_{t=1}^{T}\frac{C}{(1+y_{\mathrm{TM}})^t}+\frac{\mathrm{FV}}{(1+y_{\mathrm{TM}})^T}$$

持有期收益率为

$$P=\sum_{t=1}^{T}\frac{C}{(1+y_{\mathrm{HP}})^t}+\frac{P_T}{(1+y_{\mathrm{HP}})^T}$$

赎回收益率为

$$P=\sum_{t=1}^{T}\frac{C}{(1+y_{\mathrm{TC}})^t}+\frac{P_C}{(1+y_{\mathrm{TC}})^T}$$

➢练习题

一、名词解释

固定收益证券　实际利率　国库券　市政债券

二、简答题

1.简述债券的基本要素。

2.简述是什么因素影响债券的定价的。这些因素分别是怎样影响债券定价的。

3.简述投资者如何评价国债和市政债券的收益。

三、计算题

1.假定有一种债券的售价为953.10元，3年到期，每年付息一次，此后3年内的利率依次为r_1=8%，r_2=10%，r_3=12%，计算到期收益率。

2.假定投资者有1年的投资期限，试图在3种债券间进行选择。3种债券都有相同的违约风险，且都是10年到期。第1种为零息债券，到期支付1 000元；第2种为息票率为8%，每年付80元息票的债券；第3种是息票率为10%，每年付100元息票的债券。

（1）如果3种债券都有8%的到期收益率，它们的价格应各为多少？

（2）如果投资者预期在下一年年初到期收益率为8%，则那时的价格各为多少？每种债券税前持有期回报率是多少？如果投资者的纳税等级为普通收入税率30%，资本利得税率20%，则每一种债券的税后收益率各为多少？

（3）假定投资者下一年年初每种债券的到期收益率为7%，重新回答问题（2）。

第十二章

利率期限结构与债券投资管理

为了简化研究，第十一章我们对债券估值的研究有一个暗含的假定，即贴现率是固定不变的。然而现实中整个利率体系都处于一种动态变化的状态，从而对债券的估值、收益率，以及最终对投资者的盈亏都会产生重大影响，对利率期限结构理论，即债券的收益率曲线对利率的变动给出了理论解释。

正如对股票的投资管理一样，对固定收益证券的投资管理，从策略上也可分为消极的管理和积极的管理。此外，还有一种将两种管理方式结合的混合式管理。债券的久期和免疫是实施消极管理策略的重要工具，而互换则是实施积极管理的重要工具。通过或有免疫，则可将消极的管理与积极的管理结合起来，构成一种混合式管理方式。

第一节　利率期限结构理论

现实中，债券的期限不同，其所对应的利率也不同，即利率存在期限结构。而从第十一章的研究中我们已看到，利率的变动将影响债券的收益率。利率期限结构（term structure of interest rate），是针对收益率曲线的特性而言的。收益率曲线的特性包括：①短期收益率一般比长期收益率更富于变化；②收益率曲线一般是向上倾斜的；③当利率水平较高时，收益率曲线将向下倾斜。利率期限结构理论试图对收益率曲线的上述特性给以解释，其本质上是不同期限资产的利率模型。

一、即期利率和远期利率

这里我们通过介绍即期利率（spot rates）、远期合约（forward contract）和远期利率（forward rate）的概念，为下面研究利率期限结构理论提供概念基础。

（一）即期利率

所谓即期利率，是指从当前t=0时刻到t时刻持有货币的利率，它可被看做一个即期合约的利率；该合约一经签订，资金即从一方借入另一方，且借款将在t时刻连本带利全部还清，其中的利率在合约中标明，即即期利率。换言之，即期利率是已设定到日期的零息票债券的到期收益率，它是定义期限结构的基础利率。

若每年复利一次，则定义即期利率为s_t，使（$1+s_t$）^{t}为存款持有t年的增长因子，此时，贴现因子$d_t=\dfrac{1}{(1+s_t)^t}$。如果每年复利m次，则定义即期利率为s_t，使$\left(1+\dfrac{s_t}{m}\right)^{mt}$为增长因子，此时$d_t=\dfrac{1}{\left(1+\dfrac{s_t}{m}\right)^{mt}}$。

当连续复利时，定义为s_t，使增长因子为$e^{t\cdot s_t}$，此时，$d_t=e^{-t\cdot s_t}$。

根据贴现因子，并结合第十一章所给出的现值公式，即可计算复利下即期利率的现值。

即期利率的走势变化分为四种情况，即上升的即期利率[图12-1（a）]、下降的即期利率[图12-1（b）]、水平的即期利率[图12-1（c）]和波动的即期利率[图12-1（d）]。

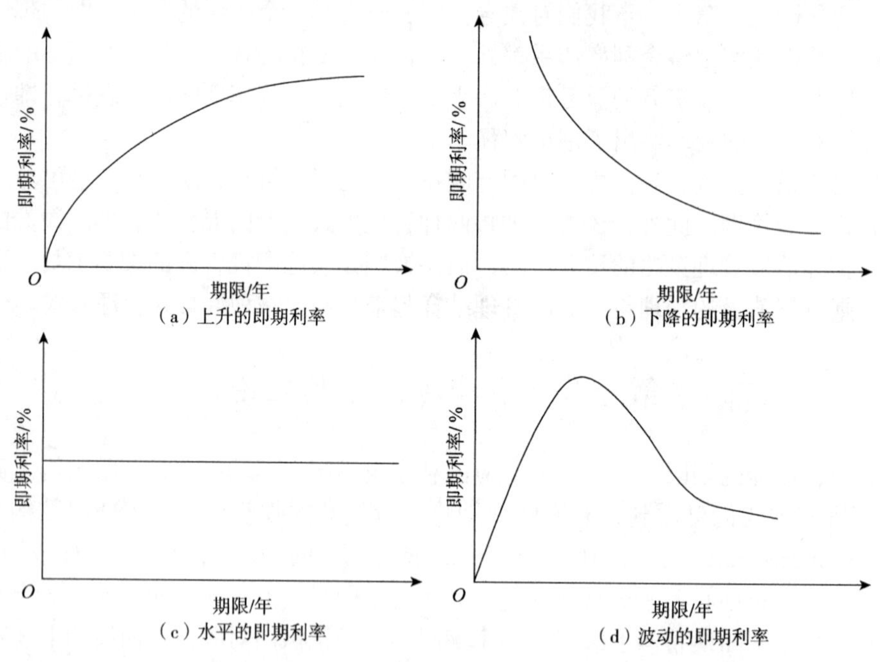

图 12-1　即期利率的四种状态

（二）远期合约

远期合约是与远期利率有关的概念，它是买方和卖方之间签订的一项关于在未来某个日期以现在协商的价格进行交易的协议。

远期合约对买方和卖方都具有约束性。假设买方和卖方签订了这样一份远期合约：双方在6个月以后以5%的贴现率[①]交易面值为10万元的国库券。那么在6个月后的交易日，双方都必须以约定的价格进行交易。

进一步来看，如果6个月以后双方成交时，国库券的市场贴现率上升为7%，根据债券估值公式，债券的市场价格将下降。而买卖双方必须按照远期合约的规定进行交易，这意味着买方将以约定的较高的价格去购买市场中价格已经下降的国库券，而卖方则是以高于市场的价格卖出，即买方将在交易中受损，卖方将从交易中获利。这是远期利率对交易双方的重要性所在。

（三）远期利率

远期利率是指投资者同意在未来的某一特定日期购买的零息票债券的到期收益率，记为f_n。它可以从到期日不同的各种债券的即期利率中推算出来。

例题 12.1

假设存在如表12-1所示的即期利率结构，求解其对应的远期利率。

表 12-1　零息票债券的即期利率

期限/年	1	2	3	4	5
即期利率/%	5	5.8	6.3	6.4	6.45

解：根据到期收益率的计算式式（11-27），按年复利计算，各远期利率为

$$f_2=\frac{(1+s_{t2})^2}{(1+s_{t1})}-1=\frac{(1+0.058)^2}{(1+0.05)}-1=0.066\,06$$

$$f_3=\frac{(1+s_{t3})^3}{(1+s_{t2})^2}-1=\frac{(1+0.063)^3}{(1+0.058)^2}-1=0.073\,07$$

$$f_4=\frac{(1+s_{t4})^4}{(1+s_{t3})^3}-1=\frac{(1+0.064)^4}{(1+0.063)^3}-1=0.067\,01$$

$$f_5=\frac{(1+s_{t5})^5}{(1+s_{t4})^4}-1=\frac{(1+0.064\,5)^5}{(1+0.064)^4}-1=0.066\,50$$

现在我们进一步分析，假设投资者希望投资两年，那么该投资者面临如下两个投资策略。

策略1，投资于两年期零息票债券，这样其获得5.8%的收益率。

---

① 根据第十一章的债券估值公式可知，作为分母的贴现率将决定债券的价格。

策略2，投资于一年期零息票债券，获得5%的收益率，然后用该投资收益再投资于一年期的远期合约。

我们所要解决的问题是远期合约利率为多少时才能使投资者在两种投资策略下所获得的投资收益相等。

假设投资者在各债券上投资1元，则策略1下的投资收益为

$$1\times(1+s_{t2})^2=1\times(1+0.058)^2=1.119\ 364$$

策略2下的投资收益为

$$1\times(1+s_{t1})=1\times(1+0.05)=1.05$$

然后将1.05元投资于远期合约。

这样，使策略1下的投资收益等于策略2下的投资收益的远期利率为

$$1.05\times(1+f_2)=1.119\ 364$$

解得f_2=0.066 06。

也就是说，在均衡状态下，我们可以得

$$(1+s_{t2})^2=(1+s_{t1})(1+f_2) \tag{12-1}$$

如果f_2>0.066 06，投资者将从策略2中获得更高的收益，所有投资者都将投资于远期合约，从而两年期债券的价格将下跌，而s_{t2}将上升，直到重新恢复均衡状态；反之则出现相反的情况，直至恢复均衡。

将上述情况推广到n期，则均衡状态的一般表达式为

$$(1+s_{t,n})^n=(1+s_{t,n-1})^{n-1}(1+f_n) \tag{12-2}$$

或者

$$(1+f_n)=\frac{(1+s_{t,n})^n}{(1+s_{t,n-1})^{n-1}} \tag{12-3}$$

由式（12-2）或式（12-3）可见，即期利率可以被看做一组远期利率的组合。结合表12-1的数据可见，例题12.1中的收益率曲线是向上倾斜的，即从1年期5%的收益率逐渐上升为5年期6.45%的收益率；再结合我们对相应的远期利率f_2到f_5的求解可见，各远期利率都是高于相应的即期利率的。也就是说，向上倾斜的收益率曲线隐含了远期利率高于短期的即期利率。与此类似，如果收益率曲线是向下倾斜的，即隐含了远期利率低于短期的即期利率；而平缓的收益率曲线则隐含了远期利率等于即期利率。下面我们即进入对收益率曲线不同形状的理论解释。

二、利率期限结构理论

有关对利率期限结构理论的解释主要有无偏期限结构理论（unbiased expectations theory，UET）、流动性偏好理论（liquidity preference theory，LPT）和市场分割理论（market segmentation theory，MST）三个理论派别。

（一）无偏期限结构理论

UET的主要观点是认为投资者的一般看法构成市场预期，市场预期会随着通胀预期和实际利率预期的变化而变化，认为债券的远期利率在量上应等于未来相应时期的即期利率的预期，即

$$es_{1,2}=f_{1,2} \tag{12-4}$$

式中，e为连续复利算子。

根据上述观点，UET对不同利率期限结构的解释如下：①呈上升趋势的即期利率是市场预期未来即期利率看涨的结果；②呈下跌趋势的即期利率则是市场预期未来即期利率看跌的结果；③水平走势是由于市场预期所有的即期利率大致相等产生的结果；④当市场预期未来即期利率在一定时期内看涨，而后会下降时，就会出现波动的走势。总之，不同形状的利率期限结构不过是反映市场对未来即期利率的不同变化预期。

该理论的正确性主要表现在历史数据较为支持该理论的下述观点，即人们对未来即期利率预期的变化主要源于人们对通胀率预期的变化，当较高的现行通胀率造成短期利率过高时，人们对未来通胀率的预期就会下降，利率的期限结构就会呈下降趋势，反之呈上升趋势。

然而，该理论对利率期限结构的解释也存在如下的缺陷：①该理论只能解释理论上的利率周期变动，即利率上升时期所用时间与下降时期所用时间相等的情况，而不能解释现实中利率期限结构呈上升趋势的时间大于呈下降趋势的时间的情况。②该理论的最大特点是认为人们的预期是无偏差的，然而现实中人们的预期往往会出现偏差，这就使该理论的预测力下降。

（二）流动性偏好理论

LPT的主要观点有以下几方面。

（1）考虑到资金需求的不确定性和风险产生的不可精确预知性，投资者在同样的收益率下，更偏好于购买短期证券（即偏好于流动性）。

（2）上述偏好的存在会迫使长期资金需求者提供较高的收益率，即必须支付流动性升水（即补偿，又称溢价）。这里我们可以将远期利率与将来的期望即期利率之间的差称为流动性溢价（liquidity premium）。该溢价是用来补偿投资者购买更长期限债券的一种额外回报率。例如，以$l_{1,2}$表示从现在开始 年以后到从现在开始两年以后的这一年之间的流动性溢价，则公式为

$$f_{1,2}=es_{1,2}+l_{1,2} \tag{12-5}$$

在上述观点下，LPT对不同利率期限结构的解释同样是以对未来即期利率的不同预期为基础的。该理论认为，在利率期限结构呈上升趋势时，由于流动性升水的存在，未来即期利率的上升幅度会大于无偏预期理论所预测的上升幅度；也是由于流动性升水的存在，当市场预期未来即期利率保持不变或者轻微下降时，利率期限结构也会呈稍微上升的趋势，这一情况的存在，使该理论可以解释利率期限结构上升时期多于下降时期的情况。

（三）市场分割理论

MST的主要观点是：①证券市场不是一个整体，而是被分割为长、中、短期市场；②由于存在法律上、偏好上及跨市场转移成本的不同，证券市场的供需双方不能无成本地实现资金在不同期限证券之间的自由转移，也不会无成本地在不同市场之间转移。

在上述理论观点的基础上，MST对不同利率期限结构的解释是：①呈上升趋势的利率期限结构是因为长期债券市场资金供需的均衡利率高于短期市场的均衡利率；②当短期均衡利率高于长期均衡利率时，利率期限结构就会呈下降趋势。

第二节　固定收益证券组合的管理：消极策略

消极的投资策略一般把证券的市场价格当做公平价格，并在既定的市场状态下保持一个适度的风险收益平衡。

对固定收益证券组合的消极管理，所涉及的概念和工具包括久期（duration）、凸性（convexity）和免疫（immunization）。下面我们在对这些工具进行介绍的基础上，研究固定收益证券的组合管理策略。

一、久期

所谓债券的久期，即以加权平均的形式计算债券的平均到期时间，公式为

$$D=\frac{\sum_{t=1}^{T}\mathrm{PV}(c_t)\times t}{P_0} \tag{12-6}$$

式中，D为债券的久期；P_0为债券当前市场价格；PV（c_t）为债券未来第t期现金流（利息或本金）的现值，其中的贴现率为债券的到期收益率；T为债券到期时间。

例题 12.2

假设一债券的面值是1 000元，年息票利息支付额为80元，剩余期限是3年，其目前市价是950.25元。请计算：①该债券的到期收益率。②该债券的久期。

解：①根据到期收益率公式可得，该债券的到期收益率是10%。

②该债券的久期为

$$\begin{aligned}D&=\frac{\left(\frac{80}{1+0.1}\times 1+\frac{80}{(1+0.1)^2}\times 2+\frac{1\,080}{(1+0.1)^3}\times 3\right)}{950.25}\\&=\frac{72.73+132.23+2\,434.21}{950.25}\\&=2.78(\text{年})\end{aligned}$$

（一）久期的意义

由例题12.2可见，虽然该债券的剩余期限是3年，但考虑到息票现金流后，其平均剩余期限是2.78年。也就是说，久期可以使我们在考虑到各期现金流后，更精确地把握剩余持有期，从而利于投资中的现金管理和对持有期的动态管理。换言之，久期可用于测算动态投资收回期。

久期还可以帮助我们进行债券价格的利率敏感性分析，衡量债券利率风险的指标是利率弹性I_E，即

$$I_E=\frac{\Delta P / P}{\Delta y / y} \tag{12-7}$$

式中，分子为债券价格变动率，即波动幅度；分母为债券收益率变动率。利率弹性与久期的关系为

$$I_E \cong -D\frac{y}{(1+y)} \tag{12-8}$$

由式（12-7）和式（12-8）可得

$$\Delta P/P \cong -D\times(\Delta y/1+y) \tag{12-9}$$

即给定收益率变动幅度，久期越大，债券价格波幅越大。

实际操作者通常会使用与式（12-9）稍有不同的形式，修正久期被定义为$D^*=D/(1+y)$，于是式（12-9）改写为

$$\Delta P/P=-D^*\times\Delta y \tag{12-10}$$

此外，久期还用于免疫策略，即进行消极组合管理策略。

（二）关于久期的定理

久期存在如下六大定理。

（1）只有零息债券的久期等于其到期时间。证明如下：因为零息债券只有一次现金流，因此有P_0=PV（C_T）。根据久期的公式D=［PV（C_T）/P_0］×T，因此有D=1×T=T。

（2）除零息债券外，大多数债券具有期限越长则久期越长的特点，即久期直接与期限长度相关。特别是，大多数债券的久期小于它们的到期期限。

（3）一般情况下，久期与利息支付水平呈反比变化，利息支付水平越高，久期越短。

（4）一般而言，久期会随着时间的延长而下降，即存在所谓的久期缩减（duration drift）规律。

（5）一般来看，久期与到期收益率呈反比关系，即收益率越高，久期越短。其原因在于久期是以所收到的现金流的现值为权重计算的加权平均，收益率越高，远期现金流贴为现值就越低，即权重越小，从而久期越短。

（6）债券投资组合的久期等于单个债券久期的加权平均，其中的权重由债券市场价

值决定，即

$$D=\sum_{i=1}^{n} w_i D_i \tag{12-11}$$

式中，w_i=MV_i/MV，而其中的MV_i为该债券投资组合中单个债券i的市场价值；MV为该债券组合的总市场价值；D_i为债券i的久期。

久期的上述原理有助于投资者对债券投资组合的管理。例如，如果投资者希望延长久期，根据定理2和定理3，投资者就应选择票面利率较低而期限较长的债券；如果投资者希望久期为某一确定的年限（以便管理利率风险），根据定理5，投资者即可把多种债券混合在一起，以达到控制组合利率风险的目的。

二、久期缺陷与债券的凸性

久期虽然有其重要的理论意义和应用价值，但久期本身也存在着缺陷。为了克服久期的缺陷，就需要我们引入债券凸性的概念。

（一）久期的缺陷

从久期的计算中可以看出，它对于所有现金流都只采用了一个折现率，即利率期限结构是平坦的。换言之，久期实际上只考虑了收益率曲线平坦的情况，而实际上，由于时间因素的影响，不同期限长度收益率对某一市场影响因素的反应是不同的，即不同期限长度收益率的变化幅度不一致，从而导致收益率曲线的变化可以呈现出很多形式。

进一步看，采用久期方法对债券价格利率风险的敏感性进行测量，实际上只考虑了价格变化和收益率变化之间的线形关系，而市场的实际情况表明这种关系经常是非线形的。

（二）凸性

为了克服久期的上述缺陷，就需要我们引入债券凸性的概念。从第十一章债券定价的五大原理（影响债券定价的因素）中，我们可概括出债券价格的一个主要特性，即债券的凸性。

所谓债券的凸性，是指债券的价格与其收益率之间呈反比关系（影响债券定价的因素一），且这一反比关系是非线性的、凸向原点（影响债券定价的因素四），如图12-2所示。图12-2中，当债券价格由P_0上升到P_1时，收益率由Y_0下降到Y_1（价格与收益率的反向变化），且收益率下降的幅度小于债券价格上升的幅度（非线性）；反之，当债券价格由P_0下降到P_2时，收益率则由Y_0上升到Y_2，且收益率上升的幅度大于债券价格下降的幅度。

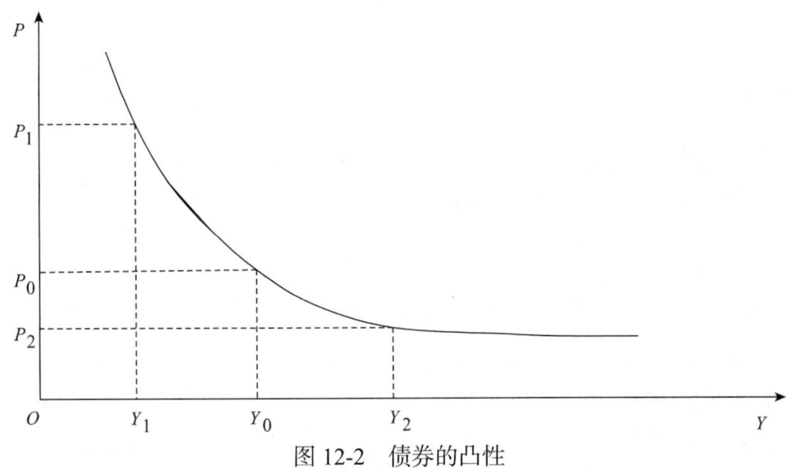

图 12-2　债券的凸性

久期可以看做债券价格对利率小幅度波动敏感性的一阶估计，而凸性则是债券价格对利率敏感性的二阶估计。或者说，久期度量的是债券价格–收益曲线的切线的斜率，而凸性度量的是债券价格–收益曲线的曲度。凸性C可以通过计算久期对收益率的导数或债券价格对收益率的二阶导数再除以债券的价格得

$$C=-\frac{\mathrm{d}D^*}{\mathrm{d}y}=\frac{1}{P}\times\frac{\mathrm{d}^2P}{\mathrm{d}y^2}=\frac{1}{P}\times\frac{1}{(1+y)^2}\sum_{t=1}^{T}\frac{t(t+1)C_t}{(1+y)^t} \tag{12-12}$$

为了显示凸性的重要性，可以对债券价格的相应变化进行二阶泰勒展开，有

$$\frac{\mathrm{d}P}{P}\approx\frac{\mathrm{d}P}{\mathrm{d}y}\frac{1}{P}\mathrm{d}y+\frac{1}{2}\frac{\mathrm{d}^2P}{\mathrm{d}y^2}\frac{1}{P}(\mathrm{d}y)^2=-D^*\mathrm{d}y+\frac{1}{2}C(\mathrm{d}y)^2 \tag{12-13}$$

由式（12-13）可以看出，当收益率变化较小时，凸性的意义并不明显，可以忽略不计，而当收益率的波动较大时，凸性的作用就变得很重要。

式（12-13）也可以写为

$$\frac{\mathrm{d}P}{P}=-\left(D^*-\frac{1}{2}C\mathrm{d}y\right)\mathrm{d}y \tag{12-14}$$

式（12-14）表明当利率出现上升或下将时，凸性（考虑价格变化的二阶项）会引起债券久期的下降或上升。

（三）凸性原理

凸性存在以下三大基本原理：①凸性与到期收益率呈反方向变化。也就是说，收益率低的债券比收益率高的债券的价格–收益曲线的曲度更大。②凸性与利息也呈反方向变化，即利息较高的债券其价格–收益曲线的曲度较平缓。③凸性与久期呈正向变化。一般来说，期限较长的债券其价格–收益曲线的曲度也较大，而由久期的定理（定理二）我们知道，期限较长的债券久期也较长。

凸性的上述原理可帮助我们进行债券投资决策。例如，久期定理三告诉我们，久期与利息水平呈反向变化，而凸性原理二则告诉我们，凸性与利息水平也呈反向变化。这

样，如果投资者希望延长久期并增加凸性，即可通过抛出高利息债券，并购入相同期限的低利息债券，来达到投资目的。

三、免疫

根据利率的期限结构理论，利率会发生变动，从而给债券的收益带来利率风险。构建免除利率风险的债券投资组合的过程，称为免疫。

（一）免疫策略

如果投资时间与债券的久期不等，则收益率将发生变动，这将使投资组合的价值与债务流的现值发生相应变动，导致投资组合与债务的不匹配。为解决这一问题（即消除利率风险），有两种免疫策略可供选择。

其一是现金匹配策略（cash matching strategy），即当需要现金清偿某一债务时，投资者可以出售资产组合中的一些债券；反之，当投资组合产生的现金多于需要的现金时，则可购买更多的债券。上述过程中，如果收益率不变，则投资组合价值将与剩余债务相匹配，这就是现金匹配策略。

其二是久期匹配策略（duration matching strategy），即使投资组合的久期与负债流的久期一致，则对于收益率的变动，投资组合的现金价值将与负债流的现值产生完全相同的变动。

例如，养老基金，假设其发售一种投资担保合约（一次性支付），利率为8%，期限为5年，得到这笔债务（保费收入）后，再投资于利率为8%，期限为5年的息票债券。这样，如果出现利率上升，利息收入再投资即抵消了利率风险；而如果出现利率下降，则出售债务可以抗衡再投资风险，即无论利率如何变动，利率风险与再投资风险都能得到解决。

（二）免疫策略的应用——单个债券的利率风险免疫

免疫策略的本质之一是根据我们希望获得的现金流，使债券组合尽可能地贴近该现金流。例如，为了在一定时期后获得一笔一次性的付款，如果存在一个一定期限的零息票债券，我们就应该购买它，因为该头寸的未来价值是确定的，它完全地免除了利率风险，期满时将按投资初期预定收益率（通常是现时的市场利率）获得理想的现金流。

例题 12.3

假设债券管理者希望在5年后获得14 693.28元的稳定现金流，其可选择的投资方案有以下几种。

第一，投资一个售价为10 000元，到期收益率为8%的5年期零息票债券，这样，到期时他将获得

$$10\,000\times(1+0.08)^5=14\,693.28\text{（元）}$$

第二，进行息票债券无免疫投资。例如，还是投资一个面值为10 000元，息票率和

再投资利率均为8%的5年期息票债券，具体情况见表12-2。

表 12-2　无免疫投资

未受免疫的债权（债券的到期期限=预定持有期=5 年）					
	支付次序	剩余到期时间	利益		
			7%	8%	9%
息票投资收入	1	4	1 048.64	1 088.39	1 129.27
	2	3	980.03	1 007.77	1 036.02
	3	2	915.92	933.12	950.48
	4	1	856.00	864.00	872.00
第 5 年本息	5	0	10 800.00	10 800.00	10 800.00
最终收入	—	—	14 600.59	14 693.28	14 787.77
实现复收益率	—	—	7.86%	8.00%	8.14%

从表12-2可以看到，如果再投资利率保持在8%不变，则投资者可以在5年后获得14 693.28元的现金流，实现复收益率为8%，等于预定的收益率，即投资初期的市场利率。

但当再投资利率变动时，投资者将面临着利率变动的风险，如表12-2所示，假设再投资利率下降到7%或上升至9%时，则实现的复收益率分别下降到7.86%和上升至8.14%。

第三，进行息票债券免疫投资。我们设计这样一种债券，使其久期等于该债券的预定持有期限。投资一个面值为10 000元，息票率和再投资利率均为8%的6年期息票债券，该债券的久期为5年。我们将在持有5年后售出该债券，则其实现复收益率情况如表12-3所示。

表 12-3　免疫投资

免疫策略下的现金流（债券的久期=5 年=预定持有期）					
	支付次序	剩余到期时间	利率		
			7%	8%	9%
息票投资收入	1	4	1 048.64	1 088.39	1 129.27
	2	3	980.03	1 007.77	1 036.02
	3	2	915.92	933.12	950.48
	4	1	856.00	864.00	872.00
	5	0	800.00	800.00	800.00
出售收入	—	—	10 093.46	10 000.00	9 908.26
最终收入	—	—	14 694.05	14 693.28	14 696.03
实现复收益率	—	—	8.00%	8.00%	8.00%

由表12-3可见，进行免疫投资后，一方面，利率变动不影响复利收益率，即所实现的复利收益率完全相等；另一方面，利率变动对最终收入的影响也可忽略不计。由此我们得到的结论是久期匹配，可以规避利率风险。

我们需要指出的是，免疫实际上是对一定范围的收益率的变动提供了保护。但如果收益率发生很大变动，则须对投资组合进行再免疫。也就是说，免疫是一个动态过程。此外，免疫通常假设久期较长的债券与久期较短的债券具有相同的收益率（现实中长期高于短期），这使其构造过程会产生一定的非现实性。

第三节 固定收益证券组合管理的积极策略和混合策略

积极的投资管理策略，即试图分析市场目前的非均衡（定价错误）或预测市场未来的走势，并利用这一发现或预测获得更高利润的投资策略。而混合的投资管理策略则是将消极的策略与积极的策略结合在一起的一种投资方式。

一、债券管理的积极策略

积极的债券组合管理策略可能产生两个利润来源：其一是对利率的预测，如果债券管理者能够准确地预测到利率将要下降，那么就可以通过增加债券组合的久期来获得利润；其二是对相关债券价格的确定，如果组合管理者能够确定某债券的价格被低估了，即可利用这一价格失衡获利。

就第一种可能的利润来源来看，如果债券管理者能够准确预测利率的走势，就可以采取利率预期互换（rate anticipation swap）[①]的策略进行积极的投资组合管理。

所谓利率预期互换即是盯住利率的预期。在这一策略下，如果投资者确信利率将下降，就可把久期较短的债券掉换为久期更长的债券；反之则将久期较长的债券掉换为久期较短的债券。

就第二种可能的利润来源来看，如果债券管理者能够准确地发现债券的定价错误或套利机会，就可通过替代互换（substitution swap）和差价互换（spread swap）的策略进行积极的组合管理。

所谓替代互换，即以一种债券与另一种相近的债券进行交换替代。互相替代的债券应有基本相等的息票利率、期限、赎回特征等，此时，如果投资者能够发现替代债券之间在价格上出现了失衡，即可通过替代互换的方式把握获利机会。

当投资者确信在债券市场内的不同债券之间出现了不应有的价差时，可采取价差互换策略。例如，如果政府债券与相同期限且评级较高的公司债券之间的收益率差历史平均为2%，而目前市场上二者的收益率差为5%，投资者即可考虑卖掉国债而调换为公司债券。

二、债券投资的混合策略

当投资者既希望从事积极的投资管理，又不愿意承担过大的风险时，可将积极的投资管理策略与消极的投资管理策略结合在一起，从而形成混合的投资策略，即或有免疫（contingent immunization）。

---

① 这里我们仅对涉及的互换给出简要介绍，较详细的分析参见第六篇“衍生证券分析”。

例如，如果现行利率为10%，投资者的资产组合现价为1 000万元。如果投资者采取消极的管理策略，如通过利率免疫锁定现行利率，则两年后其组合的未来值为1 210万元。而如果该投资者希望在保证组合的未来值不低于1 100万元的情况下从事积极的投资管理，那么在现行利率下只要有909万元（=1 100万元/1.10^2）即可达到其最低要求，而目前组合的价值为1 000万元，因此该投资者可以不立即采取免疫策略。

由上例可见，投资者进行或有免疫的关键是，在确定了其所要求的最低组合价值V后，要确定其进行利率免疫的锁定投资额。如果到期的剩余时间为T，市场利率为r，则该锁定投资额的计算公式为

$$\text{锁定投资额}=\frac{V}{(1+r)^T} \tag{12-15}$$

这样，式（12-15）中投资者所要求的最低组合价值V即成为了触发点，当实际的组合价值跌至触发点，积极的投资管理就会停止，以保证投资者所要求的最低投资业绩的实现。

➤本章小结

本章主要研究了利率期限结构理论和固定收益证券组合管理。为了考察利率期限结构理论，我们介绍了即期利率、远期合约和远期利率的概念。所谓即期利率（s_t），是指从当前t=0时刻到t时刻持有货币的利率，它可被看做一个即期合约的利率；该合约一经签订，资金即从一方借入另一方，且借款将在t时刻连本带利全部还清，其中的利率在合约中标明，即所谓即期利率，它是定义期限结构的基础利率。

远期利率是指投资者同意在未来的某一特定日期购买的零息票债券的到期收益率，记为f_n。它可以从到期日不同的各种债券的即期利率推算出来，其一般表达式为

$$(1+s_{t,n})^n=(1+s_{t,n-1})^{n-1}(1+f_n)$$

或者

$$(1+f_n)=\frac{(1+s_{t,n})^n}{(1+s_{t,n-1})^{n-1}}$$

目前有关对利率期限结构的理论解释主要有UET、LPT和MST三个理论派别。UET对不同利率期限结构的解释是：①呈上升趋势的即期利率是市场预期未来即期利率看涨的结果；②呈下跌趋势的即期利率则是市场预期未来即期利率看跌的结果；③水平走势是由于市场预期所有的即期利率大致相等产生的结果；④当市场预期未来即期利率在一定时期内看涨，而后会下降时，就会出现波动的走势。

LPT认为，在利率期限结构呈上升趋势时，由于流动性升水的存在，未来即期利率的上升幅度会大于无偏预期理论所预测的上升幅度；也是由于流动性升水的存在，当市场预期未来即期利率保持不变，或者轻微下降时，利率期限结构也会呈稍微上升的趋势，这一情况的存在，使该理论可以解释利率期限结构上升时期多于下降时期的情况。

MST对不同利率期限结构的解释是：①呈上升趋势的利率期限结构是因为长期债券

市场资金供需的均衡利率高于短期市场的均衡利率；②当短期均衡利率高于长期均衡利率时，利率期限结构就会呈下降趋势。

对固定收益证券投资组合的管理，可分为消极的管理、积极的管理和混合式管理三种方式。消极的投资策略一般把证券的市场价格当做公平价格，并在既定的市场状态下保持一个适度的风险收益平衡。对固定收益证券组合的消极管理，所涉及的概念和工具包括久期、凸性和免疫。所谓债券的久期，即以加权平均的形式计算债券的平均到期时间，公式为

$$D=\frac{\sum_{t=1}^{T}\mathrm{PV}(c_t)\times t}{P_0}$$

久期可用于测算动态投资收回期，还可以帮助我们进行债券价格的利率敏感性分析，公式有

$$\Delta P/P\cong -D\times(\Delta y/1+y)$$

即给定收益率变动幅度，久期越大，债券价格波幅越大。

久期还存在如下六大定理：①只有零息债券的久期等于其到期时间。②除零息债券外，大多数债券具有期限越长久期越长的特点，即久期直接与期限长度相关。特别是，这些大多数债券的久期小于它们的到期期限。③一般情况下，久期与利息支付水平呈反比变化，利息支付水平越高，久期越短。④一般而言，久期会随着时间的延长而下降，即存在所谓久的期缩减规律。⑤一般来看，久期与到期收益率呈反比变化，即收益率越高，久期越短。⑥债券投资组合的久期等于单个债券久期的加权平均，其中的权重由债券市场价格决定。

所谓债券的凸性，是指债券的价格与其收益率之间呈反比关系，且这一反比关系是非线性的、凸向原点的。凸性可以通过计算久期对收益率的导数或债券价格对收益率的二阶导数再除以债券的价格得到，即

$$C=-\frac{\mathrm{d}D^*}{\mathrm{d}y}=\frac{1}{P}\cdot\frac{\mathrm{d}^2P}{\mathrm{d}y^2}=\frac{1}{P}\cdot\frac{1}{(1+y)^2}\sum_{t=1}^{T}\frac{t(t+1)C_t}{(1+y)^t}$$

凸性存在以下三大基本原理：①凸性与到期收益率呈反方向变化，也就是说，收益率低的债券比收益率高的债券的价格-收益曲线的曲度更大；②凸性与利息也呈反方向变化，即利息较高的债券其价格-收益曲线的曲度较平缓；③凸性与久期呈正向变化。

构建免除利率风险的债券投资组合的过程，称为免疫。免疫实际上是对一定范围的收益率的变动提供了保护。但如果收益率发生很大变动，则须对投资组合进行再免疫。也就是说，免疫是一个动态过程。

积极的投资管理策略，即试图分析市场目前的非均衡（定价错误）或预测市场未来的走势，并利用这一发现或预测获得更高利润的投资策略。如果债券管理者能够准确预测利率的走势，就可以采取利率预期互换的策略进行积极的投资组合管理。如果债券管理者能够准确地发现债券的定价错误或套利机会，就可通过替代互换和差价互换的策略进行积极的组合管理。

当投资者既希望从事积极的投资管理，又不愿意承担过大的风险时，可将积极的投资管理策略与消极的投资管理策略结合在一起，从而形成混合的投资策略。投资者进行或有免疫的关键是在确定了其所要求的最低组合价值V后，要确定其进行利率免疫的锁定投资额。这样，投资者所要求的最低组合价值V即成为了触发点，当实际的组合价值跌至触发点，积极的投资管理就会停止，以保证投资者所要求的最低投资业绩的实现。

➢练习题

一、名词解释

利率的期限结构　即期利率　远期利率　久期　债券的凸性现金匹配策略　久期匹配策略　积极的投资管理策略

二、简答题

1.简述久期的意义。

2.简述久期的定理。

3.简述凸性原理。

4.简述投资者在能够准确地发现债券的定价错误情况下的投资策略。

三、计算分析题

如果现行利率为5%，投资者的资产组合现价为100万元。如果该投资者希望在保证组合的未来值不低于105万元的情况下从事积极的投资管理，求其进行利率免疫的锁定投资额。该锁定投资额的含义是什么？

第五篇　股票估值与投资分析

本篇包括三章内容。第十三章“股票估值模型与方法”集中研究了股票的定价与估值。除了对股票价格的研究外，本章对股利贴现模型和比率分析这两种股票估值理论进行了研究和介绍，并以案例讨论了这些模型和方法的应用。

第十四章“股票投资的基本分析”是进行证券投资分析的主要方法和工具之一。它所要揭示的是经济运行基本面的变化对股票投资价值的影响，一般从宏观基本面、中观基本面和微观基本面三个角度进行研究和揭示。

所谓技术分析，是指通过分析证券市场的市场行为，对市场未来的价格变化趋势进行预测的研究活动。技术分析的主要理论和方法包括道氏理论、波浪理论、量价理论、K线理论和技术指标分析。对这些理论和方法的研究与应用，构成了第十五章的内容。

第十三章

股票估值模型与方法

本章我们进入对股票定价与估值的研究中。这里所研究的股票，是指上市公司发行在外的普通股。首先我们将对普通股的各种定价以及股价指数进行介绍，其次分别以股利贴现模型和比率分析方法进行普通股的价值评估。对股票进行价值评估的最重要的目的，是所谓的“选股”——帮助我们选择具有投资价值的股票。

第一节　股票价格

本节我们对现实中种类繁多的股票价格进行介绍，并着重介绍股票除权价格和发行价格的确定。

一、股票价格的种类

在进行股票投资和分析中，我们经常遇到诸如票面价格（par value per share）、发行价格、市场价格、账面价格（book value per share）、除权价格、清算价格（liquidation value）和重置价值（replacement value）等，这里我们就对这些价格的内涵给以介绍。

（一）票面价格

股票的票面价格又称每股面值，它表明每股股票对公司总资本所占的比例，以及股票持有者在获得股利分配时所占的份额。其公式为

$$股票面值=资本总额/发行股数 \tag{13-1}$$

由式（13-1）可见，股票面值的大小可划分为三个区间，即大于1、等于1和小于1。当公司资本总额大于其所发行的股数时，股票面值大于1；当公司资本总额等于其所发行的股数时，股票面值等于1；当公司资本总额小于其所发行的股数时，其股票面值小于1。

票面价格的作用在于计算新公司成立时的资本总额；表明股东持有的股票数量。也

正因此，有关股票发行方面的法律一般规定股票不得低于面值发行。正是由于这一规定，股票的发行价格会高于其票面价格，高出的这一溢价部分在会计报表中记为股东权益项下的资本公积科目。

（二）发行价格

发行价格是指股票上市前公开发行时的价格。发行价格一般要高于股票的票面价格，其定价方法有市盈率法、净资产倍率法和竞价法，后面我们将详细介绍。

此外，在股票市场运行正常和公司经营正常的情况下，其实际市场价格往往高于发行价格，特别是在股票发行结束后刚刚开始上市交易时，即“IPO抑价”（initial public offerings underpricing）[①]。

阅读资料 13.1

IPO抑价

IPO抑价是指股票一级市场的发行价低于二级市场上市价的现象。

此现象在世界所有的股票市场上几乎都存在，但是抑价的程度各国之间差异性较大。大量相关研究发现发达国家市场的抑价幅度普遍小于新兴市场国家，如加拿大、法国市场的 IPO抑价不到10%，而在马来西亚市场却高达80%。中国的IPO抑价问题尤为突出，据刘煜辉和熊鹏的研究，1995年至2003年期间，中国发行上市的908只A股股票，其平均抑价率高达129%[②]。

关于IPO抑价的解释，近二十年来，金融学界提出了大量的假说，并不断地被成熟市场或新兴市场的数据所检验。总的说来，关于IPO抑价的讨论，主流的研究基础是信息不对称理论。具体而言，根据信息不对称所考察的对象不同，大致可分为三个分支。

（1）投资银行模型。Baron提出，与发行人相比，投资银行具有更多的关于资本市场发行与定价的信息，博弈的结果是发行人将定价交由投资银行，在缺乏有效监督的情况下，投资银行往往更加倾向采取抑价的方式发行，以确保发行的成功，并建立起良好的声誉[③]。

（2）“赢家诅咒”模型。Rock和Ritter认为，市场中的投资者之间并不是信息对称的，即存在知情投资者和不知情的投资者[④]。对于新股发行来说，仅拥有知情投资者是不够的，还必须拥有一定的不知情投资者的参与，才能确保发行顺利，故此主张IPO抑价是

---

① 在中国的 *A* 股市场普遍存在“IPO 抑价”现象，特别是创业板、中小板股票的估值一般都高于可比上市公司，某些特殊行业的小股票，市盈率高的惊人。这里的一个重要原因是中国投行因为发行费用提成的因素，倾向于通过各种手段将所承销的股票发高价，对于日后的走势他们无需考虑太多，也没有什么约束机制。这是一个中国市场的“异象”，也是规范和完善中国资本市场需要解决的一个问题。

② 刘煜辉，熊鹏. 股权分置、政府管制和中国 IPO 抑价.经济研究，2005，（5）：85-95.

③ Baron D P. Amodel of the demand for investment banking advising and distribution services for new issues. Journal of Finance，1982，37：955-976.

④ Rock K. Why new issues are underpriced. Journal of financial economics，1986，15（1）：187-212；Ritter J R. Signaling and the valuation of unseasoned new issues：a comment. Journal of Finance，1984，39（4）：1231-1237.

为了补偿不知情投资者所承受的信息风险，以吸引这部分投资人参与认购。

（3）信号显示理论。该理论集中于三个方面：一是发行人在IPO抑价方面拥有比投资者更多的信息，发行人把新股抑价作为一种向投资者传递真实价值的信号。二是发行人可以通过委托声誉卓越的投资银行为其承销股票，从而向投资者传递风险较低的信号。Ibbotson和Welch指出，投资银行采取抑价发行，是为了更好地迎合投资者的需求，并有利于以后项目的承销[①]。Logue、Carter和Manaster，以及Johnson和Miller发现，声誉低的投资银行所承销的企业，其IPO抑价程度要显著高于声誉高的投资银行所承销的企业[②]。三是对于那些IPO后有再融资（secondary equity offering，SEO）需求的企业，会通过IPO抑价，吸引投资者的认购，并在以后的再融资过程给予补偿（如1989年Allen和Faulhaber、Grinblatt和Hwang、Jegadeesh等发表的文章）[③]。此外，Brennan和Franks[④]认为，在IPO后，发起人仍然希望维持其对公司的控制权，故此发行人倾向于利用IPO抑价产生的超额认购效果，以避免大型机构投资者介入公司的经营权。

（三）市场价格

从理论上讲，市场价格应是股票未来收益的现值，即股票的内在价值。公式为

$$\text{市场价格}=\text{股息红利收益}/\text{利息率} \tag{13-2}$$

但实际中它会远远高于或低于这一价格。股票交易中的市场价格主要是由股票的供求状态所决定的，当股票的需求超过供给时，其市场价格必然上升，反之则下降。

此外，正如之后的第十四章的基本分析所表明的，股票的市场价格走势还将受到宏观经济运行以及公司本身的经营和财务状况等因素的影响。

（四）账面价格

股票的账面价格又称净值，等于净资产与总股数的比值，通常称为每股净资产。

由股票账面价格的定义可见，其取值同样可划分为大于1、等于1和小于1三个区间，即当公司的净资产额大于其所发行的股数时，每股净资产大于1；当公司的净资产额等于其所发行的股数时，每股净资产等于1；当公司的净资产额小于其所发行的股数时，其每股净资产小于1。

公司的每股净资产越高，表明其抗风险能力、（再）融资能力（如向银行的抵押贷

---

① Ibbotson R G. Price performance of common stock new issues. Journal of Financial Economics，1975，2：235-272.

② Logue D. On the pricing of unseasoned equity issues. Journal of Financial and Quantitative Analysis，1973，8：91-103；Carter R，Manaster S. Initial public offerings and underwriter reputation. Journal of Finance，1990，45（4）：1045-1067；Johnson J M，Miller R E. Investment banker prestige and the underpricing of initial public offerings. The Journal of the Financial Managemnet Association，1988，17（2）：19-29.

③ Allen F，Faulhaber G R. Signalling by underpricing in the IPO market. Journal of Financial Economics，1989，23（2）：303-323；Grinblatt M，Hwang C Y. Signalling and the pricing of new issues. Journal of Finance，1989，44（2）：393-420；Jegadeesh N，Weinstein M，Welch I.An empirical investigation of IPO returns and subsequent equity offerings. Journal of Financial Economics，1993，34（2）：153-175.

④ Brennan M J，Franks J. Underpricing，ownership and control in initial public offerings of equity securities in the UK. Cepr Discussion Papers，1997，45（3）：391-413.

款），以及给股东的分红能力等就越强，也正因此，每股净资产是进行基本分析（详见第十四章）的工具之一。

（五）除权价格

上市公司进行利润分配或配股前夕，其股票属于含权股票，即含有享受此次利润分配或参与配股的权利。当本次利润分配或配股实施后，公司股票即成为除权股票，即享有此次利润分配或参与此次配股的权利已实施完毕，此时股票的价格称为除权价格。

利润分配会直接降低每股净资产，配股则会摊薄每股净资产，因此除权价格一般都低于除权前（含权）的价格。下面我们会对除权价格给以更具体的分析。

（六）清算价格

所谓清算价格，是指公司清算时每股股票所代表的真实价值。理论上它等于账面价格，但实际上由于清算成本的存在，清算价格会低于账面价格。

清算价格一般只在公司破产、清算时才引起投资者的重视，它对正常情况下的投资行为没有实质上的指导意义。

（七）重置价值

所谓重置价值，是指重置公司各项资产的价值（成本），减去负债项目后的余额。

重置价值基本上代表了公司的市值，一般而言重置价值不可能低于市值。这是因为，如果重置价值低于市价，投资者就可以复制该公司，再以市价出售，这种行为将降低（类似）公司的市价或提升重置成本。

重置价值与市值关系的一个重要理论，即所谓托宾的q值理论（Tobin’s q）。其公式表述为

$$q=\frac{V_m}{V_r} \tag{13-3}$$

式中，V_m为公司的市值；V_r为重置成本（价值）。

如果$q>1$，即公司的资产市值高于重置成本，这会激励公司进行投资扩张以进一步提升其市值。一般而言具有高成长性的企业会出现q值大于1的情况。当$q<1$时，即公司的资产市值低于其重置成本，这会抑止公司的投资意愿。但从另一角度看，这会激励投资者以较低的市值进行购并，然后通过资本运营的手段再以较高的价格出售。一般来说竞争激烈的行业，或衰退行业会出现q值小于1的情况。

二、除权价格的确定

现在我们来具体分析股票除权价格的确定。根据公司送股、配股和派息的不同情况，除权价格有不同的计算方法。

（一）送股除权价的确定

出于公司的经营战略考虑，有时公司的分红方案会采取送股的方式进行。此时除权

价的公式为

$$P=\frac{p^{-1}}{1+R} \tag{13-4}$$

式中，p^{-1}为除权日前一天的收盘价；R为送股率。

例题 13.1

假如某公司推出每10股送5股的分红方案，其股票除权前一天的收盘价为12元／股，请确定该股票的除权价。

解：根据送股除权价的确定公式，该公司股票的除权价为

$$P=\frac{12}{1+0.5}=8\text{ 元/股}$$

（二）配股除权价的确定

配股是公司利用资本市场进行再融资的重要方式之一。配股除权价的公式为

$$P=\frac{p^{-1}+p_d\times R_d}{1+R_d} \tag{13-5}$$

式中，R_d为配股率，对于配股率而言，有时监管政策会有一定的要求，如中国证监会的有关政策要求上市公司的配股率不得超过30%；p_d为配股价，它一般会低于公司目前的市价。

例题 13.2

某公司决定进行配股融资，并确定其配股价为7元／股，配股率为每10股配3股，实施配股前一天的收盘价为11元／股。请确定其除权价。

解：根据配股除权价的确定公式，该公司的除权价为

$$P=\frac{11+0.3\times 7}{1+0.3}=10.08\text{ 元/股}$$

（三）送股、配股、派息同时进行的除权价

如果公司送股、配股和派息同时进行，则其股票的除权价公式为

$$P=\frac{p^{-1}+P_d\times R_d-e}{1+R+R_d} \tag{13-6}$$

式中，e为每股股息。这里我们需要注意的是，一般而言，该公式所示的分配方案很少在现实中出现，其主要的原因在于配股和派息对同一公司而言是一种矛盾行为。配股是由于资金短缺，派息（特别是较多的派息）则是有较多的未分配利润、本年度利润较高或

暂时不需要留存较多的未分配利润进行投资。

当然，有时公司为了某种意图，也会将配股和派息这一矛盾行为同时实施。例如，在我国，上市公司很少给投资者进行现金分红，为此，中国证监会在2001年后，将上市公司的配股资格与其是否给投资者进行现金分红联系在一起。针对这一政策，一些上市公司为了达到配股的目的，纷纷推出了派息方案。

案例 13.1

中国证券市场除权价的确定

我国上海证券交易所颁布的《上海证券交易所交易规则》规定：上市证券发生权益分派、公积金转增股本、配股等情况，本所在权益登记日（B股为最后交易日）次一交易日对该证券作除权除息处理，本所另有规定的除外。

除权（息）参考价的计算公式为

除权（息）参考价＝［（前收盘价-现金红利）＋配（新）股价格×流通股份变动比例］÷（1＋流通股份变动比例）

证券发行人认为有必要调整上述计算公式时，可向本所提出调整申请并说明理由。本所可以根据申请调整除权（息）参考价计算公式，并予以公布。除权（息）日即时行情中显示的该证券的前收盘价为除权（息）参考价。除权（息）日证券买卖，按除权（息）参考价作为计算涨跌幅度的基准，本所另有规定的除外。

三、发行价格的确定

股票发行价格的确定主要有以下三大方法。

（一）市盈率法

按照市盈率（price to earnings ratio，简称P/E ratio）方法，股票发行定价公式为

$$发行价＝每股净收益 \times 发行市盈率 \tag{13-7}$$

式中，每股净收益＝税后利润/股份总额，该数据需有证券资格的会计师审核；市盈率＝股票市价/每股净收益，而发行市盈率一般由证监会、券商、发行公司共同确定。

例题 13.3

假设某公司准备发行股票，其税后利润为5 000万元，计划发行2亿股[①]。该公司所属行业的平均市盈率为20，为了确保发行成功，券商和发行公司等共同确定的发行市盈率为15。则该公司股票的发行价格是多少？

解：首先我们确定该公司的每股净收益。根据上面的公式，其每股净收益＝5 000 /

① 就目前中国的规则来看，A 股发行新股的股数大概是发行后总股本的 25%。例题 13.3 没有考虑这一因素。另外，例题 13.3 的一个隐含的假定条件是原有股份既定不变或视为 0[否则，发行后的每股收益=净利润/（原有股数+发行股数）]。

20 000＝0.25元／股。其次，根据式（13-7），该公司股票的发行价为

$$发行价=0.25\times15=3.75元/股$$

（二）净资产倍率法

所谓净资产倍率法，是指通过资产评估等手段确定发行人拟募每股资产的净现值和每股净资产，然后根据市场状况将每股净资产乘以一定的倍率（若市场好）或折扣（若市场不好）。其定价公式为

$$发行价格=每股净资产\times溢价倍率（或折扣倍率）\tag{13-8}$$

（三）竞价法

这是一种较彻底的市场化定价方法，它一般是由发行公司与券商经过充分协商后，共同确定出该股票发行时不得低于的底价，而其实际的发行价格由市场决定。

案例 13.2

中国首次公开发行股票试行询价制度

中国证监会2004年12月颁布了《关于首次公开发行股票试行询价制度若干问题的通知》，该通知规定如下。

首次公开发行股票的公司（以下简称发行人）及其保荐机构应通过向询价对象询价的方式确定股票发行价格。

发行申请经中国证监会核准后，发行人应公告招股意向书，开始进行推介和询价。询价分为初步询价和累计投标询价两个阶段，发行人及其保荐机构应通过初步询价确定发行价格区间，通过累计投标询价确定发行价格。

发行人及其保荐机构应向不少于20家询价对象进行初步询价，并根据询价对象的报价结果确定发行价格区间及相应的市盈率区间。发行价格区间确定后，发行人及其保荐机构应在发行价格区间内向询价对象进行累计投标询价，并应根据累计投标询价结果确定发行价格。

四、股票市场价格指数

股票市场价格指数，即股票指数，是由证券交易所或金融服务机构编制的表明股票市场价格水平变动的相对数。根据指数的升降，投资者可以判断出股票价格的变动趋势。

（一）股票指数的功能

表征功能，即宏观地反映股票市场特定部分或者整体变动的趋势，可用来追溯和研究资本市场的进化历程，可间接反映国民经济的波动情况。

投资功能，股票指数本身是被动式投资管理的投资对象，这种投资策略的目标就是模拟被追踪的股票指数的表现。

评价功能，股票指数是衡量投资业绩的相对指标，特别是用于衡量机构投资者的业绩。

风险控制工具，股票指数是开发许多金融衍生产品的基础，如股票指数期货和股票指数期权等，这些金融衍生产品是投资者进行风险控制的工具。

（二）不同加权方法下的市场指数

现实中市场指数的编制主要有价格加权指数，如道琼斯指数；市值加权指数，如标准普尔指数、上证综合指数、深圳证券交易所成份股价指数（以下简称深证成指）等；等权重指数，即简单算术平均法得到的指数及价值线指数，即通过几何平均得到的指数。

1.价格加权指数

现在的道琼斯股票价格平均指数是以1928年10月1日为基期的，因为这一天收盘时的道琼斯股票价格平均数恰好约为100美元，所以就将其定为基准日。

而以后股票价格同基期相比计算出的百分数，就成为各期的股票价格指数，所以现在的股票指数普遍用点来做单位，而股票指数每一点的涨跌就是相对于基准日的涨跌百分数。

道琼斯股票价格平均指数最初的计算方法是用简单算术平均法求得，当遇到股票的除权除息时，股票指数将发生不连续的现象。

1929年后，道琼斯股票价格平均数就改用新的计算方法，该法的核心是求出一个常数除数，以修正因股票分割、增资、发放红股等因素造成的股价平均数的变化，以保持股份平均数的连续性和可比性。

具体做法是以新股价总额除以旧股价平均数，求出新的除数，再以计算期的股价总额除以新除数，这就得出修正的股价平均数，即

新除数=变动后的新股价总额/旧的股价平均数

修正的股价平均数=报告期股价总额/新除数

2.市值加权指数

（1）标准普尔公司股票价格指数以1941年至1943年抽样股票的平均市价为基期，以上市股票数为权数，按基期进行加权计算，其基点数为10。以目前的股票市场价格乘以股票市场上发行的股票数量为分子，用基期的股票市场价格乘以基期股票数为分母，相除之数再乘以10就是股票价格指数。

（2）上证综合指数是指上海证券交易所从1991年7月15日起编制并公布的，以全部上市股票为样本，以股票发行量为权数，按加权平均法计算的股价指数。

上证综合指数以1990年12月19日为基期，基期指数定为100点。公式为

本日股价指数（上证综合指数）=本日股票总市值/基期股票总市值 × 基期指数（100）

式中，总市值=∑（市价 × 总股本数）。

（3）深证成指是深圳证券交易所的主要股指。它是按一定标准选出40家有代表性的上市公司作为成分股，用成分股的可流通数作为权数，采用综合法进行编制而成的股价指标。以1994年7月20日为基日，从1995年5月1日起开始计算，基数为1 000点。其基本公式为

股价指数＝现时成分股总市值／基期成分股总市值 × 1 000

3.等权重指数

世界上第一个股票价格平均——道琼斯股价平均指数在1928年10月1日前就是使用简单算术平均法计算的。

现假设从某一股市采样的股票为*A*、*B*、*C*、*D*四种，在某一交易日的收盘价分别为10元、16元、24元和30元，计算该市场股价平均数。将上述数置入公式中，即

$$\begin{aligned}股价平均数&=(P1+P2+P3+P4)/n\\&=(10+16+24+30)/4\\&=20（元）\end{aligned}$$

4.价值线指数

该指数具有代表性的是美国证券交易所价值线混合指数（American Security Exchange value line composite index）

美国证券交易所价值线混合指数是美国阿诺德·伯恩哈德公司编制的用以反映美国股票市场行情变化的股票价格指数，包括1 700种成分股，分为工业、铁路、公用事业及综合指数四类。

该指数用几何平均法计算。假设成分股的数目为*n*，计算时以*n*种股票的价格乘积，再算出其*n*次平方根，即为当天的几何平均数，再乘以前一天的混合指数，乘积即为当天的混合指数，公式为

$$计算日价值线混合指数=\left(\sqrt[n]{\sum_{i=1}^{n}第\,i\,种股票价格\times第\,i\,种股票数量}\right)\times前一日股票指数$$

该指数在美国较为常用，1982年2月，美国堪萨斯农产品交易所首次以此指数办理堪萨斯市场股票指数期货交易，引起了世界股票市场的一次大变革。

市场指数的简单计算

不同加权方法下的市场指数计算，如表13-1所示。

表 13-1　不同加权方法下的市场指数计算

股票	ABC	XYZ
期初价格/元	50	100
股份/股	20	10
期末价格/元	60	110
价格加权指数	1 000×［（60+110）/2］/［（50+100）/2］=1 133.33	
市值加权指数	1 000×（20×60+10×110）/（20×50+10×100）=1 150.00	
简单平均指数	1 000×（60/50+110/100）/2=1 150.00	
几何平均指数	［（60/50）×（110/100）］^（1/2）×1 000=1 148.91	

第二节　股票的估值——股利贴现模型

与债券的估值一样，股票价格也是由一系列未来现金流量的现值决定的。股票的现金流量由股利现金流量和资本利得两部分构成，其中的资本利得，即投资者买卖股票的差价。

在本节的大部分研究中，我们假设持股期无限，即投资者买入股票后永不卖出，这样，也就不会产生资本利得，从而我们的模型只考虑股利现金流量，即股利贴现模型的核心所在。当然，本节最后我们将放松这一假定。

一、股息零增长条件下的股利贴现估价模型

所谓股利贴现模型，即将股利收入资本化以确定普通股价值，其一般形式是

$$V=\sum_{t=1}^{\infty}\frac{D_t}{(1+k)^t} \tag{13-9}$$

式中，V为股票价值；D_t为每期股利；k为贴现率；t为持股期。

股息的零增长是一种简化的股利贴现模型，它假设每期期末公司支付给投资者的股利的增长率为零。换言之，投资者每期所得到的股息量是保持不变的，即

$$D_t（本期股利）=D_{t-1}（上期股利）$$

在股息零增长状态下，再加上持股期无限的假定，即使计算股票未来现金流量是计算一笔终身年金的价值。根据终身年金估值公式为

$$\text{PV}=\sum_{t=1}^{\infty}\frac{A}{(1+k)^t}$$

或者

$$\text{PV}=\frac{A}{r}$$

可得股息零增长下的股利贴现估价公式为

$$\text{PV}=\sum_{t=1}^{\infty}\frac{D_0}{(1+k)^t} \tag{13-10}$$

或者

$$\text{PV}=\frac{D_0}{k} \tag{13-11}$$

当依据股利贴现模型所得到的股票价值大于其二级市场价格时，即产生了所谓市场低估，投资者即可实行买入或持有的策略；反之则实行卖出的策略。

一般情况下，运用股利贴现模型所计算的股票价值V与其市场价格P是不相等的。二者之间的差额即为净现值（net present value，NPV），即

$$\text{NPV}=V-P \tag{13-12}$$

NPV是进行基本面分析的重要决策工具：当NPV>0时，即价格被市场低估，投资者

可买入或持有；当NPV<0时，即采取抛出的行为。

此外，这里还涉及一个重要概念，即内部收益率，它是指净现值等于零贴现率时的收益率，公式为

$$k^*=\frac{D_0}{P} \tag{13-13}$$

式中，k^*为内部收益率；D_0为股利；P为二级市场价格。如果内部收益率>必要收益率，即$k^*>k$，即说明公司支付给投资者的股利较多或其股票的市场价格降低，从而其股票价值较高，投资者可买入或持有；反之则卖出。

这里我们需要指出的是零息增长模型主要用于优先股估价，而基本不用于对普通股的估值。因为优先股股息是确定的，一般不受公司经营的影响；而普通股股利增长率并不为零。对普通股的估值是由下述模型进行的。

二、不变增长条件下的股利贴现估价模型

这里我们放宽对零增长模型的假定，即假设每期股利按一个不变的增长比率g增长，因此股利的一般形式是

$$D_t=D_0(1+g)^t \tag{13-14}$$

将式（13-14）代入式（13-10），得

$$\text{PV}=\sum_{t=1}^{\infty}\frac{D_0(1+g)^t}{(1+k)^t} \tag{13-15}$$

即为不变增长条件下的股利贴现模型。如果我们进一步假定$k>g$，即贴现率大于股息增长率，则可通过对式（13-15）右边求极限，而得到

$$\text{PV}=\frac{D_1}{k-g} \tag{13-16}$$

固定增长模型

投资者收到CFP公司支付的每股0.5元的上年度股利，并预期以后CFP公司的股利将以每年5%的水平增长。已知CFP公司的每股市价为10元，投资者要求的股票收益率为10%，那么该公司对投资者来讲，每股价值是多少？

解：

$$D_1=D_0\times(1+5\%)=0.5\times(1+5\%)=0.525\text{（元）}$$

$$\text{每股价值}=0.525/（10\%-5\%）=10.5\text{（元）}$$

每股价值大于每股市价，每股CFP公司股票被低估0.5元，投资者应当买入该公司股票。

三、多元增长条件下的股利贴现估价模型

现在，我们改变不变增长条件下股利贴现模型中股利按特定的比例增长的假设，而是假设在一定时期（T期）内股息没有固定的增长率，而T期后再遵循一个不变的增长率，这一假设使该模型更接近实际。

（一）多元增长的股利贴现模型

由上述的假设可见，此时股利现金流量可分为两部分。第一部分是T期内（$T-$表示）预期股息流量现值，即

$$V_{T-}=\sum_{t=1}^{T}\frac{D_t}{(1+k)^t} \tag{13-17}$$

第二部分则是T期后（$T+$表示）所有股利流量的现值，即

$$V_{T+}=\frac{D_{T+1}}{(k-g)(1+k)^T} \tag{13-18}$$

将式（13-17）和式（13-18）两部分的现金流量现值加总，得到多元增长条件下的估值模型，有

$$V=\sum_{t=1}^{T}\frac{D_t}{(1+k)^t}+\frac{D_{T+1}}{(k-g)(1+k)^T} \tag{13-19}$$

（二）二元模型和三元模型

多元增长模型的繁琐之处在于必须逐一估计V_{t-}期内每年的现金流量。现实中一般使用二元或三元模型替代。

二元模型假定在T期前，企业固定增长速度为g_1；T期后的另一固定增长速度为g_2。三元模型则假定，在T_1期以前，企业固定增长速度为g_1；T_1到T_2期，企业有一个递减的增长速度g_2，T_2之后固定增长速度为g_3。

四、持股期变动条件下的价值评估

以上各模型都有一个共同假定：投资者买入后不再卖出，即无限期持股。现在我们放松这一假定，考虑投资者的卖出行为是否会对股票价值产生影响。

假设P_N=在时间点N股票的预期售价，N=股票的预期持有时间（年度），则股票价值为

$$V_0=\frac{D_1}{(1+k)^1}+\frac{D_2}{(1+k)^2}+\cdots+\frac{D_N+P_N}{(1+k)^N}$$

进一步讲，假设投资者持有股票一年后出售，则其所获得的现金流由两部分构成：一是持有期内预期获得的股利，二是预期的售价。二者的现值之和即是该股票的内在价值，即

$$V=\left[\frac{D_1}{(1+k)}\right]+\left[\frac{P_1}{(1+k)}\right] \tag{13-20}$$

式中，一年后预期的股票售价P_1假设由出售日之后各期的股利决定，即

$$\begin{aligned} P_1 &= \left[\frac{D_2}{(1+k)}\right]+\left[\frac{D_3}{(1+k)^2}\right]+\left[\frac{D_4}{(1+k)^3}\right]+\cdots \\ &= \sum_{t=2}^{\infty}\frac{D_t}{(1+k)^{t-1}} \end{aligned} \quad (13\text{-}21)$$

将式（13-21）代入式（13-20），得

$$\begin{aligned} V &= \left[\frac{D_1}{(1+k)}\right]+\left[\frac{D_2}{(1+k)^1}\right]+\left[\frac{D_3}{(1+k)^2}\right]+\left[\frac{D_4}{(1+k)^3}\right]\cdots\left[\frac{1}{(1+k)}\right] \\ &= \sum_{t=1}^{\infty}\frac{D_t}{(1+k)^t} \end{aligned} \quad (13\text{-}22)$$

可见，持股期变动下的股票估价与持股期不变下的股票估值式（13-9）完全相同，即投资者持股期的长短不影响股票价值。

这里我们需要注意的是持股期长短不影响股票价值（内在的），却影响股票市场价格。已有的实证研究已经证明，投资者的持股期越短，股票价格波动越大；持股期越长，则波动越小[①]。

五、股利和公司收益

以上我们通过股利贴现模型研究了股票价值的决定因素。公司向投资者支付的股利D来源于公司的每股收益E；收益的增长是股利增长的源泉。换言之，公司所获得的收益是其股票价值的根本性决定因素。

现实中，任何一家公司在正常经营的情况下，都不会将其收益完全用于给投资者的分红，而是要有一部分未分配利润用于公司的未来发展。那么，我们称公司收益中用于支付股利的份额为红利付出比，即D/E；而收益中用于企业扩大再生产部分所占的比例，叫红利留存比，即$1-D/E$。

公司的股利政策和决策即是决定上述两个比例的。由此引发的另一个重要问题，即公司的股利政策是否影响公司价值，这就是著名的M-M定理所研究的核心内容之一[②]。

虽然M-M定理在其严格假定（其研究假设是没有税收、无交易成本、市场是有效的）下得出股利政策与公司价值无关的结论，但通过放松其假定，我们则可得到公司的股利政策将明显影响公司价值的结果。

---

① 特别地，当持股期无限时，也就是说当投资者遵循“买入并持有”策略时，股票市场将达到均衡。

② 严格说来，M-M 定理所研究的核心问题是公司资本结构对公司价值的影响。鉴于在一般的公司金融或公司理财教科书中对资本结构理论都有较详细的探讨和讲解，本教材将不再对该理论进行专门研究。

案例 13.4

公司股利政策与公司价值[①]

FPL为佛罗里达电力和照明公司（Florida Power&Light Company）的简称，是佛罗里达州最大、全美第四大电力公司。FPL公司经营的现金流稳定，负债比率较低，资信等级长期维持在A级以上。公司现金红利支付率一直在75%以上，每股现金红利（dividend per share，DPS）稳中有升，这种情况延续了47年。

1994年，面对电力市场日益加剧的竞争环境，FPL公司决定采用扩张战略，并制订了未来5年39亿的投资计划。而公司近期的发展并不能立即大幅度提升每股收益（earning per share，EPS），继续维持高的现金红利支付率将给公司的经营造成很大压力。为了保证公司长远发展目标，增加股利政策方面的灵活性，使现金红利在今后几年中有较大的上升空间，FPL公司1994年5月中旬公布了其第二季度的分红方案，把该季度现金红利由以往每股0.62美元调低到0.42美元，削减了32.3%。公司同时宣布了在以后3年内回购1 000万股普通股的计划，其中，1995年至少回购400万股。并且，公司承诺以后每年的现金红利增长率不会低于5%。

尽管在宣布削减红利的同时，FPL公司在给股东信中说明了调低现金红利的原因，并且做出回购和现金红利增长的承诺，但股票市场仍然视削减现金红利为利空信号，当天公司市值下跌了14%。

第三节　股利贴现模型的应用

股利贴现模型的应用可分为两个角度，一个是股利贴现模型在实际应用中需要解决的问题，另一个则是应用股利贴现模型能帮助我们解决的问题。

一、股利贴现模型应用中需要解决的问题

在我们实际应用股利贴现模型选择股票时，必须解决的问题是对贴现率或投资者所要求的必要收益率k和股息增长率g两个参数的估计。

（一）估计贴现率 k

我们可以通过三种方法[②]来估计投资者要求的收益率k。第一种方法是依据股利贴现模型去估计k。假设股票价格P_0由股利贴现模型决定，根据式（13-16），有

$$k=\left(\frac{D_1}{P_0}\right)+g \tag{13-23}$$

① 本案例取材于朱武祥，张羽.FPL 公司：在股利与成长中作取舍，上市公司，2002。

② 还有一种方法是在公司所发行的债券的收益率基础上，加上一个股票的风险报酬率，即构成投资者所要求的收益率k。这里的风险报酬率是一个较为主观的指标。

第二种方法是根据CAPM来估计k，有

$$k=r_f+\beta\left[E(r_m)-r_f\right] \tag{13-24}$$

第三种方法是用普通股股利收益率的历史平均值进行估算。此时所估算的平均收益率即是投资者所要求的未来收益率的近似值。例如，某公司普通股过去10年的平均收益率为12.50%，那么我们就可将其近似看做投资者所要求的未来收益率——为12.50%。

（二）估计股息增长率 g

估计股利增长率主要有两种较简便的方法[①]，即点估计法（point estimate method）和净资产收益率法。

所谓点估计法只用到两个股利支付时间点。以d_t表示第t年年末支付的年股利，d_0表示第t年年前支付的股利，则有

$$d_t=d_0(1+g)t \tag{13-25}$$

解出g，得

$$g=\left(\frac{d_t}{d_0}\right)^{\frac{1}{t}}-1 \tag{13-26}$$

例题 13.5

某公司2015年每股支付股利0.95元，2010年每股支付股利1.52元，则其10年中的股利增长率为

$$g=(1.52/0.95)^{\frac{1}{10}}-1=0.048$$

即该公司的股息增长率为4.8%。如果我们进一步假定k=0.09，将上述数据代入股利贴现模型，我们可得到该公司的股票价值是每股37.93元。

上述例题中我们要注意的是，如果我们选择的期间是5年，并假设该公司2000年的股利支付为1.16元，则其股息增长率为5.5%，相应的股票价值为每股45.82元。也就是说，点估计法对估计期或基期的选择非常敏感，需要我们慎重对待。

另一种估计股利增长率的方法是利用净资产收益率进行估计。该方法认为股利增长率等于公司的净资产收益率ROE乘以估计的股利支付率，即

---

① 还有一种稍复杂的方法称为回归估计法（regression method），该方法在点估计法的基础上，考虑了两个期间内各期股利的支付。其公式为

$$g=\exp\left\{\frac{\operatorname{cov}[\ln d,t]}{\sigma_t^2}\right\}-1$$

式中，exp 为指数，即 e 的幂；ln$d$ 为支付股利的自然对数；t 为时间；σ_t^2为时间的方差。

$$g = \text{ROE} \times b \tag{13-27}$$

式中，ROE＝每股盈余EPS / 每股账面价值BVPS，则式（13-27）还可表示为

$$g = \left(\frac{\text{EPS}}{\text{BVPS}}\right) \times b \tag{13-28}$$

由于这一方法主要应用一些会计比率进行计算，因而也称为会计方法（accounting method）。

二、股利贴现模型的应用

股利贴现模型的首要应用，当然是帮助我们选择有投资价值的股票，然后依据资产组合理论去构建投资组合。而一旦确定投资组合后，由于股利现金流的发生，确定普通股的久期便显得非常重要。此外，股利贴现模型还可以帮助我们确定资本成本。

（一）利用股利贴现模型确定普通股的久期

由对固定收益证券久期的研究可见，久期从本质上是明确了证券持有期与其收益率之间的关系，而这一关系也适用于对普通股的分析。也就是说，如果我们使股票投资组合的久期与投资者的持有期相等，则从理论上看该股票投资组合即不再受股票收益率k变动的影响。

根据股利贴现模型式（13-16），股票价格P_0的公式为

$$P_0 = \frac{d_1}{k - g} \tag{13-29}$$

股利固定增长的普通股久期D_s可表示为

$$D_s = (1+k) / (k-g) \tag{13-30}$$

例题 13.6

如果k＝15%，g＝5%，则该组合的久期为

$$D_s = (1+0.15) / (0.15-0.05) = 11.5\text{（年）}$$

这样，如果该组合的持有期也为11.5年，则由k的变动所带来的风险即可被最小化。

久期还可以用股利收益的倒数给以近似表示，即

$$D_s = 1/(k-g)$$

而由式（13-29）我们进一步可得

$$D_s = 1/(k-g) = P_0/d_1 \tag{13-31}$$

（二）利用股利贴现模型确定资本成本

从融资的角度看，贴现率k是指在给定公司风险的情况下股东要求的权益资本成本，利用不变增长模型可以估计权益资本成本的大小。

由式（13-16）所示的不变股利增长的股利贴现模型，可得

$$P_0=d_1/（k-g）$$

解出k为

$$k=d_1/P_0+g \tag{13-32}$$

式（13-32）是利用股利贴现模型所得到的资本成本的确定公式。计算中所需要的数据d_0和P_0可以从市场中得到，而如果我们用会计方法或点估计法计算出g，即可计算出$d_1[=d_0（1+g）]$，从而可解出权益资本成本。

准确估计出权益资本成本对融资者（证券发行公司）的重要性在于公司可以把股票的市场价格作为指示器，并由此计算出市场所要求的收益率k，该值即是公司进行资本融资所要付出的成本。据此，公司即可决定其融资计划。当然，权益资本成本k对投资者来说也是重要的，如例题13.7所示。

例题 13.7

假设对某股票我们有如下数据：d_1=0.5，P_0=10，g=5%，计算该股票的必要收益率。

解：根据式（13-32），可得

$$k=（0.5/10）+0.05=0.10$$

即投资者从对该股票的投资中能获得10%的必要收益率。如果投资者所要求的收益率大于10%，即不应对该股票进行投资；而如果投资者所要求的收益率小于10%，该股票即是值得投资的。

第四节 股票的估值：自由现金流贴现模型

自由现金流（free cash flow，FCF）最早由美国西北大学拉巴波特、哈佛大学詹森等学者于20世纪80年代提出的，它是一种全新的企业价值评估的概念、理论、方法和体系。与股利贴现模型注重利润与分红政策的特点相比，FCF贴现模型则注重利润和资本开支。该模型以现金流量预测为基础，充分考虑了目标公司未来创造现金流量能力对其价值的影响，在日益崇尚“现金至尊”的现代投资环境中，FCF贴现模型得到了广泛的应用。本节即对应用得最多的股权自由现金流（free cash flow to equity，FCFE）贴现模型进行介绍。

一、FCFE 的计算

公司每年不仅需要偿还一定的利息或本金，同时还要为其今后的发展而维护现有的资产及购置新的资产，将这些费用扣除后，余下的现金流就是FCFE。其计算公式为

$$\begin{aligned}\text{FCFE}=&\text{净收益}+\text{折旧}-\text{资本性支出}-\text{营运资本追加额}\\&-\text{税后利息费用}+\text{债务净增加}\end{aligned} \tag{13-33}$$

二、不变增长条件下的 FCFE 贴现模型

如果公司未来业绩保持稳定的增长率，对这个公司则可使用一阶段FCFE贴现模型进行估值。具体形式为

$$P_0=\mathrm{FCFE}_1/(k-g) \tag{13-34}$$

式中，P_0为股票当前的价值；FCFE_1为公司下一年预期的每股的FCFE；k为公司的股权资本成本；g为公司FCFE的稳定增长率。

这一模型非常适用于那些增长率等于或者稍低于名义经济增长率的公司，并且与股利贴现模型相比，该模型得到了很大的改进，因为那些稳定增长的公司每年股利的支付事实上也是很难确定的。如果某一公司处于稳定增长阶段，而且其支付的股利与FCFE贴现始终保持一致，那么通过一阶段FCFE贴现模型得到的公司价值与股利贴现模型的计算结果也是一致的。

例题 13.8

公司A每年保持10%的增长速度，当前每股收益为2.5美元，每股资本性支出为2美元，每股折旧为1美元。假定公司资本性支出、折旧和收益的增长速度相同，公司权益报酬率为15%，同时公司没有任何债务且不进行营运资本追加。计算公司当前的每股价值。

解：首先，根据式（13-33）有

$$\mathrm{FCFE}_0=2.5-2+1=1.5\text{（美元）}$$

其次，根据式（13-34）我们可以计算出当前公司的每股价值为

$$P_0=1.5\times(1+10\%)/(15\%-10\%)=33\text{（美元）}$$

三、多元增长条件下的 FCFE 贴现模型

与股利贴现模型有相同的道理，我们改变不变增长条件下FCFE贴现模型中FCFE按特定的比例增长的假设，而是假设在一定时期（T期）内FCFE没有固定的增长率，而T时期后再遵循一个不变的增长率。那么该模型的表达形式变为

$$P_0=\sum_{t=1}^{T}\mathrm{FCFE}_t(1+k)^t+P_T/(1+k)^T \tag{13-35}$$

式中，

$$P_T=\mathrm{FCFE}_{T+1}/(k-g) \tag{13-36}$$

式中，FCFE_t为公司t时期的每股FCFE；P_T为公司在稳定增长阶段期初的每股价值；g为公司稳定增长阶段的FCFE增长率。

在实际应用中，多元增长条件更符合实际情况。不过在具体应用多阶段FCFE贴现模型时往往存在以下困难：①未来各期的FCFE较难进行准确预测；②股权资本成本对于模型的最终结果影响非常大，而股权资本成本也很难得到精确的计算；③采用何种方式进行贴现关系到如何衡量企业在经营周期中所处的地位，以及预测企业各发展阶段的时间，

事实上这一点也很难做到。

第五节 比率分析

我们在本章第一节研究股票发行定价时曾给出了市盈率定价法。实际上，市盈率除了用于股票发行定价外，它还被广泛地应用于对股票价值的评估。此外，市净率（price/book value ratio）、价格与销售收入比率（price/sales ratios，P/S ratios）也是进行股票价值评估时常用的方法。

一、以市盈率确定股票投资价值

市盈率又称价格盈余倍数，它等于股票市价与公司每股净收益的比值，其本质上所反映的是投资于股票的投资回收期。

例题 13.9

如果某股票的收盘价是10元，其年每股盈余是1元，则该股票的市盈率为

$$P/E\ \text{ratio}=10/1=10$$

也就是说，如果投资者以每股10元购买该股票，他将在10年后收回其全部投资。当投资者所期望的投资回收期小于10年时，该股票没有投资价值。换言之，以市盈率方法判断股票投资价值的标准是将市盈率所表明的投资回收期与期望的投资回收期相比较，当前者小于后者时，股票具有投资价值；反之则不具有投资价值。

市盈率方法除了可以对个股投资价值进行判断外，还可用于对市场走势的判断，其判断依据是如果整个市场的市盈率非常低，股市将上扬；反之股市将下跌。

（一）市盈率方法的缺陷

市盈率估值法中的P是股票的当前价格，而E则是上一年的每股盈余。然而，由股利贴现模型可知，投资者购买股票，不是为了过去的每股收益，而是为了获得未来的盈余。也就是说，以建立在过去每股盈余基础上的市盈率指标对股票投资价值进行评估，从理论上是错误的。特别是，当出现下述情况时，根据市盈率进行投资决策将产生严重错误。

（1）所评估的公司是一家高成长公司。高成长公司的重要特征在于其未来的每股收益将持续上升，而市盈率方法是依据过去的收益指标进行评估的。由此导致了对高成长公司而言，其“过去的”市盈率总是高于“未来”的市盈率。特别是，当我们将高成长公司的市盈率与一般性公司的市盈率相比较时，前者一般都高于后者，根据市盈率法的判断标准，我们得到的结论就是一般性公司的投资价值高于高成长公司的投资价值——这显然是一个完全错误的投资决策。

（2）现实的公司经营中存在一定的偶然性，其当前的每股盈余较低并不意味着未来

的每股盈余也一定较低。这样，在任何一个特定的年份都可能存在每股盈余的随机偏差，从而得到的市盈率指标是一个歪曲的市盈率，根据这一歪曲的市盈率对股票投资价值进行评估，也就必然得到一个歪曲的决策。

（3）当所评估的公司每股盈余为负值时。这是利用市盈率指标进行投资价值评估时技术上的一个限制。市盈率指标本质上所反映的是投资于股票的投资回收期，而当某年度公司的每股盈余为负值时，据此所计算的市盈率即失去了经济意义，从而也就不能指导我们做出任何投资决策。

由市盈率方法的缺陷可见，股利贴现模型在理论上的正确性是使其不会出现市盈率法所产生的上述问题的根本原因，即股利贴现模型是将未来的收益作为衡量依据的。

（二）市盈率方法的可用性

虽然市盈率方法存在上述的问题，但在下述情况下，市盈率法与股利贴现模型所得到的投资价值评估结果将是一致的。

（1）在所有年份内公司的盈余固定不变，且其盈余全部作为股利分派。此时市盈率的倒数——收益-价格比为E/P，其中$E=d$；股利贴现模型为$d/P+g$，其中$g=0$，二者结果完全相同。然而，这种情况仅仅是一种理论上的推论，它在现实中是完全不存在的：没有哪家公司在其生命期内盈余是固定不变的；也没有哪家公司在任何年度都将其盈余完全作为现金股利发放。

（2）盈余和股利都保持固定增长，且这一固定增长是一种正常增长，而不是高速增长，同时公司每年把固定比例的盈余作为股利发放。这种情况下，从权益资本成本的角度来看，用固定股利增长模型和使用市盈率方法所得到的结果是一致的[①]。这种情况在公司处于生命期的成熟阶段时还是有一定的现实性的。

除了上述两种理论上的情况外，在实际投资中，市盈率方法在如下两种情况下也有其应用的合理性，这也正是现实中市盈率法得到市场认可的原因所在。

首先，虽然任何单独一家公司的市盈率都可能存在歪曲，但对整个市场或某一行业的平均而言，市盈率指标则可作为判断市场或某行业是否具有投资价值的依据。此外，市盈率还可用于判断公司是否具有高成长性。在正常情况下，一般具有较高市盈率的股票表明投资者认为该公司具备高成长的潜力。

其次，现实中，经常会有公司在某些年度不支付现金股利，此时股利贴现模型的应用即出现困难。这种情况下，一个简便的替代方法，就是确定这类公司的市盈率，然后用市盈率乘以该公司的每股盈余，以此作为对该公司股票的估值。

例题 13.10

某高科技公司已连续3年没有给予投资者现金分红，目前它的每股盈余是0.5元，市场价格是12元，由于该公司潜在的高成长性，投资者预计其市盈率应为30。请问该股票

---

① 有兴趣的读者可尝试从权益资本成本 k 的角度推导、论证这一结论。

目前是否具有投资价值？

解：由于该公司没有给予投资者现金分红，因此用市盈率方法确定其投资价值。根据已知条件，该股票的价值为

$$V=30\times 0.5=15\text{（元）}$$

由于该股票目前的市场价格是12元，小于其理论价值，因此该股票还具有投资价值。

（三）计算当前市盈率要考虑的因素

非经常性损益（nonrecurring items）。在计算每股收益时必须将这部分损益剔除。

周期性的影响。应当计算一般化的每股收益以消除周期性对行业的影响。

会计政策的不同。要对由于采用的会计政策不同而带来的每股收益的差异进行调整。

可能存在的稀释效应。在公司拥有员工股利期权、可转换债券、优先股和认股权证时，需要计算稀释的每股收益（diluted earnings per share）来消除可能存在的稀释效应。

（四）平均市盈率

以上对市盈率的研究是针对单个股票的情况而言的，这里我们再对市场平均市盈率（average P/E ratio）进行简要介绍。

股票市场的平均市盈率，是指股票市场某个有代表性的股价指数的平均市盈率，其计算公式为

某指数市盈率=某指数的成分股的总市值/成分股的净利润总额　　（13-37）

式中，总市值＝发行在外普通股股数×收盘价。式（13-37）需要注意的是，在计算当期平均市盈率时要剔除当期成分股中的亏损股，因为亏损股的市盈率没有意义。另外，平均市盈率是与股价指数相对应的，如标准普尔500指数的平均市盈率、日经225股价指数市盈率、道琼斯股价平均数市盈率、上证A股指数市盈率，等等。

同一指数不同阶段的市盈率比较有意义，而对不同指数的市盈率、不同市场的市盈率进行横向比较时，应注意如下几个问题。

其一，平均市盈率应与基准利率挂钩。基准利率是人们投资收益率的参照系，也反映了整个社会资金成本的高低。一般来说，如果其他因素不变，基准利率的倒数与股市平均市盈率存在正相关关系。如果基准利率低，合理的市盈率可以高一点，如果基准利率很高，合理的市盈率就应该低一些。

其二，平均市盈率应与股本挂钩。由式（13-37）中的总市值一项我们可以看到，平均市盈率与总股本和流通股本都有关。虽然式（13-37）显示，在收盘价和利润总额不变时，总股本或流通股本越大则市盈率越高，但由于如下两种情况的存在，一般而言总股本或流通股本越小，平均市盈率就会越高，反之，就会越低。一是总股本或流通股本越小的公司，其股票价格就越高（这也是一种“小公司效应”）；二是总股本或流通股本越小的公司，往往可能是有发展潜力的中小公司，从而其当前的利润越低（如美国NAS-DAQ的上市公司）。

案例 13.5

中国股票市场中的市盈率

通过整理数据发现，2015年6月1日，中国沪深市场1 957只样本股（剔除了PT股、ST股、亏损股）算术平均市盈率为500.82倍。其中，总股本最小的100家上市公司算术平均市盈率为898.07倍，而总股本最大的100家上市公司算术平均市盈率只有74.17倍，前者是后者的12.12倍。

二、市净率、价格与销售收入比率

市净率是指股票的当前市价与公司权益的每股账面价值的比率，使用的是资产负债表里的有关数据。

对那些盈利为负，无法用市盈率来进行估价的公司可以使用市净率来进行估价。

当公司的市净率低于行业平均市净率时，则认为该公司的价值被低估了，相反，则认为该公司的价值被高估。

价格与销售收入比率是指股票价格与每股销售收入的比率，使用的是损益表的有关数据。

该比率弥补了市盈率的不足。低的P/S比率意味着市场对其有一个较低的评价，股票市场并没有对其高的每股销售收入给予足够重视，这往往意味着公司的价值被低估，股票价格有上涨的潜力。

➢本章小结

本章我们研究了股票定价与估值。在进行股票投资和分析中，我们经常遇到如票面价格、发行价格、市场价格、账面价格、除权价格，等等。股票的票面价格又称每股面值，它表明每股股票对公司总资本所占的比例，以及股票持有者在获得股利分配时所占的份额。其公式为

股票面值=资本总额/发行股数

从理论上讲，市场价格应是股票未来收益的现值，即股票的内在价值。公式为

市场价格=股息红利收益/利息率

除权价格的确定根据公司送股、配股和派息的不同情况，可分为送股时除权价的确定，公式为$P=\dfrac{p^{-1}}{1+R}$。配股时的除权价确定，公式为$P=\dfrac{p^{-1}+p^{d}\times R^{d}}{1+R^{d}}$，以及送股、配股、派息同时进行的除权价确定，其公式为$P=\dfrac{p^{-1}+p^{d}\times R^{d}-e}{1+R+R^{d}}$。

股票发行价格的确定主要有以下三大方法。一是按照市盈率方法，股票发行定价公式为

发行价=每股净收益×发行市盈率

二是净资产倍率法，它是指通过资产评估等手段确定发行人拟募每股资产的净现值

和每股净资产，然后根据市场状况将每股净资产乘以一定的倍率（若市场好）或折扣（若市场不好），其定价公式为

发行价格=每股净资产×溢价倍率（或折扣倍率）

三是竞价法，它一般是由发行公司与券商经过充分协商后，共同确定出该股票发行时不得低于的底价，而其实际的发行价格由市场决定。

股票的价值是由一系列未来现金流量的现值决定的。股票的现金流量由股利现金流量和资本利得两部分构成，而对股票的价值评估，最为重要的方法是股利贴现模型。所谓股利贴现模型，即将股利收入资本化以确定普通股价值。其一般形式是

$$\mathrm{PV}=\sum_{t=1}^{\infty}\frac{D_t}{(1+k)^t}$$

在股息零增长状态下，股息零增长下的股利贴现估价公式为

$$\mathrm{PV}=\sum_{t=1}^{\infty}\frac{D_0}{(1+k)^t}$$

如果假设每期股利按一个不变的增长比率g增长，即得到不变增长条件下的股利贴现模型公式为

$$\mathrm{PV}=\sum_{t=1}^{\infty}\frac{D_0(1+g)^t}{(1+k)^t}$$

如果假设在一定时期（T期）内股息没有固定的增长率，而T期后再遵循一个不变的增长率，即得多元增长条件下的估值模型

$$\mathrm{PV}=\sum_{t=1}^{T}\frac{D_t}{(1+k)^t}+\frac{D_{T+1}}{(k-g)(1+k)^T}$$

在我们实际应用股利贴现模型选择股票时，必须解决的问题是对贴现率或投资者所要求的必要收益率k和股息增长率g两个参数的估计。我们可以通过股利贴现模型、CAPM或股利收益率的历史平均值来估算k，并可通过点估计法和净资产收益率法估计g。

股利贴现模型的首要应用，当然是帮助我们选择有投资价值的股票，然后依据资产组合理论去构建投资组合。而一旦确定投资组合后，股利贴现模型则可帮助我们确定普通股的久期，还可以帮助我们确定资本成本。

股利固定增长的普通股久期D_s可表示为

$$D_s=(1+k)/(k-g)$$

从融资的角度看，贴现率k是指在给定公司风险的情况下股东要求的权益资本成本。利用不变增长模型可以得到

$$k=(d_1/P_0)+g$$

该式即是利用股利贴现模型所得到的资本成本的确定公式。

除了股利贴现模型外，FCF贴现法也被广泛采用。如果公司未来业绩保持稳定的增长率，对这个公司则可使用一阶段FCFE贴现模型进行估值。具体形式为

$$P_0=\mathrm{FCFE}_1/(k-g)$$

如果假设在一定时期（T期）内FCFE没有固定的增长率，而T期后再遵循一个不变的增长率。那么该模型的表达形式变为

$$P_0=\sum_{t=1}^{T}\mathrm{FCFE}_t/(1+k)^t+P_T/(1+k)^T$$

除了以上两种模型外，市盈率方法也被广泛地应用于对股票价值的评估中。特别是在下述情况下，市盈率法与股利贴现模型所得到的投资价值评估结果将是一致的。

（1）在所有年份内公司的盈余固定不变，且其盈余全部作为股利分派。

（2）盈余和股利都保持固定增长，且这一固定增长是一种正常增长，而不是高速增长，同时公司每年把固定比例的盈余作为股利发放。

此外，在实际投资中，市盈率方法在如下两种情况下也有其应用的合理性。首先，虽然任何单独一家公司的市盈率都可能存在歪曲，但对整个市场或某一行业的平均而言，市盈率指标则可作为判断市场或某行业是否具有投资价值的依据。其次，现实中，经常会有公司在某些年度不支付现金股利，此时股利贴现模型的应用即出现困难。这种情况下，一个简便的替代方法，就是确定这类公司的市盈率，然后用市盈率乘以该公司的每股盈余，以此作为对该公司股票的估值。

➢练习题

一、名词解释

股票的票面价格　股票的账面价格　内部收益率　红利付出比　红利留存比　股权自由现金流　股票市盈率

二、简答题

1.简述股票除权价格的确定方法。

2.简述不变增长条件下的股利贴现估价模型含义及其公式。

3.简述股利和公司收益的关系。

4.简述多元增长条件下的股权自由现金流贴现模型含义及其公式。

5.简述投资者的卖出行为是否会对股票价值产生影响？为什么？

三、计算题

1.某高科技公司已连续3年没有给予投资者现金分红，目前它的每股盈余是0.7元，市场价格是15元，由于该公司潜在的高成长性，投资者预计其市盈率应为30。请问该股票目前是否具有投资价值？

2.如果某股票的收盘价是12元，其年每股盈余是1.2元，该股票的市盈率是多少？

3.假设对某股票我们有如下数据：d_1=0.7，P_0=11，g=5%，计算该股票的必要收益率，并给以投资决策分析。

4.假设对某投资组合有如下数据：k=12%，g=5%，请计算该组合的久期，并说明该久期的含义。

5.某公司决定进行配股融资，并确定其配股价为5元/股，配股率为每10股配3股，实

施配股前一天的收盘价为9元/股。请确定其除权价。

6.某公司前5年保持10%的增长速度，5年以后每年保持5%的增长速度，当前每股收益为5美元，每股资本性支出为3美元，每股折旧为1美元。假定公司资本性支出、折旧和收益的增长速度相同，公司权益报酬率为15%，同时公司没有任何债务且不进行营运资本追加。计算公司当前的每股价值。

第十四章

股票投资的基本分析

股票投资的基本分析是以证券的内在价值为依据，着重于对影响证券价格及其走势的各项因素的分析，以此决定投资购买何种证券及何时购买。证券投资的基本分析所要揭示的是经济运行基本面的变化对证券投资价值的影响，它一般从宏观基本面、中观基本面和微观基本面三个角度进行研究和揭示。

第一节 股票投资的宏观分析

宏观基本分析的主要目的是揭示宏观经济运行或经济政策的变化对股票投资价值的影响。经济政策主要指货币政策、财政政策和产业政策的制定、调整和实施对证券市场运行的影响。例如，2002年美国总统布什提出了价值6 700亿美元的减税计划，减税的重点是完全取消股东红利税，仅此一项就将在10年中减少3 000亿美元税收，但可以使美国股价增长10%，它强化了投资者进入股市投资的积极性。可见经济政策对证券市场的影响。

上例中的政策直接针对股票市场，但现实中大多数的经济政策主要针对的是宏观经济运行的状态和背景，而宏观经济运行的状态集中反映于经济的周期性变化上。因此本节我们主要考察经济周期变化对股票市场的影响。

从理论上，经济周期可划分为萧条、复苏、繁荣、衰退四个阶段。但概括而言，其关键是繁荣和萧条两大阶段。从现实的宏观经济运行来看，经济周期的繁荣阶段一般表现为GDP增长率的逐步（或加速）上升，并最终可能导致通货膨胀；其萧条阶段则表现为GDP增长率的下降，并容易引发通货紧缩。

本节我们从揭示经济周期的内在机制入手，研究经济周期对股票价值的影响机制，并介绍宏观分析的基本方法。

一、经济周期的内在机制

总体而言，有效需求和收入分配的变化是经济周期性变动的内在机制。这里，我们从影响有效需求的主要因素入手，研究经济周期的内在机制。

（一）影响有效需求的主要因素

从有效需求角度来看，根据封闭经济且不考虑政府作用的简单的NI-AE模型，为

$$C+S=C+I \tag{14-1}$$

方程（14-1）左侧的$C+S$为总收入NI，即实际经济统计中的GDP；右侧$C+I$构成总支出AE。如果我们以增长率指标对方程（14-1）中的各项进行替代，则有

$$\Delta \mathrm{GDP}=\Delta C+\Delta I \tag{14-2}$$

由方程（14-2）可见，GDP的增长（经济增长）取决于消费支出和投资支出的增加，而式中的$\Delta C+\Delta I$实际上是凯恩斯的有效需求的重要组成部分。

方程（14-1）中的收入一方（即$C+S$）可由国民经济统计中的企业成本-收益计算指标来表示，则式（14-1）变为

$$\mathrm{GDP}=W+D+\Pi \tag{14-3}$$

式中，W为工资成本；D为折旧成本；Π为企业利润，这三项之和构成总收入（即$C+S$）。

由于总支出由消费支出和投资支出构成，因此，综合式（14-1）和式（14-3），我们可得

$$C+I=W+D+\Pi \tag{14-4}$$

式中，折旧成本D取决于折旧率δ和存量资本价值κ，从而式（14-4）可以改写为

$$C+I=W+\delta\kappa+\Pi \tag{14-5}$$

如果我们假设研究期内的折旧率δ不变，则可得到

$$C+I=W+\kappa+\Pi \tag{14-6}$$

由式（14-6）可见，影响有效需求$C+I$的因素主要有工资收入W、资本存量价值κ和利润Π。这里工资收入与资本存量的比，以及工资收入与利润的比，即所谓收入分配结构。

（二）经济周期的内在机制

假设经济最初处于上升阶段，从而企业的利润处于上升趋势，则企业家会加大投资。投资的增加一方面会使利润（Π）进一步增加，另一方面则会使资本存量逐步上升。

利润与资本存量的上升，则导致收入分配结构的变化，即使W/κ和W/Π逐渐降低。根据边际消费倾向递减的规律，W/κ和W/Π的下降，就会使消费支出（C）逐步降低。

由于消费的下降所导致的产品的“过剩”，将使企业的投资支出无法再实现利润，而仅仅是使资本存量上升，并进一步导致W/κ的下降，从而经济将步入下降阶段。

而在经济下降阶段，企业的投资无利可图（利润无法实现），从而引发企业的投资支出也将下降。由于消费和投资的先后下降，最终导致ΔGDP下降，即经济出现衰退。

二、经济周期对股票价值的影响机制

根据第十三章的股利贴现模型，股票价值的决定公式可表述为

$$V=\sum_{t=1}^{T}\frac{d_t}{(1+\rho)^t}+\frac{R_T}{(1+\rho)^T} \tag{14-7}$$

决定股票价值的因素即式（14-7）所揭示的预期的上市公司分红和预期的资本利得，以及贴现率三大因素。

如果我们暂且不考虑预期（即贴现）因素，则股票价值的决定公式可表示为

$$V_t=d_t K_{t-1}+（P_tK_t-P_{t-1}K_{t-1}） \tag{14-8}$$

式中，V_t为t期（或现期）的股票价值；d_t为t期的每股分红；K_{t-1}为$t-1$期（或上期）的股票持有量；d_tK_{t-1}为投资者的分红所得取决于现期的每股红利和上期的股票持有量；P_t为现期的股票价格；K_t为现期的股票持有量；P_{t-1}为上期的股票价格。现期的股票市值减去上期的股票市值，即（$P_tK_t-P_{t-1}K_{t-1}$）部分，是投资者所获得的资本利得。

（一）经济周期变化对股票红利的影响

从理论上看，投资者的分红所得取决于上市公司的利润及其分红政策，即

$$d_t K_{t-1}=a_t \Pi（Q_t P'_t，L_tW_t，I_t r_t） \tag{14-9}$$

式中，a_t为公司的分红政策，即分红部分占公司净利润的比例；Π为公司利润，它取决于公司的产量Q_t及其价格P'_t投入的劳动量L_t及其工资W_t，投入的资金量I_t及其社会平均利率r_t。

由方程（14-9）可见，在公司分红政策d_t既定时，投资者分红所得直接与上市公司利润相关。

根据本节第一部分的研究，经济周期性变化，如在经济上升时期，由于投资和消费的共同扩张，公司利润将随之增加。这两方面的情况都会使上市公司的可分配利润增加，从而投资者的分红所得增加，在资本利得不变时，这将导致现期股票价值上升，即

$$V_t>V_{t-1}$$

这是经济周期变化通过股利因素对股票价值的影响。

（二）经济周期变化对资本利得的影响

假设经济处于上升时期，此时，一方面，即便上市公司不进行分红，但由于未分配利润的增加，也会提高投资者的分红预期，从而将吸引更多的投资者购买公司股票；另一方面，如果实施分红政策，则随着公司利润的上升将使股票分红所得超过社会平均利率，即$d_t \geqslant r_t$。这两方面的情况，都会吸引投资者增持股票，即$K_t>K_{t-1}$；在股票供给不变时，投资者的增持行为必将导致股票价格的上升，即$P_t>P_{t-1}$。由此我们得到股票价值的增值方程，有

$$V_t=(P_t-P_{t-1})(K_{t-1}+\Delta K_t)+d_t K_{t-1}$$
$$=\Delta P_t K_{t-1}+\Delta P_t \Delta K_t+d_t K_{t-1} \quad (14\text{-}10)$$

这也就同样导致了$V_t>V_{t-1}$。反之当经济下降时，也将同样导致股票价值的下降。这是经济周期变化通过资本利得因素对股票价值的影响。

（三）经济周期变动对贴现率的影响

现在我们来考虑经济两期变动对贴现率的影响。一般而言，贴现率这一影响股票价值的因素，在实际计算时常常以同期国债利率为指标，而国债利率的变化又取决于整个宏观利率的走势。

一般来说在经济上升时期都伴随着相对较低的实际利率，即贴现率较低，由此根据股利贴现模型[式（13-16）]，作为分母的较低的贴现率将导致较高的股票价值；反之在经济下降时将导致相反的结果。

由以上研究可见，经济周期的变化将通过影响上市公司的利润而影响分红所得和资本利得，并通过影响贴现率而最终影响股票价值，即经济周期的变化对股票价值的影响机制或渠道为如下所示。

存量资产价值或收入分配结构变动→经济↑（或↓）→公司利润π↑（或↓）→分红所得d_t↑（或↓），同时资本利得R_T↑（或↓），以及贴现率ρ↓（或↑），最终导致股票价值V↑（或↓）。

本节的研究告诉我们，在进行股票投资决策时，必须考虑宏观经济运行的变化，特别是要求我们对经济周期的变化及其影响因素有正确和深入的把握。

案例 14.1

通货紧缩对上市公司的影响①

根据本节的研究，经济周期性变化将影响企业的投资支出，而企业投资支出则是决定企业利润大小的重要因素之一（另一重要因素是消费支出的变化）。进一步讲，本节的研究还表明，在通货紧缩时期，企业的投资支出将下降，并将导致企业利润的下降。这里我们以1998年以后我国经济运行陷入了明显的通货紧缩状态为背景，对通货紧缩状态下上市公司的投资支出和利润情况进行实证检验。首先我们建立回归模型②，为

$$I_t=a_0+a_1S_{k_t}+a_2S_{i_t}+a_3D+u \quad (14\text{-}11)$$

式中，I、S_k和S_i分别为企业投资支出、存量资本的市场价值和企业发行股票所筹资的资金量；a_0、a_1和a_2为待估计参数；u为其他随机影响因素；下标t为时间序列。

通过将1998年12月至2001年11月的月度数据（样本容量共计36个数据）代入模型（14-11）进行实证检验，得到如下结果：

① 李学峰.股票市场发展与企业投资支出研究.财经研究，2004，30（5）：62-74，144.

② 模型建立的依据及下述的实证检验过程这里就不再赘述。

$$R^2=0.896\ 5 \qquad R^2_{adj}=0.885\ 8 \qquad F=83.718\ 5 \qquad DW=1.513\ 5$$

$$I_t=451.28+0.029\ 41S_{k_{t-3}}-1.043\ 6S_{i_{t-3}}+3\ 903.016\ 4D$$

$$(2.405\ 4) \qquad (-1.395) \qquad (15.776)$$

可见，F值、DW值、t值（由于差分，降低了变量S_i的t值，需要较高的显著性水平，如20%才能通过检验）基本通过了检验，R^2及调整后的R^2也说明模型的拟合程度较好。但重要的是股票筹资额与投资支出是负相关的，这与我们一般的理解——筹资额的不断上升直接为企业投资支出提供了资金供给，从而必然刺激企业投资支出的加大是恰恰矛盾的。这一矛盾充分反映了通货紧缩对企业投资支出的抑制作用。虽然上市公司的股票筹资额在不断上升，但在通货紧缩时期，企业宁可使资金闲置，也不愿加大投资①。

进一步看，上文的分析已指出，在通货紧缩阶段，企业的利润将是趋于下降的（表14-1）。由表中数据可见，最能反映上市公司业绩的两项通用指标——每股收益和净资产收益率，自1996年以来总体上是趋于下降的②。

表 14-1 1996~2000 年上市公司业绩

年份	1996	1997	1998	1999	2000
每股收益/元	0.29	0.25	0.19	0.21	0.20
净资产收益率/%	16.05	10.05	7.62	8.28	7.72

资料来源：中国上市公司资讯网 www.cnlist.com

三、宏观分析方法

宏观分析的作用③在于能够帮助投资者把握证券市场的总体趋势、判断整个市场的投资价值，以及判断宏观经济政策对市场的影响力度与方向。宏观分析方法包括两个部分，一是对目前宏观经济运行的认识和判断；二是对宏观经济运行的预测和投资决策。具体地说，宏观分析方法可以分为如下几种。

（一）总量分析法

这里的总量是指反映整个社会经济运行情况的经济变量。总量可以细化为量的总和及平均量或比例量两种，前者如国内生产总值（GDP），国民生产总值（GNP）、投资总额、消费总额，等等；而后者则如人均国内生产总值、人均国民生产总值、人均投资额、人均消费额，等等。

总量分析方法利用能反映国民经济情况的一系列总量或者平均量进行分析和说明，这些量包括国内生产总值、总供给、总需求、价格水平、利率水平、就业量、利润率，

① 截至 2001 年中期，平均每家上市公司闲置资金为 3.11 亿元，同比增长了 43. 32%；闲置资金占总资产的比重为17.96%，同比增长了 24.98%；其中有 10 家上市公司的闲置资金超过了 20 亿元，最多的一家上市公司闲置资金达 38 亿元。

② 当然，近年来中国上市公司业绩的不断下降，除了通货紧缩因素外，还有更为深层的其他原因，这不是我们这里要关注的主题。

③ 刘志军.证券投资学.济南：山东人民出版社，2005.

等等。由于宏观经济的各个总量是相互联系相互影响的，我们可以综合地分析它们自身情况和相互变动情况，分析它们之间的内在关系，从而既能静态把握宏观经济运行情况，也能够动态地分析和预测宏观经济变动趋势。

（二）结构分析方法

与总量分析方法不一样，结构分析方法侧重从结构角度出发，通过对宏观经济变量的组成和比例关系进行分析研究。结构分析方法既可以用于静态分析，即针对特定时期或者时点的宏观经济各变量的组成和比例而言，也可以进行动态分析，即动态地考察结构变动情况。

（三）经济指标法

经济的运行与发展我们主要通过一系列经济指标反映出来。各种经济指标构成完整的体系，在经济运行中互为条件，存在着种种联系，并且产生了各种影响。正是由于经济变量间存在的内在联系，才使我们对宏观经济的分析成为可能。我们通过对经济指标进行观察和对比，从而分析和预测宏观经济的趋势。通常，我们将经济指标分为先行指标、同步指标、滞后指标和综合指标四大类。投资者通过分析与证券市场密切相关的指标，从而做出自己的投资决策。

（四）概率预测法

由于经济运行充满了不确定性和随机性，而投资者需要对未来的经济运行情况进行判断和预测，因此必然涉及如何把握未来不确定性环境的问题。概率被定义为某随机事件发生的可能性大小，而概率预测方法已经发展成为一门专门的学科。宏观经济的概率预测方法是指通过经济运行的历史数据和现实经济运行情况对未来做出概率性判断，以概率的方式把握未来经济运行趋势。

在实践上，短期预测采用概率预测显得效果比较好。通常对宏观经济预测包括对国民生产总值及其增长率的预测、通货膨胀率的预测、利息率、失业率等指标的预测。

（五）计量经济模型分析法

计量经济模型分析法实际上是采用计量经济学的理论和方法，对宏观经济的未来运行情况进行判断。

实际经济运行中，经济变量之间的关系可以概括为因果关系、相关关系和无关关系。而计量经济模型法则主要分析经济变量之间的因果关系，通过内生变量、外生变量和随机变量，将一个随机的内生变量以外生变量和随机变量的方式表示出来。

计量经济模型分析的方法，能够通过对历史数据的拟合对未来进行分析预测，并且能够给出置信区间。数据越准确，模型越正确，样本数据越多，分析方法越好，则用计量经济模型分析方法得出的结论越可靠。

阅读资料 14.1

财政政策和货币政策

财政政策和货币政策是常用的宏观经济政策，也是最重要的宏观经济政策。所谓财政政策，是指国家根据社会经济发展的态势和宏观调控的需要，政府通过调整其自身的收入、支出的规模和结构，进一步影响社会经济的政策总称。具体地说，可以分为税收政策、投资政策和公债政策等。而货币政策有两种定义，一是狭义货币政策，是指中央银行或者货币当局为实现其既定的经济目标（稳定物价，促进经济增长，实现充分就业和平衡国际收支），运用各种工具调节货币供给和利率，进而影响宏观经济的方针和措施的总和。二是广义货币政策，是指政府、中央银行和其他有关部门所有有关货币方面的规定和采取的影响金融变量的一切措施（包括金融体制改革，也就是规则的改变等）。我们这里所谓的货币政策是指狭义的货币政策。

分析财政政策，我们可以从总体上对财政政策进行把握。财政政策分为三种：①扩张性的财政政策（又称积极的财政政策），它通过财政分配活动来增加和刺激社会的总需求，如增加国债，使支出大于收入，从而出现财政赤字；②紧缩性财政政策，它通过财政分配活动来减少和抑制总需求；③中性财政政策，它是指财政的分配活动对社会总需求的影响保持中性。具体分析如下：税收政策分析，我们可以分析政府税收收入政策及其调整情况，分析税收收入增长情况，然后分析税收政策及其调整对证券市场的影响，典型的，如印花税税率的调整；支出政策分析，如政府投资的规模、结构和方向等，分析这些政策对经济的影响，包括积极影响和消极影响；公债政策分析，分析政府的公债的发行额、余额等；收支分析，分析政府的财政赤字及其变动情况；财政政策分析是因为财政政策直接影响国民经济各主体的利益分配格局，并且财政政策能够对经济运行产生影响，进而影响投资者对证券市场的判断。

分析货币政策，我们需要明确中央银行或者货币当局的货币政策工具，传统的工具包括存款准备金率、再贴现率和公开市场操作。然后，我们需要分析货币当局或者央行实施货币政策所采取的措施，通常包括七个方面：第一，控制和调整货币发行；第二，控制和调节对政府的贷款；第三，公开市场操作及其变动；第四，存款准备金率的变动；第五，再贴现率的调整；第六，选择性信用管制；第七，直接信用管制。在此基础上，我们分析经常作为货币当局操作中介目标的基础货币、货币供应量、利率、通货膨胀率和贷款量等。货币政策对证券市场的影响是非常巨大的，因为货币供应量、利率等经济变量影响证券市场投资者预期，也改变证券市场资金供求情况。

需要说明的是，财政政策和货币政策经常搭配使用，因此，在分析财政政策和货币政策的时候，既要分别分析，又要结合分析。

第二节　股票投资的中观分析：行业研究

任何上市公司都分属于不同的行业，而不同行业在市场中会有不同的表现。当市场大势在上升时，某行业可能却在下降。因此，投资正确的行业，即可提高投资者的成功几率。

一、行业的分类与投资策略

按照不同的标准，行业有不同的分类，如按产品同质性（可替代性）可以将行业划分为农业、林业、畜牧业；渔业；采矿、采石业；制造业；电、煤气和水供应业；建筑业；批零贸易；等等。我们这里则从行业与经济周期关系角度进行划分。

行业变动与国民经济总体的同期变动是有关系的，但关系密切的程度又不一样。据此可以将行业分为周期性行业和防御性行业两大类。

周期型行业的运行状态直接与经济周期相关。当经济处于上升时期，这些行业会大幅增长，当经济衰退时，这些行业也相应跌落。例如，珠宝行业、耐用品制造业等，它们共同的特征是需求的收入弹性较大。

正是由于较高的需求收入弹性，导致在经济上升时，随着人们收入水平的提高，对该类型行业的需求大幅上升；而当经济下降时，需求下降的幅度大于收入下降的幅度，从而周期性行业衰退的幅度可能更大。

防御型行业是因为对其产品的需求相对稳定，并不受经济周期的影响。特别是，在经济衰退时，某些防御型行业还可能出现上升状态。例如，食品业和公用事业属于典型的防御型行业，它们共同的特点与周期性行业正好相反，即对其产品的收入弹性较小。因此，这些公司的收入相对稳定，不受经济周期的影响。

由上述对周期型行业和防御型行业的区分，我们可以得到的投资策略是：当经济周期处于上升阶段时，投资者可投资周期性行业，以分享该类行业高速扩张的收益；而当经济处于下降阶段时，应投资防御性行业，以便在规避宏观经济风险的同时，获得一定的稳定收益。

二、产业生命周期与投资策略

导致行业走势与市场相悖的第二个原因，即产业生命周期的存在。一般而言，一个完整的产业生命周期可划分为初创期、成长期、成熟期和衰退期四大阶段，如图14-1所 示。

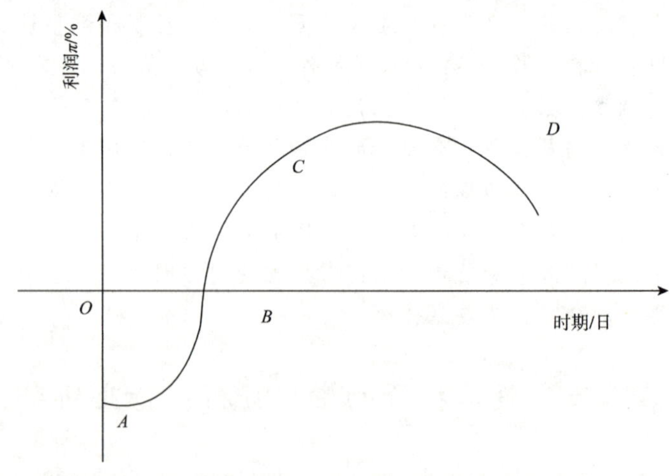

图 14-1　产业生命周期

图14-1中，纵轴表示利润，横轴为时期。*A*至*B*阶段为初创期，该阶段处于大规模投资创立企业时期，企业利润为负，同时在这一阶段还存在创业失败的可能性。因此该阶段一般适于风险投资基金的进入。

*B*至*C*阶段为产业的成长期，这一时期企业利润呈上升趋势（生命周期曲线斜率较大），根据股利贴现模型，从而股票价值也趋于上升。因此该阶段是风险规避型投资者的最佳介入期。

*C*至*D*阶段是产业成熟期，产业内的企业发展平稳，利润基本处于历史最好水平。这一阶段是风险中性投资者的最佳选择。

*D*以后的阶段即进入衰退期，利润开始大幅下降，此时产业内的企业处于自身的产业转型（二次创业）阶段；又由于利润的下降降低了购并成本，企业因此存在被购并的可能。同时也存在产业转型失败、但没有被购并，从而企业走向破产的可能。这一阶段是风险偏好投资者的选择——一旦企业转型成功或被购并，投资者所承担的较高的风险即可能获得更高的回报。

三、行业分析的主要方法

行业分析理论方法主要分两类，一类是定性分析方法；另一类是定量分析方法。在实际运用中，通常是两种方法并用，我们下面分别加以简单介绍。

（一）定性分析

在行业分析方法里，定性分析主要包括历史与现状资料研究方法、调查研究法、归纳演绎研究法三种。

历史与现状资料研究方法是指如果投资者需要对某个行业进行研究，就广泛搜集相关的资料进行分析研究。任何行业都有其自身的历史和发展历程，其现状是过去的延续。因此，通过对行业的历史进行研究，可以充分理解该行业的现状。而行业的资料可以通过政府部门、行业组织、媒体报道、研究机构的报告等渠道获取。这种方法的好处是省时省力，成本低效率高，而且某些资料和数据是其他方法无法获取的。而其缺点在于这种方法的前提假设是历史和现状资料是真实可靠的，如果资料不可信，那么根据历史资料和现状资料进行研究，得出的结论可靠程度不高，影响科学决策。

调查研究法是另外一种方法，该方法可以通过统计学里一系列调查手段获取数据，然后进行分析判断研究，得出行业的情况。这种方法的好处在于资料可信度高，但是缺点也是显然的，由于行业并非单个企业，需要走访大量企业，费时费力，另外被调查对象的态度也非常关键。同时，调查研究采用的方法和调查者的素质、判断能力、洞察能力等都对分析的质量有重要影响。

归纳演绎法是一种获取结论的重要思维方法。在行业分析里，归纳法就是通过个别到一般的认识路线，通过大量个别的情况归纳出总体情况，并进行判断；而演绎法则更多地被用于验证理论与现实是否相符。

需要说明的是，上述三种方法本身并非孤立的，在实际的分析过程中，可以结合使用并相互验证。另外，这里的定性分析也可以结合下面我们要介绍的定量分析方法一起使用。另外，分析一个行业时不能孤立分析，必须考虑与其密切相关的行业。

（二）定量分析

在行业分析里，除了定性分析方法外，我们还应当采取定量分析法进行研究。而通常的定量研究方法是运用统计学知识和计量经济学知识进行的，具体地包括统计分析和计量分析。

统计分析方法是指在获取行业及相关行业的资料后，运用统计学的理论与方法对该行业的特征进行分析和预测。而分析的方法总体来看包括横向比较和纵向比较，所谓横向比较就是与纳入比较范围的其他行业进行比较，而比较的依据可以是行业增长率、占国民经济的比重等。所谓纵向比较，实际上就是通过考察行业自身历史数据得出该行业规模变动情况、行业增长率（定基增长率和环比增长率）①情况，等等。另外，投资者可以运用统计学里的相关知识计算行业相关程度等；利用统计推断方法对行业进行统计推断，对行业未来量的变化做出预测。

计量分析是指运用计量经济学的相关知识对行业时间序列数据进行分析预测。而具体的方法则可以通过回归分析等方法，具体方法请参阅相关计量经济学书籍。

四、行业竞争格局的分析——波特五力模型

波特五力模型（Michael Porter's five forces model）又称波特竞争力模型，是迈克尔•波特（Michael Porter）于20世纪80年代初提出，对企业战略制定产生了非常深远影响（图14-2）。该模型主要用于行业竞争格局及战略的分析，可以有效地分析企业所处的行业竞争环境。波特五力模型中的五力分别是供应商的讨价还价能力、购买者的讨价还价能力、潜在竞争者进入的能力、替代品的替代能力、行业内竞争者现在的竞争能力。

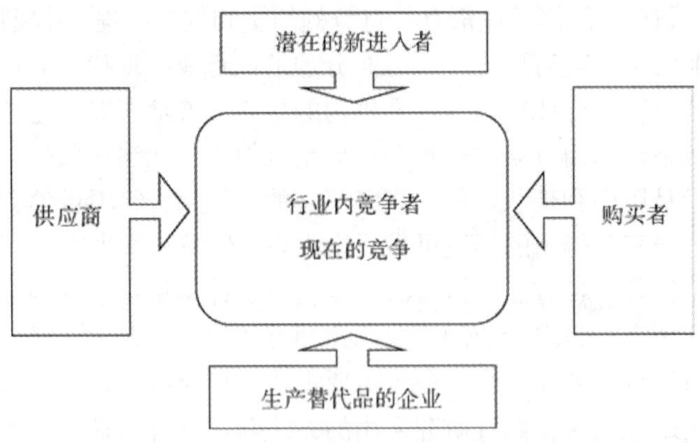

图 14-2　波特五力模型

然而，在实际应用中关于波特五力模型一直存在许多争议，事实上该模型被更多的解释为一种理论思考工具，而非可以实际操作的战略工具，该模型存在着以下缺陷：①制定

① 欲了解更加详细的内容，建议阅读教材：贾俊平.统计学.北京：中国人民大学出版社，2005.

战略者可以了解整个行业的信息，显然现实中是难以做到的。②同行业之间只有竞争关系，没有合作关系。但现实中企业之间存在多种合作关系，不一定是纯粹的竞争关系。③行业的规模是固定的，因此，只有通过夺取对手的份额来占有更大的资源和市场。但现实中企业之间往往不是通过吃掉对手而是与对手共同做大行业的蛋糕来获取更大的资源和市场的。同时，市场可以通过不断的开发和创新来增大容量。

尽管如此，波特五力竞争模型的意义在于五种竞争力量的抗争中蕴含着三类成功的战略思想，那就是目前在实际领域中被广泛应用的，即成本领先战略、差异化战略、集中战略。

阅读材料 14.2

用波特五力模型分析美国运动品市场

迈克尔•波特在其经典著作《竞争战略》中，提出了行业结构分析模型，即所谓的“五力模型”，他认为：行业现有的竞争状况、供应商的议价能力、客户的议价能力、替代产品或服务的威胁和新进入者的威胁这五大竞争驱动力，决定了企业的盈利能力。对比这五种力量的作用，来分析一下美国运动鞋企业的竞争状态。

第一，这个领域存在较高的进入壁垒。美国运动鞋产业由“不用工厂生产”的品牌型公司组成，大公司在广告、产品开发，以及销售网络、出口方面都更有成本优势。更重要的是，品牌个性与消费者忠诚度都给潜在的进入者设置了无形的屏障。

第二，供应商的议价能力较弱。因为大多数运动鞋产业的投入都是同质的，特别是在耐克发起了外购浪潮后，超过90%的生产都集中在低工资、劳动力远远供过于求的国家。

第三，运动鞋的终端消费者在意价格，同时对时尚潮流更加敏感，但是这对于公司的利润率并没有极为负面的影响。因为如果存在利润的减少，那么这将通过降低在发展中国家的生产来弥补。此外，大多数品牌在产品差异化方面很成功，这阻止了购买者将品牌同不断转换的品牌形象联系起来。

第四，因为其他鞋类都不适宜运动，所以现在还没有运动鞋类的完全替代产品。

第五，美国运动鞋市场被看做具有挑战性并已饱和，充满激烈的竞争且增长缓慢，因此对于新进入者而言只有很小的空间。耐克、阿迪达斯和锐步，这些主要品牌抢占了超过一半的市场份额并保持着相对稳定。

通过分析我们可以看到，一方面，这是一个令人垂涎的市场，不过壁垒高筑，有较低的供应商议价能力，适度的购买者议价能力并且没有知名品牌的替代产品，很难挤出利润；另一方面，当高度市场集中但没有任何垄断力量时，区域里的对抗十分激烈。因此，在这个竞争环境中，独立公司的超常利润的持续性在很大程度上依靠他们的策略。

第三节 股票投资的微观分析：公司研究

公司研究主要集中于对公司财务的研究，这是进行基本分析最为核心的内容。它主要是从财务报表（financial statements）分析和财务比率分析两个方面进行的。

一、财务报表分析

财务报表分析主要是对三大报表，即资产负债表（balance sheet）、损益表（income statement）和现金流量表（statement of cash flows）的分析。

（一）资产负债表分析

资产负债表反映的是公司在某一特定时点的资产、负债和所有者权益状况的财务报表。该报表编制所依据的基本会计公式是

$$资产=负债+所有者权益 \quad (14\text{-}12)$$

对资产负债表的分析能帮助我们回答如下问题：公司的规模如何？流动资产和固定资产的比率是多少？公司的资本结构怎样？

投资者进行资产负债表分析时，主要应关注如下几项内容。

其一是对公司存货的分析。存货量较高可能意味着公司的市场营销能力或其产品的市场前景存在问题，这会影响公司的未来发展潜力和盈利能力，从而对公司股票的价值产生不利影响。

其二是对负债的分析。特别是对长期负债的分析，由于公司是按其未来支付额列示的，因此投资者需要确定该负债的现值。长期流动负债最大的风险来源于利率的变动，如某公司按5%票面利率发行10年期的债券，如果现行市场利率上升为8%，相对来说是大幅降低了公司的融资成本，该债券的现行价值就比其发行时要低。换言之，投资者应按利率对公司所列示的长期负债进行分析。

其三是进行结构分析。观察资产负债表中哪些结构发生了变化，并分析其变化的原因。这一分析有时会挖掘出一些有价值的信息。

（二）损益表分析

损益表是反映公司在某一特定时间内的收入情况、销售成本和费用情况的财务报表。

通过对损益表的分析，我们能得到如下问题的答案：公司收入的基本来源是什么？产品销售成本的构成是什么？其中公司最大的销售费用是什么？通过多期损益表的比较，还可以获得公司的收入、市场份额等的变动趋势。

许多费用或成本并不在资产负债表中列示，如研发费用、折旧成本等。而这些可能对公司的利润形成有很大影响，因此成为分析损益表时投资者应给以关注的重要内容。

（三）现金流量表分析

现金流量表反映公司的现金来源（如借款、发行新股票等）和应用（如费用、投资和分红等）。该表主要由三个部分组成，即经营活动产生的现金流量、投资活动产生的现金流量和融资活动产生的现金流量。经营活动是与公司生产经营有关的，以及资产负债表中与盈利活动有关的各项目，如净利润、折旧和摊销、资产和负债的变化等。投资活动包括买卖证券和资产、借出资金等。融资活动包括与公司获得资金有关的活动和与

所有者权益有关的活动。

对现金流量表的分析，可以帮助投资者估计公司的股利支付能力、公司现金的增长潜力，以及公司的偿债能力。特别是，现金流量表弥补了资产负债表和损益表的不足，可以帮助我们更好地对公司价值进行评估。例如，如果某公司采取赊销的方法，年销售收入2亿元，各项成本支出为1.85亿元。这样，在其资产负债表中会显示2亿元的“应收账款”，在损益表中显示为2亿元的“销售收入”和1 500万元的“净利润”，也就是说，从资产负债表和损益表中，都显示了该公司的经营是正常的。然而，如果从现金流的角度看，公司当期并没有任何现金流入，在现金流量表中，销售收入和净利润就都不存在。这一问题的重要性在于，如果现行年利率是10%，那么1年后公司所得到的2亿元收入，其现值为1.818 2亿元，扣除1.85亿元的成本后，公司实际亏损0.031 8亿元。由1 500万元的净利润到318万元的亏损，可见现金流原则对我们判别公司真实价值的重要性。

阅读资料 14.3

财务报表分析与股票超额回报的关系[①]

财务报表是综合企业经营活动的会计产物，也是衡量企业财务状况与经营结果的主要依据。传统基本分析认为，财务报表信息可以显示企业的基本价值，股价虽有时会偏离基本价值，但终将在未来时点回归基本价值。因此，透过财务报表分析，可以评估企业基本价值，以判断企业股票市价高估或低估。但由于偏离的股价终将趋向基本价值，故经由基本价值与市场价格的比较，可找出产生超常收益的投资策略。

回顾财务信息与证券市场的关联性的研究，国外由Ball和Brown开了先河，研究盈余宣告与股价之间的关联性，结果证实预期盈余与超常收益具有显著关联[②]。Holthausen和Lacker也证实财务报表具有信息内涵[③]。

对国内证券市场财务报表的信息含量及传递效应的研究，近年来国内学者对此也有较多的涉及。其中，赵宇龙采用Ball和Brown的方法对取自上海证券交易所的样本研究后发现，1996年度的盈余披露具有比较明显的信息含量与市场效应[④]。陈晓等证实了上市公司首次股利信号传递公告能产生超常收益，即具有信号传递效应，短期投资者有可能采取某种投资策略取得超常收益[⑤]。孟卫东和陆静以1998年年报为样本证实了年报比较有效地传递了公司盈余状况的信息，从年报上纰漏前后盈余反应系数，提出市场存在深厚的投机成本，机构投资者有利用内幕信息操纵市场的空间[⑥]。张弘和唐志通过对上市公司盈余预警的信息含量与传递效应的实证研究，表明盈余波动预警信息在预告发布前后的

---

① 何荣天，齐安甜.财务报表分析与股票超额回报关系的实证研究.第二届中国金融学年会论文集，2005.

② Ball R，Brown P. An empirical evaluation of accounting income numbers. Journal of Accounting Research，1968，6：159-178.

③ Holthausen R W，Lacker D F. The prediction of stock returns using financial statement information. Journal of Accounting and Economics，1992，15：373-411.

④ 赵宇龙. 会计盈余披露的信息含量——来自上海股市的经验证据. 经济研究，1998，（7）：41-49.

⑤ 陈晓，陈小悦，倪凡. 我国上市公司首次股利信号传递效应的实证研究. 经济科学，1998，（5）：33-43.

⑥ 孟卫东，陆静. 上市公司盈余报告披露的特征及其信息含量.经济科学，2000，（5）：75-82.

一段时间内，具有一定的信息含量，能为投资者带来超常收益，但其作用的时间、强度却存在差异[①]。

二、财务比率分析

财务比率分析主要包括偿债能力分析、资本结构分析、经营效率分析和盈利能力分析四大方面。

（一）偿债能力分析

偿债能力是公司可持续经营的重要条件之一。一般可从短期偿债能力和长期偿债能力两个角度进行分析。

从短期偿债能力看，主要从流动比率和速动比率两个角度衡量，以观察企业短期负债压力。其中流动比率的计算公式为

$$\text{流动比率}=\text{流动资产}/\text{流动负债} \tag{14-13}$$

一般而言该指标应大于 1 。

$$\begin{aligned}\text{速动比率}&=（\text{流动资产}-\text{存货}）/\text{流动负债}\\&=（\text{现金}+\text{短期投资}+\text{应收账款}）/\text{流动负债}\end{aligned} \tag{14-14}$$

长期偿债能力主要通过负债权益比率、债务权益比率、付息能力比率进行分析。其中负债权益比率的计算公式为

$$\text{负债权益比率}=\text{总负债}/\text{股东权益} \tag{14-15}$$

该指标也即财务杠杆率。

$$\text{债务权益比率}=（\text{短期负债}+\text{长期负债}）/\text{股东权益} \tag{14-16}$$

该指标反映股东每投入1单位资金可控制多少单位的债务融资。

$$\text{付息能力比率}=（\text{净收入}+\text{利息支出}+\text{税金支出}）/\text{利息支出} \tag{14-17}$$

该指标用来说明企业能产出多少收益以支付每单位的利息。此外，应收账款周转率也是衡量公司偿债能力的重要指标，有

$$\text{应收账款周转率}=\text{销售收入}/\text{平均应收账款} \tag{14-18}$$

（二）资本结构分析

上述的债务权益比是资本结构分析的重要指标之一，它反映了资本结构中债务所占的比例。此外，还可通过股东权益比率和股东权益占固定资产比率两个指标来反映公司资本结构中股权所占的比例，如下所示：

$$\text{股东权益比率}=（\text{股东权益总额}/\text{资产总额}）\times 100\% \tag{14-19}$$

$$\text{股东权益占固定资产比率}=（\text{股东权益总额}/\text{固定资产总额}）\times 100\% \tag{14-20}$$

（三）经营效率分析

经营效率是公司价值的基础所在。一般它可通过存货周转率、固定资产周转率、总

① 张弘，唐志. 上市公司盈余预警的信息含量与传递效应的实证研究.深圳证券交易所第五届会员单位、基金管理公司，2003.

资产周转率等指标进行分析。存货周转率和存货平均周转天数的公式为

存货周转率=销货成本/平均存货　（14-21）

式中，

平均存货=（期初存货+期末存货）/2　（14-22）

存货平均周转天数=360/存货周转率　（14-23）

固定资产周转率为

固定资产周转率=销售收入/平均固定资产　（14-24）

式中，

平均固定资产=（年初固定资产+年末固定资产）/2　（14-25）

总资产周转率主要用于分析企业资产管理的效率。其具体分析可分解为流动资产周转率和固定资产周转率。流动资产周转率的公式为

流动资产周转率=销售额/流动资产　（14-26）

该指标说明公司每投入1单位流动资产会带来多少单位的销售回报。固定资产周转率的公式为

固定资产周转率=销售额/固定资产　（14-27）

该指标用以说明公司每投入1单位固定资产将会带来多少单位的销售回报。

（四）盈利能力分析

公司盈利能力分析可通过毛利率、净利率、净资产收益率、主营业务利润率、可持续成长率和投入资本回报率（return on invested capital，ROIC）等指标进行反映。

毛利率=（营业利润/销售收入）×100%　（14-28）

净利率=（净利/销售收入）×100%　（14-29）

在第十三章我们已指出了净资产对公司股票价值影响的重要性。净资产收益率的公式为

净资产收益率=净利润/所有者权益

=（净利润／总资产）×（总资产／所有者权益）　（14-30）

式中，净利润／总资产为总资产利润率，即ROA（return on assets）；总资产／所有者权益为财务杠杆。ROA由销售利润率和总资产周转率两部分组成，即

ROA=净利润／总资产=销售利润率×总资产周转率　（14-31）

式中，

销售利润率=净利润／销售额　（14-32）

总资产周转率=销售额／总资产　（14-33）

由以上公式可见，净资产收益率可表示为三个比率的乘积，即

净资产收益率=销售利润率×总资产周转率×财务杠杆　（14-34）

主营业务利润率实际上包含两项内容，即主营业务利润率和主营业务利润比率。前者主要是通过等比例收入表分析。现实中，后者日益受到重视——这主要源于人们对多角化经营的重新认识，即集团可多角化，而下属公司则应专业化，且认为专业化公司才

具有核心竞争力。衡量专业化的指标是主营业务利润比例，即主营业务利润占总利润的比例，一般以60%为底限。

可持续成长率是指公司保持现有的盈利能力和在融资政策不变的前提下公司的成长比率。可持续成长率=净资产收益率×（1–红利支付比率）。其中红利支付比率=支付给股东的现金红利/收益率，它用来衡量公司的红利政策。

ROIC也是一个受到很多投资者推崇的财务指标。晨星公司股票研究部负责人帕特•多尔西在《股市真规则》一书中称其为："一个久经考验的分析资本收益的比率……它是一个比资产收益率和净资产收益率更全面、更好的度量盈利能力的工具。"

其计算方法为

ROIC=息税前收益 EBIT×（1–税率）/（股东权益+有息负债）（14-35）

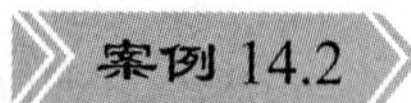
案例 14.2

基本分析报告框架

在实际投资中，机构投资者（如证券公司、基金管理公司等）的研发部门都会定期向公司投资决策部门提供基本分析报告。一般而言，基本分析报告的分析模式主要有两种，即TOP-DOWN（由上而下）模式和BOT TOMUP（由下而上）模式。

TOP-DOWN模式的基本步骤包括宏观经济分析、资本市场分析、产业分析和公司分析。先从宏观经济面和资本市场的分析出发，重视对大环境变量的考虑，以此来挑选未来前景较看好的产业，之后再从所选产业中挑出较具竞争力和绩效不错的公司。一份TOP-DOWN模式分析报告的主要内容有如下方面。

（1）宏观经济分析。主要是评估经济运行的状态及其未来展望，以及该状态和未来趋势将对资本市场的影响。

（2）资本市场分析。整个市场的动向对个股股价的影响是巨大的，但正如我们在第二节的产业研究中所分析的，也有股票是逆势而动的。这里就要分析整体股市将会上涨还是下跌，该报告所分析的个股会受到何种方向和程度的影响与冲击。

（3）产业分析。内容包括影响产业供给需求的因素、重要的发展、是否有引入新的产品线、价格与成本的结构是否有改变、主要的竞争者分析等。

（4）公司分析。着重在企业的未来获利能力、成长性的预测，以及评估其财务状况。

➢本章小结

本章主要讲解了股票投资决策分析的重要方面之一——股票投资的基本分析。证券投资的基本分析所要揭示的是经济运行基本面的变化对证券投资价值的影响，它一般从宏观基本面、中观基本面和微观基本面三个角度进行研究和揭示。宏观基本分析的主要目的是揭示宏观经济运行的变化对股票投资价值的影响。根据第十三章的股利贴现模型，如果我们暂且不考虑预期（即贴现）因素，则股票价值的决定公式可表示为

$$V_t=d_tK_{t-1}+（P_tK_t-P_{t-1}K_{t-1}）$$

经济周期性变化，如在经济上升时期，由于投资和消费的共同扩张，公司利润将随之增加。这两方面的情况都会使上市公司的可分配利润增加，从而使投资者的分红所得增加，在资本利得不变时，这将导致现期股票价值上升，即$V_t > V_{t-1}$。这就是经济周期变化通过股利因素对股票价值的影响。

同时，在经济处于上升时期，会吸引投资者增持股票，即$K_t > K_{t-1}$；在股票供给不变时，投资者的增持行为必将导致股票价格的上升，即$P_t > P_{t-1}$。由此我们得到股票价值的增值方程为

$$V_t = (P_t - P_{t-1})(K_{t-1} + \Delta K_t) + d_t K_{t-1}$$

$$= \Delta P_t K_{t-1} + \Delta P_t \Delta K_t + d_t K_{t-1}$$

这也就同样导致了$V_t > V_{t-1}$。这就是经济周期变化通过资本利得因素对股票价值的影 响。

此外，根据股利贴现模型，在经济上升时期，作为分母的较低的贴现率将导致较高的股票价值；反之在经济下降时将导致相反的结果。

中观基本分析的主要目的是揭示行业和产业周期对股票投资价值的影响，以及相应的投资策略。根据行业变动与国民经济总体同期变动的关系密切程度的不同，可以将行业分为周期性行业和防御性行业两大类。周期型行业的运行状态直接与经济周期相关。当经济处于上升时期，这些行业会大幅增长，当经济衰退时，这些行业也相应跌落。防御型行业是因为对其产品的需求相对稳定，并不受经济周期的影响。特别是，在经济衰退时，某些防御型行业还可能出现上升状态。

由此我们得到的投资策略是：当经济周期处于上升阶段时，投资者可投资周期性行业，以分享该类行业高速扩张的收益；而当经济处于下降阶段时，即应投资防御性行业，以便在规避宏观经济风险的同时，获得一定的稳定收益。

一般而言，一个完整的产业生命周期可划分为初创期、成长期、成熟期和衰退期四大阶段。初创期企业处于大规模投资创立时期，企业利润为负，同时在这一阶段还存在创业失败的可能性。因此该阶段一般适于风险投资基金的进入。成长期企业利润呈上升趋势（生命期曲线斜率较大），根据股利贴现模型，从而股票价值也趋于上升。因此该阶段是风险规避型投资者的最佳介入期。成熟期，产业内的企业发展平稳，利润基本处于历史最好水平。这一阶段是风险中性投资者的最佳选择。衰退期利润开始大幅下降，此时产业内的企业处于自身的产业转型（二次创业）阶段；又由于利润的下降降低了购并成本，企业因此存在被购并的可能；同时也存在产业转型失败、但没有被购并，从而企业走向破产的可能。这一阶段是风险偏好投资者的选择。

微观基本面分析主要集中于对公司财务的研究，这是进行基本分析最为核心的内容。它主要是从财务报表分析和财务比率分析两个方面进行的。财务报表分析主要是对资产负债表、损益表和现金流量表的分析。

投资者进行资产负债表分析时，主要应关注如下几项内容，其一是对公司存货的分析，其二是对负债的分析，其三是进行结构分析。

许多费用或成本并不在资产负债表中列示，如研发费用、折旧成本等。而这些可能

对公司的利润形成有很大影响，因此成为分析损益表时投资者应给以关注的重要内容。

对现金流量表的分析，可以帮助投资者估计公司的股利支付能力、公司现金的增长潜力，以及公司的偿债能力。特别是，现金流量表弥补了资产负债表和损益表的不足，可以帮助我们更好地对公司价值进行评估。

财务比率分析主要包括偿债能力分析、资本结构分析、经营效率分析和盈利能力分析四大方面。

➢练习题

一、简答题

1.简述周期型行业的特征及其成因。

2.简述防御型行业的特征及其成因。

3.简述波特五力模型的内在含义及应用缺陷。

4.简述投资者进行资产负债表分析时主要应关注的内容。

5.简述现金流量表分析是如何帮助我们进行公司价值评估的。

6.简述偿债能力分析的主要指标。

7.简述资本结构分析的主要指标。

8.简述经营效率分析的主要指标。

9.简述盈利能力分析的主要指标。

二、论述题

论述经济周期对股票价值的影响机制。

第十五章

股票投资的技术分析

所谓技术分析，是指通过分析证券市场的市场行为，对市场未来的价格变化趋势进行预测的研究活动。其中市场行为包括三个方面：价格的高低和变化；成交量的变化；完成这些变化所经过的时间，即价、量、时。这是技术分析的三要素。

技术分析大致分为六类方法，即指标法、切线法、形态法、*K*线法、波浪法和周期法。指标法是指根据所要考虑的变量，建立数学模型，给出计算公式，得到一个判断行情走势的指标数值，如相对强弱指标RSI、随机指标KD、方向指标DMI等。切线法是指按照一定的规则绘出一些对股价起支撑作用或阻力作用的直线。形态法是指根据所总结出的一定的形态来判断股价的走势。典型的形态如双重顶（M头）、双重底（W底）、头肩顶底等。

第一节　技术分析概述

技术分析的前提假设、道氏理论、波浪理论和量价理论共同构成了技术分析的理论基础。

一、技术分析的前提假设

所有的技术分析方法都建立在如下三个假设的基础上。

假设1：市场行为包括一切信息。这是技术分析的基础，它认为影响股票价格的所有信息都已反映在了现行股票价格之中，认为市场中的量、价、时（即市场行为）综合反映了所有的市场信息——这正是技术分析失灵的一个重要原因——市场信息没有充分反映所有信息。

假设2：价格沿趋势波动，并保持趋势，即认为股价运行具有惯性。从长期而言这是对的，从短期而言，股价是不规则变动的——这正是技术分析中长期指标较短期指标分析更准确的原因。

假设3：历史会重复。这是股票市场上的一个重要现象，如相同的宏观现象或相同的市场背景会产生相同的走势。但问题是，当人们认识到“相同”时，相同的走势已结束。

二、道氏理论

道氏理论以市场平均价格指数解释和反映市场的大部分行为，认为市场运行可划分为三种趋势，即长期趋势、中期趋势和短期趋势。其认为成交量在市场趋势中起重要作用，而成交价格中，收盘价最为重要。

道氏理论最为核心的内容是提出了在股市运行的任何时候都可以用长期趋势、中期趋势和短期趋势三种趋势来概括。其中长期趋势又称主要趋势或原始移动，一般是指持续一年或多年的市场变化趋势，其间或为长期上涨的多头市场，或为长期下跌的空头市场。

中期趋势又称次要趋势或次级运动。它发生在主要趋势过程之中，是长期趋势中的反动作用，即中间性的离心变化。

短期趋势又称日常波动，一般指短则数小时，长则数天的波动。短期趋势因时间持续太短，因此它除了对一些短期投资者从事买卖活动有意义外，对中长期投资者意义不大。

为了判断趋势是否形成，道氏理论提出了互证的标准。所谓互证，就是两种股价平均指数发生某种相联系的变动。道氏理论认为，主要趋势和次级运动的变化可以通过道琼斯工业指数和铁路指数来判断。当两种股价平均指数朝同一方向变动时，一种指数被另一种指数证明，则次级运动和主要趋势便会产生。而如果两种指数的变动是反方向的，则没有发生互证，也就不能说明次级运动和主要趋势的形成。

道氏理论虽然为技术分析提供了最初的理论基础，但其本身也有较大的局限性。主要表现在：首先，其给出的信号滞后，对短期交易指导作用不大；其次，其理论本身需更新，如过于强调收盘价，而忽视开盘价；最后，道氏理论所提出的互证，在实际股票市场运行中也存在着不确定性。

三、波浪理论

波浪理论认为，不管是股票还是商品价格的波动，都与大自然的潮汐、波浪一样，一波跟着一波，周而复始，具有相当程度的规律性，展现出周期循环的特点。因此，投资者可以根据这些规律性的波动预测价格未来的走势，并据此进行投资决策。

波浪理论主要内容是：①认为股价指数的上升和下跌将会交替进行。②提出推动浪和调整浪是价格波动两个最基本形态，而推动浪（即与大势走向一致的波浪）可以再分割成5个小浪，一般用第 1 浪、第 2 浪、第 3 浪、第 4 浪、第5浪来表示；调整浪（与大势走向不一致的波浪）也可以划分成3个小浪，通常用A浪、B浪、C浪表示。③在上述8个波浪（5升3降）完毕之后，一个循环即完成，走势将进入下一个8波浪循环。④时间的长短不会改变波浪的形态，因为市场仍会依照其基本形态发展。

波浪理论的上述内容如图15-1所示。

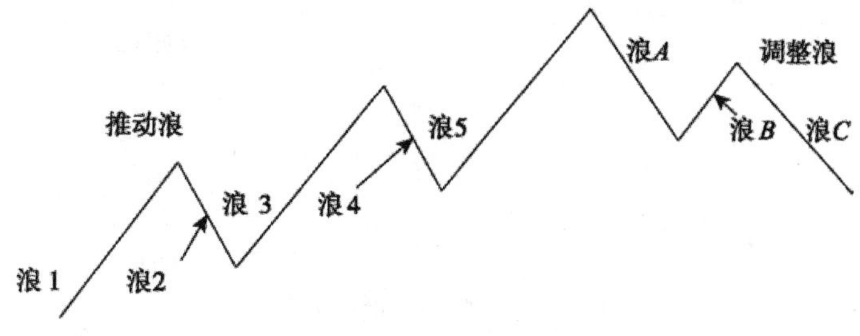

图 15-1　一个完整的波浪

波浪理论还对各浪的升降幅度给出了具体标准①，对推动浪来说，浪2通常会调整到浪1的0.5~0.809；浪3的涨幅一般相当于浪1的1.618倍或2.618倍; 浪4的跌幅一般相当于浪3涨幅的0.382倍，有时可达0.5倍，但一般不会超过0.618倍；浪5的涨幅通常可达到浪1到浪3总涨幅的0.382~0.618倍。

对调整浪来看，*A*浪的跌幅通常不会超过浪1至浪5总涨幅的0.5倍；*B*浪的反弹过程一般是*A*浪的0.382倍；*C*浪的最终目标值可根据*A*浪的幅度来预估，在实际走势中，会经常是*A*浪的1.618倍，但*C*浪的下跌幅度一般不会超过浪1至浪5总涨幅的0.667倍。

此外，一般来说，各个波浪持续的时间与其他波浪持续的时间也具有0.382或0.618的黄金比率关系。

从波浪的构成及其数据基础来看，波浪理论似乎颇为简单和容易运用。但实际上，由于其每一个上升/下跌的完整过程中均包含一个8浪循环——大循环中有小循环，小循环中有更小的循环，即大浪中有小浪，小浪中有细浪。因此，使“数浪”变得相当繁杂和难于把握。再加上其推动浪和调整浪经常出现延伸浪等变化形态和复杂形态，使对浪的准确划分更加难以界定。这两点构成了波浪理论实际运用的最大难点。

四、量价理论

量价理论认为成交量是股市的元气与动力，成交量的变动，直接体现了股市交易是否活跃，人气是否旺盛，而且它还体现了市场运作过程中供给与需求间的动态实况。没有成交量的发生，市场价格就不可能变动，也就无股价趋势可言。

量价理论的主要观点是：①认为成交量和股价的关系是，股价上升时，成交量增加，股价回落时，成交量递减；②成交量因后继不足，不能显示出正进行的趋势时，股价趋势即将反转；③成交量与股份背离时，股价趋势也将反转；④提出了“量比价先”的标准，即无论在空头市场还是多头市场上，成交量的变动都先行于股票价格的变动，成为股价的先行指标。典型的成交量与股价趋势的关系如图15-2所示。

---

① 其理论依据在于所谓“神奇数字”——斐波南希数列，见本节阅读资料 15.1。

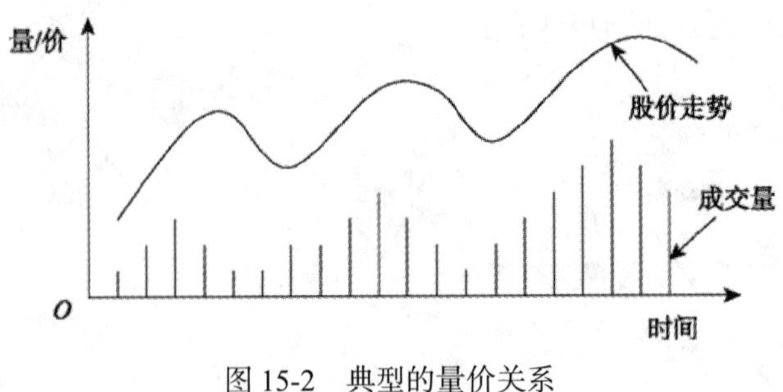

图 15-2 典型的量价关系

阅读资料 15.1

波浪理论的数据基础

1.斐波南希数列——神奇数字，即1，2，3，5，8，13，21，34，55，89，144，233，377，610……神奇之处在于和的关系、比率关系、平方关系。

2.神奇数字与股价波浪：①浪2通常会调整到浪1的0.5~0.809；②浪3的涨幅一般相当于浪1的1.618倍或2.618倍；③浪4的跌幅一般相当于浪3涨幅的0.382倍，有时可达0.5倍，但一般不会超过0.618倍；④浪5的涨幅通常可达到浪1到浪3总涨幅的0.382~0.618倍；⑤*A*浪的跌幅通常不会超过浪1至浪5总涨幅的0.5倍，*B*浪的回吐过程一般是*A*浪的0.382倍，*C*浪的最终目标值可能根据*A*浪的幅度来预估，在实际走势中，会经常是*A*浪的1.618倍，但*C*浪的下跌幅度一般不会超过浪1至浪5总涨幅的0.667倍；⑥一般来说，各个波浪持续的时间与其他波浪持续的时间也具有0.382或0.618的黄金比率关系。

第二节　*K* 线分析

*K*线理论是技术分析理论的一个重要应用，它不仅是对股票价格历史走势的一种精确描述，更为重要的是，在一定程度上，它可以帮助我们预测股票价格的走势。*K*线由影线和实体组成。影线在实体上方的部分叫上影线，在实体下方的部分叫下影线。实体分阴线和阳线，在技术分析软件中一般分别表现为绿色的柱状线和红色的柱状线。

一条*K*线描述了4种价格，即开盘价（交易开始价）、最高价、最低价和收盘价（交易结束价）。

一、*K* 线的基本形状和含义

*K*线的基本形状可分为上下影*K*线、上影*K*线、下影*K*线、实体*K*线和其他*K*线形状等五大基本形状，并相应有其含义。

（一）上下影 *K* 线

上下影*K*线如图15-3所示。它又分为上下影阴线和上下影阳线两种。上下影阴线[图15-3（a）]中的实体阴线表明股价总体呈下降走势；上影线表明抛盘沉重，下影线表明有微弱抵抗。

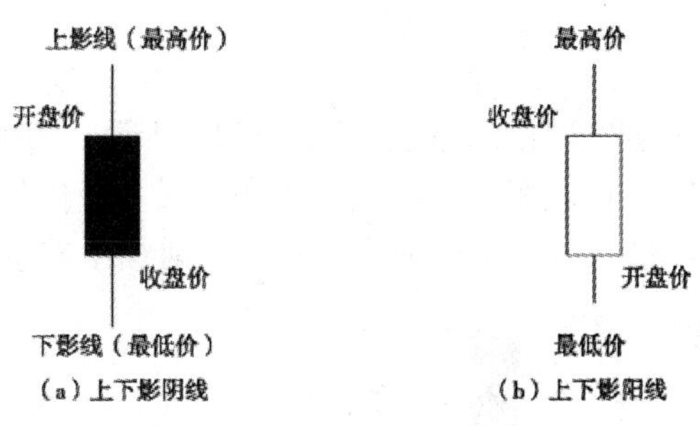

图 15-3　上下影 *K* 线

上下影阳线如图15-3（b）所示，其实体部分表明股价总体呈上升趋势。其下影线表明支撑力较大；上影线表明有微弱抛盘。

（二）上影 *K* 线

上影*K*线如图15-4所示，它又分为上影阴线和上影阳线两种。上影阴线如图15-4（a）所示。其实体部分表明股价呈下降趋势，上影线则表明上行压力较大。

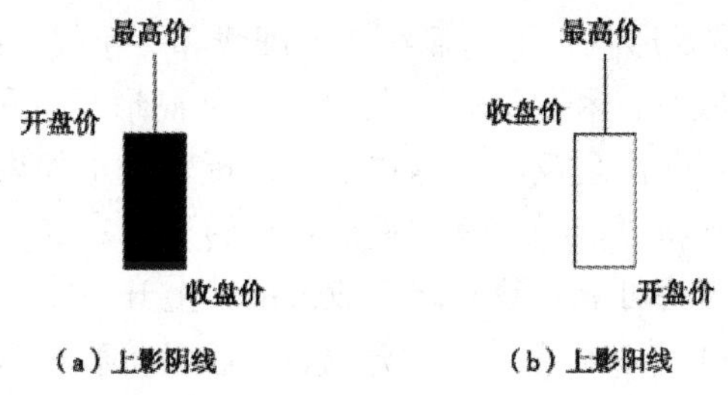

图 15-4　上影 *K* 线

上影阳线如图15-4（b）所示，其实体阳线表明股价总体呈上升趋势，但上影线也表明了上行压力较重。

（三）下影 *K* 线

下影*K*线如图15-5所示，它分为下影阴线和下影阳线两种。下影阴线如图15-5（a）所示，它的实体阴线表明股价呈下跌走势，但下影线说明底部有一定的抵抗。

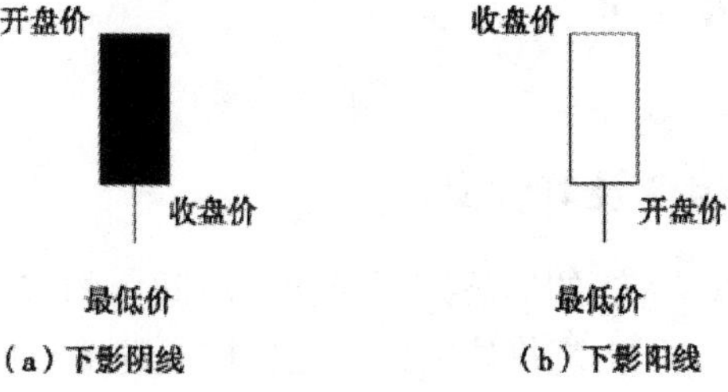

图 15-5　上影 *K* 线

下影阳线如图15-5（b）所示，它表明股价呈上升走势，其下影线既表明虽然盘中有一定阻力，也表明了底部支撑较强。

（四）实体 K 线

实体K线分为实体阴线和实体阳线两种，如图15-6所示。其中实体阴线[图15-6（a）]也叫“光头光脚大阴线”，它表明整个交易期（如一天）股价都呈下跌走势，盘中毫不抵抗，导致开盘价即最高价，收盘价形成最低价。一般预示着下跌阶段的开始。

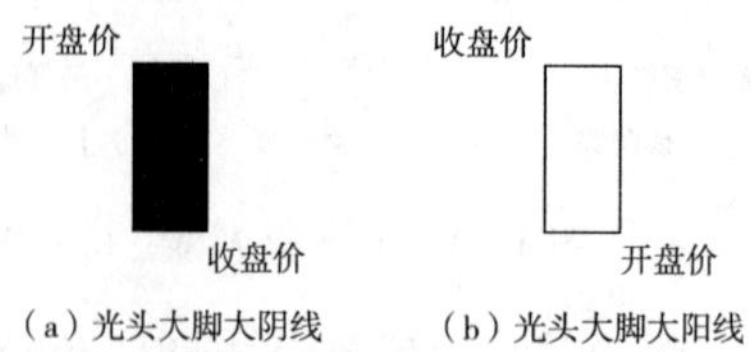

图 15-6　实体 K 线

实体阳线如图15-6（b）所示，也叫“光头光脚大阳线”，表示股价全天呈上升趋势，由于能量较大，一般而言转天还会延续升势。

（五）其他 K 线形状

K线还有其他三种重要形状，即蜻蜓线、墓碑线和一字线。蜻蜓线如图15-7（a）所示，其特点是开盘价、收盘价和最高价三价合一，从而形成一种无实体的K线。一般出现这一形状意味着市场可能出现反转。这里所谓的反转是指如果在蜻蜓线出现之前股价是上升的，则该线的出现将可能导致其之后股价反转下降；如果在蜻蜓线形成之前股价是下降的，则该线的出现将可能导致其之后股价反转上升。

墓碑线如图15-7（b）所示，它是一种开盘价、收盘价和最低价合一的，从而也是一种无实体的K线。它一般出现在反弹行情中，意味着反弹失败，极可能出现下降走势。

一字线如图15-7（c）所示，它是一种开盘价、收盘价、最高价和最低价四价合一的K线，主要反映了两种情况，要么是股票交易清淡，开盘后只有一笔交易成交，要么是在涨跌停板限制下，开盘即封在涨或跌停位置。

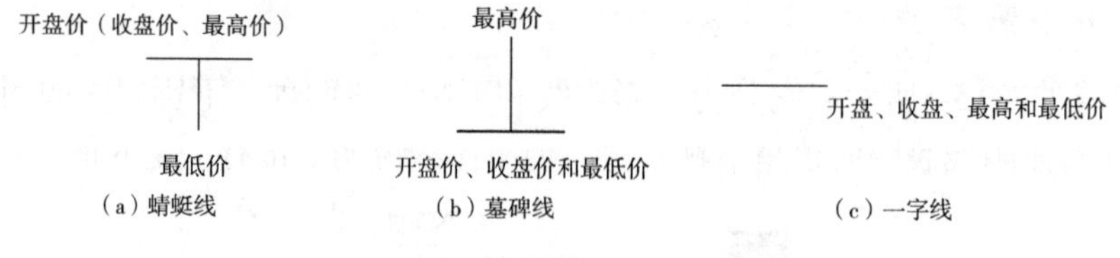

图 15-7　其他 K 线形状

二、典型的 K 线组合及其含义

一般来说，我们可以从K线的形态判断出交易时间内的多、空情况。例如，光头光脚的大阳线，表示涨势强烈。由高价位的射击之星构成的单日反转，杀伤力极大。不过，应该注意的是，在使用K线图时，单个K线的意义并不大。股价经过一段时间的运行后，在图表上形成一些特殊的区域或形态，不同的形态显示出不同的意义。这就是我们要讨论的K线组合。

以下是一些常见的K线组合。

（一）星线组合

1.早晨十字星[①]

特点：出现在下跌途中，由三根K线组成，第一根是阴线，第二根是十字线，第三根是阳线，第三根K线实体深入到第一根K线实体之内，如图15-8所示。

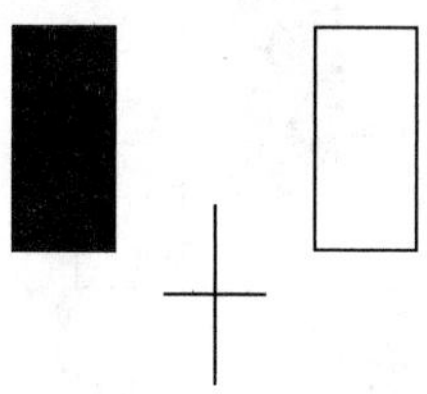

图 15-8 早晨十字星

技术含义：见底信号，后市看涨。

2.射击之星

特点：出现在上升趋势中，实体很小，上影线大大长于实体，可以是阳线，也可以是阴线，如图15-9所示。

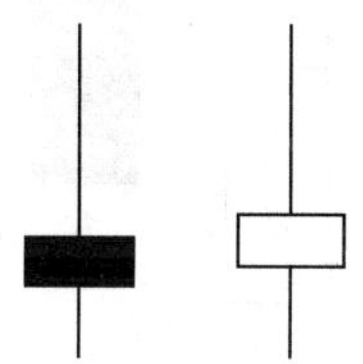

图 15-9 射击之星

技术含义：见顶，卖出信号。

3.黄昏之星

特点：出现在上升趋势中，由三根K线组成，第一根是一根阳线，第二根是一颗星构成的主体部分，第三根是阴线，如图15-10所示。

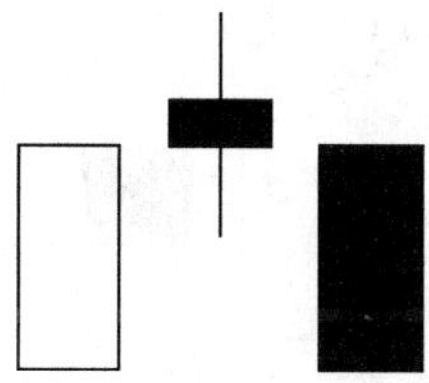

图 15-10 黄昏之星

技术含义：见顶，卖出信号。

① 早晨十字星又称希望十字星。

如果中间的星是由十字星、灵位、锤型等特殊的星构成，信号更强烈。

（二）晴阴组合

1.曙光初现

特点：出现在下跌趋势中，由一阴一阳两根K线组成，先是一根大阴线或中阴线，接着出现一根大阳线或中阳线。阳线的实体深入到阴线实体的二分之一以上处，如图15-11所示。

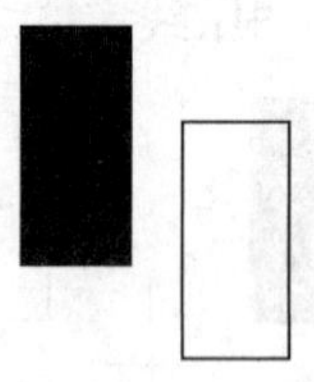

图 15-11 曙光初现

技术含义：见底信号，后市看涨。阳线实体深入阴线实体越多，转势信号越强。

2.乌云盖顶

特点：出现在上升趋势中，一条高开的阴线，收至前一日阳线实体的中下部，如图15-12所示。

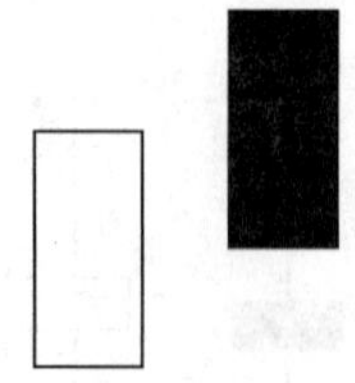

图 15-12 乌云盖顶

技术含义：卖出信号。

（三）孕线组合

1.顶部孕线

特点：在上升趋势中，一条K线上下均未超出前一日阳线实体的幅度。第二条K线可以是阴线，也可以是阳线，如图15-13所示。

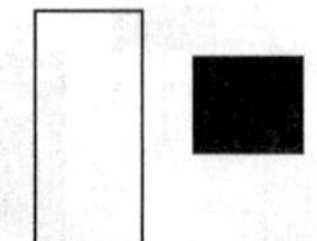

图 15-13 顶部孕线

技术含义：顶部，卖出信号。如果是特殊的线性，作用会更强烈。

2.底部孕线

特点：在下跌趋势中，一条K线上下均未超出前一日阴线实体的幅度，如图15-14所 示。

图 15-14　底部孕线

技术含义：见底，买入信号。如果第二条K线是特殊的线形，作用会更强烈。

（四）拥抱组合

1.拥抱线

特点：在下跌趋势中，由两条K线构成，第二日K线实体将前一日K线完全包容，如图15-15所示。

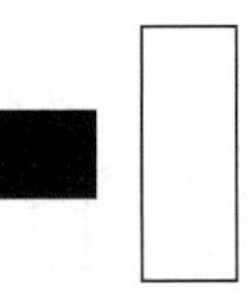

图 15-15　拥抱线

技术含义：见底买入信号。第一日的K线也可以是小阳线，如果第一天的是线形，信号更强烈。

2.死亡拥抱

特点：在上升趋势中，第二日K线实体将前一日K线完全包容。第一天可以是小阳线，也可以是小阴线，如果第一天一颗星，则信号更强烈，如图15-16所示。

图 15-16　死亡拥抱

技术含义：顾名思义，卖出信号。

（五）三兵组合

1.红三兵

特点：出现在上涨行情初期，由三根连续创新高的小阳线组成，如图15-17所示。

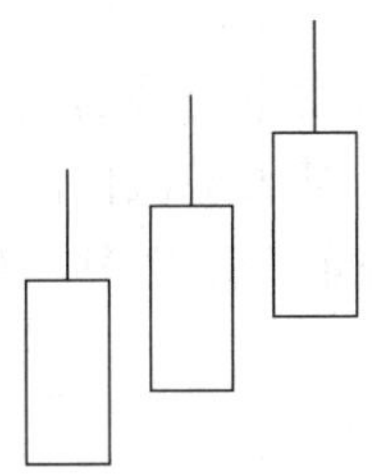

图 15-17　红三兵

技术含义：见底信号，后市看涨。

当三根小阳线收于最高或接近最高点时，称为三个白色武士，三个白色武士拉升股价的作用要强于普通的红三兵，投资者应引起足够的重视。

2.黑三兵

特点：和红三兵正好相对，有三根连续创新低的阴线组成[①]。

技术含义：见项信号，后市看跌。

（六）多线组合

1.低档五阳线

特点：出现在下跌行情中，连续拉出五根阳线，多为小阳线，如图15-18所示。

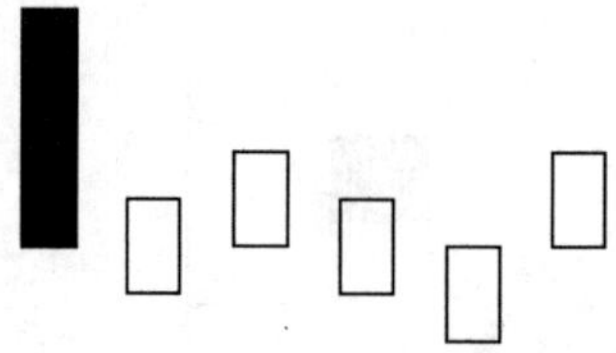

图 15-18　低档五阳线

技术含义：见底信号，后市看涨。

低档五阳线不一定都是五根阳线，有时也可能是六根、七根。

2.上升平台和下降平台[②]

上升平台指在升势的初期，用相当的时间，在一个相对较小的价格区间里进行整理，所谓“躺着有多长，站起来就有多高”。做平台的原因可能是换庄、洗筹或别的原因。

下降平台，还要跌，从技术角度来讲，在出现下降平台前，就应该空仓了，所谓盘久必跌。

3.冉冉上升型

特点：在盘整后期出现，由若干小K线组成（一般不少于八根），其中以小阳线居多，中间也可夹杂着小阴线、十字线，整个K线排列呈略微向上倾斜状。

技术含义：看涨信号。该K线组合犹如冉冉升起的旭日，升幅虽不大，但它往往是股价大涨的前兆，如成交量能同步放大，这种可能性就很大。

（七）形态组合

1.缺口形态

特点：缺口是指某一段当时没有发生交易的区域，在K线图上表现为相邻两条线高低价位之间的空白。在上升趋势中，某天最低价高于前一日的最高价，从而K线图上留下一段当时价格未能覆盖的缺口。在下降趋势中，对应的情况则是当天的最高价格低于

---

① 其形态与红三兵正好相反，因此图形从略。

② 这是技术分析中的常用术语，但实际操作中却形态各异，因此图形从略。同时下文中的其他术语也类似处理。

前一日的最低价，如图15-19所示。

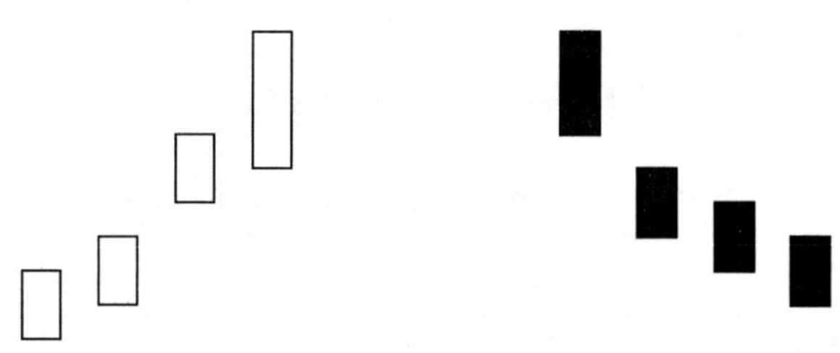

图 15-19 缺口形态

技术含义：向上跳空表明市场坚挺，向下跳空则通常标志着市场的疲软。

2.圆形底部形态

特点：K线图逐步呈现出向下凹进的圆弧状，然后市场打开一个向上的缺口。必须有一个缺口，才能保证底部的完成。

技术含义：见底信号，后市看涨。

3.圆形顶部形态

特点：K线图逐步形成向上凸起的圆弧状图案，在这个过程中，通常出现的是一些较小的实体。最后应当有一个向下的缺口，作为市场顶部的验证信号。

技术含义：见顶信号，后市看跌。

4.V 型反转

特点：K线形态走势像V形，如图15-20所示。

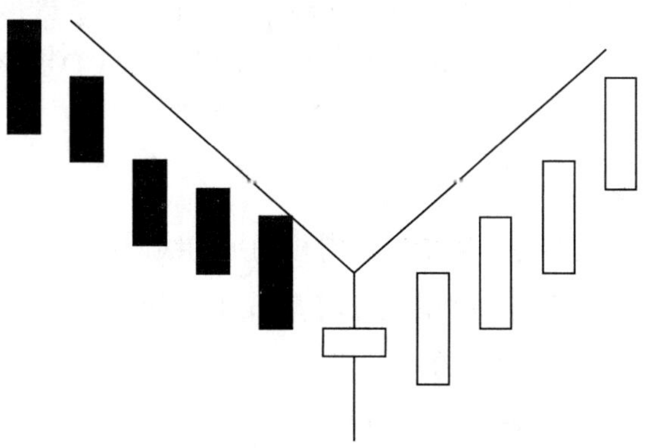

图 15-20 V形反转

技术含义：形成时间短，研判比较困难，但是爆发力强，把握好可以短期获利。

第三节 技术指标分析

通过一定的数学、统计或其他方法将股票市场的原始数据处理成具体的数值，并将这些数值制成图表，这些图表就是技术指标（technical indicator）。20世纪70年代，随着计算机技术的发展，越来越多的交易者使用电脑分析系统，技术指标从而开始在世界各地迅速流行。

技术指标种类繁多，根据指标的特点，可以大致如表15-1分类。

表 15-1 技术指标的分类、特点和主要指标

分类	特点	主要指标
趋势类指标	以均线系统为基础，理论基础是顺势操作，不计较小的得失，只求正确随大势而走	MA、BIAS、EXPMA、DMA、MACD、DMI、SAR、TRIX 等
摆动类指标	又叫反趋势指标，当市场无明显趋势时，价格通常会在一个区间摆动，当市场的趋势接近尾声时，摆动类指标的价值能充分体现	W%R、KDJ、RSI、CCI、ROC、CDP 等
量价类指标	将价格和成交量结合考虑，力求真实反映市场内在动能	OBV、WVAD、EMV、AD 等
人气类指标	利用历史数据的分析，将市场人气定量化，反映买卖时机	BRAR、CR、PSY 等
路径型指标	这类指标一般由上限和下限两条线构成一个带状的路径，表示价格波动的区域带，股价超出该区域则说明价格波动异常	BOLL、%BB 布林极限、MIKE

限于篇幅，本章主要介绍几个常见的指标，同类指标的用法比较相似，读者如果有兴趣可以专门查阅更翔实的资料。

一、指数平滑异同移动平均线

指数平滑异同移动平均线（moving average convergence and divergence，MACD）是一项利用快速线（时间参数常设为12日）和慢速线（时间参数常设为26日）之间的聚合与分离状况，对买进、卖出时机做出研判的技术指标。MACD是中长期趋势分析的主要技术工具，它主要由三个部分组成，DIF、DEA和BAR。

（一）公式算法

DIF：DIF为收盘价短期与长期指数平滑移动平均线间的差。

DEA：DEA为DIF的M日指数平滑移动平均线（M为参数，一般设置为9）。

MACD：MACD为DIF与DEA的差。

BAR：BAR的公式为BAR=2（DIF–MACD）。

（二）主要应用法则

（1）交叉信号。当DIF和DEA处于0轴以上时，属于多头市场，DIF线自下而上穿越DEA线时是买入信号。DIF线自上而下穿越DEA线时，如果两线值还处于0轴以上运行，仅仅只能视其为一次短暂的回落，而不能确定趋势转折。当DIF和DEA处于0轴以下时，属于空头市场。DIF线自上而下穿越DEA线时是卖出信号，DIF线自下而上穿越DEA线时，如果两线值还处于0轴以下运行，仅仅只能视其为一次短暂的反弹，而不能确定趋势转折。

（2）背离原则。如果DIF的走向与股价走向相背离，即股价指数持续走高，而DIF却

走出一波比一波低的走势的时候，意味着顶背离出现，预示着股价将可能在不久后出现反转；当价格持续走低，而DIF却走出一波比一波高的走势时，意味着底背离现象的出现，预示着股价将很快结束下跌，转头上涨。

（3）牛皮市道中指标将失真。当价格并不是自上而下或者自下而上运行，而是保持水平方向的移动时，我们称之为牛皮市道，此时虚假信号将在MACD指标中产生，指标DIF与MACD的交叉将会十分频繁，同时柱状线的收放也将频频出现，颜色也会常常由绿转红或者由红转绿，此时MACD指标处于失真状态，使用价值相应降低。这时一般采用柱状线BAR来判断短期反转点。一般来说，柱状线的持续收缩表明趋势运行的强度正在逐渐减弱，当柱状线颜色发生改变时，趋势确定转折。

案例 15.1

上证指数[①]2007年6月至2008年4月初的走势

如图15-21所示，图中*A*处DIF向上突破DEA构成了买入信号，同时DIF与DEA冲到0线以上，进入多头市场。*B*处DIF向下穿越DEA，并且出现指标与价格走势严重背离的现象，构成卖出信号。不久，*C*处DIF再次向下穿越DEA线，不久跌破0线，进入空头市场。经过短暂的反弹，在*D*处，DIF向下穿越DEA线，开始了较长时间、较大幅度的下跌。

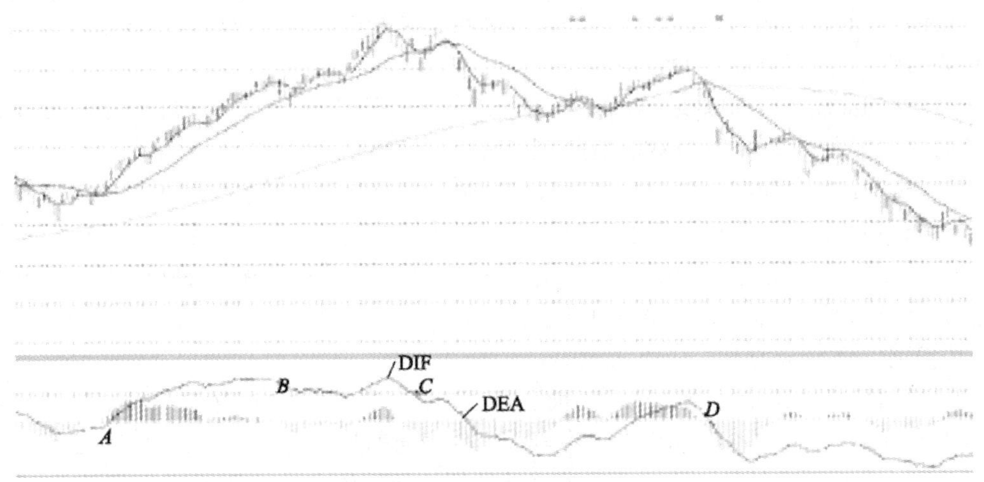

图 15-21　上证指数 2007 年 6 月至 2008 年 4 月初的走势

二、动向指数

动向指数（directional movement index）又称趋向指数，其基本原理是通过分析股价在上升及下跌过程中的均衡，即供需关系受价格的变动由均衡到失衡的循环过程，从而提供对趋势判断的依据，比较适合中期分析。

① 上海证券交易所股票价格综合指数，简称上证指数。

（一）公式算法

动向指数由三条线构成，上升指标线、下降指标线、平均动向指标线。

（1）上升动向值+DM=当日最高价–前日最高价，如果+DM的值小于当日最低价与前日最低价之差的绝对值，则+DM=0。下降动向值–DM=当日最低价–前日最低价，如果–DM的值小于当日最高价与前日最高价之差的绝对值，则–DM=0。当+DM和–DM都为0时，称为无动向。

（2）令A=当日最高价–当日最低价，B=｜当日最高价–前日收盘价｜，C=｜当日最低价–前日收盘价｜，则真实波幅（true range，TR）=max{A，B，C}。

（3）计算+DM、–DM、TR的N日累积和。

（4）上升动向指标PDI=N日的上升动向值/N日的真实波幅值。

（5）下降动向指标MDI=N日的下降动向值/N日的真实波幅值。

（6）每日动向指数DX=（PDI–MDI）/（PDI+MDI）。

（7）动向平均数ADX=DX的M日移动平均值。

（8）动向指数评估值ADXR=（当日ADX+前日ADX）/2。

（二）主要应用法则

上升动向曲线（plus directional index，PDI，也称+DI）和下降动向曲线（minus directional index，MDI，也称–DI）的走势关系是判断出、入市时机的主要信号，ADX和ADXR则是对行情的趋势做出判断。

（1）PDI曲线在MDI曲线上时，表示上升动向强于下降动向，所以PDI曲线上穿MDI曲线时，为买入信号。若ADX曲线伴随上升，则股价的涨势更强。

（2）MDI曲线在PDI曲线上时，表示下降动向强于上升动向，所以MDI曲线上穿PDI曲线时（即PDI下穿MDI），为卖出信号。若ADX曲线伴随上升，则股价会出现较急跌势。

（3）ADX曲线脱离20~30往上爬升时，不论当时股价是否涨跌，都可认定，将产生一段有相当幅度的行情；而当ADX曲线位于PDI曲线和MDI曲线的下方，特别在20以下时，代表股价处于整理期，应退出观望。

（4）ADX曲线向上运行，代表当前趋势在加强。如果PDI曲线在其上，代表当前趋势为上升行情；反之，如果MDI曲线在其上，代表当前趋势为下跌行情。ADX曲线一旦高于50以上，由上升转为下降，意味着之前的行情开始转变。

（5）ADXR的产生主要是为了弥补ADX的不足。ADX在高位掉头后，可能略一停顿又继续向上，导致ADX的转折信号无法确认，如果ADXR与ADX同步掉头向下，则可确认趋势将产生转折。ADXR也可单独使用，方法同ADX一样。

案例 15.2

同仁堂2007年3月至2007年11月走势

如图15-22所示，A处PDI上穿MDI，显示多方力量的加强，同时ADX递增，表示市场的涨势比较强烈。B处PDI下穿MDI，显示空方力量加强，同时ADX有一段比较强烈的拉升，显示股价的跌幅比较急速猛烈，日K线图印证了这点。C处PDI下穿MDI，ADX持续走高，是一段比较长的空头期。

图 15-22 同仁堂 2007 年 3 月至 2007 年 11 月走势图

三、威廉指标

W%R为威廉指标（willians%R），也称威廉超买超卖指标（williams overbought/oversold index），由拉瑞•威廉（Larry Williams）于1973年创立。它是应用摆动原理对市场超买超卖情况进行分析，通过考察阶段性市场气氛，判断价格与理性投资标准价值相背离的程度，并出有效率的投资讯号。

（一）公式算法

$$W\%R（n）=\frac{H_n-C_t}{H_n-L_n}\times 100 \quad （15\text{-}1）$$

式中，H_n为n日内最高价；L_n为n日内最低价；C_t为当日收盘价；n为参数。

（二）主要应用法则

（1）W%R的值波动于0~100，0置于顶部，100置于底部，W%R的值越小，说明股价相对越高，要注意回落；W%R值越大，说明股价相对越低，要注意反弹。

（2）本指标达到20后，市场处于超买状态，价格随时可能见顶，要做好卖出准备；达到80后，市场处于超卖状态，价格随时可能见底，要做好买入准备。

（3）W%R线连续触顶3~4次，股价向下反转机率大；连续触底3~4次，股价向上反转机率大，甚至会在局部形成如头肩形、双重形等形态。

（4）最好能配合相对强弱指数进行研判。例如，当RSI指标显示价格已进入强势时，同时参看W%R有无突破50中线，以互相确认信号。

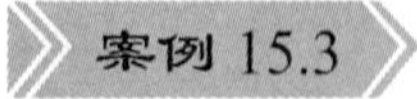

长百集团2007年6月下旬至2008年2月的走势

如图15-23所示，*A*处W%R处于80以上的超卖状态，而且出现了连续触底3次的现象，股价不久出现了一波小幅的上涨趋势。*B*处W%R处于20以下的超买状态，而且几次都接近触顶，不久股价出现了一段时期的横盘调整。*C*处和*D*处也都是根据W%R来判断股价的走势。

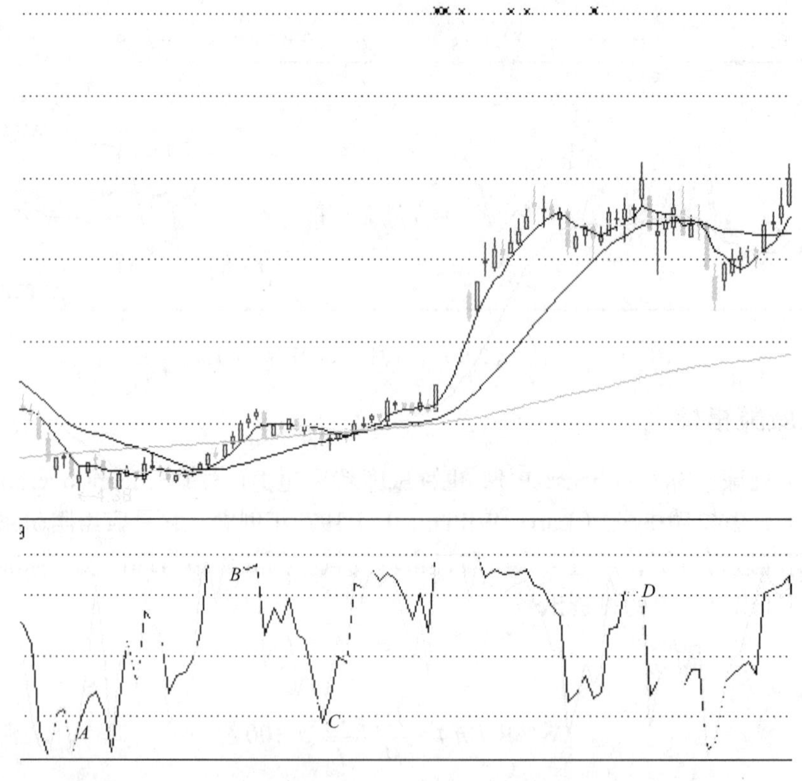

图 15-23　长百集团 2007 年 6 月下旬至 2008 年 2 月的走势图

四、KDJ 指标

KDJ指标又叫随机指标，是由乔治·蓝恩（George Lane）博士提出，是一种相当实用的技术分析指标，被广泛用于股市的中短期趋势分析，是期货和股票市场上最常用的技术分析工具。

（一）公式算法

计算周期的RSV值，未成熟随机值即

$$\text{RSV}(n)=\frac{C_t-L_n}{H_n-L_n}\times 100 \qquad (15\text{-}2)$$

式中，C_t为当日收盘价；L_n为n天内最低价；H_n为n天内最高价。它的值始终在1~100波动。它衡量了当日价格在过去n日内全部价格范围内的相对位置。

当日K值=2/3×前一日K值+1/3×当日RSV。

当日D值=2/3×前一日D值+1/3×当日K值。

J值是对D的修正，J值=3D−2K=D+2（D−K）。

（二）主要应用法则

（1）K、D线大小的研判。K线是快速确认线，数值在90以上为超买，数值在10以下为超卖；D线是慢速主干线，数值在80以上为超买，数值在20以下为超卖；J线为方向敏感线，当J值大于100，特别是连续5天以上时，股价至少会形成短期头部，反之当J值小于0，特别是连续数天以上时，股价至少会形成短期底部。

（2）交叉突破。当K值逐渐接近并大于D值时，在图形上显示K线从下方上穿D线，显示目前趋势是向上的，所以在图形上K线向上突破D线时，即黄金交叉，为买进的讯号。当K值由较大逐渐小于D值，在图形上显示K线从上方下穿D线，显示目前趋势是向下的，所以在图形上K线向下突破D线时，即死亡交叉，为卖出的讯号。实战时当K、D线在20以下交叉向上，此时的短期买入的信号较为准确；如果K值在50以下，由下往上接连两次上穿D值，形成右底比左底高的“W底”形态时，后市股价可能会有相当的涨幅。当K、D线在80以上交叉向下，此时的短期卖出的信号较为准确；如果K值在50以上，由上往下接连两次下穿D值，形成右头比左头低的“M头”形态时，后市股价可能会有相当的跌幅。

（3）背离信号。股价创新高，而K值、D值没有创新高，为顶背离，应卖出。股价创新低，而K值、D值没有创新低，为底背离，应买入。股价没有创新高，而K值、D值创新高，为顶背离，应卖出。股价没有创新低，而K值、D值创新低，为底背离，应买入。

（4）J线的主要目的是领先K线、D线找出价格趋势的底部和顶部，进行高抛低收。J大于100时为超买，小于10时为超卖。KDJ指标是一种短期的、比较敏感的指标，也可以在周线图和月线图上进行中长期分析。

案例 15.4

万科A 2007年4月至2007年11月的走势

如图15-24所示，A、B都出现了K线上穿D线的黄金交叉，C处与D处是K线下穿D线的死亡交叉，值得注意的是，KDJ提供的都是比较好的短期买卖讯号。

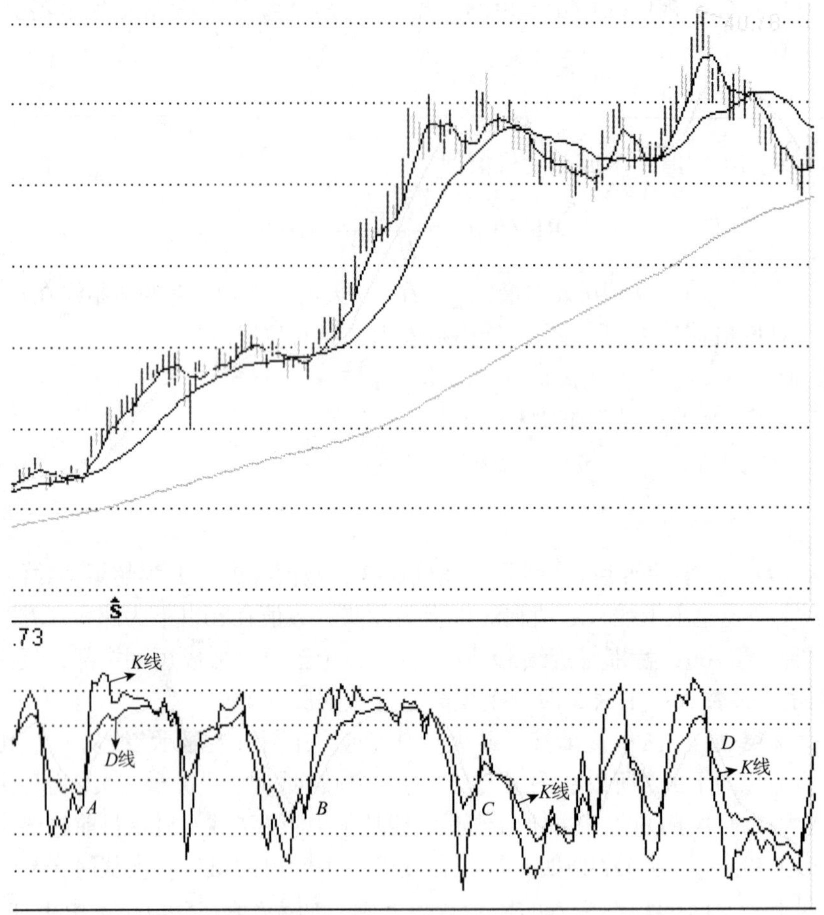

图 15-24　万科 A 2007 年 4 月至 2007 年 11 月的走势

五、相对强弱指标

相对强弱指标（relative strength index，RSI）由技术分析大师韦尔德于1978年提出。其原理是通过计算股价涨跌的幅度来推测市场运动趋势的强弱度，并据此预测趋势的持续或者转向。

（一）公式算法

$$RSI_n= \frac{A}{A+B} \times 100 \qquad (15\text{-}3)$$

式中，A为n天内收盘价涨幅平均值（这里的涨幅是指价格上涨的绝对值，而不是上涨的百分比）；B为n天内收盘价跌幅平均值；n为参数。

（二）主要应用法则

1.RSI 值的分析

RSI以50为中界线，大于50视为多头行情，小于50视为空头行情，等于50表示买卖双方势均力敌；RSI指标上升至70或80以上表示已有超买现象，继续上升则表示已进入严重超买区，暗示股价可能在不久将会反转下跌；RSI指标下跌至30或20以下表示已有超卖现象，继续下跌则表示已进入严重超卖区，暗示股价可能在不久将会止跌上升。

2.RSI的图形研判

RSI在80以上形成M头或头肩顶形态时，视为向下反转信号；RSI在20以下形成W底或头肩底形态时，视为向上反转信号；RSI向上突破其高点连线时，买进；RSI向下跌破其低点连线时，卖出。

3.背离信号

当RSI与股价呈现反方向变动时，通常是市场即将发生重大变化的信号，当日*K*线图的走势不断创新高，而RSI线未能同时创新高甚至出现走低的情形时，显示股票价格有虚涨现象，通常是较大反转下跌的前兆，同样，股价不断创出新低，而RSI却没有相应创新低，表示股价有可能反转。

4.交叉信号

RSI一般取两条不同参数的曲线，当参数小的RSI由下而上交叉参数大的RSI并连续处于其上时，市场为多头；反之，当参数小的RSI由上而下交叉参数大的RSI并连续处于其下时，市场为空头。参数选择一般为6天和12天或9天和14天。

案例 15.5

中体产业2007年至2008年3月的走势

如图15-25所示，*A*点、*C*点出现参数小的RSI由下而上交叉参数大的RSI并连续处于其上时，市场为多头；*B*点、*D*点出现参数小的RSI由上而下交叉参数大的RSI并连续处于其下时，市场为空头。

六、乖离率

乖离率（BIAS）从葛兰威尔法则移动平均线的基础上发展而来，是指衡量股价在波动过程中与移动平均线出现偏离的程度。当股价突然暴跌或暴涨，距离移动平均线很远，BIAS过大时，就是买进或卖出的时机。股市从大致的方面而言是始终在两个领域中循环反复的，这两个区域，一个是大多数人赚钱的时期，另一个是大多数人赔钱的时期。所以，在大多数人赔钱的时候买入，在大多数人赚钱的时候卖出，BIAS的设计就是建立在这种战略思想上的。

（一）公式算法

BIAS的公式为

$$n\text{ 日 BIAS}=（\text{当日收盘价}-n\text{ 日移动平均价}）/n\text{ 日移动平均价}\times 100 \qquad (15\text{-}4)$$

式中，分子为收盘价与移动平均价的绝对距离；BIAS为收盘价距离移动平均价的相对距离，或叫相对百分比距离。

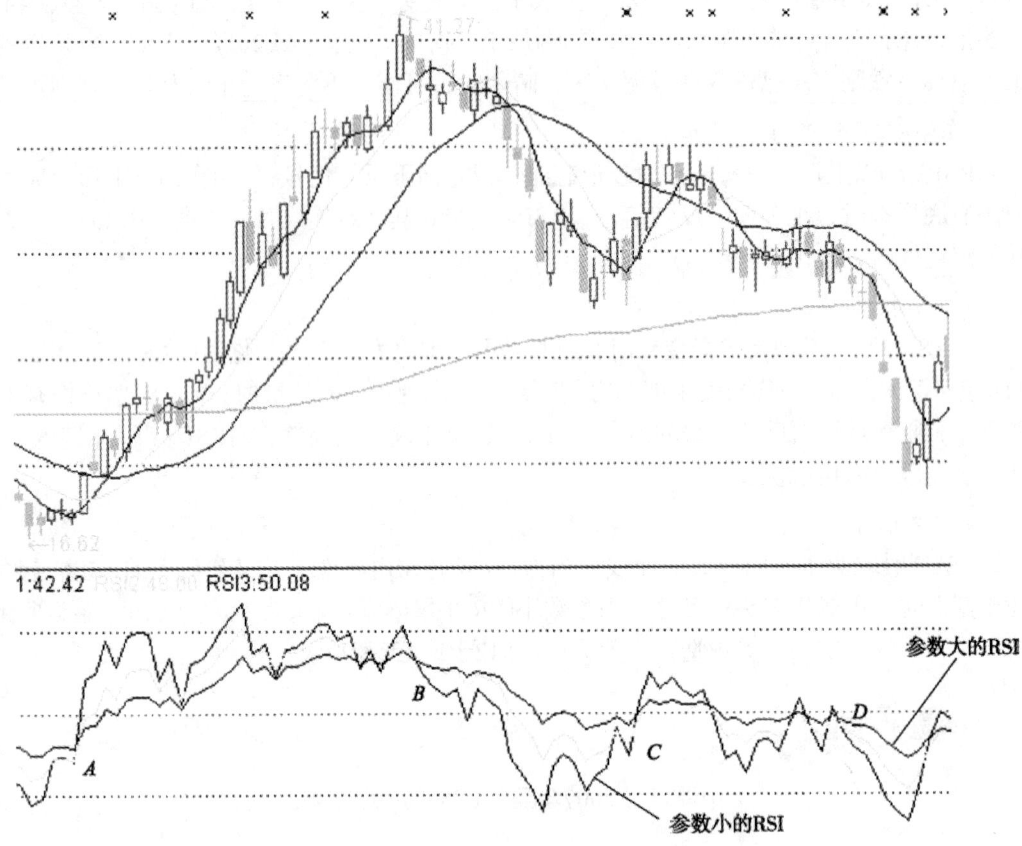

图 15-25 中体产业 2007 年至 2008 年 3 月的走势图

参数n的数值有很多种，常见的有以5日、10日、30日、60日等以5的倍数为数值的，还有是6日、12日、18日、24日等以6的倍数为数值的，尽管数值不同，但分析方法和研判功能相差不大。

（二）主要应用法则

（1）BIAS可分为正BIAS与负BIAS，若股价大于平均线，则为正BIAS；股价小于平均线，则为负BIAS；当股价与平均线相等时，则BIAS为零。正的BIAS越大，表示短期超买越大，则越有可能见到阶段性顶部；负的BIAS越大，表示短期超卖越大，则越有可能见到阶段性底部。

（2）股价与6日平均线乖离率达＋5%以上为超买现象，是卖出时机；当其达-5%以下时为超卖现象，为买入时机；股价与12日平均线BIAS达+7%以上时为超买现象，是卖出时机；当其达-7%以下时为超卖现象，为买入时机；股价与24日平均线BIAS达+11%以上时为超买现象，是卖出时机；当其达-11%以下时为超卖现象，为买入时机。

（3）指数和股价因受重大突发事件的影响产生瞬间暴涨与暴跌，股价与各种平均线的BIAS有时会出奇的过高或过低，但发生概率极少，仅能视为特例，不能作为日常研判标准。

（4）背离现象。在BIAS趋势上升阶段股价如不断下跌，形成底背离，正是逢低买入的有利时机；在BIAS趋势下降阶段股价如不断上升，形成顶背离，正是逢反弹出的最佳时机。

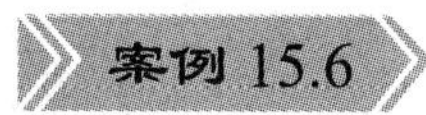

案例 15.6

中铁2局2007年5月下旬至2008年2月初走势

如图15-26所示，*A*、*B*点负的BIAS较大，表示短期超卖较大，股价有可能不久反弹回升。*C*点正的BIAS值很大，股价不久出现了调整。*D*点附近股价不断上升，而BIAS却下跌，出现了顶背离，股价随后出现大幅下跌。

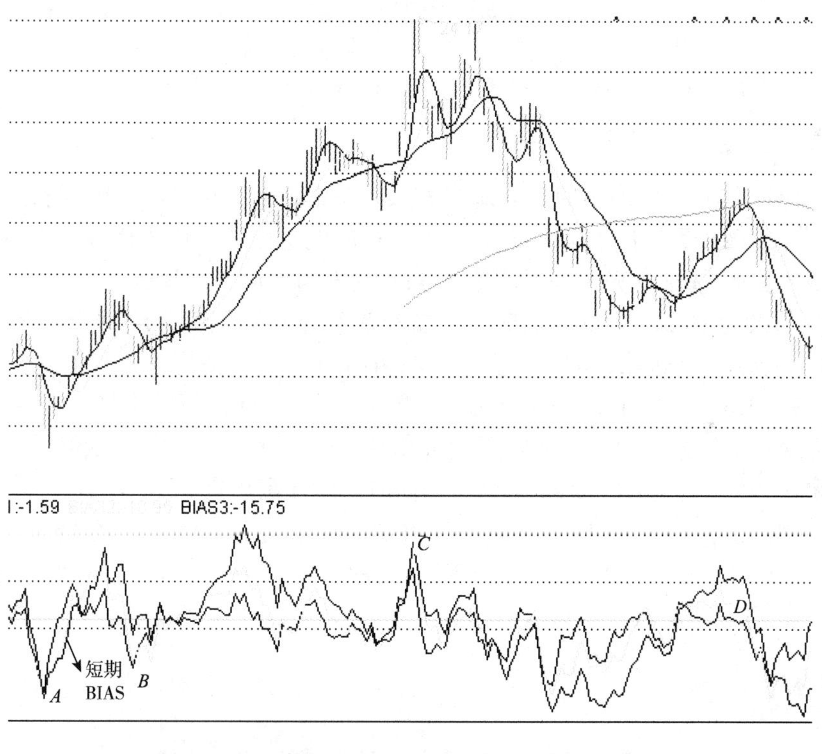

图 15-26　中铁 2 局 2007 年 5 月下旬至 2008 年 2 月初走势

七、人气意愿指标

人气指标（AR）和意愿指标（BR）都是以分析历史股价为手段的技术指标，其中AR较重视开盘价，从而反映市场买卖人气。BR重视收盘价格，反映的是市场买卖愿望的程度，两者通过不同的角度对股价波动进行分析，达到跟踪股价未来动向的目的。BRAR指标的基础是反市场操作原理，即众人都看好市场，都去买股票时，应该断然离开市场；相反则进入股市。

（一）公式算法

AR指标的算法为

$$多方强度=今日最高价-今日开盘价 \tag{15-5}$$

$$空方强度=今日开盘价-今日最低价 \tag{15-6}$$

$$n\text{日 AR}=\frac{n日多方强度总和}{n日空方强度总和}\times 100 \tag{15-7}$$

BR指标的算法为

$$多方强度=今日最高价-昨日收盘价 \tag{15-8}$$

$$空方强度=昨日收盘价-今日最低价 \tag{15-9}$$

$$n\text{日 BR}=\frac{n日多方强度总和}{n日空方强度总和}\times 100 \tag{15-10}$$

式中，n为选择的参数，一般选择为26天，当然也可以按投资者个人意愿调整。

（二）主要应用法则

（1）当AR的值为100左右时，表示多方双方基本平衡，市场处于整理状态；当多方力量不断增长，AR逐渐上升到180时，多方力量的能量也几乎快要耗尽，要注意卖出的准备；当AR逐渐下跌到40时，表示能量已累积爆发力，应考虑买进。

BR也以100为中心，在100左右时表示投资者情绪比较均衡，市场属于盘整行情；BR大于400时，暗示行情过热，应反向卖出；BR小于40时，行情将起死回生，应买进。

（2）AR与BR结合使用。BR由300以上的高点下跌至50以下的水平，低于AR时，为绝佳买点；AR、BR急速上升，意味距股价高峰已近，可获利了结；BR值低于AR值时，可逢低买进；BR急速上升，而AR盘整或小回时，应逢高出货。

（3）背离现象。当AR、BR达到峰顶，并出现逐渐向下的趋势，而股价却持续上涨，出现顶背离时，要及时卖出；当AR、BR达到谷底，并出现逐渐上升的趋势，而股价却持续下跌，出现底背离时，是买入的好时机。

案例 15.7

招商银行2007年7月中旬至2008年4月的走势

如图15-27所示，*A*点附近，股价持续创新高，BRAR却不断走低，出现了顶背离，随后股价出现了一波小幅调整。*B*处BRAR的值处于高位，表示多方能量和意愿已经快要耗尽，不久股价开始下跌。*C*处附近，BRAR处于100附近震动，显示市场处于盘整期间，日*K*线图也显示市场处于横盘震荡。

图 15-27　招商银行 2007 年 7 月中旬至 2008 年 4 月的走势图

➤本章小结

所谓技术分析，是指通过分析证券市场的市场行为，对市场未来的价格变化趋势进行预测的研究活动。其中的市场行为包括三个方面：价格的高低和变化；成交量的变化；完成这些变化所经过的时间，即量、价、时。这是技术分析的三要素。

所有的技术分析方法都建立在三个假设的基础上，即市场行为包括一切信息；价格沿趋势波动，并保持趋势；历史会重复。

技术分析大致分为六类方法，即指标法、切线法、形态法、*K*线法、波浪法和周期法。指标法是指根据所要考虑的变量，建立数学模型，给出计算公式，得到一个判断行情走势的指标数值，如相对强弱指标RSI、随机指标KD、方向指标DMI等。切线法是指按照一定的规则绘出一些对股价起支撑作用或阻力作用的直线。形态法是指根据所总结出的一定的形态来判断股价的走势。典型的形态，如双重顶（M头）、双重底（W底）、头肩顶底等。

*K*线理论是技术分析理论的一个重要应用，它不仅是对股票价格历史走势的一种精确描述，更为重要的是，在一定程度上，它可以帮助我们预测股票价格走势的未来。*K*线由影线和实体组成。影线在实体上方的部分叫上影线，在实体下方的部分叫下影线；实体分阴线和阳线，在技术分析软件中一般分别表现为绿色的柱状线和红色的柱状线。

➤练习题

一、简答题

1.技术分析是建立在哪三大假设前提基础上的？为什么要这样假设？这些假设距离

现实有哪些差距?

2.指标法中涉及多种量化指标，它们有哪些异同？尝试运用这些指标同时对一只股票进行分析，并分析结果的差异。

3.K线是投资者最为常用的技术分析工具，简单复述几种常见的K线形态。

4.技术分析和基本分析并称两大证券分析方法，那么当两者的分析结果相背离时，投资者应该如何决策?

第六篇　衍生证券分析

所谓衍生证券（derivation security），是指其价值由另一资产的价值衍生而来的资产。也就是说，衍生证券的价值视与其相关的原生资产的价值而定。

随着金融创新的不断发展，衍生证券已成为全球主要资本市场中一个主要的交易品种和交易市场。衍生证券可用来改变组合证券的收益和风险，但对其的误用则会导致较大的损失。我们可以将纷繁众多的衍生产品分为远期、期货和期权（options）三大类。

本篇包括第十六章和第十七章两章内容。第十六章“远期合约与期货”，首先对远期合约的定价给以较详细的解释，其次对包括期货投资策略在内的期货交易的基础知识进行介绍，最后研究期货均衡价格的决定。

第十七章是在讲解有关期权的基础知识并在揭示其投资特性和价值的基础上，给出期权投资的策略，并最终导出期权定价模型。

第十六章

远期合约与期货

远期合约是衍生金融工具的重要组成部分，它是买卖双方约定未来的某一确定时间，按确定的价格交割一定数量资产的合约。

期货合约（future contract）是一种在将来某一确定日期（或时期内）按照确定的价格交割特定数量资产的协议。期货合约的标的资产（underlying asset）范围非常广泛，它可以是各种商品（commodity），还可以是各种金融资产。

本章我们首先对远期合约的定价给以较详细的解释，其次对包括期货投资策略在内的期货交易的基础知识进行介绍，最后研究期货均衡价格的决定因素。

第一节　远期合约

一般而言，现货合约是在当前以一定价格购买或者出售一项资产的安排。远期合约则是交易双方约定在未来某一特定时间、以某一特定价格、买卖某一特定数量和质量的金融资产或实物商品的合约。远期合约通常用来对冲价格波动带来的风险。

远期合约的交易在柜台（out the counter，OTC）市场（通常是在两家金融机构之间或金融机构与某一客户之间）上进行。

一、远期合约简介

（一）远期合约的主要内容

签订一份远期合约，其内容主要包括标的资产[①]，即合约所要交易的资产；交割日（delivery date），即履行合约交割资产的时间；交割价格（delivery price），即合约中规定的交易价格。

① 任何衍生金融工具都有标的资产，标的资产的价格直接影响衍生工具的价值，即衍生工具价值由标的资产衍生。

远期合约中的买方（也称多方）承诺在未来某特定日期、以某特定价格购买合约的标的资产，称为持有多头头寸（long position）或简称多头。

合约的卖方（也称空方）承诺在该日期、以该价格出售该标的资产，称为持有空头头寸（short position）或简称空头。

如果将 t 时刻标的资产的价格记为S_T，以K代表交割价格，到期日为T。则到期日远期合约多方的收益为

$$S_T-K$$

而空方的收益为

$$K-S_T$$

这说明远期合约的交易属于零和博弈（zero-sum game）。

（二）远期合约的交割价格和远期价格

远期合约中的价格称为交割价格。在合约订立时，交割价格的确定恰好使远期合约对于多空双方的价值均为零。

订立远期合约时不论持有多头还是空头，都不需要向对方支付费用。

远期合约在某特定时刻的远期价格（forward price）是指假定合约是在该时刻订立的情况下，该远期合约所确定的交割价格。

应该正确区分远期价格与交割价格。根据无套利原理，远期合约签订之日，远期合约价值为零，交割价格等于远期价格。但随着时间推移，远期理论价格有可能改变，而原有合约的交割价格则不可能改变，因此原有合约的价值就可能不再为零。

远期合约的远期价格通常取决于到期日（maturity）的长短。

（三）远期合约的特点

正是由于远期合约是一种非标准化合约，因此与其他标准化衍生证券（如期货）相比，远期合约具有以下特点：①灵活性。在签署远期合约之前，双方可以就交割地点、交割时间、交割价格、合约规模、标的物的品质等细节进行谈判，以便尽量满足双方的需要。②非集中性。远期合约属于柜台交易，没有固定的、集中的交易所，这也就不利于信息交流和传递，不利于形成统一的市场价格，市场效率较低。③低流动性。由于其非标准化，每份远期合约千差万别，这就给远期合约的流通造成较大不便，故远期合约要终止是很难的。④履约保证差。当价格变动对一方有利时，另一方有可能无力或无诚意履行合约，导致远期合约的违约风险较高。

案例 16.1

远期合约

假定今日为2014年12月9日，美国某公司财务员知道该公司将于3个月之后（即2015年3月9日）收到100万英镑。公司要求对冲美元与英镑汇率波动带来的风险。

银行报出3个月远期外汇汇率为1.600 0美元/英镑。因此该公司可与银行订立远期合

约，约定该公司于2015年3月9日将100万英镑以1.600 0美元/英镑的价格卖给银行。

在此合约中，公司持有空头，银行持有多头。

不论汇率此后如何变动，双方都负有在3个月后（即2015年3月9日）以1.600 0美元/英镑的价格买入（银行）和卖出（公司）100万英镑的义务。

在12月9日当天，远期合约的远期价格为1.600 0，与其交割价格一致。当该合约存续1月以后（即2015年1月9日），合约的交割价格仍然是1.600 0，其远期价格则相当于在1月9日订立，交割日期同为3月9日的（2个月期）同类远期合约的交割价格。该远期价格通常不再是1.600 0。如果在12月9日至1月9日之间英镑的汇率上升了，它趋向大于1.600 0；否则，将可能小于1.600 0。

二、远期合约的定价

在远期合约的签订中，交易双方就某项资产到期时的执行价格达成一致，那么这个价格是如何确定的？它与现货价格的关系是什么？这是现货–远期平价定理所要回答的问题。现货–远期平价定理是进行远期合约定价的基础。

（一）现货–远期平价定理

现货–远期平价定理的内容是：假设远期的到期时间为T，现货价格为S_0，在连续复利的情况下，0时刻的远期价格F_0必定满足$F_0=S_0e^{rT}$。

如果上述现货–远期平价定理被违背，如出现$F_0>S_0e^{rT}$的情况，那么投资者可采取如下的投资策略：在当前（0时刻）借款S_0用于买进一个单位的标的资产，同时卖出一个单位的远期合约，价格为F_0。借款期限为T，远期合约到期时（T时刻），投资者用持有的标的资产进行远期交割结算，因此获得F_0，偿还借款本息需要支出S_0e^{rT}。因此，在远期合约到期时，该投资者的投资组合的净收入为$F_0-S_0e^{rT}$，而他的初始投入为0，这是一个典型的无风险套利。

反之，如果出现$F_0<S_0e^{rT}$的情况，即远期价格小于现货价格的终值，则套利者就可进行反向操作，即卖空标的资产S_0的同时，将所得收入以无风险利率进行投资，期限为T，同时买进一份该标的资产的远期合约，交割价为F_0。在T时刻，投资者收到投资本息S_0e^{rT}，并以F_0现金购买一单位标的资产，用于归还卖空时借入的标的资产，从而实现$S_0e^{rT}=F_0$的利润。

投资者的上述行为必然使市场上的套利机会消失，即市场恢复无套利均衡，从而现货–远期平价定理成立，即$S_0e^{rT}=F_0$。

（二）对现货-远期平价定理的进一步讨论

现在我们考虑这样一种情况，在远期合约到期前空方会获得一定的收益。这种情况下，如果空方所获得收益的现值为I，则现货-远期平价定理为

$$F_0=(S_0-I)e^{rT} \tag{16-1}$$

进一步看，如果远期的标的资产提供连续支付的红利，并假设红利率为d。在不考虑红利因素时，该资产的现价S_0等价于S_0e^{-dT}，由此，考虑红利因素后，现货–远期平价公

式为

$$F_0=S_0e^{-dT}e^{rT}$$
$$=S_0e^{(r-d)T} \qquad (16\text{-}2)$$

（三）远期合约的价值

毫无疑问，在0时刻，远期合约的价值为零，即交割价格$K=F_0=S_0e^{rT}$。从前面对远期价格的定义中我们已经指出，随着时间推移，远期理论价格有可能改变，而原有合约的交割价格则不可能改变，因此原有合约的价值就可能不再为零。例如，在任意时刻t，根据定义远期价格为

$$F_t=S_te^{r(T-t)} \qquad (16\text{-}3)$$

即远期合约的价值（现值）为

$$f=(S_T-K)e^{-r(T-t)} \qquad (16\text{-}4)$$

例题 16.1

假设某股票现在的市场价格为15元，年平均红利率为4%，无风险利率为5%，若该股票6个月远期合约的交割价格为17元，求该合约的价值与远期价格？

解：由于要考虑红利因素，根据式（16-2）并结合式（16-4）有

$$f=15e^{-0.04\times0.5}-17e^{-0.05\times0.5}$$

再根据远期价格的定义，有

$$0=S_0e^{-dT}-Fe^{-rT}$$
$$=15e^{-0.04\times0.5}-Fe^{-0.05\times0.5}$$
$$F=15e^{0.01\times0.5}$$

三、远期利率协议

所谓远期利率协议（forward rate agreement，FRA），是指交易双方为规避未来利率风险或利用未来利率波动进行投机而约定的一份远期协议。

（一）远期利率协议的交易

远期利率协议是在某一固定利率下的远期对远期名义贷款，像其他的衍生金融工具一样，FRA不交割贷款本金，只交割协议利率与参考利率的利差部分。

在远期利率协议交易中，当利率上升时多方获利，而空方受损，反之则反是。这里所谓的多方，是指名义上承诺借款、支付利息的一方；而空方是指名义上提供贷款、收取利息的一方。

一份远期利率协议将包括如下主要内容：协议金额或名义金额，即名义上借贷本金的数量；标价货币或协议货币，即协议金额的面值货币，一般是美元、欧元或日元；协

议利率，即FRA中规定的借贷固定利率，一旦确定即是不变的；参考利率，即由市场决定的利率，是可变的，参考利率通常是被市场普遍接受的利率，如LIBOR（伦敦同业拆借利率）；交易日，即FRA交易的执行日；即期日，即在交易日后两天，是递延期限（不计利息）的起始时间；交割日，即名义贷款的开始日，在这一天，交易的一方向另一方支付经过贴现的利息差（利息预付）；基准日，即确定参考利率的日子，一般为交割日的前两天；到期日，即名义贷款的到期日，如果正好是休息日，那么顺延到下一个工作日；协议期限，即名义贷款期限，等于交割日与到期日之间的实际天数。

案例 16.2

远期利率协议

假设2015年4月12日成交一份1个月（递延期限）对3个月（贷款期限）的远期利率协议（1×4FRA），其各个日期为交易日为2015年4月12日；即期日为2015年4月14日；基准日为2015年5月12日；交割日为2015年5月14日；到期日为2015年8月16日。

合约期限为94天，1×4是指即期日与交割日之间为1个月，从即期日到贷款的最后到期日为4个月。

（二）远期利率协议的定价

根据利率期限结构理论，FRA定价的最简单方法是把它看做弥补即期市场上不同到期日之间的“缺口”的工具。具体来看，FRA的协议期限［t_s，t_l］可以看做即期市场上两个不同投资期限［0，t_s］、［0，t_l］，在确定投资期为［0，t_l］的投资方式时，投资者有两种选择。

在即期市场上直接投资期限为［0，t_l］的投资工具，或者在即期市场上选择投资期为［0，t_s］的工具，同时作为卖方参与远期利率（即提供远期贷款）。如果市场上不存在套利机会，那么上述两种投资的收益率应该相同，即

$$(1+i_s t_s)(1+i_f t_f)=1+i_l t_l \tag{16-5}$$

因此有

$$i_f=\frac{i_l t_l - i_s t_s}{t_f\left(1+i_s t_s\right)} \tag{16-6}$$

式中，i_s和t_s为即期市场上相应投资期限［0，t_l］的即期利率；t_f为FRA的协议期限；i_f为远期利率，即FRA的协议利率（单利）。

如果是连续复利，则FRA的定价公式变为

$$i_f=\frac{i_l t_l - i_s t_s}{t_l - t_s} \tag{16-7}$$

（三）远期利率协议的交割

在远期利率交易中，如果实际利率高于协议利率，则多方要向空方支付经过贴现的

（三）远期利率协议的交割

在远期利率交易中，如果实际利率高于协议利率，则多方要向空方支付经过贴现的利差，这一所要支付的利差额，即交割额。其计算公式为

$$\text{交割额}=\frac{(i_r-i_c)A\times\dfrac{n}{N}}{1+i_r\times\dfrac{n}{N}}=\frac{(i_r-i_c)A}{\dfrac{N}{n}+i_r} \tag{16-8}$$

式中，i_r为参考利率；i_c为协议利率；n为协议期限；N=360或365。

第二节　期货合约

期货投资具有降低风险的功能。一方面，对相关资产的供给方来说，它锁定了相关资产未来价格下跌的风险，如石油提炼商为防止未来汽油价格的下跌，可以与汽油零售商签订一份三个月的期货合约，从而锁定了汽油价格下跌的风险。另一方面，对相关资产的需求方来说，通过期货合约，也锁定了相关资产未来价格上升的风险。对石油提炼商来说，他与汽油零售商的期货交易虽然锁定了汽油价格下跌的风险，但如果原油价格上升，他就要面临损失。那么，该石油提炼商通过购入原油期货合约，即可将未来采购原油的成本固定。

本节的主要内容是对有关期货合约的基础知识给以简要介绍。

一、期货与远期合约

期货合约是交易双方约定在未来某一特定时间、以某一特定价格、买卖某一特定数量和质量的金融资产或实物商品的标准化合约。

从第一节所给出的远期合约的定义中我们看到，它与期货合约在本质上是一致的。但它们之间的最大差异来自于流动性。远期合约不能转售给第三方，合约的解除必须由合约签订双方协商进行。而期货合约则是一种可以转售的远期合约，它具有标准化的特征，并且有期货结算所控制违约风险。换言之，期货合约为远期合约的投资者提供了流动性。

此外，期货交易的双方均须交纳保证金，称之为“垫头”（margin），保证金的结算通常采用逐日盯市的方式（见下文），从而保证各方履约；远期市场不采用保证金制度，因此，市场参与者倾向于与熟悉的对手做远期交易。

总之，期货合约是由期货交易所统一制定的，规定在将来某一特定时间和地点交割某一特定数量和质量的实物商品或金融资产的标准化合约。其标准化条款一般包括交易数量和单位条款；质量和等级条款；交割地点条款；交割期限条款；最小变动价位条款；每日价格最大波动幅度限制条款；最后交易日条款。

大连商品交易所黄大豆2号期货合约

大连商品交易所黄大豆2号期货合约见表16-1。

表 16-1 大连商品交易所黄大豆 2 号期货合约

交易品种	黄大豆 2 号
交易单位	10 吨/手
报价单位	元（人民币）/吨
最小变动价位	1 元/吨
涨跌停板幅度	上一交易日结算价的 4%
合约月份	1、3、5、7、9、11
交易时间	每周一至周五上午 9：00~11：30，下午 13：30~15：00
最后交易日	合约月份第 10 个交易日
最后交割日	最后交易日后第 3 个交易日
交割等级	符合《大连商品交易所黄大豆 2 号交割质量标准（FB/DCE D001-2005）》
交割地点	大连商品交易所指定交割仓库
最低交易保证金	合约价值的 5%
交易手续费	不超过 4 元/手
交割方式	实物交割
交易代码	B
上市交易所	大连商品交易所

资料来源：大连商品交易所

二、期货交易的特征

从本质上来说，期货合约是为了克服远期合约的信用风险而设计出来，期货交易是通过自身所具有的三个特征来达到降低信用风险的目的。

其一是逐日盯市的交易特征。逐日盯市的特征之所以能够降低违约风险，我们可以从一个远期合约的例子来看。

假设在2014年7月1日，投资者甲与投资者乙签订了一个远期合约，约定甲方在9月21日以0.63美元兑一个马克来购买125 000马克。9月21日的马克市场价格（远期价格）上升到0.65美元，于是甲在远期合约中的头寸就获得正的收益，但是，甲方要等到到期日，即82天后才能获得这笔收益，这种情况下，甲方面临着乙方的违约风险。显然，履约期限越长，履约的风险越大，这说明只有降低履约期才能降低信用风险。

逐日盯市，即在每天交易结束时，保证金账户要根据期货价格的升跌而进行调整，以反映交易者的浮动盈亏。盯市保证交易者的盈亏立即进入保证金账户，这样将违约风险降低。换言之，它是将违约的可能降低到最小天数——1天。就案例16.3来看，在期货交易的情况下，虽然合约的期限是83天，但履约期只有 1 天，如果保证金不足将被立即平仓。由此可见，从逐日盯市制度角度看，期货合约实际上就像一串远期合约，每一天都有前一天的远期合约被清算，再换上一份新的合约，其交割价格等于前一天的清算价格。

其二是保证金要求。在期货交易中，无论是买入还是卖出期货合约，都要交纳保证金（margin），保证金充当担保债券的作用。保证金分为初始保证金（original margin）和维持保证金（maintenance margin），前者一般为合约价值的5%~10%；后者实际是最低限度的保证金，一般为初始保证金的75%。如果保证金降低到了维持保证金，客户就需要补充保证金，使其恢复到初始保证金水平。保证金要求与逐日盯市制度相结合，极大地降低了交易的违约风险。

其三是期货清算所这一制度安排。期货清算所在期货交易中承担着两个主要职能，一是充当第三方担保责任；二是作为第三方介入，使期货的流动性提高。这两种职能的发挥都有利于违约风险的降低。

三、期货投资的风险

对从事期货交易的投资者来说，具体面对的风险主要有经纪委托风险、流动性风险、强行平仓风险、交割风险和市场风险。

（一）经纪委托风险

经纪委托风险，即投资者在选择和期货经纪公司确立委托过程中产生的风险。投资者在选择期货经纪公司时，应对期货经纪公司的规模、资信、经营状况等对比选择，确立最佳选择后与该公司签订《期货经纪委托合同》。

（二）流动性风险

流动性风险，即由于市场流动性差，期货交易难以迅速、及时、方便地成交所产生的风险。这种风险在投资者建仓与平仓时表现得尤为突出。例如，建仓时，交易者难以在理想的时机和价位入市建仓，难以按预期构想操作，套期保值者不能建立最佳套期保值组合；平仓时难以用对冲方式进行，尤其是在期货价格呈连续单边走势或临近交割时，市场流动性降低，使交易者不能及时平仓而遭受惨重损失。

案例 16.4

期货交易的流动性风险

2014年6月某日，一客户打算在铜价为49 550元/吨时，抛空5手（25吨）铜，但是，由于市场普遍担心铜价偏高，市场有价无市，该客户的投资计划难以实现。同样，当市场出现大的行情时，有时期价会向一个方向连续运行，使平仓发生困难。这些都是流动性风险造成的。

因此，要避免遭受流动性风险，重要的是投资者要注意市场的容量，研究多空双方的主力构成，以免进入单方面强主导的单边市。

（三）强行平仓风险

期货交易实行由期货交易所和期货经纪公司分级进行的每日结算制度。在结算环节，由于公司根据交易所提供的结算结果每天都要对交易者的盈亏状况进行结算，所以当期货价格波动较大、保证金不能在规定时间内补足的时候，交易者可能面临强行平仓风险。

除了保证金不足造成的强行平仓外，还有当客户委托的经纪公司的持仓总量超出一定限量时，也会造成经纪公司被强行平仓，进而影响客户强行平仓的情形。因此，投资者在交易时，要时刻注意自己的资金状况，防止由于保证金不足，造成强行平仓，给自己带来重大损失。

（四）交割风险

期货合约都有期限，当合约到期时，所有未平仓合约都必须进行实物交割。因此，不准备进行交割的投资者应在合约到期之前将持有的未平仓合约及时平仓，以免承担交割责任。这是期货市场与其他投资市场相比，较为特殊的一点，新入市的投资者尤其要注意这个环节，尽可能不要将手中的合约持有至临近交割，以避免陷入被“逼仓”的困境。

“逼仓”是指在临近交割时，多方（或空方）凭借其资金优势逼空方（或多方），当对手无法筹措足够的实物（或资金）时，就可逼对手认输，平仓离场。

（五）市场风险

投资者在期货交易中，最大的风险来源于市场价格的波动。这种价格波动给投资者带来交易盈利或损失的风险。因为杠杆原理的作用，这个风险是被放大的，投资者应时刻注意防范。

四、期货合约的投资策略

通过投资期货合约获得利润有四种策略，即套期保值（hedging）、投机（speculating）、套利（arbitrage）和投资组合分散化（portfolio diversification）。期货的投资策略既是不同投资者投资期货的目的或意图，也是期货合约的功能所在。

（一）套期保值

套期保值策略是指利用期货合约转移价格风险的策略。由于期货合约可以锁定价格以避免价格波动所造成的巨大损失，因此利用期货合约可进行套期保值策略。例如，上文提到的石油提炼商通过购入原油期货合约，可将未来原油价格上升的风险规避，从而达到套期保值的目的。

（二）投机

投机策略是指预测资产价格的未来走势，通过低买高卖从操作中获取利润或避免损失的投资方法。例如，如果投资者认为股票价格将上升，可买入指数期货合约进行投机。

进行投机操作的关键是对价格进行预测。如果对未来股票价格上升的预测是正确的，买入指数期货合约意味着以较低的价格买入了价格已上升的股票，这一投机行为可获得较高的利润。然而，如果预测错误，如未来股票价格出现了暴跌，投资者就不得不以期货合约所确定的相对较高的价格买入价格已大幅下降的股票，该投机行为会带来巨额亏损。

套期保值的目的是转移价格波动的风险，而投机的目的是通过承担价格波动的风险获取利润。由此可见，套期保值策略得以实施的条件，是投机行为的存在，否则套期保值者所厌恶的价格波动风险将无法转移；投机策略能够实施的条件，是套期保值行为的存在，否则投机者就无法获得具有价格波动风险的期货合约。

（三）套利

套利是指人为地构造某种特定资产，并利用该资产与相关资产进行反方向交易，其目的是投资者在目前无需投入资金，而在未来获得正的现金流，或在目前产生正的现金流，而未来没有负债[①]。

例如，可以根据道琼斯工业指数中成分股[②]的构成比例，购入一定数量的股票的期货合约，相当于构建了一种包括道琼斯工业指数中30只股票的期货组合。这样，套利投资者可操作两种投资组合——由期货构成的投资组合和由30只股票构成的实际证券组合，当期货价格和实际指数之间出现差异时，可通过买入和卖出进行套利。

套利的目的不在于利用价格波动去获取利润，而是要利用本质上属于同一资产所出现的不同价格去获得一个正的现金流。因此，套利与投机的区别在于套利所承担的风险会大大小于投机所承担的风险。

案例 16.5

铝品种跨市套利

在2014年，通常情况下，上海期货交易所（Shanghai Futures Exchange，SHFE）与伦敦金属交易所（London Metal Exchange，LME）之间的3月期铝期货价格的比价关系大约为7∶1，如当SHFE铝价为14 000元/吨时，LME铝价为2 000美元/吨。但由于当时中国氧化铝供应紧张，导致中国铝价出现较大的上扬，至14 600元/吨，致使两市场之间的3月期铝期货价格的比价关系为7.3∶1。

但是，某金属进口贸易商判断，随着美国铝业公司的氧化铝生产能力的恢复，中国氧化铝供应紧张的局势将会得到缓解，这种比价关系也可能会恢复到正常值。于是，该金属进口贸易商决定在LME以2 000美元/吨的价格买入3 000吨3月期铝期货合约，并同时在SHFE以14 600元/吨的价格卖出3 000吨3月期铝期货合约。

1个月以后，两市场的3月期铝的价格关系果然出现了缩小的情况，比价仅为7.2∶1（分别为14 200元/吨，1 980美元/吨）。于是，该金属进出口贸易商决定在LME以1 980美元/吨的价格卖出平仓3 000吨3月期铝期货合约，并同时在SHFE以14 200元/吨的价格买入平仓3 000吨3月期铝期货合约。

---

① 期货中的套利也分为空间套利和时间套利，详见第六章。

② 道琼斯工业指数由 30 种成分股构成。

美元／吨的价格卖出平仓3 000吨3月期铝期货合约，并同时在SHFE以14 200元／吨的价格买入平仓3 000吨3月期铝期货合约。

这样该金属进出口贸易商就完成了一个跨市套利的交易过程，这也是跨市套利交易的基本方法，通过这样的交易过程，该金属进出口贸易商共获利78万元（不计手续费和财务费用）：［（14 600–14 200）–（2 000–1 980）×7］×3 000＝78（万元）。

（四）投资组合分散化

投资组合分散化策略是指把期货作为一项资产，将其与其他证券组合结合在一起，以使投资组合得到进一步的分散。

期货合约作为一种资产加入投资组合中之所以能够带来组合资产分散化的利润，其原因在于期货合约与证券资产之间的相关性非常低。从第三章对风险和收益的研究中我们已经知道，组合中资产之间的相关度越低，总风险的降低就越大，从而相同风险下所获得的收益就相对越高。

第三节　期货合约定价模型

一般来说，期货价格与现货的当前价格是不同的，而且，期货价格会随着到期日时间的不同而不同。那么，是什么因素在决定期货的价格呢？本节我们从基差（basis）的概念入手，依据套利定价方法，研究期货合约的均衡价格所在——持仓成本模型。

一、基差

基差是指某一特定时点的同一资产的现货价格与其期货价格之间的差。用公式表示，即

$$B_{0,t}=S_0-F_{0,t} \tag{16-9}$$

式中，$B_{0,t}$为到期日为t的某资产的基差；S_0为当前现货价格；$F_{0,t}$为到期日为t的期货合约的当前价格。

从实际市场运行中我们会看到，现货价格与期货价格之间的差别会随着到期日的临近而降低，基差随着到期日的临近而趋于零，即现货–期货价格的收敛性。

二、持仓成本模型

这里我们从套利定价的理念出发来推导期货合约的定价模型——持仓成本模型。从第二节我们对期货投资策略的研究可见，期货合约的重要功能之一是进行套期保值投资。如果套期保值是完全的，那么由期货合约与其他证券所构成的组合便是无风险的，从而该组合所获得的收益率应与其他无风险投资所获得收益率（无风险收益率）相同，否则将存在套利机会，这就是套利定价理念。

假设某投资者以S_0的投资额（即股票现价）投资一指数基金，持有期为一年；为了

者支付红利为D。由于期货空头不需要初始现金，该组合（由指数基金和期货合约构成）的总投资S_0到期末时的价值为F_0+D。则该组合的收益率为

$$完全套期保值的组合收益率=\frac{(F_0+D)-S_0}{S_0} \tag{16-10}$$

由于是完全的套期保值，因此式（16-10）所示的收益率是无风险收益率，或者说，它与其他无风险投资所获得的收益率是相同的。否则即使存在套利机会，套利行为也会使二者恢复相等，因此有

$$\frac{(F_0+D)-S_0}{S_0}=r_f \tag{16-11}$$

对式（16-11）进行整理，得到期货合约的定价为

$$\begin{aligned} F_0&=S_0(1+r_f)-D \\ &=S_0(1+r_f-d) \end{aligned} \tag{16-12}$$

式中，$d=D/S_0$为股票资产组合的红利率；r_f-d相对于期货来说，为持有现货的持仓成本率。式（16-11）也被称作现货–期货平价定理（spot-futures parity theorem），即持仓成本率会被基差所抵消。当达到公式所示的$F_0=S_0(1+r_f-d)$时，基差正好抵消了持仓成本。

式（16-11）实际上是一个单期期货合约定价公式，当推广到多个时期时，假设有效期为T，则现货–期货平价关系为

$$F_0=S_0(1+r_f-d)^T \tag{16-13}$$

以上我们从股票期货角度导出了期货合约的定价模型，只要针对不同的金融期货品种的特点进行适当的调整，这一模型对所有的金融期货都是适用的。例如，对黄金期货来说，我们可将式（16-12）中的红利率d设为零；对于债券期货来说，可用债券的息票利率代替股票的红利率。

案例 16.6

期货定价与投资决策

假设某投资者以1 300元投资一市场指数（如标准普尔500指数），持有期内获得股票红利20元，无风险收益率为5%。假设为了规避市场指数波动的风险，该投资者同时进行套期保值，即卖出该指数期货合约。请确定该期货合约到期时的价格。如果无风险利率下降为4%，而期货的实际价格还维持在上述给定条件下的“均衡”价格，该投资者应如何选择投资行为？

解：根据题意有S_0＝1 300元，D＝20元，r_f＝5%。代入式（16-11），得

$$\begin{aligned} F_0&=S_0(1+r_f)-D \\ &=1\,300\times(1+5\%)-20 \\ &=1\,345\text{（元）} \end{aligned}$$

即该指数期货合约到期时的均衡价格为1 345元。

当无风险利率下降为4%时，则该指数期货合约的均衡价格为

$$\begin{aligned} F_0 &= S_0(1+r_f)-D \\ &= 1\,300\times(1+4\%)-20 \\ &= 1\,332（元） \end{aligned}$$

由于该期货合约的实际价格还维持在1 345元，比均衡价格高出13元。换言之，市场出现了套利机会，投资者可构建这样一个投资组合：以4%的利率借款（如借入1 300元）买入价格被相对低估的股票指数，同时做该指数期货的空头。这样，该投资者将获得无风险收益13元，其计算过程如下。

借入1 300元现金，1年后的还本付息，现金流为–1 352元（–1 300×1.04）；以该借款买入股票，假设1年后股票市价为S_1，则该行为1年后的现金流为（S_1＋20）元；按照期货合约的实际价格做期货空头，其1年后的现金流为（1 345–S_1）。将这些现金流加总为–1 352+（S_1+20）+（1 345–S_1）＝13元。

可见，投资者的期初投资为0（借入1 300元并将其投资于股票，期初净现金流为0），而1年后却带来了正的无风险现金流，这是一个完全的套利行为。其产生的根源在于期货的定价违背了现货–期货平价定理，也正因此，这一状态是无法持续的，当所有投资者都采取同样策略进行套利时，期货的实际价格将恢复为$F_0=S_0(1+r_f)-D$。

由该案例我们还看到，无论未来股票市价的变化是什么，对无风险收益的获得都不产生任何影响。

➢本章小结

所谓衍生证券，是指其价值由另一资产的价值衍生而来的资产。也就是说，衍生证券的价值视与其相关的原生资产的价值而定。远期合约和期货都是衍生金融工具的重要组成部分。

远期合约是买卖双方约定未来的某一确定时间，按确定的价格交割一定数量资产的合约。现货–远期平价定理是进行远期合约定价的基础，该定理的内容是假设远期的到期时间为T，现货价格为S_0，在连续复利的情况下，0时刻的远期价格F_0必定满足$F_0=S_0e^{rT}$。如果该定理被违背，将违背无套利均衡。

远期合约中的一个重要交易品种，即FRA，它是交易双方为规避未来利率风险或利用未来利率波动进行投机而约定的一份远期协议。在单利情况下，FRA定价式为

$$i_f=\frac{i_l t_l - i_s t_s}{t_f\left(1+i_s t_s\right)}$$

如果是连续复利，则FRA的定价式变为

$$i_f=\frac{i_l t_l - i_s t_s}{t_l - t_s}$$

FRA交割额的计算公式为

$$交割额=\frac{(i_r-i_c)A\times\frac{n}{N}}{1+i_r\times\frac{n}{N}}=\frac{(i_r-i_c)A}{\frac{N}{n}+i_r}$$

期货合约是一种在将来某一确定日期（或时期内）按照确定的价格交割特定数量资产的协议。期货交易具有三个重要的制度特征，即逐日盯市制度、保证金制度和期货清算所。

期货的投资策略既是不同投资者投资于期货的目的或意图，又是期货合约的功能所在，它包括如下四种策略，即套期保值策略、投机策略、套利策略和投资组合分散化策略。

期货合约的定价为

$$F_0=S_0(1+r_f-d)$$

上式也被称为期货合约定价的持仓成本模型，因为式中的r_f-d是相对期货来说的，持有现货的持仓成本率。同时，由于持仓成本率会被基差所抵消——当达到上式时，基差正好抵消了持仓成本，因此该模型也被称为现货–期货平价定理。

➤练习题

一、名词解释

衍生证券　远期合约　期货合约　远期利率协议　基差

二、简答题

1.简述现货–远期平价定理的内容。该定理能否被长期违背？为什么？

2.简述期货与远期合约的异同。

3.举例并简述逐日盯市制度对违约风险的降低效应。

4.举例并简述期货投资中的套利策略。

三、计算题

1.假设某股票现在的市场价格为12元，年平均红利率为3%，无风险利率为5%，若该股票6个月远期合约的交割价格为15元，求该合约的价值与远期价格。

2.假设某投资者以10 000元投资标准普尔500指数，持有期内获得股票红利170元，无风险收益率为5%。假设为了规避市场指数波动的风险，该投资者同时进行套期保值，即卖出该指数期货合约。请确定该期货合约到期时的价格。如果无风险利率下降为4%，而期货的实际价格还维持在上述给定条件下的“均衡”价格，该投资者应如何进行投资行为选择？

第十七章

期　　权

本章的主要内容是在讲解有关期权的基础知识并揭示其投资特性和投资策略的基础上，给出期权定价模型。此外，本章还将对金融工程进行简要介绍。

第一节　期权的基础知识

公元前550年，古希腊已有期权交易萌芽的最早记载。史书记载，THales预计下一期的橄榄将有好收成，因此购买了橄榄压榨机的买入期权。其预期成为现实，THales履约后将机器租给农民使用，获丰厚利润。18世纪90年代，期权合约首次在美国出现。19世纪末，现代期权交易的鼻祖Rusell Sage组建了第一个期权交易系统。我们将这些视为期权的漫长萌芽时期。

20世纪30年代以后，期权交易进入发展期。1934年美国的投资法《1934年证券交易法》使期权交易合法化，19世纪40年代期权经纪人和交易商协会成立，有组织的期权交易产生。1973年10月26日，芝加哥期权交易所（Chicago Board Options Exchange，CBOE）开业，标准化的期权交易产生，从此期权交易开始逐渐确立其在全球资本市场中的重要地位。

一、期货与期权

从本质上看，由于期货合约和期权合约的价值都依赖于相关原生资产的价值，因此它们都属于衍生证券。然而，期货合约与期权合约也有着明显的区别：期权合约给予投资者在将来买入某资产的权利，而期货合约赋予投资者在将来买入某资产的义务。也就是说，期货合约是强制性（obligatory）的。

也正因为期货合约的强制性，所以一般而言投资者所承担的风险会更大。例如，对于看涨期权来说，如果它是虚值期权（即履约价格高于相关资产的市价），投资者可以放弃履约。而对于期货来说，合约到期时即便合约价格已大大高于相关资产的市价，投资者也必须履约——以更高的合约价格买入市价较低的相关资产。

二、期权的有关概念

期权是一种法律合约，它给予持有者在一定时期内以一预定的价格买入或卖出一定数量的相关资产的权利。它又分为买入期权（call option）和卖出期权（put option），前者又称看涨期权，它给予持有者在将来一定时期内以一预定的价格买入一定数量的相关资产的权利；后者又称看跌期权，它给予持有者在将来一定时期内以一预定的价格卖出一定数量的相关资产的权利。

（一）期权买方

期权买方（option buyer）是期权合约的购买者。该购买者既可以是购买一份买入期权，也可以是购买一份卖出期权。

买入（call）期权给予持有者以履约价格购买相关资产的权利。例如，如果购买一份普通股的买入期权，则通过履约（exercising），即可以预先确定的价格[①]购买该普通股。

卖出（put）期权则给予持有者以履约价格卖出相关资产的权利。例如，如果购买一份普通股的卖出期权，通过履约，期权买方即可以履约价格卖出该普通股。

期权的买方包括购买买入期权和购买卖出期权两种行为。无论是买入期权还是卖出期权，买方都是期权市场中的多头。

（二）期权卖方

期权卖方也称期权销售者（option writers），他可以销售买入期权和卖出期权。期权卖方是期权市场中的空头。如果期权买方决定履约，则期权卖方有责任遵守期权合约条款。

（三）期权合约

一般而言，一份期权合约的主要内容包括期权到期日（expiration date或maturity date）、期权金（option premium）、建立交易（opening transaction）和撤销交易（closing transaction）、履约方式等。期权合约到期日是指如果期权持有者未在此日之前履约，则期权合约作废或不再有效。

期权金，即购买期权的费用，是指期权的买方付给期权卖方的保证金，即首次交易期权的价格，该保证金将不予退还。期权金的存在正是期权卖方积极性的源泉——无论买方盈亏，期权卖方都是旱涝保收的。

建立交易是指建立新的买空或卖空部位；撤销交易是指撤销一种已形成的交易部位，即对建立交易的卖出。

履约方式分为欧式期权（European option）和美式期权（American option）两种。欧

---

① 该价格也称履约价格或敲定价格（strike price）或执行价格（exercise price）。

式期权只允许在一具体日期内履约；美式期权则允许在合约到期日或到期日之前履约，即美式期权的持有者有权决定什么时候履约。

案例 17.1

期权的相关概念

小张买入了一张7月到期的执行价格为27元、以万科股票作为标的、看涨的股票期权，缴纳权利金30元。小王卖出一张7月到期的执行价格为27元、以万科股票作为标的、看涨的股票期权，收取权利金30元。

其中，万科股票是期权标的物，27元是这张股票期权的执行价格，30元是小张买入这张期权所要支付的价格，即权利金。

这张买入的看涨期权赋予了小张一种权利而并非义务，在7月到期日，无论万科股票的股价变化如何，小张都有权利以执行价格27元买入万科股票。如果行使这种权利给小张带来损失，小张也可以选择放弃这种权利，他的最大损失为权利金30元。

而小王卖出了以万科股票作为标的看涨期权，收取了权利金，小王承担了义务并非权利，在7月到期日，无论万科股票的股价如何变化，如果期权执行，则小王有义务以执行价格27元卖出万科股票；如果期权不执行，小王的利润为权利金30元。

三、期权投资的特性

这里我们以一个案例来观察期权投资的特性。

案例 17.2

期权的投资特性

如果某股票目前的市价为20元／股，假如投资者认为该股票的价格将在3个月内大幅上升，如升至30元／股，则投资者可以有两种投资选择。

其一，购买一手该股票，需成本2 000元。如果投资者判断正确，则收益率为（3 000–2 000）／2 000＝50%。

其二，购买该股票的买入期权。假设3个月到期的买入期权价格为1元／股，则购买一手该股票买入期权的成本为100元，假设履约价格为23元／股，在投资者判断正确并履约的情况下，该买入期权的利润为700元（3 000–2 300），而收益率为（700／100）×100%＝700%。

由案例17.2可见，期权投资的特性在于期权投资的成本低于股票投资，从而其收益率（或亏损率）更高。同时，期权的卖方可获得期权金，且不对买方的预测结果负责。

四、期权的分类

按照期权买方权利的不同、买方执行期权时限的不同，以及标的资产的不同，我们可以对期权进行不同的相应分类。

（一）看涨期权与看跌期权

按照期权买方权利的不同可以将期权分为看涨期权（call options）与看跌期权（put options）。看涨期权，简称买权，是指赋予合约的买方在未来某一特定时期以交易双方约定的价格买入标的资产的权利。

看跌期权，简称卖权，是指赋予合约的买方在未来某一特定时期以交易双方约定的价格卖出标的资产的权利。

（二）欧式期权、美式期权和百慕大期权

按照买方执行期权时限的不同，可以把期权划分为欧式期权、美式期权和百慕大期权（Bermuda options）。欧式期权的买方只能在期权到期日执行期权（即行使买进或卖出标的资产的权利）；美式期权的买方可以在期权到期日以前的任何时间执行期权；百慕大期权的买方可以在到期日前所规定的一系列时间执行期权。

（三）金融期权和实物期权

按照标的资产的不同，可以将期权划分为金融期权和实物期权。金融期权与实物期权的参数含义比较见表17-1。

表 17-1　金融期权与实物期权的比较

因素	金融期权	实物期权
标的资产	股票等金融资产	投资项目或实质资产
标的资产当前价值	股票当前价格 S	投资项目当前的价值 V，常常通过计算项目未来现金流的现值来代替
执行价格	股票期权执行价格 X	投资项目总成本，完成投资项目所需费用支出的现值
权利期间	约定的期间 T	项目投资机会存在期间
风险	股价的波动性	投资方案价值的不确定性，常常用预期现金流的波动性来代替
折现率	无风险利率 r	无风险利率
标的资产价值漏损	股票红利	项目预期产生的现金流量

其中金融期权又可进一步分为现货期权和期货期权。典型的现货期权包括利率期权、货币期权和股票期权；期货期权则包括利率期货期权、外汇期货期权和股价指数期货期权。

阅读资料 17.1

实物期权

实物期权是金融期权理论对实物（非金融）资产期权的延伸，我们将标的资产为非金融资产的期权称为实物期权。Myers（1997）首先提出实物期权的概念，构建了实物期权分析框架，对项目决策者在新信息涌现的情况下投资、放弃或扩展投资进行决策。实

物期权的思想方法集中在项目所具有的不确定性问题上，即现金流的所有可能变化范围，并采用概率的语言来描述，即项目未来现金流的概率分布状况，因此对未来的现金流没有人为主观的预测。

在不确定性面前，投资者或管理者能在信息不断披露的情况下，视外部环境变化而做出相机决策（contingent decision）。这种相机决策的回报是非对称的。这样使有决策权利的拥有者可以改善投资项目（成果转化、政策实施）的风险暴露，使投资者能对组织或项目、成果和政策进行更为有效的风险管理。

实物期权方法试图在一个竞争的现实时空环境中量化不确定性带来的价值。在实物期权分析方法下，投资项目的不确定性越大，投资机会伴随的投资价值越大。一般地，在选择投资项目时，投资者所具有的实物期权来自三个方面，即项目本身的特性；投资者所具有的可变柔性经营策略；投资者所创造的合约。

从不同的角度可以对实物期权进行不同的分类，如离散时间型和连续时间型等。按发展轨迹分类，可以分为单个实物期权、复合实物期权、战略期权和博弈期权等，而它们各自又可以有更为具体的分类运用。

五、实值期权、虚值期权和平值期权

根据相关资产的当前市场价格与期权履约价格的关系，将期权分为实值（in-the-money）期权、虚值（out-of-the-money）期权和平值（at-the-money）期权。

（一）实值期权

实值期权是指如果现在履约，则能产生正的现金流的期权。它又分为买入期权的实值期权和卖出期权的实值期权。

令S_0代表相关资产（如股票）的当前市场价格，X代表期权的履约价格。如果相关资产的市价大于期权合约的履约价格，即$S_0>X$，则买入期权为实值期权。此时投资者可以履约，即支付履约价格X买入股票，再按S_0卖出，获得S_0-X的正现金流。

对于卖出期权，实值期权是指履约价格大于相关资产的当前市价（$X>S_0$）的期权。

（二）虚值期权

与实值期权相反，对于虚值期权来说，如果投资者履约，将产生负的现金流。对买入期权来说，虚值条件为$X>S_0$，这相当于以高于市场价格的价格买入相关资产；对卖出期权来说，虚值条件为$X<S_0$，它实质上是以低于市场价格的价格卖出相关资产。

正是由于虚值期权的负现金流特性，因此投资者一旦发现其期权处于虚值情况下，就会放弃履约。

例题 17.1

假设某普通股买入期权为美式期权，该期权的履约价格为10元／股，其对应的股票当前市价为12元／股。请问该股票期权是实值期权还是虚值期权？投资者应否于目前履约？

解：根据期权实值和虚值的条件，对于买入期权来说，当股票市价S_0大于履约价格X时，为实值期权；反之，则为虚值期权。据此，本题中买入期权的履约价格为10元／股，小于股票的当前市价12元／股，因此为实值期权。由于实值期权通过履约投资者可以获得正的现金流，因此投资者应该履约。

（三）平值期权

所谓平值期权，是指相关资产的当前价格等于履约价格（$S_0=X$）的期权。此时投资者的行权和弃权都是无差异的。

第二节 期权多头与空头的损益

一、看涨期权多头与空头的损益

（一）看涨期权多头的损益

如图17-1所示，不考虑权利金因素，假设期权的执行价格是50元，对于买入看涨期权来说，当股票二级市场价格上升到每股50元以上时，即开始产生收益，而且二级市场价格越高于每股50元，则看涨期权的买入方获利越大。

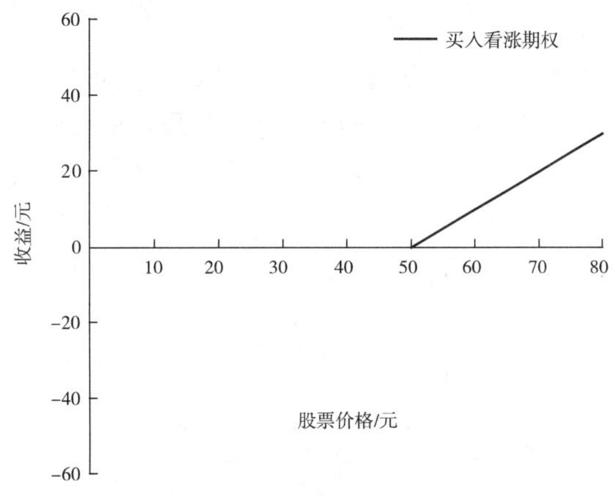

图 17-1 看涨期权多头的损益

执行价格=50（元）

反过来，如果股票二级市场价格跌到执行价格每股50元以下，即可以不行权，从而买入看涨期权的损失为0。

（二）看涨期权空头的损益

如图17-2所示，不考虑权利金因素，假设期权的执行价格是50元，对卖出看涨期权来说，当股票二级市场价格上升到每股50元以上时，即开始产生亏损，而且二级市场价格越高于每股50元则看涨期权的卖出方损失越大。

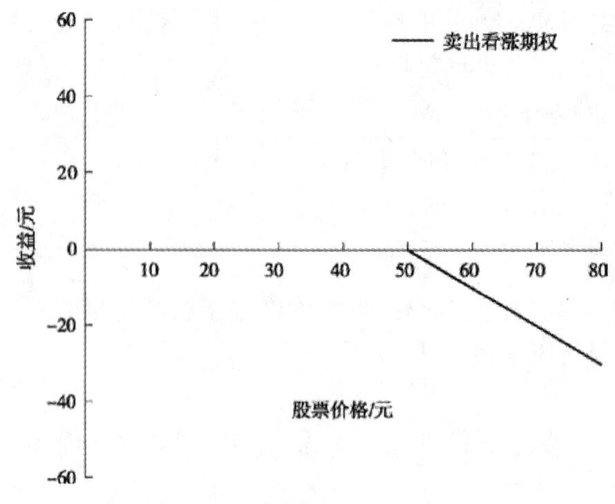

图 17-2 看涨期权空头的损益

执行价格=50（元）

反过来，如果股票二级市场价格跌到执行价格每股50元以下，买方可以不行权，从而卖出看涨期权的损失为0。

（三）加入权利金后看涨期权多头、空头的损益

1.加入权利金后看涨期权多头损益

如图17-3所示，若考虑权利金因素，假设期权的执行价格是50元，期权价格是10元，对买入看涨期权来说，只有当股票二级市场价格上升到每股60元（执行价格与权利金之和）以上时，才能开始产生收益，而且二级市场价格越高于每股60元，则看涨期权的买入方获利越大。

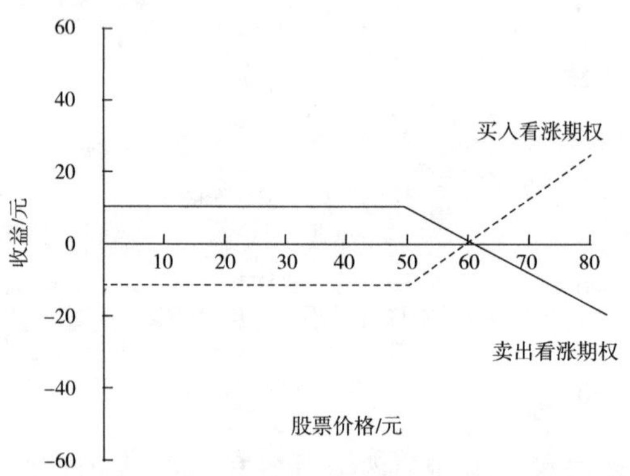

图 17-3 加入权利金后看涨期权多头、空头的损益

执行价格=50（元）；期权价格=10（元）

反过来，如果股票二级市场价格跌到每股60元（执行价格加上权利金）以下，买入看涨期权将发生亏损。在股票二级市场价格低于执行价格50元时，可以不行权，从而买入看涨期权的损失达到最大，为权利金10元；但是当股票二级市场价格位于50元和60元

之间时，还是应该行权，在这个区间股票二级市场价格越高，亏损就能越小，亏损从10元最多降至0。

2.加入权利金后看涨期权空头损益

如图17-3所示，若考虑权利金因素，假设期权的执行价格是50元，期权价格是10元，对卖出看涨期权来说，只有当股票二级市场价格上涨到每股60元（执行价格与权利金之和）以上时，才会发生亏损，而且二级市场价格越高于每股60元，则看涨期权的卖出方亏损越大。

反过来，如果股票二级市场价格跌到每股60元（执行价格加上权利金）以下，卖出看涨期权会获利。在股票二级市场价格低于执行价格50元时，买方不行权，从而卖出看涨期权的收益达到最大，为权利金10元；但是当股票二级市场价格位于50元和60元之间时，买方还是会行权，在这个区间股票二级市场价格越低，卖出看涨期权的收益就越大，直到价格下跌到50元时收益最大为10元。

二、看跌期权多头与空头的损益

（一）看跌期权多头的损益

如图17-4所示，不考虑权利金因素，假设期权的执行价格是50元，对于买入看跌期权来说，当股票二级市场价格下跌到每股50元以下时，即开始获利，而且二级市场价格越低于每股50元，则买入看跌期权获利越大，随着二级市场价格的下降其收益增长趋近于50元。

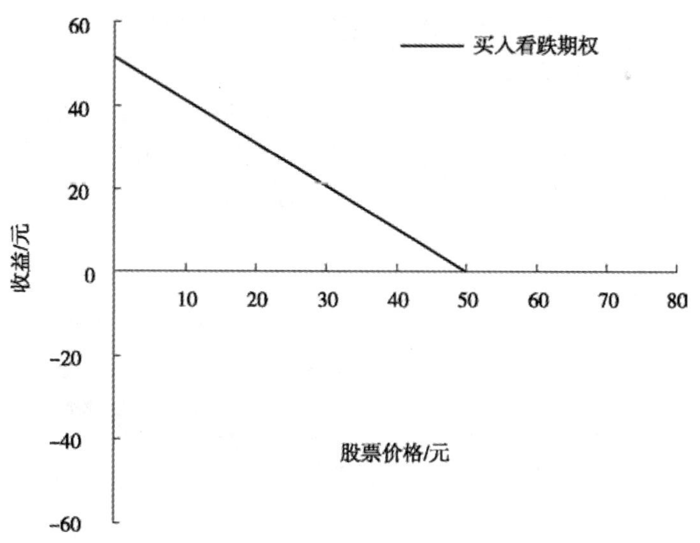

图 17-4 买入看跌期权的损益

执行价格=50（元）

反过来，如果股票二级市场价格上涨到执行价格每股50元以上，即可以不行权，从而买入看跌期权的损失为0。

（二）看跌期权空头的损益

如图17-5所示，不考虑权利金因素，假设期权的执行价格是50元，对卖出看跌期权来说，当股票二级市场价格下跌到每股50元以下时，即开始亏损，而且二级市场价格越低于每股50元则卖出看跌期权亏损越大，随着二级市场价格的下降其亏损趋近于50元。

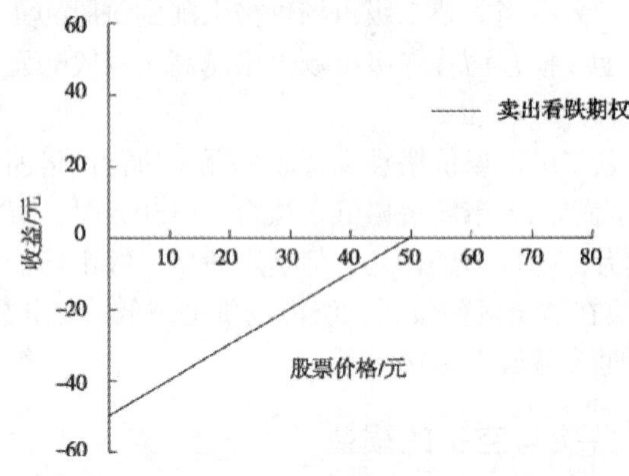

图 17-5　卖出看跌期权的损益

执行价格=50（元）

反过来，如果股票二级市场价格上涨到执行价格每股50元以上，买方即可以不行权，从而卖出看跌期权的损失为0。

（三）加入权利金后看跌期权多头、空头的损益

1.*加入权利金后看跌期权多头损益*

如图17-6所示，考虑权利金因素，假设期权的执行价格是50元，期权价格为10元，对买入看跌期权来说，当股票二级市场价格下跌到每股40元（执行价格减去权利金）以下时，即开始获利，而且二级市场价格越低于每股40元，则买入看跌期权获利越大，随着二级市场价格的下降其收益增长趋近于40元。

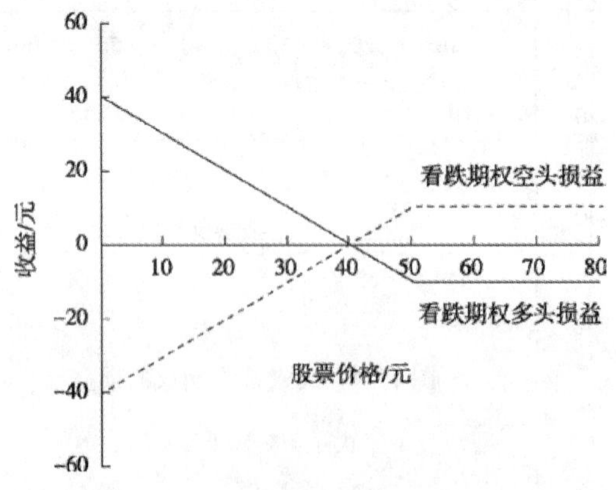

图 17-6　加入权利金后看跌期权多头与空头的损益

执行价格=50（元）

反过来，如果股票二级市场价格涨到每股40元以上，买入看跌期权就会亏损。在股票二级市场价格高于执行价格50元时，可以不行权，从而买入看跌期权的亏损达到最大，为权利金10元；但是股票二级市场价格位于40元和50元之间时，买方还是会行权，在这个区间股票二级市场价格越高，买入看跌期权的亏损就越大，直到价格上涨到50元时亏损最大为10元。

2.加入权利金后看跌期权空头损益

如图17-6所示，考虑权利金因素，假设期权的执行价格是50元，期权价格为10元，对于卖出看跌期权来说，当股票二级市场价格下跌到每股40元（执行价格减去权利金）以下时，即开始亏损，而且二级市场价格越低于每股40元，则卖出看跌期权亏损越大，随着二级市场价格的下降其亏损增长趋近于40元。

反过来，如果股票二级市场价格涨到每股40元以上，卖出看跌期权就会获利。在股票二级市场价格高于执行价格50元时，买方不行权，从而卖出看跌期权的收益达到最大，为权利金10元；但是股票二级市场价格位于40元和50元之间时，买方还是会行权，在这个区间股票二级市场价格越高，卖出看跌期权的获利就越大，直到价格上涨到50元时收益最大为10元。

三、对期权多头与空头损益的总结

如图17-7所示，考虑权利金因素，假设期权的执行价格是50元，期权价格为10元，期权的买方的损失是可控的，最大损失为权利金10元。但是收益的情况不同：对看涨期权而言，随着股票价格上涨，期权买方的收益在理论上可以趋于无穷大；对看跌期权而言，随着股票价格下降，期权买方的收益在理论上最大可以达到40元（执行价格减去权利金）。

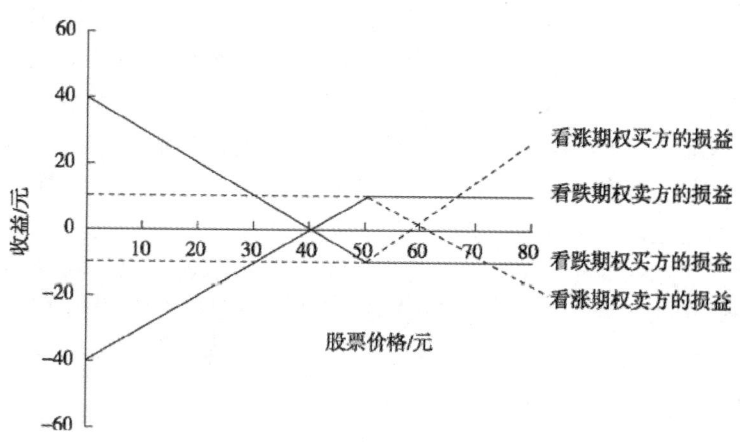

图 17-7　加入权利金后看跌期权多头与空头的损益

执行价格=50（元）

对于期权的卖方，收益是有限的，最大收益为权利金10元。但是亏损的情况不同：对看涨期权而言，随着股票价格上涨，期权卖方的损失在理论上可以趋于无穷大；对看跌期权而言，随着股票价格下降，期权卖方的损失在理论上最大可以达到40元（执行价格减去权利金）。

第三节　期权的投资策略

由第一节的例题17.1可见，对期权的买方来说，损失（如果投资者判断失误）仅仅限于购买期权的成本（权利金），而其收益则可能是无限大的。换言之，期权投资的利润和损失是非均衡的。

而对股票的投资而言，投资者要么将获得巨大的利润，要么得到巨大的损失。也就是说，期权投资和股票投资之间的盈利机会是非对称的。所谓期权投资策略，即通过对卖出期权、买入期权和原生资产进行不同的组合，以获得确定的现金流，消除盈利的非对称性。

总体而言，期权投资策略包括购买保护性卖出期权（protective put）、抛补的买入期权（covered call）、差价（spread）期权和对敲（straddle）策略等投资策略。

一、购买保护性卖出期权

所谓购买保护性卖出期权是指当投资者已持有原生资产（如股票）时，为了防止该资产价格大幅下跌所造成的损失，通过购买该资产的卖出期权，为投资损失设定下限，从而获得确定现金流的一种投资策略。

例如，某投资者以每股10元购入某公司股票，该股票价格有可能上升到每股20元，也可能下跌为每股5元。为了尽可能获得该股票价格上升所带来的收益，并规避其大幅下跌所造成的损失，该投资者可同时购买该股票的卖出期权。假设履约价格为每股9元，由于该履约价格小于目前的股票市价，因此这是一种虚值卖出期权[①]。当股票价格下跌到每股9元时，投资者的股票投资损失1元，同时该卖出期权变为平值期权（即$S_0=X$），从而总损失为 1 元；而当股票价格下跌为每股8元时，投资股票的损失为2元，但此时卖出期权变为实值期权（即$X>S_0$），投资者履约获得 1 元收益，从而总损失还是1元。

总之，股票市价比卖出期权的履约价格每下跌 1 元，购买股票的损失即增加 1 元，而卖出期权则给投资者带来 1 元的收益，从而总收益（损失）不变，达到了为投资损失设定下限并获得确定现金流的目的。

保护性卖出期权说明：①一般而言衍生证券意味着较大的风险，但衍生证券本身也是进行风险管理的有效工具。②该策略的适用情况为当预期某股票的下跌概率或下跌空间大于其上升概率或上升空间，而又由于某种原因或因素不愿意放弃对该股票的投资时，即可实施保护性卖出期权策略。

二、抛补的买入期权

所谓抛补的买入期权，是指当投资者已持有原生资产（如股票）时，为了获得更高

① 需要注意的是，为了达到获得确定现金流的目的，该策略下所购买的卖出期权必须是虚值期权，否则现金流是变动的。

的收益，通过出售该资产的买入期权，为投资收益设定上限，从而获得确定现金流的一种投资策略。之所以称为“抛补的”，是因为投资者未来交割股票的义务正好被其持有的股票所抵消。

例如，某投资者以每股10元购入某公司股票，该投资者希望在股票价格市场升幅的基础上获得更高的收益率，即可同时出售该股票的买入期权，其履约价格为每股12元。当股票价格上升为每股12元时，投资者的股票投资获利2元；当股票价格上升为每股13元时，投资者的股票投资获利3元。但此时其出售的买入期权的买方将行权，导致该投资者以每股12元的价格出售了市价每股13元的股票，亏损1元，从而总收益还是2元。总之，股票市价比其出售的买入期权的履约价格每上升1元，投资股票的收益即增加1元，而出售该股票买入期权即损失1元，从而使总收益不变，达到了为投资收益设定上限并获得确定现金流的目的。

这里我们需要进一步指出的是，上面的例子中我们忽略了期权金，而正是期权金的因素，使投资者在股票价格市场升幅的基础上获得更高的收益率，同时，它也是投资者愿意接受投资收益上限的原因所在——获得期权金。

该策略的实施背景是当预计股票的下跌空间和概率极其有限，同时需要锁定收益的现金流时，即采取抛补的买入期权策略。

三、差价期权

差价期权，是指同时持有同种类型的两个或多个期权（如同一公司股票的多个买入期权），而这些期权又有不同的到期日和履约价格的投资策略。较典型的差价策略是牛市差价期权。

牛市差价期权也称双限期权（collar），即将投资组合的价值限制在上下两个界限内，从而使投资者在股票价格上升时获取一定的利润，而在股票价格下跌时只承担有限损失的期权投资策略。

当投资者处于这样一种状态：购买股票可能遭受潜在的巨额损失，而购买买入期权又需要在履约时该期权为实值期权（即股票市价大幅上升），同时，投资者又对市场走势持乐观时，投资者可采取牛市差价期权策略。

例如，投资者可以用较低的履约价格购买一份买入期权，再以较高的履约价格出售此买入期权。前者限定了投资组合的价格下限，后者限定了投资组合的价格上限，同时，购买买入期权的期权金和出售买入期权的期权金基本相等，从而即便在股票价格小幅上升时，投资者也能够获得利润[①]。

此外，牛市差价策略还可以有其他的策略组合：①购买一份履约价格较低的卖出期权，而出售一份履约价格较高的卖出期权；②购买一份履约价格较低的买入期权，而出售一份履约价格较高的卖出期权，同时卖空股票；③购买一份履约价格较低的卖出期权，而出售一份履约价格较高的买入期权，同时购买股票。

---

① 如果投资者只是购买一份买入期权，则股票价格的升幅必须高于期权金才能获利。

差价期权策略在限制亏损的同时，也限制了更大的盈利。它主要适合于有明确的财务目标而又要限定风险的投资者。例如，如果某投资者目前拥有50万元，打算购买价值55万元的住房，其财务目标是使资产总额达到55万元，同时不承担超过5万元的损失。此时投资者可按照策略 3 进行投资，其步骤是：首先，购买5万股股票，每股现价10元；其次，购买5万份卖出期权（假设每股一份期权合约），履约价格为9元，这限定了股价下跌时的最大损失为5万元；最后，出售5万份买入期权，履约价格为11元，这限定了股价上升时最大盈利为5万元。这样，该投资者以承担不大于5万元损失的风险，而获得了使资产总额达到55万元这一财务目标的机会。

四、对敲策略

所谓对敲策略，是指投资者同时买入或卖出同一相关资产、同一履约价格和同一到期日的买入和卖出期权合约，以达到利用价格波动提升投资价值的目的。当预期股价大幅升降而又不能确定其变化方向时，即可利用对敲策略。例如，某公司正处于购并谈判过程中，如果购并成功，该公司股价会翻番，而如果谈判失败，其股价将下跌一倍。此时投资者可利用对敲策略，使股价以履约价格X为中心变动，而不会承担亏损。

该策略下损益平衡点的计算公式为

$$\begin{aligned}\text{损益平衡点}&=\text{看跌期权执行价格}-\text{共缴付的权利金}\\&=\text{看涨期权执行价格}+\text{共缴付的权利金}\end{aligned}\tag{17-1}$$

案例 17.3

对敲策略

投资者买入一张7月到期的9 100点深证成份指数看涨期权，缴付权利金260点，同时买入一张相同到期日的9 100点深证成份指数看跌期权，缴付权利金340点，共缴付权利金600点，即为30 000元（600点×50元/点）。

根据式（17-1），该投资的损益平衡点分别为9 100–600=8 500点；9 100+600=9 700点。

当深证成分指数在到期日位于9 700点以上时，行使看涨期权（实值），不行使看跌期权（虚值）。且到期日指数越高，利润越大，有获得无限利润的机会。

当深证成分指数在到期日位于9 100点之上9 700点之下时，行使看涨期权，不行使看跌期权，投资者有部分亏损。

当深证成分指数在到期日为9 100点时，两个期权均不行使，则投资者达到最大亏损，为权利金600点。

当深证成分指数在到期日位于8 500点之上9 100点之下时，行使看跌期权，不行使看涨期权，投资者有部分亏损。

当深证成分指数在到期日位于8 500点以下时，行使看跌期权，不行使看涨期权，且到期日指数越低，利润越大，有获得无限利润的机会。

以上不同的结果如图17-8所示。

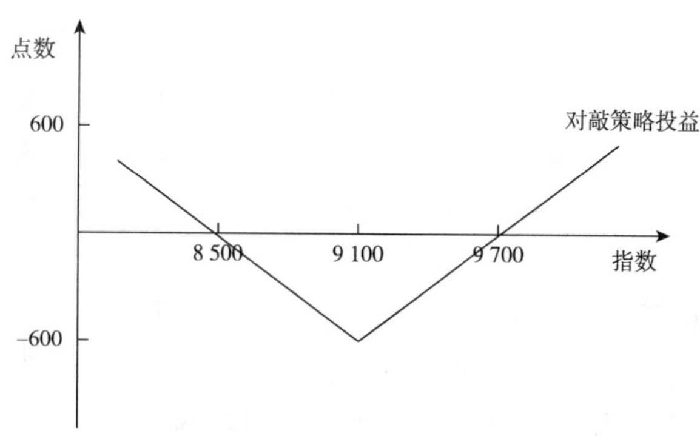

图 17-8　对敲策略损益图

由案例17.3和图17-8可见，无论后市是大幅上升还是下跌，该策略都可获得巨额利润。但是，如果后市股价保持不变或小幅度变化，则投资者必将产生亏损。也就是说，该策略适合后市大幅波动的市场或个股。

第四节　期权定价理论Ⅰ：二项式定价模型

期权定价是指寻找期权的均衡价格，是二项式定价模型和布莱克–斯科尔斯模型的核心理念。本节我们主要研究二项式定价模型，在正式进入期权定价模型的研究之前，我们将给出相关的一些基础概念和基本定理。

一、期权的内涵价值和时间价值

期权的价格可以分解为两部分，即内涵价值（intrinsic value，IV）和时间价值（time value，TV）。这是我们进行期权定价分析的两个基础性概念。

（一）期权的内涵价值

期权的内涵价值是指期权立即履约（假定是一种美式期权）时的价值。

对于买入期权的内涵价值IV_C，我们将其定义为

$$IV_C=\max(0,\ S_0-X) \tag{17-2}$$

式中，$\max(0,\ S_0-X)$为内涵价值取0和(S_0-X)二者中较大者。例如，如果$IV_C=\max(a,\ b)$，且$a>b$，则$IV_C=a$。进一步看，如果$S_0>X$，即买入期权为实值期权，其内涵价值是(S_0-X)；而如果$X>S_0$，即买入期权为虚值状态，投资者会放弃履约，则内涵价值为0。

例题 17.2

根据例题17.1的给定条件，求该股票买入期权的内涵价值。

解：根据买入期权内涵价值的定义式，得

$$\begin{aligned} IV_C &= \max(0, S_0 - X) \\ &= \max(0, 12-10) \\ &= 2（元） \end{aligned}$$

即该股票买入期权的内涵价值为每股2元。

对于卖出期权的内涵价值IV_P，其定义为

$$IV_P = \max(0, X - S_0) \quad (17\text{-}3)$$

当$X-S_0>0$，即$X>S_0$时，卖出期权为实值期权，此时其内涵价值为（$X-S_0$）；而当$X-S_0<0$，即卖出期权为虚值状态时，则内涵价值为 0 。

（二）期权的时间价值

期权的时间价值是指期权的目前价值（期权价格）高于其内涵价值的部分，它是与期权变为实值期权的可能性相联系的期权价值。

即使某期权为虚值期权，随着时间的推移，期权价格也有可能发生变动，并最终使虚值期权变为实值期权，使期权具有时间价值。

如果以C_0表示买入期权的权利金（即买入期权价格），则买入期权的时间价值TV_C为

$$TV_C = C_0 - IV_C \quad (17\text{-}4)$$

以P_0表示卖出期权的权利金，则卖出期权的时间价值TV_P为

$$TV_P = P_0 - IV_P \quad (17\text{-}5)$$

（三）内涵价值、时间价值与期权价格三者的关系

由上文的研究可见，期权的内涵价值、时间价值和期权价格三者的关系可以表述为如下形式。

对于买入期权，即

$$\begin{aligned} C_0 &= IV_C + TV_C \\ &= \max(0, S_0 - X) + TV_C \end{aligned} \quad (17\text{-}6)$$

对于卖出期权，即

$$\begin{aligned} P_0 &= IV_P + TV_P \\ &= \max(0, X - S_0) + TV_P \end{aligned} \quad (17\text{-}7)$$

也就是说，期权的内涵价值［$IV_C=\max(0, S_0-X)$和$IV_P=\max(0, X-S_0)$］随着相关资产（如股票）价格S_0的变动而变动，并最终影响买入期权价格C_0或卖出期权的价格P_0。

二、看跌–看涨平价定理

由第三节我们对保护性卖出期权策略的研究可见，一个保护性看跌期权组合（由股票和看跌期权构成）能够设定亏损下限，但对收益“上不封顶”。当我们以看跌期权与

无风险零息票债券（如国库券）构成一个组合时，也能够达到同样的目的和效果。

看跌–看涨平价定理（put-call parity theorem）建立了相关证券（underlying security）、无风险利率、零息票债券和相同的看涨和看跌期权价格之间的关系。该定理可以表述为

$$C_0+X/(1+r)^t=P_0+S_0 \tag{17-8}$$

式中，$X/(1+r)^t$为无风险零息票债券的买入（资金的贷出）成本。式（17-8）所示的看跌–看涨平价定理如果被违背，即会出现套利机会。例如，如果式（17-8）的左侧大于右侧，投资者即可购买相对便宜的组合（公式右侧代表的是看涨期权与股票的组合），同时卖出相对贵的组合（公式左侧代表的是看跌期权与债券[①]的组合）。这种情况下，买入看涨期权和股票将使它们的价格上升，即式（17-8）的右侧上升，卖出看跌期权和债券将使它们的价格下降，即式（17-8）的左侧下降，最终，看跌–看涨平价定理得以恢复，套利机会消失。

看跌–看涨平价定理更为一般的表述是

$$P_0=C_0-S_0+\mathrm{PV}(X)+\mathrm{PV}(D) \tag{17-9}$$

式中，PV（D）为在期权有效期内股票所得到的红利的现值。当在期权有效期内没有红利所得时，式（17-9）即变为式（17-8）。

三、二项式期权定价模型

二项式期权定价模型（binomial option pricing model，BOPM）认为在期权合约到期前，其对应的股票价格所发生的变化呈现出非连续的要么上升要么下降的二项式分布的特征。

（一）BOPM 的假定

（1）投资不存在交易成本，即无摩擦市场（frictionless market）。

（2）投资者是价格接受者，即单个投资者的交易行为不能显著地影响价格。

（3）允许完全使用卖空所得资金，卖空意味着卖出并不拥有的股票，在将来必须补进同等数量的股票。

（4）允许以无风险利率借入和贷出资金。

（5）未来股票的价格将是两种可能值中的一种。

（二）BOPM 的导出

在上述假定基础上，BOPM通过以下几个步骤导出。

（1）分析股票价格的变动规律。假定某种股票目前的价格为S_0，其未来的价格变化为S_u和S_d中的一种，其中u为价格上涨，d为价格下跌。设$S_u=u\cdot S_0$，$S_d=d\cdot S_0$，其中u和d固定，且假定$d<1+r<u$[②]，如图17-9所示。

---

① 卖出债券意味着资金的借入。

② 如果 $d>1+r$，则股票收益率永远高于无风险利率，此时人们都将以利率 r 借入资金投资于股票；如果 $u<1+r$，则股票收益率总是小于无风险利率，人们都将卖出股票，再以 r 的利率贷出资金。

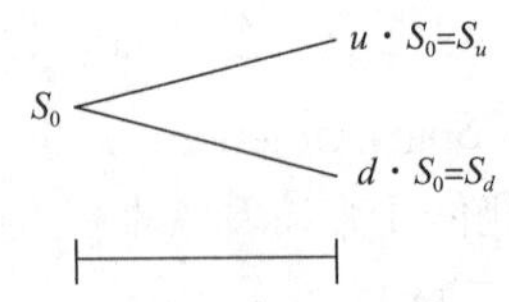

图 17-9 股票价格变动规律图

（2）列出看涨期权（即买入期权）的价格分布。可以把看涨期权的价格（C_0）分布描述为如图17-10所示。

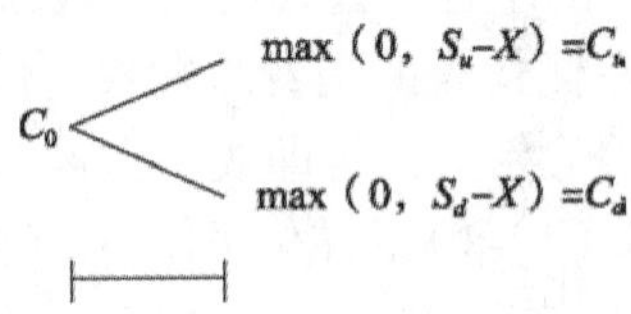

图 17-10 看涨期权价格分布图

（3）构建对冲投资组合（hedged portfolio）。该组合包括一个看涨期权和一只股票，以期通过抛出看涨期权来抵消股票投资风险，以得到未来确切的现金流。构建对冲投资组合，首先要抛出一个看涨期权，其结果是在当天（0时刻）产生相当于期权价格的正值现金流（$+C_0$），但在到期日要支付期权值（$-C_u$或$-C_d$），然后购入一定数量的股票h_c（其值在下一步确定）。抛出股票将得到$h_c\cdot S_u$或$h_c\cdot S_d$。最后，将上述交易所得现金流加总，即得到净现金流。

（4）解出h_c。h_c是每一个抛出的看涨期权所必须购买的股票数量。当股价上涨为S_u时，得到对冲组合的净现金流；当股价下跌为S_d时，使其等于上述净现金流，从而有

$$-C_u+h_c\cdot S_u=-C_d+h_c\cdot S_d \tag{17-10}$$

求解式（17-10），得

$$h_c^*=(C_u-C_d)/(S_u-S_d)$$

以uS_0表示S_u，以dS_0表示S_d，得到

$$h_c^*=(C_u-C_d)/S_0(u-d) \tag{17-11}$$

可见，h_c^*是一个比率，称为保值比率（hedge ratio），用来表示为了得到无风险投资组合，每购入一股股票所对应的要抛出的看涨期权数。

（5）用净现值法（NPV）解出买入期权的价格。如果选h_c^*作为要买入的股数，则现金流是确定的。以无风险利率r为贴现率，则未来现金流的净现值为

$$\text{NPV}=[\text{CF}_1/(1+r)]-I \tag{17-12}$$

式中，CF_1为第一期的现金流；I为投资支出。假定$t=1$，则

$$\text{CF}_1=-C_u+h_c^*\cdot S_u=-C_d+h_c^*\cdot S_d \tag{17-13}$$

且

$$I=(C_0-h_c^*\cdot S_0)$$

解C_0得

$$C_0 = h_c^* S_0 + (C_d - h_c^* \cdot S_d) / (1+r) \quad (17\text{-}14)$$

式（17-14）为二项式期权定价模型对看涨期权定价的一般形式。以同样的思路，我们也可以对看跌期权进行定价。二项式期权定价模型所解得的期权价值是一种均衡价值，期权价格对该价值的任何偏离，都会导致无风险套利机会的出现，从而最终使期权价格恢复均衡。

第五节 期权定价理论Ⅱ：Black-Scholes期权定价模型

Black-Scholes期权定价模型（Black-Scholes option pricing model，BSOPM）的特点在于假定股票价格所发生的变化呈现一种对数正态分布，因此股票价格是一种连续性的变化。该模型建立在投资者能合理进行对冲，且套利行为将使对冲交易最终达到无风险收益率这一共识的基础上。模型的结果是期权价值准确反映了市场对它的真实评价，既没有高估，也没有低估。

一、模型的假设

BSOPM的假设主要包括：①投资不存在交易成本，该假设与BOPM一致，即市场上不存在税收、交易佣金等；②投资者是价格接受者，该假设也与BOPM一致，意味着单个投资者的交易不能显著地影响价格；③允许完全使用卖空所得资金，与BOPM一样，投资者不受卖空所得资金使用限制方面的约束；④允许以无风险利率借入和贷出资金，该假设使有关研究得到简化，不必再考虑利率的差异；⑤过去的价格走势不能用来预测未来的价格变化，即股票价格呈随机性变化。

二、看涨期权定价

在上述假定基础上，对一个看涨期权来说，BSOPM的模型表述为

$$C_0 = S_0 N(d_1) - Xe^{-rt} N(d_2) \quad (17\text{-}15)$$

式中，C_0为买入期权的均衡价格，即看涨期权的现价；S_0为股票的现价；X为期权的执行价格；e等于2.718 3，为自然对数的底；r为以连续复利计算的无风险利率；t为离期权到期日的年数；$N(d)$为概率算子，是正态函数在自变量为d时的累计和，可通过查阅标准统计表解出，式为

$$d_1 = [\ln(S_0/X) + (r + \sigma^2/2)t] / \sigma\sqrt{t} \quad (17\text{-}16)$$

$$\begin{aligned} d_2 &= \left[\ln\left(S_0 / X\right) + \left(r - \sigma^2 / 2\right)t\right] / \sigma\sqrt{t} \\ &= d_1 - \sigma\sqrt{t} \end{aligned} \quad (17\text{-}17)$$

式中，σ为按连续复利计算的股票年收益率的标准差。这里需要注意的是，在很多情况下，根据式（17-16）和式（17-17）所解出的d_1和d_2的值，在标准统计表中并没有与其所对应的$N(d_1)$和$N(d_2)$的值，需要用插值法进行估计。插值法的公式为

$$N(d)=N(d_L)+(d-d_L)[N(d_H)-N(d_L)/d_H-d] \tag{17-18}$$

式中，d_L和d_H分别为标准统计表中最接近根据式（17-16）和式（17-17）所解出的d值的低于一侧和高于一侧的值。BSOPM的含义是当根据模型计算的C_0大于期权的市场价格时，意味着该期权定价过低，可买入期权而卖空股票。买入卖空的量根据$N(d_1)$确定，如$N(d_1)=0.5$，即每买入一个期权，应卖出0.5股的股票。

例题 17.3

假设我们已获得如下参数：S_0=100元，X=100元，σ=30%，r=7%，t=1/2年。求解看涨期权的价格。

解：首先，解出d_1和d_2。根据已知条件和式（17-17），得

$$d_1=\frac{\ln\left(\frac{100}{100}\right)+\left[0.07+\left(\frac{0.3}{2}\right)^2\right]\left(\frac{1}{2}\right)}{0.3\sqrt{\frac{1}{2}}}$$
$$=(0+0.0575)/(0.3\times0.70711)$$
$$=0.271$$

根据式（17-18）得

$$d_2=0.2711-0.3\times\sqrt{\frac{1}{2}}$$
$$=0.2711-0.3\times0.70711$$
$$=0.0590$$

其次，解出$N(d_1)$和$N(d_2)$的值。由于本例题所解出的d_1和d_2在标准统计表中没有对应的$N(d)$值，因此根据式（17-19）用插值法计算得

$$N(d_1)=0.6064+(0.2711-0.27)\times0.38$$
$$=0.6068$$
$$N(d_2)=0.5219+(0.059-0.055)\times2.2$$
$$=0.5307$$

最后，计算看涨期权的价格得

$$C_2=S_0N(d_1)-Xe^{-rt}N(d_2)$$
$$=100\times0.6068-100\times0.5307\times e^{-0.07/2}$$
$$=9.435(\text{元})$$

即均衡状态下看涨期权的价格为9.435元。

三、看跌期权定价

看跌期权的定价可由看跌–看涨平价定理并结合看涨期权的定价导出。我们对看跌–

看涨平价定理式（17-8）变形后得到

$$P_0=C_0-S_0+Xe^{-rt} \quad （17\text{-}19）$$

将式（17-7）所解出的看涨期权价格代入式（17-21），得

$$P_0=S_0N(d_1)-Xe^{-rt}N(d_2)-S_0+Xe^{-rt}$$

变形后可得

$$P_0=Xe^{-rt}[1-N(d_2)]-S_0[1-N(d_1)] \quad （17\text{-}20）$$

该式即BSOPM看跌期权定价模型。

例题 17.4

根据例题17.3的数据，计算看跌期权的均衡价格。

解：将例题17.3的数据和求解结果代入式（17-22）中得

$$\begin{aligned}P_0&=100\times e^{-0.07/2}(1-0.5307)-100\times(1-0.6068)\\&=5.996（元）\end{aligned}$$

即由BSOPM得到的看跌期权为5.996元。

四、BSOPM 的应用

通过BSOPM我们可以直接看到，应用BSOPM，一方面可以帮助我们发现套利机会（任何由BSOPM所计算出的均衡价格的偏离都是一种套利机会）；另一方面，根据BSOPM，我们可求解股票的标准差或方差，从而可以对股票的风险进行计量。此外，BSOPM还可以帮助我们评估投资组合保险，其所包含的期权定价思想还可应用于对可转换债券的分析。

（一）投资组合保险

在对保护性卖出期权的研究中我们看到，这一策略为投资损失设定了下限并获得了确定现金流。而且，保护性卖出期权说明期权这种衍生证券也是进行风险管理的有效工具。投资组合保险（portfolio insurance），是指任何一种能够设定投资组合的最大损失或是预先确定其最大损失的策略。

应用BSOPM，可以帮助我们精确计算某一投资组合保险（即风险管理）的成本。例如，当我们构建一个保护性卖出期权组合时，即投资者在购买某种股票的同时，为防止跌价损失，再购买看跌期权。此时，即可用看跌期权定价公式计算该组合保险的成本，同时，扣除该成本，也就得到该组合能够给我们带来的最低现金流。

（二）可转换债券分析

可转换债券（convertible bond，CB）是一种可由债券转换成股票的债券，从期权定价的理念看，它相当于一份普通债券加上一份股票看涨期权。因此可转换债券的价值可表示为

$$CB=VB+CVO \tag{17-21}$$

式中，VB为普通债券的价值；CVO为对债券进行转换的期权价值。

进一步看，大多数可转换债券都具有可赎回（callable）特征。从期权定价角度看，可赎回的可转换债券即相当于一份普通债券加上一份可转换期权再减去一份可赎回期权，即

$$CB=VB+CVO-CLO \tag{17-22}$$

式中，CLO为债券发行公司所持有的一份可赎回债券的期权价值。

当然，当我们应用BSOPM对可转换期权价值进行评估时，需要考虑一些复杂的因素，如这类期权对利率非常敏感，而BSOPM对利率的假定是无风险的固定利率。

➢本章小结

期权是一种法律合约，它给予其持有者在一定时期内以一预定的价格买入或卖出一定数量的相关资产的权利，它分为买入期权和卖出期权。

根据相关资产的当前市场价格与期权履约价格的关系，期权可分为实值期权、虚值期权和平值期权。令S_0代表相关资产（如股票）的当前市场价格，X代表期权的履约价格。如果相关资产的市价大于期权合约的履约价格，即$S_0>X$，则买入期权为实值期权。对卖出期权而言，实值期权是指履约价格大于相关资产的当前市价（$X>S_0$）的期权。

对于虚值期权来说，如果投资者履约，将产生负的现金流。对买入期权来说，虚值条件为$X>S_0$，这相当于以高于市场价格的价格买入相关资产；对卖出期权来说，其虚值的条件为$X<S_0$，它实质上是相当于以低于市场价格的价格卖出相关资产。

所谓平值期权，是指相关资产的当前价格等于履约价格（$S_0=X$）的期权，此时投资者的行权和弃权就是无差异的。

期权投资策略包括购买保护性卖出期权、抛补的买入期权、差价期权和对敲期权等投资策略。购买保护性卖出期权，是指当投资者已持有原生资产（如股票）时，为了防止该资产价格大幅下跌所造成的损失，通过购买该资产的卖出期权，为投资损失设定下限，从而获得确定现金流的一种投资策略。

抛补的买入期权，是指当投资者已持有原生资产（如股票）时，为了获得更高的收益，通过出售该资产的买入期权，为投资收益设定上限，从而获得确定现金流的一种投资策略。

差价期权，是指同时持有同种类型的两个或多个期权（如同一公司股票的多个买入期权），而这些期权又有不同的到期日和履约价格的投资策略。

对敲策略，是指投资者同时买入或卖出同一相关资产、同一履约价格和同一到期日的买入和卖出期权合约，以达到利用价格波动提升投资价值的目的。

期权的价格可以分解为两部分，即内涵价值和时间价值。对于买入期权的内涵价值IV_C，我们将其定义为

$$IV_C=\max(0,\ S_0-X)$$

对于卖出期权的内涵价值IV_P，其定义为

$$IV_P=\max(0,\ X-S_0)$$

如果以C_0表示买入期权的权利金（即买入期权价格），则买入期权的时间价值TV_C为

$$TV_C=C_0-IV_C$$

以P_0表示卖出期权的权利金，则卖出期权的时间价值TV_P为

$$TV_P=P_0-IV_P$$

看跌-看涨平价定理建立了相关证券、无风险利率、零息票债券和相同的看涨和看跌期权价格之间的关系。该定理可以表述为

$$P_0=C_0-S_0+PV(X)+PV(D)$$

二项式期权定价模型认为在期权合约到期前，其对应的股票价格所发生的变化呈现非连续的要么上升要么下降的二项式分布的特征。其对看涨期权定价的一般形式为

$$C_0=h_c^*S_0+(C_d-h_c^*S_d)/(1+r)$$

BSOPM的特点在于假定股票价格所发生的变化呈现一种对数正态分布，因此股票价格是一种连续性的变化。该模型建立在投资者能合理进行对冲，且套利行为将使对冲交易最终达到无风险收益率这一共识的基础上。模型的结果是期权价值准确反映了市场对它的真实评价，既没有高估，也没有低估。对一个看涨期权来说，BSOPM的模型表述为

$$C_0=S_0N(d_1)-Xe^{-rt}N(d_2)$$

BSOPM看跌期权定价模型为

$$P_0=Xe^{-rt}[1-N(d_2)]-S_0[1-N(d_1)]$$

应用BSOPM，一方面可以帮助我们发现套利机会（任何由BSOPM所计算出的均衡价格的偏离都是一种套利机会）；另一方面，根据BSOPM，我们可求解股票的标准差或方差，从而可以对股票的风险进行计量。此外，BSOPM还可以帮助我们评估投资组合保险，其所包含的期权定价思想还可应用于对可转换债券的分析。

➤练习题

一、名词解释

期权　买入期权　卖出期权　期权买方　期权卖方　期权金　期权投资策略

二、简答题

1.简述什么是购买保护性卖出期权策略。举例说明它是如何达到为投资损失设定下限并获得确定现金流的。

2.简述什么是抛补的买入期权策略。举例说明它是如何达到为投资收益设定上限并获得确定现金流的。

3.简述什么是牛市差价期权策略。举例说明它是如何达到在股票价格上升时获取一定的利润，而在股票价格下跌时只承担有限损失的。

4.简述期权的内涵价值、时间价值和期权价格三者的关系。

5.简述什么是看跌–看涨平价定理。它是如何消除套利机会的。

6.简述二项式期权定价模型的假设及其对看涨期权定价的模型表述。

三、计算题

1.假设某普通股买入期权为美式期权，该期权的履约价格为7元／股，其对应的股票当前市价为10元／股。请问该股票期权是实值期权还是虚值期权？投资者应否于目前履约？该股票买入期权的内涵价值是什么？

2.假设我们已获得如下参数：$S_0=10$元，$X=10$元，$d=30\%$，$r=5\%$，$t=1/2$年。请用Black-Scholes期权定价模型求解看涨期权和看跌期权的价格。

参考文献

李学峰，李佳明.2011.投资者个体的羊群行为：分布及其程度——基于分割聚类的矩阵化方法. 国际金融研究，（4）：77-86.

李学峰，王兆宇，苏晨.2011.什么导致了处置效应：基于不同市场环境的模拟研究与经验检验. 世界经济，（12）：140-155.

马君潞，李学峰.2012. 投资学. 第二版. 北京：科学出版社.

Levy H.2004.投资学. 任淮秀，等译. 北京：北京大学出版社.

Bodie Z，Kame A，Marcus A J.2002.Investments.New York：The McGraw-Hill Companies.

Fama E F, French K R.1992.The cross-section of expected stock returns.Journal of Finance, 47(2): 427-465.

Kahneman D，Tversky A.1979.Prospect theory：an analysis of decision under risk. Econometrica，47（2）：263-291.

Kim M，Shukla R，Tomas M. 2000. Mutual fund objective misclassification. Journal of Economics and Business，52（6）：309-323.

Lintner J. 1965. The valuation of risk assets and the selection of risky investments in stock portfolios and capital budget. Review of Economics and Statistics, 47（1）：13-37.

Markowitz H M.1952.Portfolio selection.The Journal of Finance，7（1）：77-91.

Merton R C.1973.An intertemporal capital asset pricing model.Econometrica，41（5）：867-887.

Modigliani F，Miller M H.1958.The cost of capital，corporation finance and the theory of investment.The American Economic Review，48（3）：261-297.

Mossin J.1966.Equilibrium in a capital asset market.Econometrica，34（4）：768-783.

Ross S A.1976.The arbitrage theory of capital asset pricing.Journal of Economic Theory，13：341-360.

Sharpe W F.1964.Capital asset prices：a theory of market equilibrium under conditions of risk.The Journal of Finance，19（3）：425-442.

Sharpe W F.1992.Asset allocation：management style and performance measurement. The Journal of Portfolio Management，18（2）：7-19.

Shleifer A.2000.Inefficient Markets：An Introduction to Behavioral Finance.Oxford：Oxford University Press.

Treynor J L.1966.How to rate management of investment funds.Harvard Business Review，43（1）：69-87.

Verma R，Verma P.2007.Noise trading and stock market volatility.Journal of Multinational Financial Management，17：231-243.